文明春秋

秦岭四库全书·智库

《秦岭四库全书》编写组 编著

西安出版社
西安曲江出版传媒股份有限公司

图书在版编目（ＣＩＰ）数据

秦岭四库全书. 智库 ：文明春秋 / 陈正奇主编. --
西安 ：西安出版社，2015.8（2017.2重印）
ISBN 978-7-5541-1199-4

Ⅰ．①秦… Ⅱ．①陈… Ⅲ．①秦岭－概况②秦岭－文
化史 Ⅳ．①K928.3②K297

中国版本图书馆CIP数据核字(2015)第201348号

秦岭四库全书·智库

文明春秋

编　　著：《秦岭四库全书》编写组
主　　编：陈正奇
书籍设计：单　鹏
出　　版：西安出版社
社　　址：西安市长安北路56号
电　　话：（029）85253740
邮政编码：710061
网　　址：www.xacbs.com
发　　行：西安曲江出版传媒股份有限公司
　　　　　（西安曲江新区雁南五路 1868 号影视演艺大厦 14 层
　　　　　11401、11402室）
印　　刷：重庆新金雅迪艺术印刷有限公司
开　　本：889mm×1194mm　　1/16
印　　张：27.75
字　　数：517千
版　　次：2015年9月第1版
　　　　　2017年2月第2次印刷
书　　号：ISBN 978-7-5541-1199-4
定　　价：86.00元

目录

打开大秦岭　阅读大中华

肖云儒

一

　　两三年前，大约是2010到2012年期间，由于想汇集自己对于中国古典绿色文明相关联的种种思考，秦岭一度成为我的一个心结，一个兴奋点。记得我先后给央视《大秦岭》摄制组、《陕西日报》、《华商报》等多家媒体，也在一些有关秦岭、渭河等有关研讨会上，提出了"秦岭是中国的'四库全书'，是中国的水库、绿库、智库、文库"的观点，从不同角度作了阐发。此论一出，响应者众，一时多有传播。后来又将这些思考融入了两万余字的长篇学术论文《中国古典绿色文明》之中，发表在《西安交通大学学报（人文社科版）》的头条。

　　其间，西安文理学院校长徐可为教授约我给学校的科研项目出出点子，记得我谈了三点，其中两点与秦岭有关。我建议学校利用文理兼具的综合优势，集中学校文、史、哲、经、生物、地理方面的专家学者，全力以赴，尽快编写《秦岭四库全书》，全面展示秦岭的水文地质、动植物谱系，以及中国古都、中国思想（易、儒、道、释）和中国诗文书画与秦岭的关系。图与文并茂、资料与论述辉映，力争成为我国第一部多学科研究秦岭的大部头著作。只要抓得紧，大约两三年内可以完成。这是我们研究秦岭的第一阶段成果，可称为典籍性成果。

第二阶段的成果，是以典籍为基础，从书本中走出来，在秦岭北麓择地进行绿色生态生存圈的科学试验，在新理念、新方法指导下，探讨并实践人与自然和谐相处的路径，追求发展社会与涵养自然并行，实现科学循环的新的人类生活类型。这可称为试验性成果。

这部大书和这个"中国山水生态生存试验圈"，与以往任何研究、试验都不同，它不是纯自然或纯社会的科学试验，它是在崭新的人类生存观念的统摄、指导下，融天、地、人为一体，融自然与社会为一体的未来社会生存方式的模型试验，有那么一点"生态生存乌托邦"性质。它似乎类似于美国"生物圈Ⅱ"的实验，却又有中国特色——它力图将生态科学和社会建构（即文科、理科、工科）组成一个大系统，将秦岭的原生态和中国生存的古典形态转化为现代生态生存，并探索未来人类的生存方式和生命状态。为什么选择秦岭山地来做这个试验？那是因为秦岭横贯中国腹地，山如龙脉，是形态上的脉象，也是精神上的脉络、生命上的脉动，是国家和民族雕塑化了的生命形象。在这里做一次关乎未来人类生存的试验性探索，是一件意义重大的事情。

这个课题比较宏大，涉及地质、地理、水文、动物、植物、社会和经济管理学、生产经营学以及文化心理学、艺术文学等多个学科，也许要动员组织文理学院各院系参与进来。我们的师生将可能轮流进到试验区中去，一边实践这种新的生存，一边研究这种新的生存，最后结晶为系列研究成果。这个研究成果，由科学试验报告、生存体验实录、生态生存圈图录，以及在此基础上产生的单科论文和理论专著组或。因此学校要有通盘的、长远的考虑，将此项科研与全校的教学、科研工作有机结合起来。由于项目涉及西安国际大都市的建设，涉及秦岭保护的总体规划，涉及方方面面的法规政策，也涉及投资，应争取市委、市政府的支持，并与当地相关的行政、企事业单位妥善协调、团结合作、逐步推进。

在这一年的省政协会上，我就这个想法写出了提案，受到省级有关部门的重视。尤其要说的是，西安曲江新区获悉此事后，予以高度关注，和西安文理学院、西安市秦岭办等单位率先成立了秦岭研究的专门机构，大型研究丛书《秦岭四库全书》的编撰工作就此正式启动。

不过真想不到这么快，不到两年时间，180余万字的四部煌煌大著就摆到了案头。我不由得敬佩参与写作的专家和老师们，也不由得给西安文理学院的科研写作能力和曲江新区的组织协调与费用支持一连点了好几个赞。

二

秦岭是座读不尽的山,世人常常只能窥其一孔,不同的人便因此读出了不同的秦岭。地质学家看到的是它的地壳运动,生物学家看到的是它物种的多样性,文化学者更关注的则是它的历史遗存和文化积淀,以及它对地域文化风格和文化人格形成的影响。

《秦岭四库全书》给我最突出、最直观的印象,是它的编撰者们以科学系统论和综合文化学的思维,在我们面前呈现了一个全维的秦岭,一个由物态、生态、文态、神态构成的完整而鲜活的生命系统。编撰者们将秦岭作为中国的中央公园来开掘、解读,从各方面表现了秦岭不仅是中央水库、中央绿肺,还是中央智库(生发核心价值观之地)、中央神殿(聚集宗教祖庭之地)和中央文脉(诗词文赋音画荟萃之地)。全书从山进入去展示历史,由空间进入去打开时间,揭示出了一座山与一个民族、与一部历史、与一脉文明的深度关系。

这部大型研究丛书也改变了人们印象中的陕西文化底色。陕西原有的文化色调,主要由黄土地和黄河的形象决定,是黄色。这部书则强力而全景式地推出了陕西的另一种文化底色——绿色,推出了青山绿水的陕西形象。绿色陕西让世人乃至整个世界眼前一亮。其实,绿和黄从来就是三秦大地的两种底色,但绿色陕西长期被黄土地掩映着,这次终于揭去了遮蔽,涤除了混浊,还了世人一个原生之绿。秦山秦水大绿了一回天下,好不来劲!

打开大秦岭,阅读大中华。这座山,成为解读中国、解读中国文化和中华文明的一把钥匙。非常有幸,这把钥匙在秦地,系在三秦的腰际,那钥匙孔也许就是长安。非常有幸,地处长安的西安文理学院得近水楼台之便,抢先拿到了这把钥匙,开风气之先地启动了探寻秦岭的文化、科学之旅。

三

秦岭对中华文明发生、发展、流变的影响是独一无二的。我将这种影响概括为"六源":

一、水之源。秦岭是汉江、渭河、嘉陵江乃至淮河的一级水源(源头),是黄河的二级水源(源头之外最大支流渭河),是长江的三级水源(最长支流汉江以及嘉陵江,位处金沙江、岷江、沱江等二级水源下游)。江、河、淮、汉所以成为中华文明的重要发源地,秦岭是幕后重要的推手。

二、物之源。秦岭有丰富的生态资源（空气和水）、生物资源（动物和植物）和矿物资源（钼、锌、黄金等各类有色金属）。

三、力之源。秦岭是军事屏障，秦岭以及四关的屏障护佑着关中平原。除了具体的战略战术意义，更是民族精神力量的象征。柳宗元说得好："南山（指秦岭终南山）居天之中，在都之南，国都在名山之下，名山随国威远播。"秦岭是长安的屏风，更是秦人的心理支撑。

四、心之源。秦岭、关中是铸造中华文化核心价值观的地方，是"萌易、生道、立儒、融佛"之圣地。萌易，周易、周礼在西秦萌发而流布天下。生道，老子在函谷关写《道德经》，来楼观台讲经而扬播天下；楼观、华山、汉中，即秦岭南北，是道文化和道教的中心，可以说这里是道文化的发生和弘扬之地。立儒，儒的创始者虽是东鲁的孔子，但孔子反复声明"郁郁乎文哉，吾从周"，他信奉的是周礼，梦见的是周公。后来是汉代的董仲舒在长安建议"罢黜百家，独尊儒术"，儒才提升为中华文化尤其是汉文化的核心价值观。融佛，魏晋以来，印度佛教在我国广为传播、发展。一种宗教离开本土发源地，竟能在异国土地上生根开花、不断创新，不但将异地作为自己最大的基地，而且发展成为异国最大的宗教，这在世界宗教史上极为罕见。正是道、儒、释这样一个三足鼎立的坐标，构成了中华民族的核心价值观，构成了千百年来中国人相对稳固的精神世界。

这里特别要说几句道文化的重要意义。历史常常青睐秦皇、汉武、唐宗、宋祖，青睐强盛者、成功者和盛世，却很少关注造就强者和盛世的时代环境、历史积累和幕后力量。在古代，其实每个盛世之前流行的常常是道家精神，比如汉武帝之前，实行"文景之治"的文帝、景帝都奉行黄老之学。秦末战乱遍地、民不聊生，文、景二帝用几十年时间收缩调整，铸剑为犁，轻徭薄赋，兴修水利，这才给汉武盛世打下了基础、积蓄了力量。历史常常在儒的进击和道的沉着中，以四分之二拍前进。儒道互补，缺一不可。所以今天我们不能盲目搞GDP主义，不能一味追求政绩和速度，而要践行科学发展观，坚持可持续发展，实现新常态上的平衡、和谐，历史早给了启示。一种好的文化，一个好的理念，对社会和历史的影响会十分深远。我曾经说："为政仅治一方，为文却涵养天下；为政只有两任，为文却脉及万代。"谈道家思想对中国发展的启示，秦岭是功不可没的。

五、智之源。秦岭还给人们提供了许多生存智慧和文化启悟，比如区隔和衔接的辩证思维，仁山智水的人生哲理，道法自然的人文理念，感恩敬畏的彼岸坐标等等。秦岭既把中国的南方、北方区隔开来，又将它们衔接起来。隔离和交流一样，是事物发展的一种状态，也是一种机制、一种潜力。有了秦岭的区隔机制，才有南北经济在相异中的互通，才有江河文化在对比中的互补。秦岭又用嘉陵江和渭河（所谓一山两水）将长江流域和黄河流域拉起手来、衔接起来。远古的地球，南、北两大漂移板块相撞击，挤压出青藏高原，挤压出昆仑、秦岭，中国才形成了今天的版图。从某种意义上说，是秦岭、昆仑焊接了中国大陆，为统一的多民族大国提供了地质地貌条件。既区隔又融汇，秦岭给了我们以辩证思维的启示。

六、美之源。在中国，古往今来的文学艺术都崇尚自然山川之美，这一点在世界各国可以说位列前茅。而众山之中，中国诗、文、书、画、乐表现得最多、涉及得最多的一座山岳就是我们的秦岭。

中国山水文化的本质特点源于它的"天人合一"观念。中国的山水文化从来都是把自然之美、人文之美和艺术之美熔冶于一炉，秦岭在这点上做到了第一流。

从审美角度看秦岭，我们感受到的是什么呢？

是刚与柔的相济。秦岭是山之刚与水之柔的组合。秦岭的品牌形象之一是华山，华山是一座由花岗岩浑然天成的巨山，但是它又有一个非常柔性的比喻，古代"华""花"通用，《水经注》说它状若莲花，故名华山。一个非常刚硬的形体却被赋予了一个非常柔性的比喻。华山是一座父性的山，却流传着一个非常母性化的故事——沉香"劈山救母"，拯救自己被压在山中的慈爱的母亲。终南山在秦岭之北，属于分水岭的北方，是秦岭的阴面，"终南阴岭秀"，灵山秀水，也有柔性的一面。

是点与脉的相映。秦岭好似天宇的翔龙，在这道龙脉上，有许多亮点。太白山是自然景观的亮点，终南山是宗教景观的亮点，楼观台是道教景观的亮点，华山则集自然景观、宗教景观、文化景观的亮点于一体，可以称作秦岭的画龙点睛之处。华山、终南山堪称中国山岳的华表，中国文化的华表。秦岭之脉和这些脉点，组成了一种美学关系。

是景与文的相惠。秦岭的风景和文化互惠互济。如果说秦岭的"一山两水"是中国的"四库全书"，这部书的目录就在华山和终南山。秦岭是中国文化主流之一的河洛文化的上游，洛河就发源于秦岭深处。道文化实质是水文化，用绕指之柔的灵水去战胜百炼之钢的智山。道文化提升了秦岭景观，秦岭景观又为道文化做了最好的印证，秦岭的道文化跟秦岭的灵山秀水合二而一。

是形与寓的相生。秦岭千姿百态的自然形质和龙之寓象、道之寓象、释之寓象、易之寓象、父亲之寓象、奉献之寓象等千象百寓互为表里，相与辉映。许多画家画秦岭、画华山，都喜欢将其拟态化、寓态化，或拟人，或拟龙，或拟八卦。石鲁有一幅画，用枯墨勾勒出一座孤立的华山，好似一个伟岸的中国男子汉、中国父亲遗世而独立，原因恐在此了。

四

高不可攀的喜马拉雅山、昆仑山，是那种可望而不可即的"神圣之山"和"神话之山"，所以孕育了最为理想主义和彼岸主义的藏传佛教和昆仑神话系列。秦岭不同，他被誉为"父亲山"，他与"母亲河"黄河、渭水是我们生命和精神的父本和母本。他是那样的人性化、人间化，永远用双臂温暖地搂定自己的孩子，无微不至地关爱着我们。地球上没有一座山、一道水像秦岭、渭水那样，养育了一个世上最庞大民族的整整13个王朝。人类的生存需要什么，他就赐给我们什么，从好空气、好水，食物、衣着材料和居住材料，到文化理性、理想境界和艺术审美各个方面，是那样无私无悔毫无保留，完全是竭尽自身生命抚育儿女的亲爹亲娘的形象。

因而谈秦岭不能不谈渭河。正是这永远共同着时间和空间的秦岭与渭河，正是这一脉山一脉水，世世代代给了这块土地以人性的、伦理的温度。中华水网犹如一片绿叶的叶脉，渭河是中华绿叶万千叶脉中的一道主干脉络。她在中华文明的发祥地千秋万代地流淌，使得我们的民族年复一年地回黄转绿。她的枯荣与整个民族的兴衰息息相连。从炎黄到夏商周，再到秦汉唐，甚至延伸到现代的西安事变，现代的西部开发和古往今来的丝绸之路，整个历史都在渭河这部水幕电影里流淌。

"可怜天下父母心"，实际上，秦岭和渭河为养育他们一代又一代的儿孙，早已经不堪重负。干旱在汉、唐已经初露端倪，极大地影响了关中的农业生产和粮食产量，以致有几个皇帝不得不去洛阳就食，被谑称为"逐食天子"。这种对生身父母的"逃离趋势"，最终导致了都城的东迁。这让人不由得想起延安。延安对中国革命的贡献、秦岭对中国历史的贡献，是陕西矗立在中华大地和民族精神中的两座丰碑。但他们都曾因生态失衡而边缘化。

明代以降，"西安"这个新名称渐渐将汉唐长安边缘化，生态的退化导致关中失去了天府的美名，国家的中心渐渐远离了秦岭，长安从此不安。喝秦岭渭河水的时代曾是中国历史上最强盛的时代，由于生态破坏，秦岭用自己悲壮的命运给中国乃至世界提供了一个深刻的教训：没有山水、没有自然生态的发展终将失败，繁华和兴盛终将远去。

渭河对于中华民族有着最大的承担，有着最大的功劳，但是也承受着最大的耗损。她曾经那样丰腴、美丽，而现在却苍老、干瘪。她养育了一个又一个王朝，国家强盛了，自己却衰竭了。我的过度劳累、忍辱负重的好母亲、老母亲！

想到这一切，我心头就会泛起一种苍凉。渭水给关中土地以甘露，我们怎能还她以污浊？渭水给三秦城市以美丽，我们怎能还她以丑陋？渭水给陕西人心灵以温润，我们怎能还她以枯竭？苍凉背后，是久久的深深的自责。

"水旺则国运昌，水竭则国运衰。"当下，我们实在应该刻不容缓地在全民族中树立起"水是生命第一元素、社会发展第一元素"的观念，改变"水资源最廉价"的习见和谬误。

这就要抓住"涵、清、济、节"四个字 ——

"涵"，涵养。从秦岭、六盘山两个渭河源头开始全面、持久地涵养水源。渭河水源较为丰裕的支流在南边，而泥沙比较多的支流大都在北边，尤其要重视六盘山到关中北部这个黄土塬层面的绿化，为渭河涵养净水清流。

"清"，防污。渭河干流和支流，沿途一定要积极、有效地防止中途污染。专供西安饮用水的黑河水库，为了防污，专门成立了水警支队，保卫流水沿途的生态和社会安全。坚持护水清流，保证生活、生产用水的生态标准。

"济"，接济。用外地丰裕的水源补渭河之不足，如"引嘉（嘉陵江）济渭""引洮（洮河）济渭"等工程。但这种"济"必须适度，要在保证自身正常流量的前提下接济渭水。

"节"，节水。培养全民的节水意识和绿色生存、低碳生存意识，要将这种意识转化为切实的社会行为和日常的生活风习。这是一种"水德"，应将用水道德作为国民道德教育的重要内容广泛宣传，并遵循可持续发展的原理，绝不透支后代赖以生存的不可再生资源。

以上四方面的治理若能渐见成效，渭河有望在中国北方成为科学化、现代化、系统化、生态化流域治理的典范。这个典范又有望与渭河流域"五个长廊"的建设融为一体。这"五个长廊"指的是：渭河文化展示长廊、渭河生态景观长廊、渭河旅游景点长廊、渭河高新科技长廊、渭河高新农业长廊。

五

1200多年以前，唐宋八大家之柳宗元说过"国都在名山之下，名山借国都以扬威"的名言，点出了秦岭山与长安城内在的感应和共赢。到了现代，科学发展观使我们从理论和实践的结合上逐步明确了，在这座山与这座城的酬对中，一定少不了水网，少不了乡镇。山是人类的乳房，水是大山挤出的乳汁，是沁入生命来营养我们的汁液。城市是乡镇的凝聚和提升，乡镇又是城市的疏散，城市的现代元素融入村镇，每家每户便得以共享。

基于这样的理解，我们不妨来描绘一番秦岭—渭河人性化、民生化的"新生存体系蓝图"，这便是：在秦岭北麓到渭河平原水网区这样一个大山、大水涵盖的硕大坡面上，全面共建自然生态和社会生态相交织的现代科学生存网状体系。这个网状体系应该将造化赐给我们"八水绕长安"的自然优势，尽快涵养、修复、提升为现代化的"八水润西安"工程体系和功能体系，形成水源充沛洁净、注泄有度的科学水网。而在大都市西安—咸阳和整个关中城市群，在星罗棋布的乡镇网络的广袤土地上，则要科学布设、构建起一批又一批现代田园城镇。

这些田园城镇是城、镇、村三合一的，它内里的质地能满足现代人生产、生活的各种需求，而它的风貌则保留了、也更新了绿色田园的种种情趣。通过城镇化发挥乡村、集镇的调蓄功能，让树林和草地绿起来，让清水流过来，更让人高高兴兴留下来。不要一味涌入大城市，而是贴着大地行走，走一条与城市现代化并行的乡镇现代化的路子。在这个过程中，要有科学技术的介入，要有现代生活方式的融入，更要有整体文明程度的提升。因为城镇化进行到更深层面，面临的将是新城镇文明和新生活方式的深度创新和构建。

清晨起来推开自家的门窗，你看到的也许不再是传统的村居村道，也不再是精心修饰的西式花园，而是溢满了生机的绿色农田和林子，是油菜开花、小麦扬花、棉秆挂花，是一派现代农耕文明的田园景象。

现代大都会是聚汇社会和聚居人口的"大水库"，现代田园城镇则是社会生态化、现代化的"蓄水池"。城镇化发挥了乡村、集镇的调蓄功能，就可以逐步实现村里有"水塘"、镇上有"水坝"、省市有"水库"的层次分明的格局。"蓄水池"当然不单指水资源的涵蓄、管控，更是针对整个地域经济、文化和社会发展而言的。现代社会各方面的管理，都需要发挥多层"蓄水池"的作用。在这个意义上，乡村的现代化改造是中国社会发展在源头上最为稳定、祥和的根基。

大西安正在奋力建设国际大都市，西安、咸阳两座古城牵手之处不在别处，就在秦岭、渭河之间这个硕大坡面上，这是何等的意味深长。

例如曲江新区的临潼国家旅游度假区、楼观道文化展示区，就正在写一本新书，一本大书，一本现代的线装书。书页的南沿以秦岭的绿色为屏障，北边泛漫着渭水的波光。沣河、涝河、潏河、滈河和泾河，是书于其上的文字。田园城镇有如其间的标点和分段，从周、秦、汉、唐直书下来，直至现代，直至当下，絮絮叨叨数说着这块土地上那些说不尽的故事。为什么曲江新区要致力于秦岭四库的研究呢？所谓"智者所图者远，所谋者深"，秦岭山水和古人留下来的丰厚资源，给曲江建设者们在新骊山、新楼观生态保护中多少启示、多少灵感啊！曲江新区这些年来以打造"城市生态建设与文化复兴的典范、历史遗迹与现代文明共生的模本"的理念和"兴文、强旅、筑绿、富民"的切实行动，再次践行了"文化立区、旅游兴区、生态建区、产业强区"的发展战略，坚持统筹发展、科学发展，突出抓好生态、历史、文化、旅游四大优势，积极推进城市化进程，坚持走生态建设与经济发展并举、环境保护与产业开拓并重的路子，使生态区建设与经济发展形成良性互动，生态区品位得到完善和提升，取得了显著的生态效益、社会效益和经济效益，初步建立了适应新区经济可持续发展的良性生态系统。也就是说，他们从那山、那水、那人的角度出发，让城市融入大自然，让居民望得见山、看得见水、记得住乡愁。

六

人类最早是从树上、从山里，沿着水迹拉出来的沟谷走向平川的。山是我们的故居，走出大山的人类永远在回眸大山，眷念大山。山水田园是我们的心结，是我们心头挥之不去的乡愁。正如一首歌，"关山重重，云水漫漫，山山水水缠绵着我的思念"。

秦岭南北集聚了陕西三分之二的人口，毫无疑问，秦岭，还有渭河，还有山和河孕育的那方热土，是我们秦人心中的乡愁。从空间意义上，秦岭是陕西人的乡愁记忆；从精神意义上，他也是中国人的乡愁记忆。

乡愁又何止是一种愁绪，其实更是一种审美。乡愁不一定都是美好的，但一定都是向上的。它是生命里感情里最深刻的记忆，它构成了每一个人生命的底色。

在《史记》中，司马迁最早将关中即渭河流域称为"天府"，几十年后，这个荣誉才给了汉中和蜀中。关中之所以能够最早成为"天府"，这"军功章"当然有秦岭、渭河的一半。对秦岭、渭河的奉献，我们应该时存感觉、时存感念、时存感恩、时图回报。最好的回报，就是要处理好人与自然的关系，用循环经济和大文化理念引领这座伟岸的山和这座伟大的城在当下的可持续发展。

这也就要从万古永存的人与自然关系的这个元问题出发，以万古长青的中国古典绿色的文化观念、万古延续的中国古典绿色的生存实践、万代浸润的中国古典绿色的艺术精神，从方方面面去理清自然生态、社会生态、精神生态三个层面的诸多问题，构建它们之间的新型关系；更要不断地探索、实践，处理好现代背景下人与天地、人与社会、人与心灵的关系。

否则我们将会家无记忆，族无记忆，史无记忆，国无记忆。我们将悔之无及。

城市在现代的发展中，开始是楼群之城，现在是园区之城，今后还要建成田园之城，城市与山水真正融为一体。这正是在接续"中央水库"秦岭的历史荣耀。一座亘古永存的山脉、一座现代古老而新兴的城市，肩并肩立于八百里秦川之上，执手言欢，谈笑风生，同样的生气勃勃，若绿般鲜活，若水般灵动，你说，那是怎样的风景！

2015年1月12日　西安不散居北窗

绪言

秦岭，与欧洲的阿尔卑斯山、美洲的落基山并称全球"三大名山脉"。秦岭有广义和狭义之说。广义的秦岭，西起昆仑，中经甘肃、陕西，东至大别山地区。狭义的秦岭，指位于陕西省中部的秦岭山脉中段，仅限于陕西省南部、渭河与汉江之间的山地，北到潼关县城以南，南到旬阳县城，东到商南县的富水以东，西到略阳县的郭家坝以西，包括今西安、渭南、咸阳、宝鸡、汉中、安康、商洛等地。《文明春秋》是《秦岭四库全书》之一，它的撰写基本以狭义的秦岭为范围，叙述中国古代人类在秦岭地区的智慧活动。其内容按八个专题，分述如下：

一、秦岭是中国古人类的重要发祥地

秦岭是中国古人类和古文化的重要发祥地之一，而且也是中华文明诞生的摇篮。考古发掘资料是远古人类社会发展的直接证据。西安蓝田境内发现的蓝田猿人是远古西安、陕西乃至整个北半球最早的直立人，距今已有115万年的历史。秦岭北麓骊山脚下临潼区油槐乡发现的白家人是远古先民从山岳走向平原的第一站，是西安地区迄今发现最早的农耕氏族部落，距今约8000—9000年。此后，秦岭地区新石器时代的文化遗存在关中星罗棋布。举世闻名的西安半坡遗址和临潼姜寨遗址，就是这一时期的典型代表，被誉为中国仰韶文化的两颗璀璨明珠。父系氏族公社时期的原始村落遗址，仅秦岭北麓沣河下游7千米内就有8处。先后发现的有西安市长安区客省庄二期文化、西安东郊浐河西岸十里铺米家崖遗址、西安市临潼区康家遗址等，其中康家遗址是目前秦岭地区迄今发现最完整的龙山文化遗存。

中国远古人类在秦岭地区走过了上百万年的艰难历程。秦岭不仅揭示了我国原始社会从发生到发展乃至解体的全过程，也证明了人类社会是一个由低级向高级、由简单向复杂、由必然王国向自由王国发展的过程。这是一个不以人的主观意志为转移的客观规律。

古代神话传说是我们认识远古人类社会生活的一把钥匙，更是我们解开秦岭地区中国古人类百余万年发展历史的蹊径。司马迁《史记·五帝本纪》就是利用当时的传说故事记录下来的中华民族最初的历史。因此，"华胥氏生伏羲氏、女娲氏，伏羲、女娲生少典，少典生炎帝、黄帝"，就是华夏民族的主源头和主线索。灞河流域的自然环境是华夏文明诞生的摇篮。我国古人类百万年的历史画卷从此展开，华夏文明的曙光从这里迸发出来。

二、秦岭是历代帝王活动的政治舞台

秦岭有着优越的自然条件，进入阶级社会以后，这里成为统治者施政的首选之地，是中国古代社会前半期帝王活动的政治中心舞台。

传说时期的炎帝、黄帝、伏羲、女娲等中华民族的先祖们就在秦岭北麓长期活动。周人的始祖弃及其后裔长期生活在秦岭北麓渭河南侧清姜河畔，虽然也曾一度移居豳地一带，但最终还是在秦岭北麓渭河支流沣河下游建立都城，史称西周。

秦人祖先主要活动在秦岭北麓甘肃段。西周时，伯益后裔非子因替周孝王养马有功，获封"秦地"，这是历史上秦国的开端。秦人后沿渭水下行至"汧渭之会"，至雍城、至栎阳、至咸阳，一直活动在秦岭北侧的关中渭水下游一带，并最终吞并六国，建立了中国历史上第一个大一统的中央集权的封建帝国。

项羽以秦岭南侧"巴蜀汉中四十一县"封刘邦，刘邦以治所在汉中称"汉王"。刘邦称帝后以封国名为王朝名，所立都城长安位于秦岭北麓渭河之南。西汉上林苑承秦上林苑，涵盖秦岭北麓大部分地区，为皇家园林。

隋承北周而启于唐。唐王朝是中国封建社会最强盛的朝代。618年由李渊建立，定都于秦岭北麓的长安（今西安）。从"贞观之治"到"开元盛世"，中国封建社会沿秦岭北麓而走向极致。

唐代以降，正统王朝的政治活动远离了秦岭，但黄巢和李自成农民起义领袖建立的两个政权又建都于秦岭北麓的长安，他们败退后还选择秦岭山区为基地，进行军事斗争。

三、秦岭是历代名将建功立业的理想之地

巍峨而厚重的秦岭，为历代名将搭建了建功立业的理想平台。从夏启与有扈氏在秦岭北麓的甘之战揭开了中国文明时代之日始，到大清王朝覆灭，历代名将在秦岭地区的赫赫战功、谋略思想、战略战术及英勇献身的精神，史不绝书，是值得今天挖掘的精神财富之一。

在周秦汉唐千余年间，秦岭驿道作为首都长安联结南方诸省的战略通道，在古代政治、军事、经济诸方面发挥过重要作用。这些古道由西向东有：陈仓道、褒斜道、傥骆道、子午道、库谷道和武关道。其中陈仓道为通往山南和剑南的主干道；武关道为通往江汉地区的捷径。6条秦岭驿道中褒斜道起始最早，持续时间最长，规模最大，也最为平缓；傥骆道距离最短但也最艰险；子午道距离最长。这3条都是联结汉中地区和关中地区的主要交通要道。它为历代名将实施军事谋略、建功立业搭建了理想的平台。

四、秦岭是中国儒学衍生、发展的重要区域

周孔之道，发自秦岭北麓的关中。西周建都西岐、丰镐，活动在秦岭地区的西周诸圣创造了以仁义礼智为核心的王道文化，这一文化后来成为孔子思想的主要来源。儒家经学，始于长安。自汉武"罢黜百家、独尊儒术"之后，儒学成为西汉王朝的官方意识形态，长安成为全国儒学的中心，一时学者云集，盛况空前。东汉关西，经学极盛。长安儒学之发达，丝毫不亚于东京洛阳。三国魏晋南北

朝时期，佛、道崛起，儒学发展相对减弱，但秦岭地区仍然出现了杜预、徐遵明等著名经学家，经学发展不绝如缕。隋唐长安为帝国首都。秦岭地区重新成为全国经学中心，完成了汉魏六朝经学的融合与统一，产生了颜师古、啖助等重要的本土经学家。

宋明之际，秦岭地区进入后帝都时代，北宋张载创建了内圣外王的气学体系，其弟子蓝田"三吕"编订《吕氏乡约》，名垂青史。元代奉元诸君子倡道关中，拯斯文于既坠。明代，前有薛敬之、吕楠等代表的河东学派以及王恕、王承裕父子开创的三原学派，后有王之士、冯从吾、张舜典代表的晚明关中心学一派，关学盛极一时。清代关中理学可圈可点。先有李颙、李因笃、李柏号称"关中三李"，后有"关中三学正"之目，贺复斋弟子牛兆濂、张葆初亦闻名当世。同时还有长安柏子俊，咸阳刘光蕡为西北先觉。

总之，若单就儒学而论，自西周至晚清，秦岭地区实为孕育先秦儒家之圣地、经学昌明与极盛之中心、理学发生发展之重镇，在整个儒学史上的地位突出，对我国文化的发展贡献甚大，说它是儒学渊薮、经学中心、理学重镇，毫不夸张。

五、秦岭是中国佛教的名山圣地

秦岭是中国佛教的摇篮。秦岭终南山自古以来就是佛教丛林圣地，有"长安三千金世界，终南百万玉楼台"的称誉。至今仍有迦舍佛说法的三会道场在终南山。秦岭中段的终南山是中国佛教传播的重要策源地。中国佛教宗派中有五宗的祖庭或中心寺院就在终南山中。汉传佛教八大宗派中，秦岭及关中就集聚了六大宗派祖庭。

秦岭地区是中国佛教信仰的圣地。中国佛教信仰体系因竺法护在这里翻译出《正法华经》的《观世音菩萨普门品》而流行全国，后世观音信仰最权威、最重要、最流行的经典是鸠摩罗什在终南山下翻译的《观世音菩萨普门品》。终南山还是中国历史上第一个官方钦定的观音道场，比普陀山出现观音造像还要早300年。在唐宋时期几百年间，终南山一直是中国佛教四大圣地之一。秦岭是中国传统精神的交融碰撞之所，闪烁着传统文明的智慧光芒。

六、秦岭是中国道教文化的诞生、演变之地

道教是中国土生土长的宗教。研究道教发展的历史，秦岭始终是一个不可忽视的地理概念。相传周大夫函谷关令尹喜最先于此结草为楼，以观星象，故名草楼观，后来简称楼观。老子在楼观南筑台为尹喜授经，故台称"说经台"，又因位于楼观境内，合称楼观台。

到了唐代，李唐皇室奉道教始祖老子为其远祖，为道教发展提供了黄金条件。这一时期秦岭著名道教宫观据《唐会要》称32所，宋代宋敏求《长安志》称48所，清代徐松《唐两京城坊考》认为有46所，实际超过这个数字。

五代北宋时，有陈抟、刘海蟾、张无梦、种放等著名道士居华山修道，秦岭道教中心向东偏移，这与自五代起政治中心东迁有关。

至金元朝，王重阳及其弟子创立并弘扬全真教，秦岭北麓终南山道教发展至顶峰时期。重阳宫位于西安市户县境内，是道教全真派"三大祖庭"之一。重阳宫在元代盛极一时，为天下道都。其宫观规模之大，为国内道观之首。元世祖时重阳宫奉敕更名为"敕赐大重阳万寿宫"。

秦岭还是道教祖庭文化区。道教的一些主要派别如楼观派、全真派、龙门派的祖庭均在秦岭山中。秦岭是中国名副其实的道教名山。考诸史传，朝鲜半岛的高句丽和新罗早有信奉鬼神的习俗，五斗米道在唐以前也已传至高句丽，唐初，其国民争相信奉。新罗留学生有很多人在留唐时期都学习过道教，其中的金可记堪称代表人物。可见，秦岭道教文化曾走出国门，对中国周边国家产生过一定的影响。

七、秦岭是"终南捷径"的隐士通途

秦岭作为一个系列山脉的组成，最让人高山仰止的还是它源远流长的隐士文化。从某种意义上说，秦岭是中国传统隐士文化的符号，也是传统归隐文化的发祥地。古人云："自古神仙出终南。"从一个方面说明了古代隐士与秦岭的不解之缘。名人志士、文人雅客经由终南山或隐或仕，使终南山

隐士文化大放光彩。姜子牙入朝前就在秦岭终南山下磻溪谷中隐居，他用无钩之钓引起周文王的注意，后以八十高龄出山，辅佐武王伐纣，建功立业，分封诸神，这才有了众神仙的说法。唐朝进士卢藏用曾隐居在终南山以扩大影响，后来终于做了高官，因此留下了"终南捷径"的千古之说。

隐士就是潜居避世之人，他们多隐居于山林、草野，都是以不求闻达、不入仕途为主要特征。隐士也被称为"处士""高士"。古时称没有出来做官而居家的士人叫"处士"，就如同没有出嫁的姑娘称处女一样，给人以高尚、圣洁的感觉，所以隐士又有"高士"之称。隐士代表了中国最古老的价值观，他们寻遁于山野林谷中，去寻找天人合一、永恒固定的规律，专心于个人的修为，修心养身。

隐逸之风是中华民族传统文化心理结构中的一个重要组成部分，先秦诸子的思想中就已出现了这种趋势。国学大师南怀瑾曾说："中国几千年影响最大的是什么人？不是孔孟，也不是老庄，是隐士。"他们各取所需选择了多种隐逸方式，却又一致与方士、田园诗、山水画、茶道、医药、园林、农学、奇行等脱不开干系。在历史发展的漫漫长河中，中国隐士创造出了世界上独特、个性、多样的隐士文化，他们是中国传统文化不可或缺的重要组成部分，而秦岭终南山隐士及其形成的隐士文化更是中国隐士文化的代表。

八、秦岭龙脉

秦岭是中国非常重要的生态系统。2005年，权威杂志《中国国家地理》为秦岭赋予全新意义，认为秦岭是"中国人的中央国家公园"。秦岭地区不仅地质期次多，而且岩浆活动、地质变形、岩石变质、新矿成形等地质现象在这里也比较多，在我国素来就有"地质博物馆"的美誉。秦岭山脉横亘于我国中部，是中国大陆南北方的地理分界线。此线南北两侧，气候、水文、土壤、景观等地理要素都显著不同。同时，秦岭还是我国两大母亲河长江、黄河水系的分水岭。

秦岭作为中国非常重要的一个生态系统，不仅仅单纯地体现在生态环境上，而且还体现在历史生态和文化生态上。可以毫不夸张地说，没有哪一座山脉像秦岭这样孕育着中华文明，也没有哪一座山脉能像秦岭这样深刻而广泛地影响着中华文明的进程，秦岭是名副其实的"中华民族的父亲山"。秦岭北麓的关中平原是我国历史与文化的核心区域之一。富饶的秦岭北麓，孕育了中国历史上的13个王朝，其中周秦汉唐是我国历史上的繁盛时期、统一王朝。秦岭还是中国古代"立儒、生道、融佛"之地，正是儒道释这三足鼎立的坐标，构建了中国人的精神世界，铸就了中国传统的核心价值观。从这个意义上说，秦岭既是中国人的灵魂家园，也是中华文明的龙脉。

总之，秦岭为人类智慧活动提供了平台，人类智慧活动为秦岭增添了风采，秦岭与人类互为辉映，人类与秦岭相得益彰。我们相信，秦岭会以其独特的自然景观走向世界，再放异彩！今天，人类的智慧活动也会使秦岭更加绚丽，更加辉煌！

《文明春秋》全书共八章。撰稿人分工如下：绪言陈正奇；第一章陈正奇；第二章于风军、王建国；第三章安彩凤、陈正奇；第四章赵均强；第五章贾俊侠；第六章王兰兰；第七章王建国；第八章潘明娟；参考文献由陕西师范大学硕士研究生魏兴、西安文理学院历史专业学生刘玉飞整理。书稿成型后，由陈正奇、申亚民、胡宗焕、王建国杀青、统稿，陈正奇终审、定稿。《文明春秋》初稿完成后，邀请西北大学徐卫民教授、陕西师范大学李令福教授、陕西学前师范学院穆渭生教授组成专家组，先后两次对初稿进行审阅，并提出修改意见，在此谨表谢意。

当然，《文明春秋》的编撰，对于我们而言，亦属初次尝试，其中错误在所难免，希望读者诸君及专家学者批评指正，以便在今后的修改中完善。

秦岭是华夏民族形成与发展的主源头和主线索，其北麓灞河流域就是华夏文明诞生的摇篮。从秦岭北麓的公王岭到陈家窝，从灞河流域的华胥古镇到浐河流域的半坡遗址，我国古人类百万年的历史画卷在这里展开，华夏文明的曙光从此处迸发出来。

第一节　秦岭地区旧石器时代的远古人类

　　秦岭地区旧石器时代的远古人类文化遗存多集中在灞河流域。公王岭发现的蓝田人距今已有110万—115万年的历史，是整个北半球最早的直立人。蓝田锡水洞人与公王岭蓝田猿人时代相近，早于陈家窝猿人，它填补了秦岭地区古人类无穴居的空白。蓝田涝地河人早于山顶洞人晚于丁村人，属于晚更新世早期的人类。

　　位于秦岭腹地南洛河流域的洛南盆地，其旧石器时代地点群遗址文物之盛，跨越了距今80万—5万年左右的漫长历史，其考古意义之广泛，必将对世界旧石器时代的研究产生巨大而深远的影响。

一、北半球最早的居民——蓝田人

（一）蓝田人的发现

　　1963年6月，中国科学院古脊椎动物与古人类研究所的科研人员在蓝田地区开展了广泛的古生物地质考察工作。7月中旬，他们在县城西北10千米的泄湖镇陈家窝第四纪红色土堆积物中发现了一个完整的直立人下颌骨化石，在同一层位，还发现有大量的哺乳动物化石；在距化石出土地以北1千米的动物化石层位中，先后发现10件具有人工打制痕迹的石制品材料。1964年3月下旬，蓝田考察队又对这一地区进行了为期3个月的多学科综合考察活动，从公王岭遗址夹杂大量钙质结核的红色砂质黄土层中发现大批哺乳动物化石，随后在对化石的清理整修中发现了1枚头盖骨、3枚牙齿和1件上颌骨的人类化石材料。经古地磁法鉴定，公王岭的头骨化石距今已有110万—115万年的历史。按照国际惯例，猿人化石定名为"蓝田中国猿人"，简称为"蓝田人"。

（二）蓝田人生存的自然环境

　　100万年以前的蓝田地区，秦岭海拔仅有1000米左右，地势较平缓，南北动物可畅通无阻地互相迁徙。秦岭北坡气候温暖、湿润。清澈见底的灞水从东南流向西北，横贯蓝田全境，最后汇浐入渭；广阔无垠的白鹿原坦荡平畴，是先民活动的天然场所。与蓝田人生活在同一期的动物有丽牛、小熊、犀、水鹿、中国貘、獾、剑齿虎、三门马、野猪、斑鹿、大角鹿、大熊猫、剑齿象、爪兽、豪猪等。其中森林动物最多，如猕猴、虎、象、貘、野猪、毛冠鹿、水鹿等。另外还有一些草原性动物如马、羚羊等，以及多种啮齿类动物，它们生活在公王岭附近的草原上。总的来看，公王岭动物群有强烈的南方色彩，缺乏我国北方常见的动物，如狐狸、披毛犀、骆驼、野牛等。这就说明在蓝田人时代，蓝田地区的气候比现在温暖湿润，类似我国现在华南地区的气候。

　　另外，从化石层中采集的植物孢粉看来，草本植物居多，木本植物较少，而且多为阔叶树种，反映出当时为间冰期气候[①]，这与动物群反映的自然环境是一致的。

　　据此，我们就可以清晰地绘出一幅蓝田人生活的彩图：在亚热带原始森林里，猕猴在枝间跳跃，密林深处不时传来呼啸的狼嚎之声，随时威胁着人们的安全；山下缓坡地带的草原上，野马、羚羊、

[①] 间冰期气候是指两次冰川活动期之间比较温暖的气候。在整个地球气候史上，被公认的两次大间冰期为：寒武纪-石炭纪大间冰期（距今6亿—3亿年），共经历了3亿年；三叠纪-第三纪大间冰期（距今约2亿—200万年），共经历了2.02亿年。在大间冰期中，整个世界气候温暖，雪线上升，冰川消融退缩，气候带和生物群落向高纬推移。在大冰期内也有时间尺度大体与亚冰期相当的亚间冰期，在亚冰期中还有时间尺度与副冰期基本相当的副间冰期。

斑鹿在奔驰，是人们可以猎取的动物；河床不宽而水流湍急的灞水（原名滋水，春秋时秦穆公称霸西戎，改名灞水，以彰霸业），清澈见底，为人们提供了充足的水源，成群的鱼儿在水里互相追逐着、嬉戏着……蓝田人就生活在灞水南岸的台地上，凭借自己的双手，制造出简单的工具，同大自然进行着艰苦卓绝的斗争，顽强生存，生息繁衍。

（三）蓝田人的体质特征

考古学材料告诉我们，古人类的发展大约经历了三个阶段：南方古猿（距今约500万—100万年左右）、猿人（又称直立人，距今约100多万—二三十万年）、智人（约20万—一二万年前）。蓝田人属于猿人阶段，与我国著名的北京人同属这一阶段的代表。按照古人类的发展，时代越早，体质形态上猿类特点就越多越明显；时代越晚，就越接近于现代人。蓝田人不仅是陕西和中国，而且是亚洲北部与整个北半球目前已知最早的直立人。①

考古学研究还证明，在从猿到人的发展过程中，体质形态是人类阶段性的重要标志。蓝田人的体质形态说明其不仅能够直立行走，具有诸多人的性质，还保留了不少猿类的特征。

蓝田人的原始性在头部表现最为明显。首先，蓝田人的头盖骨额骨部分比较低平。人类的头盖骨部分是由低向高发展的。现代大猩猩的额骨是十分低平的；现代人类的额骨却突起来，形似圆球。蓝田人的额骨低平，其头骨的耳上颅高87毫米，不仅小于北京人的105毫米，而且小于爪哇人。其次，蓝田人的眉骨粗壮。在从猿到人的转变过程中，头骨的眉脊骨是由粗大隆起向细小低平发展的。猿类的眉骨成一条突出的横脊，像屋檐一样遮住眼睛，人类学上称之为"眼上圆枕"。蓝田人的眼上圆枕硕大粗壮，在眼上形成一条横行的脊梁，这一点与北京人和爪哇人较为相似。但蓝田人的眉间部稍向

图1-1 蓝田猿人塑像及头盖骨化石

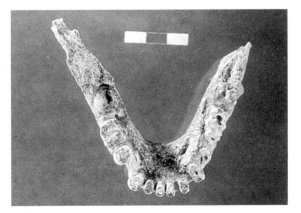

图1-2 蓝田猿人下颌骨化石

① 陈恩志.蓝田直立人[M].西安：陕西人民出版社,1995：10.

前突出，眶上圆枕的两侧端明显向外延伸，并不像北京人和爪哇人那样向后弯曲。

第三，蓝田人的颅骨壁厚。古人类学家对颅壁骨的观察、研究及分析表明：人类愈原始，颅壁骨就愈厚；人类愈进步，颅壁骨就愈薄。从古人类学家对直立人到现代人的颅骨厚度测定结果看，爪哇人为10毫米，北京人为9.7毫米，尼安德特人（早期智人）[①]为7.2毫米，现代人为5.2毫米。而蓝田人的颅骨壁极厚，远远超出了爪哇人和北京人头骨相同部位的上限。就头骨的前囟点附近的厚度而言，蓝田人为16毫米，爪哇人为9～10毫米，北京人为7～9.9毫米。由此可见，蓝田人的原始性更强。

第四，蓝田人的脑量小。古人类学家的研究成果告诉我们，在人类的进化过程中，头骨由小变大，脑量也由小增大，这是人类进化分类的重要依据。据测定，蓝田人的脑量为780毫升，大于现代猿类的415毫升，小于北京人的1075毫升，相当于现代人类1400毫升的1/2多，是我国现已发现的猿类头骨化石中脑容量最小的。这反而说明了蓝田人在人类进化史上的特殊地位。

上述的体质形态表明，蓝田人的相貌特征为：眉骨粗壮隆起，眼眶上缘的眉脊像屋檐般前伸，前额低平，明显向后倾斜，嘴巴向前伸出，与猿类有许多相似之处。这都进一步证明人类是由猿进化而来的。

（四）蓝田人使用的生产工具

我们知道，能否制造和使用石器是人和猿（或其他动物）的根本区别与分水岭。人类最早的工具是木棒和石器。木棒因木质易朽，难以遗存下来，石器就成为遗存的原始人类的主要工具。考古学家把原始人类使用石器的时代称为石器时代。

石器的出现，标志着人类已完全脱离了动物界，在制造工具的方式上已处于以物克物的阶段，不过，石器时代距今十分久远，它占去了人类历史的绝大部分时间。由于石器的制造方式不同，石器时代又分为旧石器时代和新石器时代两个阶段。旧石器时代从人类诞生的一二百万年前到大约两万年前左右，这时期的工具主要是打制而成的。

蓝田人时代使用的石器无论从种类还是从用途看，都比较原始，且类别广，制造方法简单，使用范围宽泛，应属旧石器早期。蓝田人的石器中有用于砍伐树木、猎取野兽的砍砸器，有刮削兽皮、切割兽肉的刮削器，有割剥兽皮、挖掘植物根茎的尖状器，还有石球和手斧等。这些石器的来源主要是石英

[①] 尼安德特人已经灭绝，化石标本发掘于欧洲及西、中亚部分地区的更新世地层。

岩和脉石英等砾石。其制作方法一般大都是一次性打制而成，因此，石料的利用率很低，经过二次加工的石器数量很少。在打制石片和修制石器这一点上，蓝田人较北京人稍逊一筹。所以，蓝田人在石器的制作技术和方法上比北京人具有更早的原始性。蓝田人使用的尖状器体形大且厚重，这是北京人所未有的。因其断面呈三角形，故考古学家称之为大三棱尖状器。后来，这种尖状器在晚更新世早期的黄河流域多有发现，尤其带有渭河、汾河等流域的地方风格。这类石器从原料、器形到打制方法都十分相似。因此，它对于探讨我国南北方的石器的分布特点及古人类文化系统，具有重要的意义。

蓝田人的石器中还发现了石球。石球是一种狩猎工具，形似球状，表面十分粗糙，以树皮或兽皮(筋)系之，可能是用来攻击猛兽的，被后人称为"飞石索"。这种石球在蓝田涝池河、汉中梁山龙岗寺、山西阳高许家窑遗址中均有发现，尤以许家窑为多。这种狩猎工具一直延续到新石器时代，还为先民普遍使用。如今在非洲和美洲印第安人的一些部落中依然可以看到利用飞石索进行狩猎的现象。由此可见，蓝田人是世界上最早使用这种远程狩猎工具的人。

在蓝田遗址中，还发现了手斧之类的石器。这种石器首先发现于法国，后在欧洲、非洲等旧石器遗址中多有发现，所以它成为欧洲旧石器时代的典型器物，被考古界称为手斧文化。蓝田手斧的发现，是人类在同一个历史阶段，在基本相似的生活条件下创造的相雷同的物质文化。从总体来看，蓝田人的石器还比较原始，具有一物多用的功能。尽管如此，它在人类工具制造史上仍占有重要地位。也正是这些古朴的石器，构成了古老的原始文化，奠定了中华民族文明的基础。

蓝田人已经懂得利用天然火。火，是一种自然现象。人类对它的认识和征服经历了一个十分艰苦和漫长的过程。在公王岭头盖骨出土地层中，发现三四处粉末状的黑色物质，其中有少数炭粒尚可辨认。经鉴定，黑色粉末全为炭质，它是蓝田人使用火的遗迹。但从炭粒形状看，蓝田人还不会人工取火，而是在使用天然火时把火种保存下来，然后加以利用的。

1973年，在云南元谋人的遗址中，发现了大量炭屑，还发掘出两枚黑色的烧骨，它不仅将人类用火的历史提前到170万年前，而且说明我国是目前世界上发现用火遗迹最早的国家。蓝田人用火的遗迹虽不如元谋人那样悠久，更不及北京人那样丰富，但它把元谋人和北京人用火的历史连接了起来，构成了我国原始人类征服自然的新起点。总之，蓝田人对火的掌握和利用，是人类原始文化最伟大的成就之一，它开创了人类征服自然的新纪元，具有划时代的历史意义。

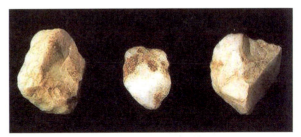

图1-3 蓝田人使用的石器

（五）蓝田人的社会组织与婚姻形态

蓝田人的社会组织和婚姻形态目前在文化遗存中尚无直接证据；但从同时代的遗址和远古神话传说中可以找到佐证；也能从现存的还处于原始社会状态的民族部落的"社会活化石"推知，蓝田人大约是十几人或几十人结合在一起，处于原始群婚状态。这种状态正是恩格斯所说的"蒙昧时代"①的中期——血缘婚阶段，既脱离了最原始的杂乱群婚状态，也排除上下辈之间通婚，进入了兄弟姊妹间的血缘群婚时期。②

这一时期的蓝田人，由于公王岭一带没有天然洞穴供他们居住，他们只好选择高大的树木"结巢而居"，以防野兽的侵袭，与传说时代的"有巢氏"相吻合。采集是蓝田人的主要谋生手段。秦岭北麓茂密的森林里，各种坚果、浆果、植物根茎、昆虫、鸟蛋以及容易捕捉的青蛙、蜥蜴、龟、蛇、鼠、兔子等小动物，是他们的主要食物。

秦岭北麓的蓝田人在极其艰苦的生活环境下，依靠着极其粗笨的工具，依靠着集体的力量，顽强地生存着，不断地繁衍着子孙后代，不断地改造着自然，也不断地改造着自己，推动社会向前发展，迎接人类黎明的曙光。

二、蓝田涝池河古人

1963年，在蓝田县城东北厚镇涝池河红色土层的更新世地层中，发现一批旧石器和哺乳动物化石。次年又发现一批更新世晚期的旧石器和哺乳动物化石，并发现一段属于人的化石。两次共发现石器2000多件，原料以脉石英为主，石英岩次之，燧石和砂岩再次之。考古学家将在这处遗址生存的人类称为涝池河人。涝池河人生产能力较蓝田公王岭人、陈家窝人有了提高，石制工具在打击、砸击之后，又经二次加工，且因不同用途而各具形态。具体制法有锤击、砸击两种，比较粗糙，精细者少，器型有圆头刮削器、凹刃刮削器、砍砸器、尖状器等。涝池河人在打制石料过程中，还逐渐学会了摩擦生火的技术。出土脊椎动物化石有小耳鼠、变种仓鼠、狐、狼、狗、猫、虎、野驴、野鸟、披毛犀、斑鹿、河套大角鹿、獐、东北狍子、牛类、环颈雉等，这些都是华北地区晚更新世地层中比较常见的种属。因此可以推测，当时该地的自然环境仍是以草原为主的温暖湿润的草原和森林。在时代上

---

① 蒙昧时代是人类的幼稚时期，以顺应自然条件为特征。此时，人类以采集现成的天然物为主，还拾取鱼贝和猎取动物等为食物。人类的工具主要是一次性加工的石器，并逐渐掌握了摩擦取火的本领。
② 王秀娥，阎磊. 陕西的远古人类与文化[M]. 西安：西北大学出版社，1988：30.

早于山顶洞人而晚于山西丁村人。其文化属于旧石器中期的早一阶段，丁村人年代约在10万年前，山顶洞人约在18000年前，故涝池河人属晚更新世早期的人类。这一时期，母系氏族公社已经确立，氏族公社内部，按性别、年龄及体力状况，有了不稳定的分工。人们除穴居外，为避免野兽侵害，逐渐开始"构木为巢"。此时，已有了原始宗教观念的图腾崇拜意识。

三、中国北方较早的洞穴人——蓝田锡水洞人

（一）蓝田锡水洞人的发现

锡水洞遗址位于蓝田县秦岭北麓山区的辋川河支流左岸的大理石溶洞内。它的时代为中更新世早期，与公王岭蓝田猿人遗址时代相当，早于陈家窝猿人时期。其文化特征，从器物类型和制作工艺水平上都表现出我国北方早期旧石器阶段的共同性特征。它的发现揭示了旧石器时代早期，秦岭山区就已成为我国古人类栖息的地方。锡水洞遗址的发现对于蓝田地区直立人阶段文化的综合研究有重要意义，不仅拓宽了在这一地区寻找早期人类活动的范围，而且加深了对该地区人类生活类型的认识，填补了秦岭地区古人类无穴居的空白。

（二）蓝田锡水洞人生存的自然环境

锡水洞所在的地区属于石灰岩地区，因此溶洞很多，锡水洞洞底海拔810米，高出现在辋川河阶地100米，洞呈水平延伸。它实际上是一条古地下暗河道，就现在的地形特点看，锡水洞是不利于人类生活的，洞口高，难以攀援，地形险峻。但在数十万年前的更新世，其地形并不复杂险要，那时新构造运动还未使秦岭抬高至现在的高度，洞口高出河床并不多，在辋川河两岸有广阔平坦的地面，河水又不至淹到洞内，有洞穴做栖息场所，十分利于早期人类的生存。锡水洞洞内面积较大，洞体可分为上下两洞，中间有竖井相通，人类文化堆积在下部地层中。洞内宽敞明亮，通风好；洞口背山向阳，视野开阔；洞内有泉水，作为早期人类的居所，条件十分优越。溶洞是人类最早利用的"房屋"，在人类还未学会构筑房屋之前，洞穴对于人类无疑具有重要的利用价值。

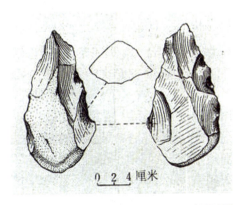

图1-4 蓝田人石器形制示意图

锡水洞遗址所处时代的生态环境属亚热带湿润的森林气候类型，气候温暖湿润，森林茂密，水源丰富。在遗址

出土的动物化石中，水牛和中国犀习惯栖息于森林沼泽地，它们是喜暖湿的动物；猕猴、豪猪、水鹿也是林栖动物，这几种动物均为东洋界动物群成员。锡水洞动物群是一个和公王岭动物群近似的动物群，所不同的只是它更缺乏古北界动物群的种类，它是一个以森林为主的、喜暖的动物群，其时代可能不会晚于公王岭动物群时代。锡水洞遗址中见不到剑齿虎、猎豹等猛兽，植物孢粉分析结果也是以亚热带、热带植物成分为多。由此可见，锡水洞时期的气候环境非常适合人类居住。

（三）蓝田锡水洞人使用的生产工具

石器依旧是锡水洞人的主要生产工具。遗址中出土的石制品、工具约有500件左右，多以附近的硅质大理岩、燧石、花岗岩和脉石英为原材料。石制品包括石核、石片等。工具类型有砍砸器、刮削器、尖状器和石球。石器大多采用单面反向加工，制作粗糙。

除了石制品外，还发现有人工加工的骨制品，有些保留了明显的使用痕迹。锡水洞遗址下部发现有灰烬层，厚达1.5米，呈黑色夹有灰色、红色、黄色或褐色的斑块和条纹，质地疏松，并含有大量肉眼可见的木炭屑，这应是人类用火的遗迹。

四、洛南盆地的古文化遗址

（一）洛南盆地古文化遗址的发现

在南洛河流域的调查中，发现旧石器地点38处，其中洛南盆地34处，采集各类石制品1000余件，相邻的丹江上游商州腰市盆地4处，采集各类石制品870余件。另外在洛南盆地发现花石浪龙牙洞洞穴遗址1处，并对其进行持续3年的发掘，共获得哺乳动物、鸟类和水生动物化石20余种，各类石制品3.5万余件，其中洞穴内达3万余件以上，揭露遗址面积120余平方米，从中清理出3层古人类居住踩踏面、灰烬层，该遗址被认定为一处埋藏十分丰富的早期人类生活居址。洛南盆地旧石器时代地点群的发现不但填补了秦岭山区旧石器时代考古的空白，而且为研究我国南方砾石石器工业和北方石片工业

图1-5 洛南盆地古文化遗址远景图

图1-6 锡水洞人使用的石器

的关系，提供了十分重要的资料。

1995年以来，陕西省考古研究院、中国科学院古脊椎动物与古人类研究所、洛南县博物馆、南京大学、加拿大皇家安大略博物馆和澳大利亚拉筹伯大学等国内外学术机构的研究人员，在中国社科院博士王社江的主持下，经过不懈的努力，使东秦岭南洛河上游洛南盆地的旧石器考古研究工作，取得了一系列重要的进展和丰硕的成果，在洛南盆地重点发掘了花石浪龙牙洞、孟洼和张豁口遗址，共发现旧石器旷野点480多处，发掘旧石器文物10万余件，其遗址旷野点分布密度之大、出土文物规格之高，在国内外绝无仅有。洛南盆地旧石器遗址跨越了距今80万—5万年左右漫长的历史阶段，它对研究世界旧石器一系列重要问题具有十分重要的意义，必将对世界旧石器研究产生巨大影响。

（二）洛南盆地古文化遗址的价值

洛南盆地旧石器遗址是我国旧石器研究的重要区域。洛南县城关镇的花石浪龙牙洞遗址最具代表性，并向周边区域辐射。龙牙洞遗址发掘面积140平方米，出土石制品77000多件，其数量之多非常罕见。器物类型有石核、石片、打制石器形成的断片及刮削器、尖状器和雕刻器等工具。另外，还发现旧石器时代早期人类生活踩踏面、用火遗迹以及象、熊猫、貘、河狸、马、鹿、野猪、牛等20余种哺乳动物和鱼、龟化石。在旷野点还采集到丰富的手斧、手镐、薄刃等西方阿舍利文化的器物。旧石器研究是世界性课题，以花石浪遗址为代表的旧石器遗址的发现，奠定了洛南必将成为中国乃至世界旧石器重要研究区域之一的基础。花石浪古遗址已在2008年被国务院列为国家级重点文物保护单位。

洛南盆地是人类文明的发祥地之一，是人类文明最早开放的一朵最艳丽的奇葩。2011年11月6日，国家文物局副局长宋新潮在洛南县检查了洛南盆地旧石器遗址发掘工作后，无比激动地说："洛南盆地旧石器遗址的发掘，其意义绝不亚于陕西兵马俑的发现。"

洛南盆地旧石器遗址对认识中国南北自然地理过渡地带秦岭山区的旧石器遗址年代学、石器工业性质、古人类生存环境、东西方旧石器文化比较研究、早期人类行为和技术交流与传播等具有极为重要的学术价值，对研究人类文明史和增强中华民族自信心都有十分重要的意义。

第二节　秦岭地区最早、最完整的智人
——大荔人

　　大荔人是目前我国发现的最早的智人，距今已有20万年的历史。大荔人介于北京人与丁村人之间，它的发现填补了我国晚期猿人和新人之间的空白，是我国最完整的早期智人，对于研究古人类发展史具有十分重要的意义。

一、大荔人的发现

1978年3月，陕西省水利电力局野外工作队在大荔县一带进行地质勘查，在段家公社（乡）解放村北头甜水沟断崖上，发现一个完整的古人类头骨化石，这就是闻名遐迩的大荔人的化石。经科学家鉴定，距今已有20万年的历史。大荔人介于北京人与丁村人之间，是我国目前发现的最早的智人①。大荔人的发现填补了晚期猿人与新人之间的空白。

二、大荔人生存的自然环境

20万年前，渭河以北是一片广阔的大草原。那时的洛河下游和渭河比今日水域宽阔，再加之秦岭山脉的植被茂盛，因而形成了一种得天独厚的生存环境。在这片沃土上，有生活在温暖潮湿环境中的古菱齿象、犀、水牛和猪，有生活在森林、草原地带的马和鹿，有生活于水中的厚壳蚌、螺、鱼，还有栖息于森林中河流两岸的河狸。渭河北岸的草原上长满了旱生的蒿、藜、菊、婆婆纳、荨麻等。草原附近有山有丘陵，其间树木成荫，既有栎、桦、榆等落叶阔叶林，也有松树等针叶林。林中荆棘丛生，有白刺、蔷薇、连翘等多种多样的灌木植物。大荔人就在这种草原千里、河水纵横的环境中，沿洛河至黄河之滨，过着出没不定的游荡生活。当时的自然环境为人们的生活提供了必需的生活条件，但这些优越的自然环境对于体质原始、工具简陋的古人类来说，仍然是极为艰苦的，他们不得不东奔西跑，居无定所，靠采集、狩猎维持生活。但他们依然不断地和自然搏斗，经过漫长而曲折的历程，不仅改造了自身，还创造了丰富多彩的旧石器文化。

三、大荔人的体质特征

大荔人头盖骨化石属于一个30岁左右的男性。大荔人的头骨化石是我国完整的人头骨化石中最古老，同时又是古人类头骨化石中最完整的标本，因而它对于研究古人类发展史具有十分重要的意义。

大荔人头骨的颅穹低矮，颅骨壁厚，额骨正中有一枚壮骨，前卤区略为隆起，矢状缝部也呈矢状脊，眉脊

图1-7 大荔人头骨复原图

---

① 智人是生物学分类中的名称，意为"有智慧的人"，是一种灵长目科人属及直立行走的物种。通常认为智人生活在大约20万—2万年前。

图1-8 人类的进化

粗壮，且眉脊内侧在前，外侧在后，呈"八"字形。颞骨鳞部上缘弯成弧形，犹如一片鱼鳞。整个面骨既窄又短，比猿人小得多，嘴、鼻部也不像猿人那样向前突出。颧弓位置低，有枕骨圆枕等与北京人相似。颧弓较细，眶上结节，有鸡冠等特征与现代人相似。头顶骨虽低于现代人却高于北京人，其脑容量为1120毫升，也比北京人稍大。头骨最大长、最大宽、颅高、额倾角、眉脊方位等多数特征介于直立人与现代人之间而与早期智人相似。头骨冠状轮廓图上的颅耳高、颅最大宽、耳门上点间宽，颅最大宽位置高度、颅宽位置指数、耳门上点颅高与颅耳高比值等均大于北京人，小于晚期智人及现代人的绝对值或平均值。由此可以看出，大荔人属于早期智人，但较其他早期智人具有更多的原始性而接近北京直立人，因此，它还可能是早期智人中较早的古老类型。

从体质特征可以看出，大荔人是向蒙古人种的特征发展的。大荔人面骨低矮，不很向前突出，鼻梁不高而较扁塌，鼻骨较垂直，眼眶呈长方形，鼻额缝、额颌缝相连续几乎处于同一水平面上，颧骨高突，颧骨较垂直且朝向前方，上颌骨向颧骨过渡处呈角行转折。这些特征都表明，大荔人与现代蒙古人种之间的差异很小，二者之间有极为密切的亲缘关系，所以大荔人应该是正在形成或发展中的蒙古人种。

图1-9 大荔人使用的石器1

大荔人既有与直立人相似的特征，也有现代人的特征，而表现更多的是与早期智人相近，较其他早期智人具有更多的原始特征而更接近直立人，属于早期智人中较早的古老类型，可以说它是从直立人发展到智人之间的过渡类型。大荔人是我国古人类进化谱系中的一个重要环节，具有我国古人类化石及黄色人种的特征，把我国直立人与晚期智人紧密地联系起来，在体质特征上起着重要的传承作用，弥补了黄色人种发展历史中的缺环。

四、大荔人使用的生产工具

在大荔人头骨化石的炭石层里，除发现一批与大荔人共存的动物化石外，还有石器如石核、石片等劳动工具。石器共计1221件，包括石核、石片和工具三大类。石核中的单台面石核40件，双台面石核2件，多台面石核18件，砸击石核21件，锤击石片540件，砸击石片176件；工具类有400多件[①]，这些工具说明大荔人制作石器的石料多采自河床或河缘的砾石，其中石英岩最多，燧石次之，脉石英最少。从石器的类型看，比较单调，多为刮削器，包括单直刃、单凸刃、单凹刃、端刃、双刃圆头等几种，还有少量的雕刻器、石锤、砍砸器、石球，未见尖状器。石器的形状普遍较小、轻巧，有明显二次加工打制的痕迹，具体就是先用锤击法将砾石面打去一片后，再以此为台面打击石片。这些被打下来的石片多数被废弃不用，只有少数用来加工成石器。其中刮削器几乎都是由腹面向背面加工的，且多为单刃，复刃较少，而且石器背面尚可看到原始砾石面痕迹，刃缘也较钝厚。由此可见，大荔人石器制作技巧还不够精熟，从石器的性质、特点看，小型石器主要用于切割兽皮与筋骨，而粗大的石器则适于砍伐和挖掘，因此可以推断出大荔人以狩猎为主，采集相对蓝田人明显减少。由石器特点看，大荔人文化与甜水沟文化的关系十分密切，可能是一脉相承的，属于小石器文化传统。

图1-10 大荔人使用的石器2

① 郭琦,史念海,张岂之主编.陕西通史·原始社会卷[M].西安:陕西师范大学出版社,1997：63.

第三节 秦岭地区最早的农耕氏族部落
——白家人

　　白家人是秦岭地区最早的农耕氏族部落，是原始人类从山地走向平原的第一站。从遗址聚落考古发掘资料看，白家人种植的古粟应是我国最早的古粟，距今已有9000—8000年的历史。白家人的制陶工艺已初具规模，并首开仰韶文化陶器制作之历史先河。白家人还是世界上最早饲养鸡的人。

一、白家人的发现

　　在秦岭北麓的西安地区，人类从蓝田人到大荔人再到半坡人，走过了上百万年的历程，完成了从猿人到古人再到新人的演变，进入新石器时代。1958—1959年分别在陕西华县老官台和西乡县李家村发现了一种与仰韶文化和龙山文化有区别的遗存。1960—1961年考古工作者对西乡李家村遗址进行了正式发掘，出土了不少以三足器和圈足碗为特征的陶器。这种别有风格的陶器，立即引起考古界的极大关注。已故的著名考古学家夏鼐先生撰文断言：这一发现"是探索仰韶文化前身的一个极为可靠的新线索"[①]。此后，在关中渭河流域的渭南北刘、宝鸡北首岭下层、长武下孟村下层、商县紫荆下层、西乡何家湾下层、南郑龙岗寺下层等遗址，都发现了与老官台和李家村遗址相同的文化遗存。考古界把这些文化遗存定名为老官台-李家村文化。[②]这是我国最早发现的一批早于仰韶文化的遗存，填补了我国新石器时代早期文化的空缺。尤其是1973年在西安市临潼区白家村发现的白家遗址，其资料之丰富全面，最能揭示和表现这一文化的具体特点和内涵。

图1-11　白家人遗址

二、白家人生存的自然环境

　　白家遗址坐落在西安市临潼区渭河北岸的二级阶地上，东边是白家村，西边是南付村，合称白家村。这里地势平坦，四野开阔，土地肥沃，距水源近，水草茂密，是十分适宜早期人类生活的。

　　白家氏族聚落面积12万平方米，是一处文化遗物较为丰富的新石器早期文化遗存，距今9000—8000年，也是西安乃至陕西境内迄今发现最早的农业氏族部落，早于先前发现的中国最早的农耕文化遗存——河北武安磁山文化约1700年，应是我国最早的农耕文化遗存。

　　白家遗址是一个氏族公社生活的聚合体。这里有氏族生活的活动设施、居室和储藏东西的窖穴。居室之间夹杂着氏族成员的墓地，还有陶器、石器、骨器、角器等生活用具。这些都反映了白家人的社会生活状况。

[①] 我国近五年来的考古新发现[J].考古,1964(4).
[②] 见《考古》1979年第1期;《社会科学战线》1981年第2期;《考古与文物》1984年第6期;《半坡博物馆三十年学术论文选编》西北大学出版社1989年版: 113.

白家人所处的时代，是我们的祖先从山岳走向平原的第一站，是开拓原始农业文化、经营定居生活的初期阶段。他们在这里过着定居的小群体氏族聚落生活，生活的主要来源是粗放的原始农业生产和狩猎、采集活动。

三、白家人的生活状况

白家人是秦岭北麓黄土高原上开拓原始农业的先驱，处于从采集农业过渡到耕植农业的初步阶段，也是我国粟类作物最早的种植者。从白家遗址看，白家人的主要原始农作物品种有粟(谷子)、稷(糜子)和油菜籽。恩格斯在《家庭、私有制和国家的起源》中说："东大陆，即所谓旧大陆，差不多有着适于驯养的动物和除一种以外一切适于种植的谷物。"[1]白家人的粟和稷就是"适于种植的谷物"。粟是我国黄土高原地区的原生物种，具有极强的耐旱性，这种耐旱的生理特征是在半干旱的黄土地带经过长期生殖繁衍并通过自然选择保存下来的。据佟屏亚《农作物史话》说，粟是由野生粟——狗尾巴草演变而来的。今天也有人做过试验，用狗尾巴草与谷子进行杂交，获得了近似双亲的杂交种，说明它们之间的亲缘关系是十分接近的。[2]由此看来，白家先民是在采集的过程中，经过长期实践逐渐认识了古粟的特性，并进行长期培养，同时也使自己成为中国乃至世界上最早种植古粟的人。

图1-12 野生粟

在白家遗址中，除发现粟壳外，还有放在窖穴和随葬陶罐里的粟壳遗存。另在渭河上游的大地湾早期遗存中，也发现了油菜籽的种子遗存。这说明在白家人时代，粟、稷之类的作物是人们食物的主要原料，油菜也进入人们的食谱之中。

四、白家人使用的生产工具

白家人处在我国原始农业的发轫时期，故生产工具也较原始，但种类还算齐全。

耕作工具。白家人是我国原始农业的先驱，故在白家遗址中出土的石质耕作工具极少，石器中的犬舌形耒，是唯一留存的典型的耕作工具，且制作精良、使用方便。在白家遗址还有少数石斧、石铲

① 马克思,恩格斯.马克思恩格斯选集（第二卷）[M].北京：人民出版社,1995.
② 吴梓林.古粟考[J].《史前研究》创刊号.

或石耜。这类石器大都是从砾石上打下的扁平状石片做成的。石斧是磨光、装柄使用的，有长椭圆形、梯形、长方形等，一般是刃部磨光，体形较为厚重。石铲或石耜是白家人最典型的工具，通体磨光，刃部较锋利，扁平长体，合称为尖舌状铲，给它再安上长柄，即为耜，是北方掘地锹的前身。从上述工具看，白家人的原始农业规模还比较小，而且是采用点播方式耕作的。

图1-13 现在的关中鸡

收获工具以用石片和蚌片制作的石刀、蚌刀为主。蚌刀有梯形、长条形、长方形、长三角形等。还有一种骨刀，是把兽肢骨劈开，做成扁长形小刀，在一侧磨出弧形的扁刃。蚌镰是白家人典型的收获工具，它分为有锯齿和无锯齿两种。锯齿镰的制作方法是把蚌壳背缘处加工成尖锐的口沿即可。它长约8～13厘米，宽10～15厘米，齿牙长约2～3毫米，在开口一侧截磨成大小相等、间距相同且排列整齐的锯牙，每一镰刃的锯牙约有10个左右。这种镰既是一种采集工具，又可当锯使用。可见，白家人还是我国最早发明和使用锯的人。

碾磨类工具是白家人用于加工谷物或野生坚硬果实的主要工具。白家遗址有石磨盘、石磨棒、石杵等碾磨类工具。石磨盘多采用扁长的砾石，有长方形、椭圆形两种，一般长约15～20厘米，正面中间有凹陷面。磨棒采自天然石料，有圆柱状、扁圆柱形、三棱状等多种形状，一般长约10～20厘米。石杵为圆柱，长11厘米，直径为2～3厘米，用于木器上或磨盘上捣碾谷物。

此外，在白家人的生产生活中，还有家畜家禽的驯化和饲养。在白家遗址发现有狗、猪、黄牛、鸡等家畜的骨骼。尤其是关中鸡骨的发现，改变了过去动物驯化史中的南亚(缅甸)鸡为最早的传统认识观念。这是对人类食品库的一大贡献，白家人是世界上最早驯化和饲养鸡的人。

五、白家人的制陶工艺

白家人是关中地区最早制造和使用陶器的氏族部落。白家人的制陶工艺是黄河流域氏族部落文化中较早的，但已脱离了最原始的阶段，达到了一定的发展水平。在白家遗址中，人们日常生活使用的食器、水器、盛物器已基本具备，虽有早期和晚期的区

图1-14 白家遗址出土的三足罐

别，但基本都是以圜底圈足和三足为主要特征的。

白家遗址中出土的这些陶器，造型已规模化，有成组的用具组合，有较清楚的工艺流程，烧制火候已相当合适。其中食器、水器质细而形美，炊器质坚而实用；各种陶器上还有装饰、彩绘，纹饰整齐规律，从中能够看出其基本的工艺流程。白家人的制陶工艺流程，一般是先用泥条盘筑成器物雏形，然后修整成器。因器形各异而制作方法不同。三足器、圈足器是先分别制作器身和器足，然后将器身与器足粘接在一起。三足器之三足的做法：先用泥条做成圆锥状的足心，截成三根相等的长度，然后在已做好的器身底部按足部大小穿三圆孔，孔径略小于圆锥足大头，再把圆锥足心从里向外穿塞过去，又在足心与器底交接处外侧绕足心粘贴一圈泥条，把圆锥足从外边固定，同时在器底内侧接足处粘泥条，从里面把足心固定好。三足做法相同。最后从足尖到器底整个足部外包一层泥皮，拍打坚实，磨光，三足器就算完成了。圈足器是先在器物底部刻画一个与圈足大小相当的圆圈，再把圈足接在圆圈上，然后在圈足底部交接处外侧用泥条加固，经拍打压磨坚实即可。

图1-15 白家遗址出土的圈足碗

彩绘装饰是白家人在制陶工艺上具有独创性的装饰艺术，也是制陶过程中十分重要的工序。白家遗址中出土的陶器，一般都在完成造型后进行花纹装饰。白家人的花纹装饰可分三大类：一是拍印绳纹；二是附加凸纹；三是彩绘花纹。彩绘颜料只有一种，是用天然赫石做的，烧成后呈棕色或红色。考古工作者根据陶器上涂抹色液留下的痕迹推测，白家人使用的"画笔"，可能是竹片或木片制成的柔软尖头工具，也可能是用动植物毛和纤维扎成平齐状的尖头工具。[1]

图1-16 泥条盘叠制示意图

白家人的制陶工艺，还是没有脱离原始状态下分类少、制作粗糙、纹饰简单、质色不纯等特点，但它有一定的工艺流程，开启了仰韶文化制陶技术和彩陶制作的先声，为研究仰韶文化前身历史提供了弥足珍贵的资料。

① 石兴邦主编.陕西通史·原始社会卷[M],西安：陕西师范大学出版社,1997：113.

六、白家人的精神世界

远古人类在物质生活方面稍见丰富以后，也就有了精神生活，白家人的精神生活主要表现在埋葬习俗和彩陶纹饰等方面。

（一）埋葬习俗

从白家遗址看，白家人已有公共墓地。在白家人墓地群中先后发现墓葬36座，其中成人27座，小孩9座。白家人的成人葬法有单人葬和多人同性葬两种。单人葬多为仰卧直肢葬，也有少数屈肢葬和蹲踞葬的形式。小孩则用瓮棺葬，三足瓮用钵做盖，钵底有小孔，供小儿灵魂自由出入。此外还发现了兽祭的遗迹。

白家人的葬俗反映了当时人们的一些信念和观念形态。

首先，是传统葬仪观念的确立。白家人盛行单人葬，这种单人葬多呈仰卧直肢形态，有少量的随葬品。这是我国目前发现较早、较多的仰卧直肢葬，且与仰韶文化中的半坡类型有着一定的渊源关系。这种单人仰卧直肢葬是中国的传统葬法，似有"生前不做亏心事，死后方可对青天"的意念。这种观念仪式至今起码已有近万年的历史。[1]

其次，相信灵魂不灭，人死后去到另一个世界生活。白家人的成人墓葬中的随葬品虽然较少，但多系生产与生活用品，其中15号墓中随葬品最多，共有5件陶器和1件石铲，显然是死者去另一个世界继续生活的必需品。

第三，具有死后归祖或追祖的观念。白家人的成人埋葬基本都是头向西，其中有一座7人合葬墓，是一次埋下的，虽然人骨姿态各不一样，有仰身直肢或仰身屈肢，也有侧身屈肢和俯身者，但都一律头向西。头向西是陕西仰韶文化时期的普遍习俗，当时人们可能普遍认为他们祖先是从西方迁来的，死后还要回到西方去。也许这就是今天常说的"人死了，是上西天去了"的源头。这种观念和仰韶文化是一脉相承的，是追祖观念的表现。

第四，死后返璞归真的意念。在白家遗址中，有一座7人女性合葬墓，其中有一名十二三岁的女孩，姿势为蹲踞式，侧卧，头垂至膝部，左手回屈抱膝，右手屈折，枕于头下。另一墓中有一名

---

[1] 陈正奇.西安地区最早的农耕氏族部落——白家人[J].西安教育学院学报,2001(2)：53-56.

三四十岁女性，作蹲踞式姿势，双手回屈，合抱胸前。有人认为这种胚胎状的姿势，是期望死后回归母腹之中，以求永安。[1]笔者认为，这是母系氏族社会女性崇拜的产物，也是中国墓葬制度的渊薮。

第五，同性合葬，是氏族兄弟、姐妹同生死观念的写照。同性葬在仰韶文化中是十分普遍的。如前所述，白家遗址有两座同性7人合葬墓，稍后的姜寨遗址中有9人合葬坑。同性合葬，是有血缘关系的同辈兄弟或姐妹同生为伴，来世也要共同生活的写照。这一点还可从民族学中找到佐证，云南的纳西族、拉祜族、布朗族，海南的黎族中均有此葬俗。[2]

第六，原始巫术活动。白家人墓葬中有的死者手握獐牙，有的将兽骨剁成块埋在一起，很显然这是原始巫术活动和兽祭仪式的遗存。后世关于兽祭的遗存也常有发现，陕西凤翔发现的秦公一号大墓就是典型的例证。

（二）彩绘纹饰

彩绘纹饰是白家人精神生活的另一方面，是白家人对美的追求。它是一种装饰，也是一种创造，更是人们表达思想观念的重要手段。白家人的彩绘继承了早期人类山居野处时代的绘画传统，以表达自己的观念，寄寓自己的思想感情。

白家人的彩绘纹饰以赭石为颜料，多呈棕红色，彩纹大都绘在三足钵和圜底钵的内外口沿、内壁和三足上，纹饰有圆点纹、圆圈纹、弧形纹、山字纹、〇形纹、横直线纹、竖直线纹、六角形纹等。有些标记还类似古埃及的象形文字。白家人的这些彩绘样和标记符号具备哪些含义呢？

首先，是对美的观念的追求和对周围事物看法的思维反映。我国原始先民对美的观念的产生可追溯到18000年前左右的山顶洞人时期。山顶洞人用海蚶壳、鱼骨、贝壳等做成"项链"，这种"项链"既是先民美的观念萌芽产生的标志，也是先民对水生动物的向往。这是我国目前已知最早的美的观念的实物证据。白家人彩绘装饰的不同纹样和相同纹样的对称排列，似已跳出了美的萌芽的观念，而是事物存在于宇宙的观念的产生。

其次，彩绘装饰表现当时人们最感兴趣的事物。白家人的彩绘主要是装饰在三足钵的圜底钵上。无论三足钵还是圜底钵，其体内都形似圆球，可见在白家人眼里，世界、宇宙是一个圆形的天体，除

022

---

① 石兴邦主编.陕西通史·原始社会卷[M].西安：陕西师范大学出版社,1997：116.
② 王秀娥,阎磊.陕西的远古人类和文化[M].西安：西北大学出版社,1988：101.

圆形天体外，就是日、月、星辰出没，云气流动等……所以白家纹饰用圆点、星点和折波纹等来表现这些自然界的景物是很自然的事。诚如是，白家人的彩绘纹饰也就最早起了"通天人之变"的社会功能和作用。[1]

第三，原始巫术活动的形象标志。白家人彩绘中不同的纹样和符号，也可能是不同事物和人物的标记，有些还可能是巫师的名字或法器。彩绘用红色，因为红色在远古人心目中有着辟邪厌胜和起死回生的法力。这一点，在更早的山顶洞人遗址中也可找到证据。即使在后世或现今文化十分落后的地区，人们仍然认为红色有辟邪作用。所以，白家人用红色作为标记符号或法器，以彰扬神力，也就自在情理之中了。

① 陈正奇.西安地区最早的农耕氏族部落——白家人[J].西安教育学院学报,2001(2)：53-56.

第四节　秦岭北麓的仰韶文化遗存

　　仰韶文化遗存在秦岭北麓的关中地区分布十分广泛，尤以渭河流域最为密集，且以半坡、姜寨遗址最为典型，集中反映了新石器时代母系氏族公社繁荣时期的自然环境、生活状态、生产活动、社会组织及精神世界。

　　仰韶文化晚期遗存以蓝田新街遗址为代表，揭示仰韶文化晚期与龙山文化早期之间的继承关系，尤其是"板砖"和"条形砖"的发现，对研究我国建筑材料的起源提供了实物证据。

一、黄河流域最典型的母系氏族公社文化遗存——半坡遗址

（一）半坡人的发现

半坡遗址位于西安市东郊约6千米的半坡村，是黄河流域规模最大、保存最完整的母系氏族公社村落遗址，距今有6000年左右的历史。1953年春修建灞桥热电厂施工中发现彩陶，考古工作者便对遗址进行挖掘。从1954年9月到1957年夏季，中国科学院考古研究所组织近200名考古工作者，前后发掘5次，延续近4年时间，发掘遗址面积达1万平方米，获得了大量珍贵的科学资料。1971年又进行了第6次发掘。总括6次发掘，可以看到，整个遗址略呈南北较长、东西较窄的不规则的椭圆形，总面积5万平方米（发掘面积1万平方米左右），房屋和窖穴、饲养家畜的圈栏集中分布在村落的中心，约占3万平方米。围绕居住区，还有一条深宽各约5～6米的围沟。遗址北部是氏族公共墓地，东部则是制陶窑场。居住区和墓地、窑场明显分开。1958年，在原址基础上建立了我国第一座遗址博物馆——半坡遗址博物馆。

图1-17 半坡博物馆

（二）半坡人生存的自然环境

半坡遗址坐落在浐河的第二阶地上，高出河床9米，自然环境十分优越。半坡遗址面临浐河水，背依白鹿原，南靠秦岭，北部为广阔无垠的渭河平原。当时的气候温暖湿润，河两旁水泽众多，竹林茂密，竹鼠、獐、貂、鹿等动物成群地生活在这块土地上。浐河阶地土质肥沃，适宜种植；距水源近，取水方便；地势高，可避水害之患。如此优越的自然环境为半坡人的生活、生产提供了充足的物质条件。半坡人就是利用这优越的黄土坡塬，开拓种植文化，创造该时代的物质文明与精神文明。

（三）半坡人的生产活动

半坡人的谋生手段主要有原始锄耕农业、狩猎、捕鱼和采集。农业生产在半坡人的经济活动中占有重要的地位。在半坡遗址中出土了大量的石器，石器有打制和磨制两种，以磨制为主。打制石器的制作均采用直接打击法，

图1-18 半坡人的石磨盘

制作比较粗糙。磨制石器的制作也比较原始，器身保留石料皮层，缺乏整齐的棱角，加工的部位主要在刃部，通体磨光的很少。石器类型主要有石斧、石锛、石铲、陶刀、石磨盘、石杵等农业生产工具，还有掘土的棒和木耜之类的竹木工具。在黄土地带，土质疏松，易于挖掘，适合于木质工具的使用。此外还有骨质的斧、刀、锄、铲之类的工具。石斧因用途不同而大小不一、形状各异，有长方形、长条扁平形和椭圆形几种，有的柄部穿孔，以便缚绳使用。石铲体形宽短而扁薄，刃部锋利，有长方形和椭圆形两种，使用方法和今天的铁锹类似，主要用于掘土和翻地。收割庄稼的刀主要有三种类型：一种是打制的，两端有缺口的长方形刀；一种是磨制精致的长方形并有穿孔的石刀；又一种是两端翘角的刀，使用方法与今日的爪镰大体相同。

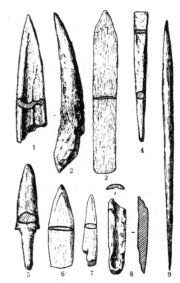

图一二　骨、角器（8.3/10、余皆 3/5）
1.骨锥（T6:2）　2.角锥（T5:2）　3.骨匕（M22:11）
4.骨两端器（M1:1）　　5.6.骨箭头（T9:6,M23:8）
7.骨鱼叉（T11:3）　8.骨笄（T1:1）　9.骨笄（T12:1）

图1-19 半坡人的生产工具

　　半坡人种植的主要作物是粟，去壳后就是我们常食用的小米。在半坡遗址的一个窖穴中，仅发现的粮食腐朽后的谷壳就有数斗之多，足见当时半坡人种植粟的面积之大、产量之多。粟是一种耐旱的谷类，适于干旱的黄土地带，且生产技术简单，成熟期短，产量高，保质期长，非常适合于较低生产水平的耕作。除了种植粮食外，半坡人还栽培蔬菜。在遗址中发现有白菜或芥菜的种子。古粟、菜籽等农作物遗存的发现，说明半坡氏族已进入了定居的以刀耕火种为特征的原始农业生产时代。石刀、石铲、石斧主要用于砍伐树木、铲除杂草，然后放火烧荒，再种植粟和蔬菜。石磨盘、石杵用于粮食加工。由于农业的发展，人们过上了相对比较稳定的生活。由狩猎发展而来的家畜饲养业，也成为半坡人生产的一部分。在半坡遗址中发现一个饲养家畜的圈栏。当时的家畜主要是猪和狗等。在半坡遗址中发现的大多是幼猪的骨头。这有可能是猪在幼小的时候就死掉了，也有可能是人们为了充饥而杀掉的。饲养狗可能是为了食用，也有可能是为了保护自己和财产的安全。

　　渔猎在半坡人的生产中占有一定的地位。因为渔猎不仅可以给人们提供美味的肉食，还能提供毛皮、骨、角和脂肪等其他生活用品。当时人们居住地的附近就是一个很好的狩猎场所，那里有丛林、草地和沼泽，水鹿、竹鼠、貂、獾、狐狸等动物生活在那里。狩猎活动依旧是集体进行的，在狩猎季里，男子结伴出行，在富有经验的猎手的带领下，在附近打猎。半坡人的狩猎方式主要是射击、投掷和追赶围捕。弓箭是主要猎具，那时的弓箭制作技术已相当发达，箭头大多数是用骨头磨制的，石制的很少，形状有圆柱尖头形、扁体柳叶形、三角带翼形等十几种形式。骨质的箭头都较细长。弓箭由于速度快、射程远、威力大，在生产上起了很大的作用。半坡人还发明了鱼钩、鱼叉和网坠等捕鱼工具。捕鱼的方法主要是网捕法，先织网，再在网的四周系上圆形或椭圆形扁平的河卵石块，用来做网坠。将网撒在河流中即可进行捕鱼。此外就是钓鱼和叉鱼，鱼钩虽为骨质却非常精致，并有倒钩。鱼叉多为扁平状，周边和尖端锋利，全有倒钩，有单钩和双钩两种，有些双钩两侧并列，有的两侧上下交错。

图1-20 尖底汲水瓶

虽然当时的农业、渔猎技术比较发达，但是采集依然在经济生活中占有一定的地位。在半坡人留下的房子、窖穴和垃圾堆的遗迹里，都可以找到采集经济遗留下来的痕迹。人们采集的东西有榛子、栗子、松子和朴树籽等果实和水中的螺，以及植物的块根等一切可食用的东西。采集工作由妇女、儿童承担，他们使用的工具是用木头或骨头制成的铲子、刀子和掘土棒等。采集活动随季节的变化而进行。

（四）半坡人的陶器制造

半坡人在衣食住行方面均已有了一套模式，也有与之相适应的一套器物，特别是陶器极为普遍。半坡陶器主要是泥质红陶和夹砂红陶两种，胎壁较厚。夹砂陶器的表皮除为素面外，多着印痕较浅、纹理不甚清晰的粗细绳纹，也有着弦纹的。细泥陶器的外壁均经打磨，内壁除那些小口器因不便加工未打磨外，其他器形都经打磨加工处理显得相当光整。陶器皆手制，一般采用泥条盘筑，小型器物用手捏塑。陶器几乎全为红色，只有极少数呈灰黑色。器形丰富：饮食器有碗、钵、盆、皿、盂、杯等；水器有小口直腹尖底瓶、小口平底瓶、小口长颈壶、小口细颈大腹壶等；炊器以罐类为主，多粗陶，耐火烧烤。常用的是斜口罐，腹壁直，口唇外斜，颈下有凸形的手把式装饰。储物器多是大型的，可储藏水、粮食和果子等，类型有瓮、缸、罐等。

图1-21 人面鱼纹盘

仰韶文化①以彩陶著称于世，故又称为"彩陶文化"。彩陶，就是绘上了美丽图案花纹的陶器。半坡彩陶常见的纹饰有宽带纹、平行条纹、三角纹、网纹、人面纹、鱼纹和由鱼纹演变而成的各种图案。半坡彩陶多用彩色直接表现图案，很少使用彩色空间来表现图案。其中相当一部分陶器在造型和装饰结合上已达到十分完善的地步。着彩和戳印装饰的细泥陶器，是半坡类型制陶工艺的代表作。人面、几何纹及动植物图案花纹构成了半坡时期彩陶艺术的独特风格。这些以人面图案、鱼纹作为器物的主体装饰，又是以独立的图案画形式散点式排列在器物内壁或腹外壁的。这种散点布列的设计，在原始陶器的装饰中也是别开生面的。

（五）半坡村落的布局及房屋结构

半坡人是以氏族为单位聚族而居的，聚落的范围是一个不规则的圆形，占地达5万平方米，遗址面积约1万平方米。周围有一条宽、深约5～6米的大壕沟，沟的东边是陶窑区，北边是墓葬区。在中央有40多座房屋，房子大多是半地穴式的，有圆形的也有方形的，其间还分布着窖穴和牲畜圈栏。居住区中间有一条2～3米宽的小沟将居住区分为南北两片，每片区中都有一座供公共活动的大房子。

半坡村庄的房屋早期多半地穴式，晚期多为地面的。半地穴式房屋由人工在地面向下挖就深约0.4～0.8米的土坑作为房屋的基坑，在基坑的底面和四壁均匀地涂抹一层草泥土，使之光滑平整，有的还经火烧烤，表面坚硬而干燥。上部则用树木枝干做骨架，植物茎叶或敷泥土做面层，构成的竖穴顶可以起到遮阴避雨、防风御寒的作用。房屋上部外围结构的墙壁为木骨泥墙，这种直立的墙体，奠定了后世建筑的基本体形。至后期地面上"人"字形两面坡房屋出现时，形成了较规整的柱网，打下了中国古典建筑木框架结构体系的基础。

半坡房屋的形制有圆形和方形两种，大型房屋都是方形的，小型房屋多为圆形。按照房屋的面积大小可分为大、中、小三类。大型房屋，平面为方形，有矮墙和门道，室内有灶台和火坑，房屋面积从几十平方米到一百几十平方米。大型房屋的床位后面有很大一片空地，可供较多的人集会议事、举行节日庆祝和宗教仪式等。住在大房

图1-22 半坡村落遗址模型

---

① 仰韶文化，也叫彩陶文化，是黄河中游地区重要的新石器时代文化，因1921年在河南省渑池县仰韶村首先发现而得名，但仰韶文化的中心是陕西华山地区。仰韶文化以陕西华山为中心分布，东起山东，西至甘肃、青海，北到内蒙古河套地区长城一线，南抵江汉，分布最为密集的地区是陕西关中。仰韶文化的持续时间大约在公元前5000—前3000年。当前在中国已发现数千处仰韶文化的遗址，其中以陕西最多，计2000余处，占全国的仰韶文化遗址数量的40%，是仰韶文化的中心。

屋内的人可能是较大家庭的成员，或是氏族酋长所在家族的成员。中型房屋一般为方形，半地穴式。大多数房屋都有一个门道，这种门道有的在房屋的外部，有的设置在房屋的内部，正对门道的房屋中部有一个灶坑，供炊煮和取暖用。灶坑的一端放置一个陶罐或挖一个小坑，以保存火种。房屋附近大多有灰坑和窖穴以供储藏物品。

在半坡遗址中还发现了专事烧制陶器的陶窑，共6座，均匀地分布于聚落居住区东侧的大围沟之外。陶窑的类型有横穴窑和竖穴窑两种。窑址皆是在黄土地中挖就，有的内壁涂抹草泥灰，有的则涂抹一层很细的黄土，由于使用时间较长，陶窑内壁被烧得十分坚硬，呈青色或红色。

（六）半坡氏族的社会组织

半坡氏族处于母系氏族公社繁荣阶段，是以母系血缘关系为纽带结成的集体生活社会组织。氏族里的成员都是亲属，他们住在一起，共同劳动，共同享有劳动成果。土地、牲畜和工具都属于氏族公社成员共同所有。氏族的经济来源依靠妇女承担的原始农业生产。因此，妇女的这种特殊经济地位决定了半坡女性是氏族公社的中心，房屋、子女以及婚姻都以成年妇女的人数计算。

半坡人的婚姻形态是以妇女为主体的对偶婚。男子要到女性氏族里去过家庭生活，孩子在母亲的氏族长大并成为氏族的一员。每个已婚妇女虽然都有自己的单独房间来接待来自外氏族的配偶，但这时还没有出现真正意义上的家庭。

这种血缘纽带在葬制中也体现得非常明显。在墓地中，同氏族或家庭成员死后葬在一起，而且是有规律排列的。在半坡遗址中发现有男女分别埋葬或者男女合葬的现象，不仅表现在氏族成员的集体之间，而且也表现在氏族成员的个体之间。这说明男女属于不同的氏族。与之相适应还表现在他们所居住的房子上，半坡人的房子一般为10～20平方米，除日常用品外，也只能容纳三五人生活，就是以

图1-23 盛藏着粟种的陶罐

图1-24 半坡人使用的陶器

一个对偶家庭为单位建立起来的。氏族成员中，女子举行成年礼后，建立新居，成立新的对偶家庭，未成年男子住在专门为他们准备的公共场所里。聚落中的大房子则是氏族成员聚会、举行节日庆典的活动场所。

由此可见，半坡时代的氏族组织中包括若干个母系大家庭，在氏族首领的率领下，共同劳动，共享劳动产品，维持着氏族的社会生活。

（七）半坡氏族的精神世界

半坡聚落时期，人们的精神文化生活也相当丰富，他们在艺术创造和墓葬习俗等活动中，遗留下许多精神生活的迹象。从半坡遗址中可以看到大量绚丽多彩的陶器，表明这一时期的文化为彩陶文化。其绘画作品生动丰富、神秘莫测，有的已经图案化，反映了半坡先民的精神生活。半坡绘画图案古朴、简练，多绘在盆、钵、罐、瓶上，或绘在陶器肩、腹、口沿、内壁部位。这些绘画可分为两大类：一类为象生图案，如张口作吞食状的鱼、悠闲行走的鹿、搜寻食物的蛙等动物纹，它同史前人类的生活息息相关，这些奇特的纹饰也可能是一种图腾崇拜的表现。图腾是原始信仰的象征，全体氏族成员把图腾奉为自己的血亲祖先奉祀着。半坡陶器上所绘的鱼纹、鹿纹和鸟纹等图案，特别是形态各异的鱼类图案，可能是半坡人图腾崇拜的表现。另外，还有植物纹等。这类形态生动的动植物纹是先民农耕与渔猎生活的反映。第二类是几何图案，有三角纹、圆纹、菱纹、方格纹、波折纹等。这些几何图案中，三角纹是从鱼纹变化而来的，波折纹是山和水的写意，反映了半坡先民的思维已由具象走向抽象的质的飞跃。

半坡人的精神世界还表现在葬制习俗上，在250座墓葬中，成人墓多坐落在围沟北部的氏族公共墓地，共有174座，保存较好的118座，有随葬品的71座。但是因其性别、年龄、生前职业的不同，埋葬的方式也不同。其中表现最突出的就是对女孩实行厚葬，对女孩死后的厚葬是与她们生前的社会地位相一致的。在一个年龄只有三四岁的女孩墓中，发现了丰富而精美的随葬品。这些现象直接或间接地表现了母系氏族社会的特点。小孩多埋在居住房屋的近旁，大多一群群地集中在一定地区，其中绝大多数是瓮棺葬（用两个陶瓮扣在一起，以为葬具）。瓮棺盖子上有若干小圆洞，是为了使孩子的灵魂能自由出入，与家人团聚。半坡聚落墓地中，死者的头向基本一致地向西或西北，这可能是当时人们普遍认为人生在世除了现实世界外，还有一个特殊的世界，东方是太阳升起的地方，因此是新生的一方，而西方是太阳落下的一方，所以就是没落死亡的另一方，人死后灵魂就应该归去西方。

二、秦岭地区最丰富的仰韶文化遗存——姜寨遗址

（一）姜寨遗址的发现

在风光秀丽的骊山脚下、渭河之滨，有一处埋藏在地下长达六七千年之久的原始村落，这就是与半坡遗址并称为"陕西仰韶文化两颗明珠"的姜寨遗址。姜寨遗址发现于70年代初期，从1972年至1979年进行了11次大规模的发掘，发掘面积约达14800余平方米。

（二）姜寨遗址的村落布局

姜寨和半坡是一对"姊妹"遗址，村落布局和房屋遗迹十分相似。姜寨遗址的总面积为5万平方米，呈不规则的椭圆形结构，发掘面积1万多平方米。渭河的支流临河沿村落西南流过，是姜寨的天然壕堑，村落的北面和东南有两条壕沟，宽、深都在1米之间。壕沟的内侧还有一排木栅栏。壕沟和木栅栏可防猛兽袭击，起着保护村落的作用。聚落分住区、窑场和墓地三部分。居住区外围以沟为界，沟东是公共墓地，沟西靠河岸的地方是烧制陶器的窑场。围沟分三段，各段交接处设有通道，三个通道作三角形布置，围沟内侧一边每隔一定距离建一所房子，好像是做哨所一类的用途。居住区的房屋作圆形排列，很规律，门都朝向中央广场。广场约1000平方米，房屋100多座，分大、中、小三种类型，以小房子居多，面积10平方米左右。中型房子比较分散，东、西、北三面都有，面积30平方米左右。这些房屋分成5个群落。每个群落中有大型房子1座，中、小型房子若干。第一聚落群居东，共22座房屋；第二聚落群也是22座房屋；第三聚落群13座房屋；第四聚落群在西北部，共16座房屋；第五聚落群在南部，共22座房屋。这5个群落共计房子95座，这些房子圆形的32座，其余均为方形。每个群落之间都留有一定的空闲地带，群落与群落之间分得比较清楚。由此可以看出，姜寨聚落是由5个氏族组成的一个胞族聚落。

图1-25 姜寨遗址村落模型

（三）姜寨人的社会组织

姜寨遗址在建筑布局方面与半坡遗址有着惊人的相似之处，它反映了母系氏族公社繁荣时期的社会结构。那时，人们按照血缘关系组织一个个氏族，亲属关系按母亲确定。每个氏族都由若干小"家

图1-26 姜寨陶器刻画的符号　　　　　图1-27 姜寨人制作的鱼钩

庭"组成，几个有亲属关系的氏族又组成一个部落。姜寨遗址就是一个部落的聚居点。村落中心的广场，是全体部落成员集会的地方，周围5组建筑群中的所有房屋，都把门开向广场中心。建筑群中的5座大房子是各氏族的公共场所，人们在这里商议本氏族的大事，举行节日的庆典和宗教活动。村子里的许多中、小房子，是若干"家庭"的住所。这样的"家庭"小房间，可容纳三四个人。以此推知，姜寨是一个有四五百人的部落。

（四）姜寨人的社会生产状况

姜寨人主要经营原始农业，并从事狩猎和采集。主要生产活动是种植古粟、饲养家禽和烧制陶器。从当时的生产工具看，姜寨人是采用烧荒的形式进行农业生产的。他们先用石斧砍倒杂草，放火烧荒，草木灰变成天然肥料；然后种粟，再用石锄、石铲松土、中耕；庄稼成熟后，用石刀、石镰收割。粮食是用石磨盘、石磨棒进行加工的，整个生产过程都是在妇女的领导下集体进行的。姜寨的原始农业相当发达。

遗址中发现200多个窖穴，是储存粮食和食物的。遗址中还有两处牲畜圈和放牧场，畜圈场留下五六寸厚的畜粪堆积层，说明了姜寨人的畜牧业发展状况。

（五）姜寨人的精神生活

姜寨人的绘画艺术和原始文字的书写水平也达到相当高的程度。姜寨遗址村落中有六七座陶窑，烧制的陶器上有精美的动物图形和几何纹饰。图案中有人面纹、鱼纹、网纹和蛙纹，尤其是蛙纹彩陶盆，是姜寨先民留下的最卓越的原始艺术品。

在姜寨遗址中，还发现有表达一定意义的符号40余种、120多个。这些符号可分为数字刻符和象形刻符两种。数字符号是人类在长期的生产实践中或分配产品过程中，掌握了数的概念的结果。象形符号有对植物生长形状的模拟，也有对日常生产工具的模拟。这些表达一定意义的符号，可能是我国文字的起源，是周原（或西周）甲骨文的萌芽。除半坡、姜寨外，考古工作者还在长安、合阳、铜川、宝鸡等8个地点都发现了陶器上有同样的刻画符号。这些符号为研究我国汉字的起源和发展提供了重要依据。姜寨遗址的发掘，为研究我国仰韶、龙山文化的社会性质、生产、生活、组织、家庭、婚姻制度、埋葬习俗等方面，都提供了重要的实物资料。

图1-28 姜寨遗址出土的蛙纹彩陶盆

三、渭河畔的新石器文化遗存——高陵杨官寨遗址

(一)高陵杨官寨遗址的发现

2004年5月，泾渭产业园在修建北区的东西二路时发现了杨官寨遗址。由此开始，陕西省考古研究院对该遗址进行了持续的考古调查和发掘，并且对遗存的分布情况使用全站仪进行测量。杨官寨遗址现存面积达80万平方米，是关中地区新石器时代中晚期罕见的中心聚落遗址。近5年来，杨官寨遗址的考古发掘面积已达17278平方米，发现各类房址49座、灰坑896个、壕沟9条、陶窑26座、瓮棺葬32座、墓葬45座、水井5口，出土的遗物经初步整理，各类可复原的器物已达7000余件。杨官寨遗址的发掘区，以产业园北区的东西二路为界，可分为南、北两区。南区发掘的面积约5615平方米，发现各类房址23座，仰韶时期的灰坑496个、陶窑10座、瓮棺葬8座，以及汉、唐、明、清等时期的墓葬31座、水井5口。共出土陶器5273件、石器353件、骨器303件、蚌器16件。2007—2008年，对遗址北区进行了抢救性发掘，截至目前，发掘总面积已达11663平方米。发现了保存较好

图1-29 杨官寨人使用的陶器

图1-30 杨官寨人使用的陶盆1　　　　　　　　　　　　　　　　　　图1-31 杨官寨人使用的陶盆2

的庙底沟文化聚落环壕，还清理出仰韶时期的各类房址26座、灰坑334个、陶窑16座、瓮棺葬24座以及其他一些重要遗迹，还出土了大量不同种类的遗物。杨官寨遗址的新石器时代文化堆积保存较好，主要包括庙底沟文化和半坡四期文化两类遗存。

（二）杨官寨遗址的地理环境

杨官寨遗址位于陕西省高陵县姬家乡杨官寨村四组东侧泾河左岸的一级阶地上，分布区域北临雷村，东接徐吾村，南距泾河约1千米，海拔高度约为498米。因泾、渭两大河流长期冲击，在遗址南部的泾河右岸与渭河左岸之间形成了巨大的泾渭三角洲，汉景帝刘启与皇后王氏的阳陵邑就坐落在这个三角洲上。现今泾、渭两河的汇合处在遗址东面约4千米处。杨官寨环壕西门址中共出土11种动物的化石。

在该遗址中，发现的野生动物有獐、梅花鹿、马鹿和水牛。梅花鹿因其角部粗大，在密林中生活有许多不便，一般栖息于较大的混交林或高山的森林草原，也有在稀疏灌丛中生活的。獐的存在一方面说明遗址周围有沼泽地带，有高大的草丛；另一方面也说明当时的气候比现在湿润、温暖一些。水牛栖息于丛林、竹林或芦苇丛中，它的出现代表一种湿热的环境。獐、梅花鹿、马鹿、水牛现在已在此绝迹了，除了环境因素发生明显的变化外，人类的猎杀也可能是物种迅速消亡的一个原因。这从另一个方面证明：这里一直是人类活动最频繁的区域之一。

遗址出土的兽骨中家猪的最小，个体数最多，有47枚，占整个兽骨个体数的79%左右。家猪的数量是农产品剩余量的间接反映，由此可推想该文化遗存中原始农业的发达程度，因为人类有了农业剩余产品才会大量饲养家猪，这也说明当时的气候非常适合农作物的生长，风调雨顺。牛科动物的出现也说明当时遗址的周围有草原的存在。黄牛、水牛在遗址中的最小个体数相等，均为1。鹿科动物梅花鹿、獐、马鹿数量较少，它们是林、灌环境的典型代表，以采食鲜嫩植物为主。鹿科动物与牛科动物的比例厘定了动物群的性质，是判断动物群生态类别、恢复自然环境的标志。

杨官寨环壕西门址鹿科动物是牛科动物的1.5倍，说明生态环境是以鹿科动物为主的森林、丛林环境。蚌的存在，说明遗址周围有一定面积的水域存在。综上所述；遗址周围当时气候比较湿润，水资源充足；林木茂盛，有一定面积的森林、疏林及灌丛的自然景观，其间有各种鹿类动物出没；草原、森林间分布着一定面积的水域，水中有蚌等水生动物，整个地区气候适宜农作物的生长。

杨官寨的先民就是在这块气候适宜的土地上生息繁衍，过着以农为主，畜牧、狩猎为辅的经济生活。杨官寨遗址的气候属于全新世大暖期，从东洋界动物獐和水牛的存在也可证实这一点。

（三）高陵杨官寨的文化内涵

庙底沟文化遗存主要分布在遗址北区和南区的北部。其中，最重要的收获是北区聚落环壕的发现。经过初步钻探，环壕的平面形状大致呈梯形，基本为南北向布局，周长约1945米，壕内面积达24.5万平方米，壕沟宽约6～9米、深约2～4米，最宽处约有13米。在环壕西部发现一处门址，由门道、排水设施、"门房"等构成。门道是在设计开挖聚落环壕时专门预留的连接聚落内外的生土过道，宽2.7米左右。排水设施是一条由聚落内流向环壕的小渠，渠宽0.55、深0.5米。"门房"为一圆形地面式建筑，保存状况较差，只残留有地面和灶址。在西门址门道两侧的壕沟堆积中出土了大量陶器、骨器、石器，器物大多成层分布，保存基本完好。在西门址两侧环壕内出土的众多器物中，镂空人面覆盆形陶器、动物纹彩陶盆、涂朱砂的人面陶塑残器等堪称精品，均为同时期遗址中所罕见。为了验证钻探资料，进一步了解环壕的基本特征，除了对聚落西门址进行发掘外，还在聚落环壕的东北角、西南角等部位进行了较大规模的发掘，其中在西南角环壕中发现的巨型陶祖引人注意。

图1-32 杨官寨人的陶像

半坡四期文化遗存主要分布在遗址南区和北区的南部。在北区的南部发现有零散分布的房址和灰坑，南、北两区之间因产业园区东西二路的修建而对一些遗存造成了破坏。从目前的发掘资料看，关于这一时期的文化遗存，最重要的收获是在发掘区南端一处东西走向的断崖上发现了成排分布的房址和陶窑。南区的这处断崖大致呈东北—西南走向，长约72米，沿断崖边缘分布有13座房址和穿插其间的若干座陶窑。从平面分布状况看，南区断崖处发现的13座房址与穿插于其间的陶窑没有叠压或打破关系，应该是一次规划形成的，它们之间肯定存在着某种特定的联系。换句话说，这些房址的主人或许就是专门从事陶器制造业的。另外，在南部断崖的附近，还发现许多灰坑或窖穴，其中一些可能也与分布在断崖边上的这批房址和陶窑有关。

（四）高陵杨官寨遗址的发掘意义

对杨官寨遗址的大规模考古发掘，收获颇丰，主要的学术意义大致可以归纳为以下几点：

第一，基本搞清楚了杨官寨遗址不同时期聚落的布局。遗址区地势北高南低，大致以产业园区的东西二路为界分为南、北两部分，在道路下面及其南缘叠压着庙底沟文化时期聚落的南环壕。南部主要是半坡四期文化居民的聚居区，北部则主要是庙底沟文化居民的聚居区。

第二，大量半坡四期文化遗存的发现，丰富了关中中部地区特别是泾、渭两大河流交汇地带该文化的内涵。尤其是在遗址南部发现了制陶作坊区，由成排分布的房址、陶窑及储藏窖穴等组成，表明当时的社会已经出现比较明显的社会分工，一部分家庭专门从事陶器制造业。专门储藏陶器的窖穴的发现，说明财产私有观念已经出现并通过聚落形态得到了表现。这些均对认识当时的社会结构具有重要意义。

第三，遗址北部发现的庙底沟文化时期环壕聚落，无疑是该遗址考古工作的最大亮点。首先，杨官寨遗址的发现，使学术界争论已久的关于庙底沟文化聚落的问题可望得到解决。就现有资料来看，该遗址是国内目前所知庙底沟文化时期唯一一个发现有完整环壕的聚落遗址，而且保存相对完好，这使它成为探索庙底沟文化聚落布局与社会结构等问题的最重要线索。其次，就该聚落本身而言，环壕周长达1945米，壕内面积为24.5万平方米，如此巨大的庙底沟文化时期环壕聚落遗址在全国实属罕见。据初步调查，在杨官寨遗址周围的泾、渭两条河流交汇地带，分布有韩村、上马渡、马南、渭桥村等仰韶时期的遗址，但规模均小于杨官寨遗址。再考虑到杨官寨遗址特殊的地理位置，我们有理由相信这一遗址也许就是关中地区庙底沟文化的中心聚落。值得注意的是，在东北段环壕内侧接近沟边的位置还发现有疑似墙基的遗存，由此推测，该聚落很有可能是一座庙底沟文化的城址。

四、秦岭北麓的仰韶文化晚期遗存——蓝田新街遗址

（一）蓝田新街遗址的发现及地理位置

新街遗址位于秦岭北麓西安市蓝田县华胥镇东邓村和灞桥区燎原村之间，1957年首次发现。遗址坐落于灞河东岸二级台塬之上，东西长约600米，南北宽约500米，总面积约30万平方米。遗址西南与白鹿原隔灞河相望，距今灞河河道约100米，高于今灞河河床约30～40米。遗址东南距华胥镇约3千米，距泄湖遗址约12千米，距蓝田县城约20千米。遗址西北部有一条近似东西方向的沙河沟，沟北即为著名的老牛坡遗址。遗址的西北方向还有著名的西安半坡遗址，两地相距约10多千米。2009年8月至2010年6月，陕西考古研究院对遗址进行了大规模抢救性考古发掘，发现房址、灰坑、灰沟及陶窑等遗迹150余处。根据目前的发掘资料推断，新街遗址可能是仰韶文化晚期浐灞流域一处规模较大、等级较高的中心聚落。

（二）蓝田新街遗址的文化内涵

蓝田新街遗址的文化内涵主要为仰韶时代晚期和龙山时代早期。仰韶晚期的遗址为东西向长方形地面建筑，房址东、西、北三面墙基槽保存较好，基槽宽约40～60厘米，深40多厘米，基槽内有排列有序的柱洞，推测当时墙体应系木骨草拌泥结构。该房址的原始居住面已遭破坏，室内长9.8米、宽8米，总面积近80平方米。房址的东、西两侧有门。房址附近发现有大量红烧土堆积，其中有不少墙皮，因此推测该房址应当因火烧而毁。还发现可能与建筑有关的砖，共有6件[①]，其中4件出自仰韶晚期灰坑或地层，1件采集自仰韶晚期灰坑，另1件出土于龙山早期灰沟内。这6件砖的标本均残，其中较大1件系细泥红陶质，保留直角，砖的一面和侧边平整光滑，另一面稍粗

图1-33 新街遗址出土的砖形器

---

① 陕西省考古研究院.蓝田新街遗址发掘简报[J].考古与文物,2014(4): 1-23.

糙，似有曾经接触过泥（沙）浆的痕迹。从形状看这种砖应系板砖，但其在建筑中的具体部位尚不明了。6座仰韶陶窑分布得较分散，但形状与结构基本相同。烧火坑呈长条形，口与窑室底平，有3股火道通往窑室。由于长期使用，烧火坑与窑室内表均形成琉璃层。不少灰坑中发现有植物朽灰，经浮选初步辨认有粟和大米等，说明有些灰坑当时应系储藏粮食的窖穴。

仰韶晚期灰坑等遗址中出土了大量遗物。工具类主要有石斧、石铲、石刀、石锛、石楔、石凿、石钻、石钻帽、石抹子、石杵、石球、石网坠和砥石等，还有陶刀、陶纺轮、陶轮盘、陶锉以及骨铲、骨锥、骨镞、骨针等。日用陶器以泥质红陶和夹砂红陶为主，泥质和夹砂灰（黑）陶次之，并有少量泥质白陶。泥质陶器表面多素面抹光，但也有少量彩陶。彩陶以黑彩为主，红彩次之，也有黑白彩兼用者，同时还有白衣或红衣彩陶。彩陶母题主要有弧线、三角、圆点等，在彩陶上腹和口沿上各画有由圆圈和网纹组合而成的“目”形图案，构图繁缛但笔画纤细匀称，似乎应是使用毛笔之类工具所为。夹砂陶器表面多有绳纹和附加堆纹，也有少量弦纹和压印纹。许多器物上都有双錾，个别器物上则涂有朱砂，还有一些陶盆等器物上有刻画符号。常见器形主要有羊形鼎、盆形鼎、鸟形壶、钵、碗、盆、带流盆、甑、喇叭口尖底瓶、小口细颈瓶、漏斗、釜、灶、罐、瓮、缸、器盖和器座等。上述器物中的羊形鼎和鸟形壶等器物，除实用功能外，推测其很可能已经具有原始礼器的性质。装饰品数量较多，主要有玉笄、石笄、陶笄、骨笄、玉环、石环、陶环、蚌环、绿松石珠、鱼形骨坠等。除玉、石制品外，还发现有石钻、砥石等制玉工具，同时发现有玉、石钻芯和块料，有些玉料、石料、块料还保存有切割痕迹，以上发现为研究当时制玉（石）工艺提供了实物标本。此外，还发现多件陶塑艺术品，其中人像圆雕或浮雕6件、熊头圆雕1件、鸟头圆雕1件、鹿形浮雕1件。

通过对比可以看出，新街遗址仰韶晚期遗存的文化面貌与西安半坡晚期、临潼姜寨四期、宝鸡福临堡二三期等遗存基本相同，其时代应属于仰韶时代晚期。新街遗址龙山早期遗存以陶器群为代表的文化面貌与扶风案板三期以及陕县庙底沟二期等遗存有一定的共性（如在陶系、纹饰方面），但也可以看到比较显著的差异性（如一些器形方面），说明它们时代应当基本相同，当处于龙山时代早期。

（三）蓝田新街遗址发掘的意义

蓝田新街遗址中大量仰韶晚期与龙山早期遗迹、遗物的发现，为进一步揭示这两种遗存的文化面貌，并为研究它们之间的文化关系提供了实物证据。仰韶晚期疑似地震迹象（倾斜房基地面、地层断裂错位、沙脉、窖穴大面积崩塌等）的发现，对我国史前时期自然灾害史的研究具有一定的学术价值。仰韶晚期"板砖"和龙山早期"条形砖"的发现，对我国砖类建材的起源研究具有重要的实证意义。大量仰韶晚期玉制品的出土，为研究先民们何时认识和开发利用蓝田玉提供了实物佐证，同时也为史前时期制玉工艺研究增添了新的标本。仰韶晚期与龙山早期大量动植物遗存的发现，必将为农业考古和环境考古研究提供新的重要素材。

第五节　秦岭地区最完整的龙山文化遗存

——康家遗址

　　秦岭地区的龙山文化遗存星罗棋布，其中西安市临潼区发掘的康家遗址，是陕西境内目前发现最完整的龙山文化遗存。

　　康家遗址是秦岭地区最完整的父系氏族公社文化。其村落布局成排成列，有单间与套间之分，代表了陕西龙山文化渭河下游的地域特色。特别是白灰的发现和利用，在我国原始建筑史上写下新的一页。

一、龙山文化的特征

继仰韶文化之后崛起的是龙山文化，这是父系氏族社会广泛发展的一个时期。龙山文化因1928年首次发现于山东章丘县龙山镇而得名。龙山文化分布于黄河中下游的山东、河南、山西、陕西等省，以锄耕农业、黑陶制作和一夫一妻的个体家庭为主要特征。这一时期，原始氏族公社制度在私有制因素的渗透下已逐渐瓦解，作为社会经济基础的农业发展起来；新农具的使用，新技术的提高，使农作物品种、产量都有所增加，农业的发展为社会经济的全面发展打下了坚实的基础；手工业新增了玉器制造业、红铜冶炼业、象牙雕刻业等。大汶口文化出现的快轮制陶技术在这一时期得到普遍应用，磨光黑陶数量更多，质量更精，并且烧出了薄如蛋壳的器物，表面光亮如漆。龙山文化时期是中国制陶史上的一个鼎峰时期，陕西境内的临潼康家遗址最具典型特征。

图1-34 康家遗址

二、秦岭地区龙山文化的分布

陕西境内的龙山文化遗存广泛分布于关中、陕南、陕北所属的渭河、汉江、无定河流域，其中以渭河流域最为密集。现已发掘的秦岭北麓村落遗址有西安沣西客省庄、西安十里铺米家崖、华阴横阵、凤县郭家湾、神木石峁、岐山双庵、临潼康家等，其中临潼康家遗址是陕西境内目前发现最完整的龙山文化遗址。

三、陕西龙山文化的特点

陕西龙山文化的特点主要表现在陶器上。这一时期的陶器以灰陶为主，黑陶、红陶较少；制作以快轮修整为主，胎壁薄厚均匀，形制规整；器形也较以前增多，创造出许多新的器形，如鬲、盉、斝等，生活所需之器物应有尽有。另一个显著特点就是男女合葬，这是父系制社会发展的重要标志，也是母系社会和父系制社会的分水岭。因为在父系制社会，女子要嫁到男子所在氏族中，成为男子所在氏族中的一员，于是在葬俗上就表现为男女合葬。另外，出土的陶祖也比较普遍。这都反映了父系氏族处在一个较高的发展时期。

四、康家遗址的村落布局

　　康家遗址位于渭河北岸临潼区相桥镇新李村，代表了陕西龙山文化晚期遗存，是关中东部地区渭河下游一带具有地方特色的的一支文化。整个聚落面积约为19万平方米，西边有一条古河道，古河道以西没有发现房址；村落的东北部有一条淤泥沙带，沙带以东也未见房址，这条沙带估计应是当时围绕村落而修筑的沟渠一类的防御设施。整个村落为一个不规整的椭圆形，中心地区是一片空地，四周的房屋都向中心地区倾斜。这里出土的陶器不仅数量比仰韶文化时期增加了，而且种类也明显增多，主要有鬲、斝、盉、罐、瓮、盆、盘、碗、杯、甑等。

　　康家遗址与仰韶文化相比最明显的变化在建筑方面。早期房址数量少而且分布松散，还未出现成排成列的规律性分布；房址的门向不一致，有的向西，有的向南，房门前多有一圆形袋状灰坑；房址面积小，一般长约2.5米，宽约1.9米；多为半地穴式建筑，门道有二层台阶；房址中心有圆形灶，灶的处理比较随便；房址排列多单个分布，或者两间为一组；个别房址周围有白灰坑，内藏纯净的熟白灰。房址地面首次出现白灰面，尽管薄而且保存差，但白灰的发明和利用，给我国原始建筑史上增添了新的一页。

　　中期的房址开始成排成列地排列，门向一致，面积也有所增加。房内除有中心灶以外，还出现双连灶和壁炉等。门前有房址东西墙延伸所形成的活动面，组成一个独立的活动空间。墙壁多为平地起建的夯土墙，有的房中有用方形石块做柱础的，还有的墙壁内有兽骨，可能为奠基之物。窨穴的分布往往与每排房门相向对应，数量和用途也有了极大的变化，不仅仅是作为储藏粮食之用，同时还是埋葬死人的墓穴（其中在葬有人骨的窨穴中往往都出现数块卜骨）。窨穴的位置也发生了变化，它已不只分布在房址外，房址内部也有，而且专门制作了

图1-35 康家遗址鸟瞰图

陶制的盖子用来盖住窖穴。同时灰坑内出现了葬人现象。

后期的房屋建设水平有了进一步的提高；出现了用土坯修补墙壁的做法；房址形状打破了方形圆角的规定布局，出现了两次拐角的房址，还有双套间房址；同一房址内出现中间隔墙。在一些房屋的奠基中，发现了兽骨、兽葬坑和卜骨等。这些房屋建筑布局较为全面地反映了父系氏族公社时期的社会实质。

五、康家遗址的象征意义

父系氏族公社文化发展到这一阶段，已叩响了文明时代的大门，但整个社会仍处于动荡的时代。人们生活所用的陶器，无论是质地、纹饰还是形制都发生了明显的变化。这种变化既是制陶技术的进步，也是人们审美观念和实用价值观念的转变。聚落布局、房屋建筑和结构设施等方面均表现出一些等级差别和社会分化因素。在长安客省庄二期文化、西安十里铺米家崖和康家遗址相同的文化遗址中，发现有人和兽的骨架埋在一起的乱葬坑；其中两匹马的骨骼四肢弯曲侧卧，呈睡眠状，首尾一致，前后排列在一起，显然不是自然死亡的，可能是宗教仪式的牺牲品；人的骨骼散乱，残缺不全，有的两手前伸，作挣扎状，反映了他们生前社会地位低下，死后被随便扔进坑里的悲惨景象。

第六节　从新石器时代到商朝末年的文化遗存
——老牛坡遗址

　　老牛坡遗址是陕西境内重要的商代文化遗存。它的文化层叠积丰富，自上而下分别为耕土层、扰土层、商代文化层、陕西龙山文化层、仰韶文化层等5期，其时间跨度从公元前4000年至公元前1100年。

　　老牛坡遗址发现有屋址、灰坑、墓葬与车马坑、陶坑等，还发掘出我国最早的墓葬边箱实例。

　　老牛坡遗址的价值不仅在于它填补了过去陕西境内商代文化遗存的空白，而且在于它的早期文化（仰韶文化）与东邻华胥古国连为一体，构成了华夏源脉文化的核心，为我们揭开华夏文化起源之谜提供了重要的实物证据。

一、老牛坡的自然环境

老牛坡位于西安东郊距市中心约21千米的灞河北岸，西安市灞桥区洪庆街道办所属的自然村庄——燎原村。所谓老牛坡，实际是指村西大道穿行于断崖处一段数百米长的陡坡，因倾斜高差有10余米，人行运输十分困难，故有此名。

图1-36 老牛坡遗址发掘现场1

这里西连灞桥区田王镇，东接蓝田县华胥镇，北依骊山南麓洪庆山，东北紧靠新石器时代晚期文化遗存——新街遗址，南临灞河水，与白鹿原隔河相望，是适宜人类聚居生息的理想家园。①

二、老牛坡遗址的文化内涵

老牛坡遗址傍水卧原，为新石器时代至商时期遗址。从1985年秋至1989年，陕西考古工作者先后6次对老牛坡遗址进行发掘，发掘面积约5万平方米。老牛坡遗址不仅面积大，而且文化层叠积十分丰富，从上至下分别为耕土层、扰土层、商代文化层、陕西龙山文化层、仰韶文化层。

老牛坡居住的最早居民应该是新石器时代的仰韶居民，在发掘中虽然没有发现大面积的仰韶文化堆积层，但有个别的灰坑压在商代文化层下，以及在商代地层内混杂有一些仰韶文化时期的陶片。老牛坡仰韶文化遗迹散见于灞水下游北岸的二级台地上，西与半坡遗址相去约有5千米，东与蓝田卞家寨新石器时代遗址隔沙河沟相望。目前，除发现个别不完整的灰坑外，尚未见有面积较大的地层堆积或其他遗迹。出土遗物主要是陶器碎片，无一能复原。

老牛坡的龙山文化和仰韶文化一样，只散见有个别住址和灰坑，出土遗物有石器、骨器和陶器。陶器以夹砂灰陶为最多，泥质灰陶次之，泥质红陶、黑陶较少；纹饰以绳纹为常见，篮纹次之，弦纹、附加堆纹又次之，方格纹较少；器形主要有单把鬲、罐、碗、杯等。老牛坡龙山文化的陶器具有浓厚的长安客省庄二期文化的某种因素，又与河南龙山文化存在相

图1-37 老牛坡遗址发掘现场2

① 刘士莪.老牛坡——西北大学考古专业田野发掘报告[M].西安：陕西人民出版社,2002：2.

同之处，这也是陕西龙山文化的共性。

老牛坡遗址的文化内涵主要是商代遗址，埋藏厚、面积大，较仰韶、龙山文化更为丰富多彩，其延续时间之长，几乎贯穿了商王朝发展的各个时期。商代遗址位于陕西渭水盆地的东部，是古代关中东出潼关、南去江汉地区的咽喉要塞，地理位置极其重要，这可能是商人长久居住于此的一个重要原因。又因为它位于先周岐邑之东，是周人东向翦商的必经之地。到了文王的时候，为了实现灭商的宏图大志，周人势必会对商王朝在西部地区的势力和封国进行有计划的军事行动。只有扫清了东进道路上的障碍之后，周人才能长驱商王朝腹地，直捣商都，完成推翻商王朝、建立周王朝的大业。

从文化特征来看，老牛坡商人的活动势力范围非常广，不仅占有渭水下游地区，而且南逾秦岭，与陕南城固、洋县地区的青铜文化亦有直接往来。老牛坡的商代文化从早期到晚期的发展脉络也十分清楚，初步可分为5期。老牛坡遗址商代遗存包括房址、灰坑、墓葬与车马坑、陶窑等，出土了各类铜、陶、玉、角器等，还发现有一座东西长37.5米，南北宽约15米的大型宫殿建筑基址。除发现车马坑遗址外，还发现50余座墓葬，其中的中型墓椁有边箱，这是迄今发现的中国最早的墓葬边箱实例。

三、老牛坡遗址的历史地位

老牛坡遗址对于研究夏代文化的发展历程和商代文化的分布、商代多国文明的发展进程具有重大意义。尤其是老牛坡遗址的早期文化（即新石器时代的仰韶文化）与东邻华胥古国连为一体，构成了华夏源脉文化的核心，谱写了华夏文化最精彩的篇章。灞河流域的猿人古文化遗存遍及沿岸各地：由老牛坡溯灞河而上，东去10～20千米，就是著名的陈家窝村、公王岭蓝田猿人化石出土地；由老牛坡

图1-38 骊山仁宗庙（又称人祖庙）

向西，沿灞河顺流而下，5千米外就是西安的半坡遗址；再由老牛坡东边华胥镇旁的华胥沟向北上骊山之巅，就是仁宗庙[①]，相传伏羲、女娲兄妹成婚的故事就发生在这里；从仁宗庙向北到骊山脚下，就是与半坡遗址齐名的姜寨遗址。新石器时代人们的足迹在灞河流域随处可见，遗址毗连，文化丰富，显示了原始社会先民在此生存发展的漫长历程。

---

① 仁宗庙坐落于骊山最高峰，也称人祖庙，海拔1300多米。《临潼县志》称仁宗庙："九峰既峙其下，形如九龙之首，故名曰：'九龙头'。"立此俯视四周真有"一览众山小"之感。难能可贵的是这里丰富的民间传说，为仁宗庙涂上了一层神秘的人文色彩。根据有关史料记载，仁宗庙本是一座规模恢宏的古刹，是人们为供奉伏羲女娲而建。以仁宗庙为中心，向四周辐射形成的众多奇异景观及民间传说无不与人类的始祖——伏羲女娲相关联。"伏羲创八卦""女娲补天""滚石成婚""女娲抟土造人""伏羲女娲人面蛇身"等传说故事，在周围都能找到相应的令人叹为观止的景观。

第七节　从母系氏族公社到父系氏族公社的跨越
——传说中的华胥古国

　　神秘的华胥古国，位于秦岭北麓灞河流域西安市灞桥区与蓝田县交界处。其存在的时间大约为8000—5000年之间，跨越了考古学上的前仰韶文化、仰韶文化、龙山文化3个历史时期，完成了从母系氏族到父系氏族公社的过渡，不仅在中国古人类发展史上具有重大的历史意义，而且对于解开华夏文明源脉之谜，具有重要的现实意义。

　　华胥古国与民间神话传说故事、文献记载及考古发掘资料相吻合，从婚姻形态上印证了秦岭地区的古人类从母系氏族的族外婚到同辈婚再到父系氏族公社男权制的确立这一漫长的历史过程。

一、华胥古国的自然环境

西安市蓝田县最西端的灞河北岸有一个小镇叫华胥镇，它是以华胥氏命名的，也是《蓝田县志》记载的"华胥渚"所在地。《太平寰宇记》说："蓝田为三皇旧居，境内有华胥陵。"华胥镇北的孟家崖村有华胥陵，镇政府内还有关于"古华胥"的石碑，石碑上镌刻着"黄帝梦游"和"伏羲肇娠"字样；华胥镇的附近还有华胥沟、娲氏庄等与此相关的地名，足以说明这里就是传说中的华胥古国了。

华胥古国自然环境优美，华胥氏族的人们生活、活动的大致范围在今灞桥、临潼（骊山）、蓝田一带的灞河沿岸。这里背倚骊山南麓，面临灞河北岸，东邻陈家窝（蓝田猿人下颌骨出土地），西接老牛坡，与白鹿原隔水相望，十分适宜远古人类的生存与发展。

图1-39 灞河

二、华胥古国的传说及其价值

（一）华胥古国的传说与现实

华胥古国是中国传说时代的氏族部落，距今约8000—5000年。《山海经·海内东经第十三》说："雷泽中有雷神，龙身而人头……"郭璞注："大迹在雷泽，华胥履之而生伏羲。"《竹书纪年》说："太昊之母，居华胥之渚，履巨人迹，意有所动，虹且绕之，因而妊娠。"《史记·补三皇本纪》说："太昊庖牺氏，风姓，代燧人氏继天而王，母曰华胥，履大人迹于雷泽，而生庖牺于成纪。蛇身人首，有圣德。"《春秋世谱》说"华胥氏生男名伏羲，生女名女娲"，曾宏根在《神秘的华胥国》中引殷函、尹红卿编译司马迁《史记·五帝本纪》开首卷写道："华胥氏生伏羲女娲，伏羲女娲生少典，少典生炎帝黄帝。"根据这些记载，我们可以得出一个结论，即：燧人氏时代，有一位妙龄少女名华胥，居住在骊山南麓的蓝田县境内。一日，发现一行巨形脚印，踏之，便有了身孕，在成纪生下伏羲、女娲。这些记载与传说都说明华胥古国还处在"只知其母而不知其父"的母系氏族公社时期。

　　"感孕生子"的神话故事在远古传说时代比比皆是。华胥氏"履巨人迹"而"感孕生子"在中国先秦的历史典籍中都有记载。商人先祖简狄吞食玄鸟蛋生商始祖契，就是"玄鸟生商"的神话故事。周人先祖姜嫄"践巨人迹"而生周始祖后稷，与华胥氏"履巨人迹"如出一辙。这是我们的先祖在"只知其母，不知其父"时代的真实写照。华胥古国时代的时间跨度十分久远。从婚姻形态来看，华胥氏从母系氏族的族外婚到同辈婚，再到父系氏族公社男性制度的确立，确实经历了漫长的历史过程。

　　关于人类的起源和人类童年的种种传说故事，在全世界各国各民族中广为流传。马克思说："神话是通过人民的幻想用一种不自觉的艺术方式加工过的自然和社会形式本身。"①拉法格认为："神话不是骗人的谎话，也不是无谓想象的产物。他们是人类思想的朴素的自发的形式之一。只有当我们猜中这些神话和他们在许多世纪以来，丧失掉了那种意义的时候，我们才能真正理解了人类的童年。"②这也正是华胥古国神话传说的历史意义所在。

　　传说中的华胥古国也被近年来的考古发掘所证实。从1984—1986年，陕西考古工作者对蓝田进行文物普查，共发现新石器时代的遗址305处。其中仰韶文化和龙山文化的遗存随处可见，其密度之大为世界人类发祥地所罕见。因此，传说中的华胥古国遗址就在现在的华胥镇这个说法是可信的。这里应该就是华夏文明源脉所在地。华胥古国跨越了考古学上的前仰韶文化、仰韶文化、龙山文化3个历史时期，完成了从母系氏族公社到父系氏族公社的过渡，在中国古人类发展史上具有重大的历史意义。

图1-40　伏羲女娲图

（二）华胥古国所在地

　　据民间传说，在陕北延川县乾坤湾南端伏义河村西北方向的黄河石岸顶部虎头峁北侧的悬崖上，有一长条岩洞，约30多米长，最深处有五六米，这个岩洞叫伏母寨，传说是华胥生伏羲时居住的古寨子。伏母寨现存寨门、寨墙及部分居住遗址。但伏母寨的资料过于简略，很难说明相关问题，因而古华胥国也不可能在陕北延川。华胥氏的居地究竟在何处？一般主张在今陕西蓝田县境。《纲鉴易知录》载："太昊之母居于华胥之渚。"注云："华胥在今陕西蓝

① 马克思,恩格斯.马克思恩格斯选集（第二卷）[M].北京：人民出版社,1995.
② 拉法格.宗教与资本[M].北京：三联书店,1963.

田县，小渊曰渚。"徐文靖笺："按华胥，地名，在陕西蓝田县，小渊曰渚。"大体而言，古华胥国在今陕西省西安市东约20千米的蓝田县华胥镇。这里保留的史迹有华胥氏踏大人迹妊娠伏羲、女娲的雷泽所在的雷庄，以及华胥沟、华胥窑、华胥河、毓仙桥、毓圣桥、华胥陵、女娲谷、娲氏村、女娲陵、炼石台、仁宗庙、老母殿、五龙宫、磨针观、画卦台等。据《云笈七签》卷一百集唐王的《轩辕本纪》提到"黄帝游华胥国，此国乃神仙国也"，相传这里还有黄帝游视古华胥的纪念地——轩辕庙遗址，以及黄帝游华胥国时拴马的柏树，经过了数千年的时光，柏树还旺盛地生长在今华胥镇轩辕小学院内。华胥沟所在的宋家村至今还保留着一通记载三皇功绩的古石碑，碑的上方正中勒有"古华胥"3个阴刻大字，左边有"伏羲肇娠"，右边有"黄帝梦游"[1]字样。因而，陕西蓝田华胥镇应为古华胥国所在，是伏羲、女娲母族华胥氏的聚居地。

（三）华胥陵

著名的华胥陵位于华胥镇以北，西边是华胥沟，而越过华胥沟就是宋家村。《淮阳名胜》一书指出："古时候我国西北的华胥氏之国，是华胥氏居住的地方。"《太平寰宇记》记载："蓝田为三皇旧居，境内有华胥陵。"《陕西通志》中说："羲母（华胥氏）陵在蓝田县北三十五里。"《蓝田县志》中说："蓝田县内有华胥陵，是称三皇故居。"这与古书中所记载的华胥渚（华胥氏与其子女的居住之地）十分吻合。当地流传着一个传说，此地即华胥氏怀孕后栖息之地。这一传说已经流传很多年，无人知其起始时间。在宋家村南塬有一座古庙名为"三皇庙"，曾经有石碑刻文"古华胥伏羲肇娠地"等字样，与《宋书·符瑞志》的记述相近。

因此，华胥氏可能真有其人，她是中国母系氏族社会一位杰出的首领。《蓝田县志》以及古书典籍《列子》均有对

图1-41 华胥陵

---

[1] "黄帝梦游"华胥国的传说：《列子·黄帝篇》称：（黄帝）昼寝，而梦游于华胥之国……其国无帅长，自然而已。其民无嗜欲，自然而已。不知乐生，不知恶死，故无夭殇。不知亲己，不知疏物，故无爱憎。不知背逆，不知向顺，故无利害。都无所爱惜，都无所畏忌。入水不溺，入火不热，斫挞无伤痛，指摘无痟痒。乘空如履实，寝虚若处林。云雾不碍其视，雷霆不乱其听，美恶不滑其心，山谷不踬其步，神行而已。

华胥氏族社会形态的描述，在许多其他典籍中也有关于"华胥国"的记载，这种记载可能就是指华胥氏族团。今天，当地不少村落仍然在一定程度上保留着古华胥氏部落的印痕，能够印证华胥古国的存在。今华胥镇红河下游有娲氏村，而红河在史书上被称为女娲沟。对面白鹿原上李华村的原名就是女娲村，李华村应是女娲村的音变。在孟岩村附近有一个叫拾旗寨的村子，村中人大多相信自己是古时祭祀仪仗队成员的后代。

多位专家学者根据历史记述以及经过研究考证后认为，中华先祖最初的传承关系是华胥氏生伏羲、女娲，伏羲、女娲生少典，少典生炎、黄二帝。因此，华胥氏为中华民族的始祖母，是华夏之根、民族之母。华胥陵是全球华人的祖根所在。从华胥到华夏，从华夏到中华，形成了一脉相承的中华民族文化。

三、伏羲女娲传说的历史意义

在世界众多的民族文化中都有兄妹互为婚配的传说，而中国流传最为广泛的，还是伏羲女娲兄妹成婚的故事，相传华胥古国时代经洪荒之后，仅剩下了伏羲和女娲兄妹二人，他们长大成人后结为夫妇，人类才得以繁衍。伏羲女娲因此被尊为人类始祖，骊山仁宗庙就是为纪念他们而建的。

（一）伏羲传说的历史意义

伏羲是中国古代传说中一位对华夏文明做出过卓越贡献的神话人物。有关他的传说，最具神秘色彩的便是他的出生和成婚。传说伏羲人面蛇身，他的母亲在一个名叫雷泽的地方踩了一个巨人的脚印怀孕12年后才生下他。后来，一次洪水吞没了整个人类世界，唯有伏羲和他的妹妹女娲幸存了下来。为了使人类不致灭绝，他俩必须结为夫妻。但兄妹成婚毕竟是很难令人接受的，于是他们商量由天意来决定这件事。怎样决定呢？兄妹俩各自推了一个大磨盘分别爬上昆仑山的南北两山，然后同时往下滚磨盘，如果磨合，就说明天意让他俩成婚。结果，磨盘滚到山下竟然合二为一了，于是，他俩顺天意成婚，人类从此得

图1-42 伏羲画卦图

以延续。骊山也有这个传说，仁宗庙旁还有一个磨子沟，现在还能看到沟底有两块不规则的圆石重叠在一起。

据史载，伏羲曾教人们织网捕鱼，从而使人类原始的狩猎状态进入到初级的畜牧业生产阶段。伏羲在教人们打鱼的过程中分出了东南西北，伏羲说："东方属金，西方属土，日头出东落西，南热北冷。"于是，大家都明白了怎样辨别东西南北。他还确定了婚嫁制度，创造了历法，发明了乐器，教会了人们制作和食用熟食，结束了人类身披树叶、茹毛饮血的野性生活状态。伏羲为人类文明进步做出的最伟大的贡献，就是首创了中国古代文化的神秘符号——八卦，用以推演许多事物的变化，预卜事物的发展。八卦是人类文明的瑰宝，是宇宙间一个高级别的"信息库"。早在17世纪，德国大数学家莱布尼兹创立"二进制"时，专门研究八卦，并根据八卦的"两仪、四象、八卦、六十四卦"，发明了二进位记数和当时欧洲最先进的计算机。八卦中包含的"二进法"，后来被广泛地应用于生物学及电子学中。1984年，一位欧洲科学家在谈到八卦的易理被现代社会广泛应用时，叹为"至为可惊"。八卦中的许多奥妙神奇之处，至今还正在研究和探讨之中。

图1-43 伏羲与女娲像

随着部落的兼并和迁徙，伏羲所创立和倡导的古代文明沿渭水传播到黄河流域，与其他民族相融合，形成了以炎黄部落为核心，以伏羲文化为本体的华夏民族。因为伏羲人面蛇身而崇奉的蛇图腾，也由黄土高原蔓延到中原大地，并逐渐演变为龙图腾，最终成为中华民族的象征。因此，伏羲也成为全世界华人的始祖。

弘扬伏羲文化具有深远的历史意义和重要的现实意义。从历史学的角度看，随着"夏商周断代工程"的完成和夏商周年表的正式公布，"三皇"文化的研究将日益突出，中华文明史较为确切的年表将会从公元前2070年推向更早的年代。而20世纪50年代末在甘肃天水境内发现的大地湾文化遗址及史料记载，与有关伏羲氏的传说故事有着种种吻合，成为最终揭开中华文明本源之谜的一把钥匙。可以说，通过对伏羲及伏羲文化的深入研究，对将中华文明史推向更早的年代，具有重大的现实意义。

（二）女娲传说的历史意义

女娲是中华民族的共同人文始祖，是中华民族伟大的母亲。女娲文化源远流长、博大精深、内容丰富，是史前文明和中华民族的优秀传统文化，也已经成为中国史前文明探源的重要研究对象。《楚辞·天问》《礼记》《史记》《山海经·大荒西经》《淮南子·览冥训》以及清朝嘉庆《涉县志》等史料都有关于女娲的记载。女娲氏为上古氏族，《说文解字》释"娲"字为女娲之称谓，并以"化"解释"娲"字，表示"女娲"的词源和得名本身即与"化育"的功能相联系。郑康成根据《春秋纬》注《礼记》云："女娲，三皇承伏羲者。"认为女娲是三皇之一，司马贞在《补史记·三皇本纪》中也认为女娲是三皇之一。但三皇五帝向来说法不一，如《尚书大传》《帝王世纪》等均将女娲排除在三皇之外，这是不符合历史实际的。

作为中国神话传说中的人类始祖，女娲用圣土制造出了人类。但在早期的典籍中，只提到女娲造人，并未提到使用圣土。《淮南子》认为，女娲造人时，其他神灵都来帮忙，黄帝帮助人生出阴阳，上骈帮助人生出耳目，桑林帮助人生出臂手。在他们的帮助下，女娲经过了70次的尝试和改变，最终创造了人类。而现今流传最广的女娲抟土造人的记载在较晚时候才出现。《太平御览》说，女娲用圣土塑造人，但工作繁重，力有未逮，于是用藤条在泥潭中抽打，溅起的泥点就成了无数人类。女娲还创造了笙簧。笙是将竹管插在葫芦内制成，即类似今日之葫芦丝；簧就是笙管中的簧片。闻一多在《伏羲考》中认为伏羲和盘古都和葫芦有关，因此女娲用葫芦和竹管造笙的传说，也与其兄

图1-44 伏羲与女娲雕塑

053

长伏羲相联系。

女娲补天是一个很著名的传说。《红楼梦》的第一回即引用这个传说，女娲为了补天，炼了36501块石头，用了36500块，但剩下了1块未用，就是"通灵宝玉"。根据《三皇本纪》记载，水神共工与火神祝融交战。共工被祝融打败，怒而用头去撞击西方世界支柱不周山，导致天塌陷，天河之水注入人间。女娲不忍人类受灾，于是炼五色石补好天空，折神鳌之足撑四极，平洪水杀猛兽，人类始得安居。女娲补天还有其他说法。《路史》称共工氏在太昊氏（伏羲氏）之后作乱，导致洪水为患。女娲氏与共工氏战斗，战胜了共工氏，于是天地平复。

根据《山海经》记载，女娲在肉身死后，她的肠化作10个神人，到西方的大荒广粟之野守护去了。有人认为，其寓意是说女娲肉身死后被人吞食，原始部落的人感觉吃下自己祖先或族中受尊敬的人会有安全感。另据传说，女娲死后埋葬在今河南省周口市西华县，故西华县又名娲城，传说女娲灵魂后来升天，由神兽白曜和腾蛇保护着去了天宫，成为天神。

关于女娲的传说在整个古文化系列中占有重要地位。它是人类发展史和民俗研究的重要组成部分，是传承华夏文明和民族精神的重要史料；具有实现民族大融合、增强民族凝聚力、构建和谐社会的重要作用；对增强现代创业精神、充实中华民族文化宝库、促进文化交流具有重要作用；体现了奇特的民间、民俗文化现象，对人生礼仪、人类生存、文化传承具有深远的历史意义。

第八节　中华人文始祖

——炎帝和黄帝

　　炎帝与黄帝是有文字记载的中华人文始祖，其历史依据就是司马迁的《史记·五帝本纪》。

　　炎帝和黄帝最初的活动范围都在秦岭北麓的渭河流域。炎黄部落世代通婚，是当时社会发展到族外婚阶段的集中反映，这一点不仅有文献记载可依寻，还为后世考古发掘所证实，绝非民间传说的想象无根之言。

　　炎黄部落在关中地区的崛起及其筚路蓝缕的发展过程，是中华民族百折不挠精神的展示。

一、炎帝的传说与史迹

炎黄部族崛起于陕西秦岭北麓渭水流域，其筚路蓝缕的历史征程，是中华民族百折不挠精神的缩影。《国语·晋语》记载："昔少典娶于有蟜氏，生黄帝、炎帝。黄帝以姬水成，炎帝以姜水成。成而异德，故黄帝为姬，炎帝为姜。"这段文献是最早关于炎黄传说的记述，且被认为是可考的。《帝王世纪》说："神农氏，姜姓也。母曰任姒，有蟜氏之女，登为少典正妃。游华阳，有神龙首，感生炎帝，人身牛首，长于姜水，因以氏焉。"[①]传说中的炎帝，是关中西部地区的农耕部落首领，最早活动在渭河流域的姜水附近，所以姓姜。姜水是岐水的一段，从岐山流出，经武功注入渭河。今天的宝鸡地区有姜城堡、清姜河、神农庙等遗迹，说明这里是炎帝部落的发祥地。相传炎帝生于瓦峪，他的母亲将他抱到九龙泉内洗浴，后来，又在瓦峪将他抚养成人。

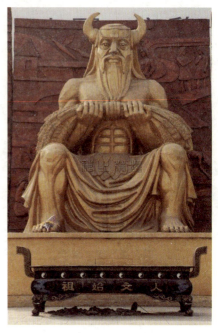

图1-45 炎帝雕像

炎帝在历史上确有其人，但并非后世传说中的那般神异，他是上古时期部落联盟的首领，在部落发展中起过重大的作用。

大约在母系氏族社会的末期，一种新型的婚姻形式出现，即对偶婚。在这种婚姻形式下出现了比较固定的婚姻家庭，使得子女与生母和还不很固定的父亲之间的关系变得较为密切，子女有继承母亲和父亲生活资料的权利，还可以获得父亲氏族或多或少的认可和帮助，甚至还有了继承母亲所有的公有土地和成立新的女儿氏族的可能。在当时渭河流域分布着许许多多的氏族，其中有两个世代通婚的氏族，一个叫有蟜氏，一个叫少典氏。有蟜氏族内有一名叫安登的女子与少典氏族的首领结为对偶婚，之后产下一名男婴，就是后来的炎帝。因其母的氏族生活在姜水一带，便取姓为姜。姓由此诞生了，它表示新生的女儿氏族产生于有共同母系血缘的氏族中，姓就是女儿团体的代称，是维系同一血缘的标志。故最初姓多从"女"字旁，如姜、姬、姒等。姓是氏的分支，同一氏下有多姓，炎帝后来继承了这个氏族的首领之位，并完成了由母系氏族到父系氏族的过渡。

炎帝担任氏族首领的时期，自然环境温暖湿润，太阳和火在人们的生产、生活中占据了重要地

① [汉]司马迁.史记·五帝本纪[M].北京：中华书局,1959：4.

位。炎帝在前人的基础上更大限度地利用了火，他改进了灶，创造了火种再生技术，使得熟食广泛化。火的功效的提升对氏族的繁荣起到了巨大的促进作用，因此，氏族成员便不再叫他的原名，而改称"炎"。

传说炎帝来到人间的时候，自然界的食物已不够吃了，勤劳而仁爱的炎帝，教会人们种植五谷，用自己的劳动换取生活资料。炎帝又让太阳发出足够的光和热，照耀五谷生长，从此人们不愁衣食。人们感念他的功德，尊称炎帝为"神农氏"。事实上，神农和炎帝并非一人，两人都是上古时期对社会发展做出巨大贡献的有代表性的杰出人物。神农是仰韶时代对农耕社会有突出贡献的氏族首领，炎帝是仰韶时代末期对发展农耕生产和社会进步起了不朽作用的氏族首领。他们之间很难说清有多少代的差异，但他们之间有一定的血缘关系，且有一个共同点就是都生活在宝鸡一带。因此，宝鸡地区就成了我国原始农业的发祥地之一，与西安半坡、临潼姜寨等地的仰韶文化遗址有一定的渊源关系。后来，炎帝部落沿着渭水、黄河向东逐渐迁徙。

二、黄帝的传说与史迹

黄帝是传说中黄河流域一位有名的部落联盟首领。黄帝部族和炎帝部族之间有血缘关系，他们都是从少典氏族中分化出来的。在当时，少典氏族和有蟜氏族间的通婚习俗还在继续，有蟜氏族一个叫附包的姑娘嫁给了少典氏族的首领，一日，附包看见一道闪电凌空而起，缠绕北斗七星后，大地一片光亮，便怀孕了，24个月后生出一位神童，一落地便能说话，他就是后来的黄帝。黄帝姓公孙，因长于姬水（姬水就是古岐水，是渭河的支流）改姓姬；又因生于轩辕之丘，取名轩辕氏。黄帝崇尚土德（可能是他的活动与黄土高原有关），土是黄色，所以称黄帝。黄帝最初建立了一个以少典氏族为核心的黄帝部落，涵盖着被同化的新拓展地区。活动范围在陕西关中和甘肃天水一带，以游牧生活为主，其经济形态决定了这一部族具有较强的军事实力，其氏族成员视战功为最高荣誉。《史记·五帝本纪》中记载黄帝部族"习用干戈，以征不享"，"修德振兵"，"天下有不顺者，黄帝从而征之，平者去之，披山通道，未尝宁居"[1]。黄帝部落后来沿着北洛水南下到今大

图1-46 黄帝雕像

① [汉]司马迁.史记[M].北京：中华书局，1959：3.

057

荔一带，渡过黄河，顺着中条山、太行山向东北方向迁去，到达今山西黄河之滨，最后定居在今河北涿鹿一带。

相传黄帝有许多发明创造，如制定历法、创造文字、制造兵器、舟船、染五色衣服等等。当然这不可能是一个人的功劳，它反映了后世人们对黄帝的崇敬。

总之，炎帝和黄帝时代，大约是我国原始社会末期父系氏族公社时期。炎帝部落和黄帝部落都是建立在一种有共同信仰基础上的松散联盟，各氏族之间彼此没有共同的相互依存的经济基础，也没有产生隶属于部族首领的军事组织。后来可能由于人口的增加，剩余粮食的增多，便导致了氏族内部的分化。炎帝的部族一支留在关中西部；一支沿渭河而下，经黄河南岸过伊河、洛河，进入华北平原和黄河中下游地区，炎黄阪泉之战后，进入长江中下游的湖北、湖南；还有一支溯渭河而上迁移到西北地区，这些先民通过陇山，向河湟地区而去，与生活在那里的羌人融合，形成羌族；也有一支据说进入西藏与当地的土著人融合形成了后来的藏族。在这些迁徙的新部落中，人数最多、影响最深远的是向东沿黄河迁徙进入中原历史舞台的那些部落，他们在东进的过程中，与当地氏族融合，建立了许多小的方国，兹不赘述。

随着社会生产力的不断发展，部落与部落之间争夺领地，部落联盟内部争夺领导权的斗争接连发

图1-47 炎黄二帝雕像

图1-48 陕西黄陵县黄帝陵鸟瞰图

生。传说炎帝在向山东地区的发展过程中，与原居住在那里的蚩尤部落发生冲突，炎帝敌不过蚩尤，又迁徙到黄帝控制的涿鹿地区。蚩尤尾追而来，炎帝向黄帝求援，于是一场空前恶战在涿鹿展开。据说蚩尤有兄弟81人，个个是铜头铁额，人语兽身，又率领九黎蛮族，首先向黄帝发起进攻。黄帝以应龙为主将应战，让女神旱魃驱散蚩尤部下施布的狂风暴雨，再命风后制造指南针冲出雾阵，最后擒杀了蚩尤。

　　炎帝和黄帝联合打败蚩尤后不久，新的矛盾冲突再次发生，他们为争夺领导权在阪泉（今河北怀来）决战。经过3次大战，黄帝最终获胜，组成了炎黄部落联盟，统称华夏族，也就是中华民族的前身。因此，炎帝和黄帝都被尊奉为"人文始祖"。今天，世世代代的中华民族儿女都自称为"炎黄子孙"。

　　炎黄时代是我国原始社会末期社会经济、思想文化发生大变革的时期，随之而来的夏商周三代文明就盛开在炎黄时代开垦出来的沃土上。崛起于渭水上游和黄土高原上的炎黄部落，经过融合形成了炎黄联盟，又整合了其他部族的文化形成了华夏集团，促成了中国早期文明社会的诞生。

图1-49 黄帝陵

三、万世敬仰的黄帝陵

相传黄帝活了118岁，最后乘龙归天。今天陕西黄陵县桥山上的黄帝陵，是黄帝的衣冠冢。陵高3.6米，周长48米，陵区4平方千米。山上古木参天，山下沮水环绕，四周群山拱卫，景色如画。黄帝陵前祭亭中有郭沫若手书的"黄帝陵"3个大字的石碑；亭前有清代陕西巡抚毕沅题写的"古轩辕黄帝陵"碑；亭后有明代唐琦手书的"桥陵龙驭"4个大字的石碑。桥山脚下有黄帝庙，庙前有一株古柏，相传为黄帝亲手栽种，粗围竟达10米，阅世四五千年，被誉为"世界柏树之父"。另一株柏树叫"将军柏"，据说汉武帝征朔方归来时祭黄帝陵，曾挂铠甲于树上，所以又叫"挂甲柏"。黄帝庙正殿悬挂着"人文始祖"的匾。

几千年来，历代人民都来黄陵祭奠黄帝，表达炎黄子孙对祖先的崇敬之情。中华民族祭祀黄帝陵庙的活动，早在春秋战国时代就开始了。从孔子、孟子的文章中和他们与学生的对话语录中，已经得到证实。据《吕氏春秋·安葬篇》《七国考》《山海经》这些古籍记载："墓设陵园"在秦代开始形成制度。汉朝初期就在桥山西麓建起"轩辕庙"。唐代宗大历五年至大历七年（770—772），对轩辕庙进行了重修扩建，并栽植柏树1140株。宋朝开宝二年（969），因沮河水连年侵蚀，桥山西麓经常发生崖塌水崩，威胁庙院存亡，地方官员上书朝廷，宋太祖赵匡胤降旨，将轩辕庙由桥山西麓迁移至桥山东麓黄帝行宫。这就是当今人们前来拜谒的轩辕庙。元明清至今，都对黄帝陵庙进行过多次修缮和扩建。我们现在看到的黄帝陵庙的规模和范围，已远远超过历代。新中国成立后，每年清明节、重阳节均在此进行祭祀典礼，特别是清明节公祭已成为中华民族传统祭祀大典。黄帝陵是中华民族圣地，海外侨胞将其誉为"东方麦加"。1961年，国务院公布黄帝陵为全国第一批重点文物保护单位，编为"古墓葬第一号"，号称"天下第一陵"。

四、常羊山炎帝陵

炎帝陵位于今陕西宝鸡市东南的常羊山上。前有炎帝庙，后有炎帝陵。炎帝庙大殿面阔5间，左右两边的对联为当代书法家茹桂所书"创始定有人千载歧黄崇炎帝，流传安天据八方稼穑念神农"，表达了对炎帝的崇敬之情。殿前为祭祀广场，可容纳千人祭祀。广场两侧分别建有鼓亭和钟亭。正殿面积400平方米，高12米，为清式庑殿。殿堂正中为炎帝坐像，像高4.5米，目光炯炯，庄重慈祥。殿内两侧壁上绘有关于炎帝的大型壁画，分别为"常羊育炎""浴圣九龙""农业之神""太阳之神""医药之神""炎帝结盟"等，讲述了炎帝的生平和功绩。炎帝神农氏，母曰安登。游于华阳有神龙感孕女登（安登），于常羊山生炎帝，人身牛首，长于姜水。炎帝在九龙泉沐浴后，头上牛角隐去，天资更加聪颖，后来做了姜氏部落的首领。炎帝教民制陶，始作耒耜，降牛耕田，教民耕稼，使原始时代由采集狩猎进步到农耕时代，人们尊其为"农业之神"。炎帝得到稼禾后，因阴阳有差，所种之物只开花不结果，于是炎帝乘五色鸟从东海抱回太阳，从此五谷丰登，万民安乐。又因炎帝创立"日中为市"，开原始农业之先河，被世人誉为"太阳之神"。炎帝遍尝百草，研制医药，据说他一日遇七十毒，140岁时上山采药，误尝了"火焰子"（断肠草）而为民捐躯。

穿过祭祀区，便进入墓冢区。沿着长长的陵道拾级而上，两边肃立着百代帝王石像，总共16位，依历史顺序依次排列为：尧、舜、禹、启、夏桀、成汤、盘庚、纣王、周文王、周武王、周幽王、周平王、郑庄王、齐桓公、秦穆公、宋襄公等。沿着陵道一直向上，便来到了气势雄浑、庄严肃穆的炎帝陵前。这里就是炎黄子孙拜谒先祖的圣地。"炎帝陵"三字飘逸洒脱，为全国书协名誉主席启功所题。每年农历七月七日及清明节的炎帝祭日，海内外各界民众聚于炎帝陵及炎帝祠进行盛大的公祭仪式，共同拜祭人文初祖——炎帝，表达后世的敬仰之情。

图1-50 陕西宝鸡炎帝陵 魏兴 摄

图1-51 炎帝陵前殿

第二章

秦岭
——中国古代帝王活动的政治舞台

秦岭有优越的自然条件，这里的土地养育了诸多的先民。进入阶级社会以后，这里成为统治者进行施政的首选之地。这里的山水是帝王们的理政、居住之所，帝王们将行宫营建于秦岭山中，以求更为舒适的施政环境。因此，秦岭是许多古代重大政治活动的发生地或必经地。

第一节　周秦汉唐建都与秦岭的关系

　　秦岭是关中依托，秦岭北麓有关中八水环绕，是周秦汉唐等13个王朝的建都之地，而这些在关中建都的王朝都与秦岭有着千丝万缕的联系。

一、秦岭为关中建都提供了一个"四塞以为固"的安全环境

秦岭巨大巍峨的山体，成为关中南侧的天然屏障，在秦岭北麓的诸多山口上形成了关隘要津，如蓝关、武关、潼关、函谷关、大散关等，关中也正是藉此而得名，所以秦岭是关中的主要依托。先秦时秦居关中，就因这里"被山带河，四塞以为固"[①]，为其他诸侯国所艳羡。

二、秦岭为关中都城人们的生产与生活提供了丰富的优质水源

秦岭作为巨大的天然水库，为建于关中的都城里的人们提供了丰富的优质水源。从地表水来看，秦岭北侧有诸多源于秦岭的河流，水量丰沛，如渭河、沣河、涝河、滈河、潏河、浐河、灞河等，再加上源于黄土高原的泾河，构成了久负盛名的"长安八水"。这些河流将秦岭的优质水源输入关中，滋养着关中的肥田沃土，为关中农业经济的发展提供了保证。而发达的传统农业，正是各王朝建都关中的经济基础。古公亶父迁岐，在关中西部的周原建立了都邑。而后文王迁丰，建立丰京，武王建立镐京，这样一个由西向南向东多次迁移的过程，与秦岭的自然条件特别是水资源有着密切的关系。除了地表河流外，秦岭北麓关中平原南部，从河谷两岸到周围山区、台塬都有丰富的地下水，这里的地下水埋藏浅，易于利用，成为都城用水的重要来源。在地下水资源中，由于秦岭特殊的地质构造，出现了数量较多的独特的地下水资源——温泉。据不完全统计，秦岭北侧构造破裂地带的温泉达30余处，如骊山温泉、蓝田汤峪温泉、眉县汤峪温泉等。其中以骊山温泉尤为突出，与景致绝佳的骊山相伴，被发现利用得最早，也最为帝王所钟爱，为温泉行宫的建设提供了得天独厚的条件。这也是帝王们留恋关中的重要原因。

三、秦岭为各朝代建都关中提供了便利的交通条件

秦岭在给关中提供安全保护条件的同时，也为各朝代建都关中提供了便利的交通条件。秦岭群山连绵，众多的山谷成为巍巍巨山的天然通道。经人们开发，形成了一些著名的交通干道，如潼关道（函谷道）、武关道、傥骆道、子午道、褒斜道、陈仓道等，这些古道成为都城长安与南方及东南地区联系的主干通道，从而确立了长安在全国交通道路网中的中心地位。

秦岭是中国古人类的起源地，也是中国农业文明的发源地。秦岭灞河源的蓝田人遗址、浐河之畔的半坡遗址，都昭示着古文明的光辉；"清姜降圣"，更表明了周人的农业传统。农业的发展，为都城的建立奠定了良好的经济基础。最初的都城丰京，建立于秦岭北麓的河网中，也就在情理之中了。

① [汉]刘向编.战国策 · 楚策一[M].上海：上海古籍出版社,1998：504.

周建都于此，为后世的秦、汉、唐等王朝树立了榜样。

周秦汉唐建都关中，历来学者都认为是由于关中平原自然与人文地理环境优越，但关中平原地理环境的优越性，离开秦岭都将不复存在。因此可以说，秦岭呵护着关中平原，并哺育出了周秦汉唐的都城。

周秦汉唐建都关中，是秦岭地理环境优越性的必然现象，同时对秦岭也产生了重要影响。

首先，都城建设会改变秦岭自然水系原有的平衡，但建立起来的人工水系却是城市建设的组成部分。周秦汉唐的都城建设空前发展，有进行水环境建设的物质基础、政治条件、人力条件及强烈的需求，因此对水环境建设与保护也做得最好。具体表现在：

一方面，城市发展需要足够的粮食供应，为了增强关中地区对长安城的粮食供应，汉代与唐代都大规模地在关中兴修水利设施，这些水利设施使关中水资源在时空分配上更均衡，又增加了农业人工水系统的稳定性，对关中水环境的改善起到了很大作用。西汉时曾修建漕渠、白渠、六辅渠、成国渠、灵轵渠、龙首渠等，保证了农业生产，并且提倡种植宿麦作物，提高了关中的生产能力。唐代兴修的水利工程有郑白渠、郑白支渠、刘公渠、龙首渠、兴成渠、升原渠等。唐玄宗时，同州一带"原田弥望、畎浍连属，由来榛棘之所，遍为粳稻之川"[1]。

另一方面，为满足都城用水需求，凿渠引水至城内外，为取代原有自然水系而建立的人工水系——园林提供了必要的水源条件。汉代昆明池本不大，水源为洨水，为增大水量，汉武帝时修堰，使沣、滈二水注入昆明池，水量大增；又开渠引昆明池水至汉长安城内外。昆明池周回20千米，烟波浩渺，绿树环绕，是汉武帝操练水兵与水上娱乐的皇家园林。唐长安城位于龙首原南侧，起初用水并不方便，唐王朝便开凿了永安、清明、龙首和黄渠等，使长安城内外有充足的水源，为众多池沼的开凿创造了条件；池沼周围环植花木，成为园林胜景。据统计，唐代长安城外郭城有池沼89处，实存池沼的坊达52个；另有以园为名的园林51处，所占坊达35坊。[2]这样共有园林140处，占58坊之地。在宫廷禁苑中更有像太液池这样的名池数处，还有芳林园、樱桃园、葡萄园、梨园、桃花园、柳园、柿林园等园林，每一个池沼园林都是一个小的独立的人工水系。隋代兴建大兴城时动用了大量的人力物力，对已经干涸的曲江池进行了修复和改造，使曲江池不仅有水，而且水量很大。唐玄宗时对曲江池也进行了修凿，一方面挖掘池里的淤泥，另一方面开黄渠引南山谷水流入池中，使曲江池进一步扩

① [清]顾炎武.日知录集释·水利[M].上海：上海古籍出版社,2006：731.
② 史念海.唐长安城的池沼与园林[J].中国历史地理论丛，1999(增刊).

大，形成曲江池、芙蓉苑、慈恩寺、杏园等组合而成的园林景观。而太液池池水澄碧，池畔幽竹连片，百草丰茂，池内倩荷幽香、禽鱼嬉戏，生机盎然，环境极为雅致。若不是人们刻意去修建园林，这样的水系是难以产生和维系的。

其次，都城建设对秦岭自然生态环境的影响也有不利的一面，主要是由于都城建设与都市生活、城市经济发展的需要，破坏了秦岭的生物（尤其是高大乔木）和水系基础。

城市建筑包括宫殿、宅邸、城墙及坟墓等，大都是用土和砖筑成的。土和砖大都取自城市附近，必然会破坏城市附近肥沃的表层土壤。汉武帝曾在杜陵南山下置瓦陶灶数千所。[1]秦代修建阿旁、咸阳等宫殿，西汉营建长安城，所用木材大多取自关中平原南、北部及秦岭，这些地区的高大木材基本上被砍伐光了，很长时期都难以恢复，以至于东汉末年董卓胁迫汉献帝迁都长安时，只得利用陇右的木材建设宫殿。隋唐时代长安作为都城，建设同样需要木材。唐朝曾设专职部门及官吏掌管在南山采伐木材事宜，采伐的速度是比较快的，唐德宗时已无建筑所用的巨木，不得不转向他处寻找，最远处曾"求之岚胜间"[2]，也就是今山西岚县及内蒙古准格尔旗一带。

最后，也是最重要的，周秦汉唐建都关中，政治中心的建设引起了全国经济、文化等向关中及秦岭地区集聚；人们利用秦岭的遗迹、遗址建成众多的寺院，早已成为重要的文化遗产；而众多文人对秦岭山水的吟咏，更让秦岭披上了神奇的文化光环。秦岭自然景观改变的同时，文化景观突显出的人文意蕴越来越浓厚。秦岭，不再仅仅是自然的山脉，越来越成为一座文化名山。

① [刘宋]范晔.后汉书·杨彪传[M].北京：中华书局,1965：1787.
② [宋]欧阳修,[宋]宋祁等.新唐书·裴延龄传[M].北京：中华书局,1975：5107.

第二节　周秦帝王

周都丰镐，秦都咸阳。周秦帝王的活动范围都在秦岭北麓、渭河两岸展开。周文王、周武王以丰镐为基地伐纣灭商，封邦建国，确立宗法制和礼乐制度，把奴隶制王朝推向极致。周幽王在秦岭骊山烽火戏诸侯，遂失天下。

秦人先祖在秦岭西侧发展，沿秦岭北麓逐渐拓展至关中西部，最终在渭河沿岸的咸阳成就霸业。嬴政继六世之余烈，灭六国，统一天下。在咸阳建立了中国历史上第一个统一的多民族的、中央集权的封建国家。秦始皇死后葬于秦岭骊山之下，其陵规模宏大、瑰宝宏富，仅一陪葬坑——秦始皇兵马俑坑，就被今人认为是世界第八大奇迹。二世胡亥治国无方，致秦短命而亡，同样也葬于秦岭北侧的曲江原上。

一、文王、武王建都秦岭脚下

周文王(生卒年不详)即姬昌,季历之子,西周奠基人。季历死后由他继承西伯侯之位,又称伯昌。他继承后稷、公刘开创的事业,仿效先祖制定的法度,实行仁政,敬老爱幼,礼贤下士,呕心沥血治理国家。周在他的治理下,国力日渐强大。在灭了崇国(今陕西户县南部)之后,他将周的都城由岐山周原迁至渭河平原中部,在今西安市长安区沣河西岸建立了丰京。这时周实际已控制了大半个天下,而殷商已处于被动孤立的境地。文王在位43年,为灭商战争奠定了良好的基础。

周武王(前1087—前1043)是周文王次子,姓姬名发。周武王继任后,继续为灭商大业积极做准备,任命姜尚为军师,负责军事;任命弟弟姬旦为太宰,负责政务;召公、毕公、康叔、丹秀等人均各司其职,一时人才济济,国力蒸蒸日上。武王还不断争取与各诸侯国联合,孤立商王朝,壮大自己的力量。

此时,商纣王残暴无比,政治日趋腐败,经济萧条,虽然军事上仍有较强实力,但人心不济。武王积极备战,在即位的第二年,出动大规模军队向东进发到孟津,以试探商纣王反应。其中,主动参加盟会的有800多诸侯,史称"八百诸侯会孟津"。在盟会上,一些参盟的诸侯劝他立即伐纣。但周武王敏锐地发现伐纣时机并不成熟,于是果断班师而回,以等待最佳伐纣时机。

两年后,商纣王更加昏庸无道。忠臣比干、箕子良言进谏,一个被杀,一个被囚;太师疵、少师强见纣王已无可救药,抱着商朝宗庙祭器出逃;百姓皆侧目而视,缄口不言。周武王得知这种情况,审时度势,认为灭商条件已成熟,同姜尚商量后,遵照文王的遗嘱,果断决定发兵伐商,"率戎车三百乘,虎贲三千人,甲士四万五千人,以东伐纣"[1]。并号召各路诸侯共同向朝歌进军,在朝歌郊外的牧野(今河南汲县南)与商军决战,各诸侯率兵车数千乘也前来会合。纣王闻讯,急调商都士兵,并且把囚犯、奴隶、战俘武装起来,共纠集十几万之众迎敌,双方在牧野展开大战。《牧誓》载,周

图2-1 周武王像(源自《中国历史代人物像传》)

---

[1] [汉]司马迁.史记·周本纪[M].北京:中华书局,1959:121.

武王进行慷慨激昂的战前动员，历数纣王种种违天恶行，说明伐纣是替天行道，激励将士英勇杀敌。那些被迫参战的囚犯、奴隶不愿为纣王卖命，把武王看成救星，阵前倒戈，帮助周军进入朝歌。商纣军队溃不成军，纣王见大势已去，登上鹿台，自焚而死，商朝就这样灭亡了。

武王建立全国政权后，在今西安市长安区沣河东岸营建新都镐京，宣告周王朝建立。武王在镐京采取了许多巩固周王朝统治的措施。他委贤任能，因才录用，对在灭商大业中做出贡献的姬姓宗族和有功之臣论功行赏；同时为了化解殷遗民的反抗，对殷遗民实行以殷治殷，分而治之的政策，成为中国历史上"一国两制"的滥觞[1]。除此之外，武王还采取了以下几种统治方法：

首先，"封商纣子禄父殷之余民"[2]，具体的做法是封纣的儿子武庚为殷侯，继续治理殷民。同时，他还在殷周设卫、庸、邶3个小国，让自己的3个弟弟分别治理，实际上是监视武庚，被称为"三监"。

其次，武王下令释放了所有被纣王囚禁的百姓，重修了忠臣比干的坟墓，释放贤臣箕子并恢复其官职。

第三，将纣王所拥有的财物、粮食，都散发到民间，以赈济饥民和贫弱的百姓。

通过以上几个方面的举措，武王很好地安抚了殷商遗民，使原来商地的混乱局势很快稳定下来。

同时为了更好地治理好国家，武王积极吸取商朝灭亡的教训，专门请商的旧臣箕子来镐京，向他请教治国安邦之道。根据箕子建议，并同姜太公等大臣商议，决定继续完善周人的宗法制度，实行分封制度。

分封制是指把全国分成若干诸侯国，封给姬姓亲族、有功之臣和先朝贵族。如"封尚父于营丘，曰齐。封弟周公旦于曲阜，曰鲁"[3]等，受封的诸侯国有鲁、齐、燕、魏、宋、晋等70余国。诸侯拥有自己的士兵，在诸侯国内拥有最高管理权，但必须听从天子调遣，须定期向周王纳贡、朝贺，封侯可世代承袭，可在封国内分封卿、大夫。周天子对各诸侯有赏罚予夺的权力，对封国中分封卿、大夫也享有过问权。应该说，武王实行的封邦建国方略，与商朝时那种原始小邦林立的情况相比，无疑

---

① 陈正奇."一国两制"的历史考察[J].西安交通大学学报,2008(5).
② [汉]司马迁.史记·周本纪[M].北京：中华书局,1959：126.
③ [汉]司马迁.史记·周本纪[M].北京：中华书局,1959：127.

是一个显著的进步。其意义在于，自此周王成为天下至尊，武王也就成为周天子。这一举措，对西周初期的统治起到了巩固和加强的作用。

为了巩固新王朝的统治，周武王还打算在洛邑(今河南洛阳市内)营建东都，以加强对东方的控制。但遗憾的是，灭商两年后，武王就驾崩了，营建洛邑的历史重任自然落到了他的继任者成王的身上。

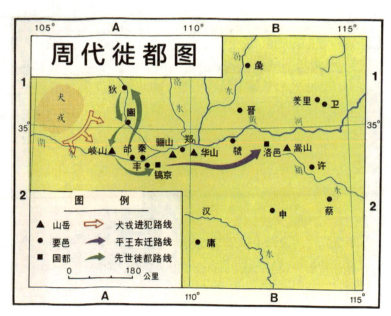

图2-2 周代徙都图

文王、武王施政的中心在秦岭北麓的都城丰镐。丰镐位于今西安城西南12千米处的沣河两岸，以沣河为界。丰京东起沣河，西至灵沼河，北至客省庄、张家坡，南至冯村、席王村；今考古发掘出的遗址总面积约有600万平方米，出土文物十分丰富；尤其是客省庄、马王村一带有形成一定布局的建筑群基址，规模很大，并且有一套完整的地下排水管道。镐京约在昆明池遗址西北的洛水村、下泉村、普渡村、花园村和斗门镇一带；今考古发掘出的遗址总面积约有400万平方米，内涵也相当丰富。在洛水村、白家庄、花园村、普渡村、下泉村一带都发现了大面积夯土基址和白灰墙皮堆积等遗迹。其中5号建筑基址平面呈"工"字形，夯台高筑，圆形夯窝密集，是一处大型宫室遗址。这些遗址的发现说明当时城市与宫殿的建设达到了很高的水平。从武王到厉王时期，周天子的召令应是从这里发出的。

二、周幽王秦岭骊山烽火戏诸侯

公元前782年，在位46年的周宣王驾崩，其子姬宫湦继位，就是周幽王。周幽王是个亡国之君。人们谈论西周的灭亡时，总要提到"烽火戏诸侯"的故事。

周幽王登上王位后，吃喝玩乐，荒淫无度，把国家大事置之脑后。宫廷里妃嫔成群，但他仍不满足，还下令在全国各地挑选美人。在这种情况下，褒姒进入了周幽王的宫中。

　　褒姒是秦岭南麓褒河沿岸的褒国人。褒国的首领褒珦得罪了周幽王，被关进监狱，其亲属投幽王所好，将本国的美女褒姒敬献给幽王。周幽王贪恋美色，立褒姒为妃子，并立即下令释放褒珦。褒姒对周幽王十分冷淡。周幽王为博取褒姒的欢心，把国内最好的乐师都找来为她演奏，然而褒姒始终不言笑。幽王为了使褒姒高兴起来，想尽千方百计，但褒姒还是不笑。周幽王干脆发布告示，说谁能逗得美人一笑，赏赐千金。有一个叫虢石父的奸佞之臣，投幽王所好，怂恿幽王点燃骊山烽火狼烟，结果为西周埋下了祸根。

　　骊山是秦岭北麓的余脉，这里层峦叠嶂，绵延曲折，风景秀丽。周王在骊山顶上修建了一座专供帝王游乐的离宫，离宫附近还筑有20多座烽火台。"烽火"是古时军事告急的警报信号，当时是为了防御西戎的侵犯而设置的。一旦有敌情，就会点燃烽火狼烟报警，白天放烟，晚上放火。附近的诸侯看见后，就会率兵马前去救援。昏聩的周幽王在虢石父的鼓动下陪着褒姒前呼后拥地来到骊山。在离宫，一边饮酒嬉闹取乐，一边下命令把烽火点燃。各个烽火台看到报警的烟火，便接二连三燃起烽火来，一时狼烟四起，直冲云霄。附近各诸侯见到烽火狼烟，以为国都危急，匆忙率领大批兵马，日夜兼程，直奔骊山脚下。但见骊山周围是万籁寂静，倒是从离宫传来悦耳的笙歌声。各路诸侯眼睁睁看着自己的士兵们万分狼狈地喘息时，传来周幽王的命令："诸位爱卿，辛苦了！没有敌人，你们回去吧！"诸侯们才恍然大悟，知道幽王在戏弄他们，于是大为泄气，只好偃旗息鼓，扫兴而去。周幽王无端命令点燃烽火，戏弄诸侯，简直荒唐至极。褒姒目睹这一切，不禁开怀大笑。虢石父拍马有功，得到千金赏赐。

　　此后，周幽王废掉原王后和太子，立褒姒及其子为王后和太子。周幽王还重用虢石父，把朝廷搞得混乱不堪，引起许多诸侯的反对和国人的极大怨恨[1]。公元前771年，原申后的父亲申侯联合缯侯与犬戎等部，出兵进攻镐京。周幽王惊慌失措，急命点燃烽火。但各诸侯还以为幽王是在闹着玩，都按兵不动。申侯等率兵攻进都城，幽王仓皇逃窜，被杀于骊山脚下，褒姒被犬戎掳去。

图2-3 烽火戏诸侯

① [汉]司马迁.史记·周本纪[M].北京：中华书局,1959：147.

幽王被杀后，国都镐京也变成了一片废墟。各诸侯一致推举申后的儿子宜臼为王，就是周平王。公元前770年，周平王将国都迁到洛邑，建立了东周王朝。

西周王朝灭亡了，历史进入东周时期。周幽王戏诸侯的烽火台，虽历经沧桑，残破不堪，但仍矗立在骊山顶上。今天站在烽火台上，举目远望，秦川渭水、骊山雄姿尽收眼底。而幽王重用奸佞、沉溺酒色、烽火戏诸侯导致亡国的历史教训，给人们以启示、以警喻、以鉴戒！

三、秦人、秦岭、秦朝

自古以来，秦岭就充满着令人向往的神秘色彩，就连它名字的由来都是个谜。究竟出自谁口，得于何时，史学界至今还是众说纷纭、莫衷一是，只有一种观点被普遍认可，那就是它源于古代秦人和秦帝国的威名。所以，这座横亘在中国内陆腹地的巨大山系，就叫秦岭。从古老的地理学角度来看，中国大陆众多山脉的根是昆仑山。因此，在秦始皇统一中国之前，秦岭被称为昆仑；后来，又因为秦岭矗立在秦国都城之南，所以秦岭又被称作终南山或者南山。

秦人先祖大费，虞舜赐嬴姓。后嬴姓部族由于参与武庚挑唆的叛乱而沦为奴隶。到了周孝王时，非子居犬丘，因牧马安边之功，经孝王准许，恢复了被剥夺的嬴姓。"邑之秦，使复续嬴氏祀，号曰秦嬴。"[1]周平王东迁洛邑后不久，春秋争霸的大幕徐徐拉开，这是一个英雄辈出的时代。秦襄公的儿子秦文公做出一个大胆的举措，他把秦人都城从汉水上游的西陲宫，迁到"汧渭之会"。[2]这绝不是一次简单的迁徙，而是向关中挺进的第一步，也是秦人觊觎中原的关键性一步。秦文公小心翼翼地向东推进，对秦人和中国历史来说，却具有划时代的意义。秦岭庞大而绵延的身躯，以略带弧形的走势把富饶的关中平原揽于怀抱，而秦岭高大险峻的层层山峦，又有效地阻隔了来自东南方向的刀兵威胁。

秦穆公时，秦国发展非常迅猛。秦首先帮助晋平息了骊姬之乱后造成的动荡局面。其后，秦国又以"泛舟之役"赢得了晋国民心。公元前647年，晋国发生饥荒，派使来向秦国借粮。穆公虽恼恨晋惠公不讲信义，但仍召集大臣商议援晋之事。此时，由晋逃奔秦国的丕豹首先反对向晋借粮，并提议

---

① [汉]司马迁.史记·秦本纪[M].北京：中华书局,1959：177.
② [汉]司马迁.史记·秦本纪[M].北京：中华书局,1959：179.原文称："文公以兵七百人东猎，四年(前762)，至汧渭之会。曰：'昔周邑我先秦嬴于此，后卒获为诸侯。'乃卜居之。占曰吉，即营邑之。"对于"汧渭之会"的确切地点，学术界有多种看法，其中影响较大的有宝鸡戴家湾、魏家涯、眉县及凤翔县长青镇、孙家南头等观点。

乘机出兵攻晋。但秦穆公采纳了百里奚等谋臣的建议，决定向晋国借粮，通过水路运送粟米至晋国都城绛(今山西翼城)，救济晋国，史称"泛舟之役"，由此秦国有了一个强大的盟友——晋国。

后来，秦穆公又迎接在外流亡了19年的晋公子重耳回国夺取国君之位，重耳就是后来的晋文公。晋文公治国有方，晋国迅速强大起来，阻碍了秦国向东扩张的脚步。秦穆公在对晋用兵无效的情况下，调整战略，转锋沿秦岭北麓西进。他用反间计使西戎谋臣由余归降秦国，又向戎王送去美女，使戎王迷恋酒色而荒怠国事。公元前623年，秦穆公亲率三军向西戎发动突然袭击。戎军不敌，戎王当了俘虏，秦军乘胜灭掉了西部12个部落，"益国十二，开地千里"[①]，取得了独霸西方的地位。

秦孝公（前381—前338）即位之初，秦国面临被楚国、魏国欺凌的处境。为了改变被动局面，秦孝公决意复兴秦国，再现穆公霸业。

秦孝公励精图治，以求强国。他不吝重赏以求人才，向天下颁布《求贤令》："宾客群臣有能出奇计强秦者，吾且尊官，与之分土。"[②]正所谓重赏之下必有勇夫，卫人商鞅从魏国投奔秦国，辅佐秦孝公实行变法革新，迁都咸阳（今陕西咸阳东北）。商鞅主持的变法涉及政治、经济和军事等多个方面，在当时各诸侯国中是最全面、最系统、最彻底的改革，其效果非常明显。由于商鞅变法尤其是军功授爵政策的实行，使秦国军队迅速强大；在武器装备上，也不断改进；在编制上，有步、车、骑等兵种的分工；在数量上，最多时达到"带甲之士百万"之众，涌现出尉缭子、白起、王翦等名将。秦国很快跃居为战国群雄之首，迈出了崛起的关键一步。

秦王嬴政继位后，从公元前230年到前221年先后灭掉关东六国，建立秦王朝，完成国家统一。此后北修长城驱逐匈奴，南凿灵渠使百越屈服，在政治、军事、经济、交通、文化及对外开拓等方面，采取了一系列新政策，大大巩固了国家的统一，对后世产生深远影响。

秦结束了自春秋以来诸侯分裂割据的局面，成为中国历史上第一个以华夏族为主干、多民族并存共荣的统一的中央集权制封建国家。秦首创皇帝制度、三公九卿制度、郡县制度，彻底打破自西周以来的世卿世禄制，维护了国家的统一，奠定了中国数千年封建王朝的统治基础。

① [汉]司马迁.史记·秦本纪[M].北京：中华书局,1959：194.
② [汉]司马迁.史记·商君列传[M].北京：中华书局,1959.

四、秦始皇与秦始皇陵

秦始皇姓嬴名政，秦庄襄王之子，生于赵，故初名赵政。归秦6年后，登秦王位，年仅13岁，相国吕不韦执掌大权。[1]22岁亲理国政，当年秋九月，平息嫪毐叛乱，夷其三族。后免相国吕不韦。从秦王十七年(前230)至二十六年(前221)，起用王翦、王贲等名将，从灭韩开始，灭齐告终，10年之间，一统中国。改秦王为皇帝。秦始皇采纳王绾、李斯及御史大夫冯劫建议，实行郡县制，分天下为36郡，郡下设县，中央和地方重要官吏均由皇帝任免。统一法律、度量衡、文字、货币及道路宽窄、车轴长短等，焚诗书，坑儒士，筑长城，徙天下豪杰12万户于咸阳，筑宫于咸阳北坂，在渭河以南、秦岭脚下建造阿房宫(前殿)。5次巡游天下，于始皇三十七年(前210)七月巡游途中病死于沙丘(今河北省平乡县东北)，终年51岁，于当年九月葬骊山陵。

秦始皇在即位之初就开始为自己营建陵墓，灭六国后，又先后动用70余万人。陵墓规模巨大，且极具创意。史书记载："穿三泉，下铜而致椁；宫观百官奇器珍怪，徙藏满之。令匠作机弩矢，有穿近者辄射之。以水银为百川、江河、大海、机相灌输。上具天文，下具地理。"[2]

秦始皇陵是仿照秦始皇生前的都城——咸阳的格局而设计建造的。陵墓周围环绕着陶俑坑，其中的陶俑有士兵，有战马，还有战车和武器；这些陶俑形态各异，都是写实的艺术杰作，堪称完美，同时也保留了极高的历史价值。秦始皇陵在所有封建帝王陵墓中以规模宏大、埋葬丰富而著称于世。

图2-4 秦始皇像

1978年9月，法国总理希拉克参观后感慨地说："世界上有七大奇迹，秦兵马俑的发现可以说是八大奇迹了。不看金字塔，不算真正到过埃及；不看秦俑，不算真正到过中国。"于是，秦始皇陵和秦兵马俑便有了"世界第八大奇迹"的说法，如今，这个称呼已成为秦兵马俑的代名词。1987年，联合国教科文组织将秦始皇陵包括兵马俑坑列入世界人类历史文化遗产清单，使其成为全人类共有的文化财富。

秦始皇陵园，其平面呈东西窄、南北长的长方形，有两重垣墙，为夯土筑。内垣墙南北长1355米，东西长580米，周长3870米；外垣墙西墙长2188.4米，东墙长2185.9米，北墙长971米，南墙长976.2米。封土略呈方锥形，位于内城的南区中部。原封土底部近似

① [汉]司马迁.史记·秦始皇本纪[M].北京：中华书局,1959：223.
② [汉]司马迁.史记·秦始皇本纪[M].北京：中华书局,1959：223.

方形，与文献记载基本吻合，南北长约515米，东西宽约485米，周长2000米。经过2000多年风雨侵蚀、水土流失，以及农民平整土地的切削，始皇陵现存封土堆较原来已大大缩小。现在的封土南北长350米，东西宽345米，周长1390米。封土高度也发生了很大变化，现存高度在陵西外城垣中部测量为76米，封土北边沿中部测量高度是52.5米，在陵园北边界中部吴西村处高为106米。封土冢占地400余亩。陵寝分内外二城，呈南北向长方形，现冢北立石碑一座，并绘陵墓图形。总陵区东西南北各长7500米。

据《都骊山记》所载："内城周五里，旧有四门；外城周十二里，项羽、黄巢皆尝发之。"《通鉴辑览》说："沛公遣兵守函谷关，项籍攻破之。居数日，羽引兵西屠咸阳，杀秦降王子婴。烧秦宫室，火三月不灭。掘始皇帝冢，以三十万人运物，三十日不能穷。"由此可知其殉葬品之多。

目前，在秦始皇陵陵区已发现各类陪葬坑、陪葬墓600余处，其中以发现于1974年的秦兵马俑坑最为突出，被誉为"世界第八大奇迹""20世纪考古史上的最伟大发现之一"。已挖掘的兵马俑坑有3个，成品字形排列，总面积2万多平方米，坑内放置与真人真马一般大小的陶俑、陶马7000余件，数量巨大且具有很高的艺术价值。

在秦始皇陵西侧20米一个陪葬坑内，挖掘出2组较大的铜俑、铜马、铜车，这两辆铜车马双轮、单辕，上有篷盖，前驾4匹铜马，车上有铜御官俑1人驾御。车长2.86米，高1米许，人为关中体型，马为河曲马型。车有华盖，金碧辉煌；车窗镂刻，异常华丽，并能闭启。此车的马、人与车一样皆为青铜所铸，且比例适度，大小约为实用车之半。此车停放位置为停车之便殿，车曰安车，窗可启闭调节气温，又称辒辌车。

在秦陵内城之中，封土西南有1陪葬坑，于2000年发现，面积约410平方米，出土彩绘文官俑8件，御手俑4件，铜钺4件，木车遗迹1乘，殉葬的活马约20匹。在秦陵内外城之间，封土东南还有1陪葬坑，于1999年发现，面积约800平方米；出土青铜大鼎1件，该鼎重212千克，口径71厘米，高61厘米；另外还出土了彩绘百戏俑10余件。在秦始皇陵北侧，发现陪葬墓7座，并有地阙及通往墓内的甬道。距封土北150米为寝殿所在。

秦始皇陵是我国劳动人民勤奋和聪明才智的结晶，是一座历史文化宝库，是中国历史上有标志意义的帝王陵园。

图2-5 秦始皇陵

第三节　从文景之治到汉武盛世

　　西汉王朝创建者刘邦在击败项羽等其他政治势力后，听取娄敬等良臣建议定都秦岭北麓长安。而后又经文帝、景帝休养生息，外御匈奴，内控诸王，识才用贤，天下大治。文帝霸陵坐落在秦岭北麓的白鹿原下。汉武帝大力削藩，加强中央集权，完善规制，富民强兵，开创盛世，并在秦岭北麓开拓上林苑这一皇家园林典范。

一、汉高祖刘邦定都关中

"秦中自古帝王州"[1]，这是大诗人杜甫对关中优越的地理位置和重要的政治地位所发出的咏叹。关中地区之所以成为历代王朝定都的首选区域，首先在于其便利的军事地理位置。它雄踞中国西北、黄河中游，东有黄河天堑，南有巍巍秦岭，西边是高峻的陇山，北边则有岐山、九嵕山、梁山等起伏绵延，有高屋建瓴之势，进可攻，退可守。其次在于其优越的自然条件和雄厚的经济基础。关中平原广阔，土壤肥沃，河流众多，农业发达，物产丰富，不受制于人，是我国早期最富庶的地区之一。战国时期著名说客苏秦曾经这样描绘关中的优越地位：关中西有巴蜀、汉中，物产丰富，取之不尽；北有胡貉、代马，畜牧丰饶，用之不绝；南有函山和云贵高原，阻隔南北；东有崤山和函谷关，固若金汤。田地肥美，人民殷富，有战车万乘，军队百万，沃野千里，蓄积饶多，地势形便。有天府之美誉，为天下之雄国。[2]

公元前202年2月，刘邦在今山东定陶即皇帝位，并定都洛阳(今河南洛阳东)。但不久一个名叫娄敬的戍卒从齐地前往陇西戍边，路过洛阳，极力劝说刘邦应该迁都关中。他向刘邦分析了关中的地理、资源优势以及在这里建都的好处："秦地被山带河，四塞以为固，卒然有急，百万之众可具。因秦之故，资甚美膏腴之地，此所谓天府。陛下入关而都之，山东虽乱，秦故地可全而有也。"最后娄敬打比方说："夫与人斗，不搤其亢，拊其背，未能全胜；今陛下入关而都，按秦之故，此亦搤天下之亢而拊其背也。"[3] "搤"就是"扼"，"亢"即是喉咙。这就是说，在关中建都，立足于秦之故地，就好比扼住了天下的咽喉。

娄敬的建言，既有道理也很实际。刘邦颇为所动，然而却一时拿不定主意，于是问

图2-6 汉高祖刘邦像（源于《中国历代人物像传》）

① [唐]杜甫.秋兴八首之六[M] //[清]彭定求等.全唐诗.北京：中华书局,1999：2510.
② [汉]刘向编.战国策·秦策一[M].上海：上海古籍出版社,1998.
③ [汉]班固.汉书·娄敬传[M].北京：中华书局,1962：2120.

群臣。"左右大臣皆山东人"①，他们坚决反对，强调"雒阳东有成皋，西有殽黾，背河向伊雒，其固亦足恃"②，还说出很具说服力且带有迷惑性的理由，即在雒阳"周王数百年"，而在关中"秦二世则亡"，因此"不如都周"③。在这一片反对声中，唯有张良支持娄敬的看法。他指出："雒阳虽有此固，其中小不过数百里，田地薄，四面受敌，此非用武之国也。夫关中左殽函，右陇蜀，沃野千里，南有巴蜀之饶，北有胡苑之利，阻三面而固守，独以一面束制诸侯。诸侯安定，河、渭漕挽天下，西给京师；诸侯有变，顺流而下，足以委输。此所谓金城千里，天府之国。"④张良的分析，终使刘邦下定决心，"即日驾西都关中"⑤，并封娄敬为奉春君，赐姓刘氏。其时正是高帝五年（前202）夏五月。

第二年，有位名叫田肯的人再次向刘邦阐述了建都关中的实际价值。指出"秦，形胜之国也"⑥，其河山之险，使与诸侯悬隔千里，只需2万人马，即可敌得诸侯百万之众，一旦要对诸侯用兵，"譬犹居高屋之上建瓴水也"⑦。刘邦闻言连连称"善"，并赐金500斤，以为奖赏。

由此可见，在刘邦定都关中的决策中，张良和娄敬起了关键性的作用。以后的历史发展证明，他们的这一建议是正确的，是富有远见的。西汉王朝的强大，能够与后来的唐王朝并称中华文明的盛世，原因固然很多，定都关中也应是其中一个不可缺少的因素。

汉高帝五年（前202）置长安县，在秦兴乐宫的基础上建长乐宫。汉高祖至惠帝时为皇宫，其后为太后所居。据史书记载，长乐宫四面各有一门，称"司马门"。其中东门、西门为主要通道，门外有阙，称东阙和西阙；南宫门与覆盎门相对，有路可直达宫内前殿。前殿为宫中主体建筑，四周有墙垣，南面有门，门内有庭院。前殿的正殿两边对称分布着大小相同的东厢和西厢。宫中主要建筑还有临华殿、长信宫、长秋殿、永寿殿、神仙殿、永昌殿和钟室等。考古发现，长乐宫的围墙周长在1万米以上，而且很宽阔，其平面形状不甚规整，南墙凹凸转折较多。宫内总面积6平方千米左右，约占汉长安城总面积的1/6。

汉高祖七年（前200），由丞相萧何主持营建未央宫。未央宫又称"紫宫"、"紫微宫"或"西宫"，惠帝及其后一直为天子的皇宫，也是新莽、西晋、前赵、前秦、后秦、西魏、北周等王朝的政治

①[汉]班固.汉书·张良传[M].北京：中华书局,1962：2032.
②[汉]班固.汉书·张良传[M].北京：中华书局,1962：2032.
③[汉]班固.汉书·娄敬传[M].北京：中华书局,1962：2121.
④[汉]班固.汉书·张良传[M].北京：中华书局,1962：2033.
⑤[汉]班固.汉书·张良传[M].北京：中华书局,1962：2033.
⑥[汉]班固.汉书·高帝纪[M].北京：中华书局,1962：59.
⑦[汉]班固.汉书·高帝纪[M].北京：中华书局,1962：59.

中心。未央宫平面为规整的方形，周筑围墙。墙基多掩埋在地下，唯西墙有一小段遗留在地面上，高11米。东西墙各长2150米，南北墙各长2250米。全宫面积5平方千米，约占汉长安城内总面积的1/7。

史载，未央宫四面各有一"司马门"。其中东门、北门外有阙，称东阙和北阙。诸侯来朝，人自东阙；士民上书，则诣北阙。未央宫内有前殿、宣室殿、麒麟殿、金华殿、承明殿、椒房殿、石渠阁、天禄阁和沧池等40余座宫殿建筑。其中前殿是未央宫正殿，居全宫正中。考古发现其遗址位于今马家寨西北，现存高大台基南北长约350米、东西宽约200米，由南往北逐渐升高，北端最高达15米，是利用龙首山的丘，台基由南向北可分3层台面，中间的台面是主体建筑的大朝正殿，其北还有宣室、非常室等。前殿正南为端门。

刘邦虽定都长安，但当时只有萧何主持营建的上述几座宫殿，还没有城垣。刘盈即位当年，诏令修筑长安城墙，开始扩建长安城的浩大工程。汉惠帝三年（前192），征发长安附近300千米以内男女民夫14.6万人筑城，30天结束。同年夏，又征发囚徒、奴隶2万人筑城。汉惠帝五年（前190），再次征发长安附近300千米以内男女民夫14.5万人筑城，仍30天结束。当年九月，长安城墙修建工程全部完成。汉长安城墙为版筑夯土墙，周长25.7千米，城墙外侧有护城河环绕，城内面积达35平方千米，又因西、南、北三面城墙多有曲折，南如南斗，北如北斗，故有"斗城"之称。[1]

二、汉文帝细柳劳军识才周亚夫

图2-7 汉文帝像（图源自《中国历代人物像传》）

公元前158年，匈奴派出了6万人马，分两路进攻中原。匈奴是北方的游牧民族，骑兵非常骠悍勇猛，攻破了汉朝边防之后，长驱直入。其中的一路军队很快就攻占了上郡(今陕西榆林)，另一路占领了云中(今内蒙古托克托东北)。匈奴军队来势凶猛，沿途烧杀抢掠，直逼汉朝的京城长安。

汉文帝接到边防的告急报告，连忙召集满朝文武大臣议事，最后决定派出3位将军，分别率领三路兵马，驻扎在长安附近，准备以逸待劳，迎击前来进犯的匈奴军队。将军周亚夫率领一支大军驻扎在长安西南、秦岭北麓附近的细柳；刘礼率领一支人马驻扎在长安东边15千米的霸上；徐厉率领一支军队

① 何清谷.三辅黄图校释[M].北京：中华书局,2006：64.

驻扎在长安北边的棘门。三路大军成鼎足之势,守卫长安。

汉文帝为了鼓舞将士的斗志,亲自带领着文武大臣到这3个地方巡营慰劳,他先到了霸上和棘门。这两营将士毫无戒备,他们来到营门便直驰而入,无人管束。

之后,汉文帝又带着大臣们来到了细柳。他们老远就看到那里的军营旌旗鲜明,到了近处看到士兵各持兵器,严阵以待。汉文帝的车队到了军营门外,就听到站岗的士兵命令道:"站住!"弓箭手将箭搭在弦上,单等一声令下,就要开弓放箭!

汉文帝的侍卫高声喝道:"天子驾到!"站岗的士兵也高声地回答:"军中只听将军令,而不听天子诏。"

汉文帝立刻派出使臣,拿着皇帝的符节,请站岗的士兵验证过,进到军营之中传谕将军周亚夫,说天子亲自前来劳军。周亚夫这才传令打开营门,让汉文帝的车队进去。营门站岗的士兵又对赶车的人说:"将军有约,军营中不准跑马,违者依军法处置!"汉文帝只得传谕车马在军营中慢慢行走。

汉文帝进入军营之后,周亚夫全副戎装,站在军帐门前迎接,只行军礼,说:"穿铠甲的将军不能跪拜,准许我向陛下只行军礼。"汉文帝对周亚夫的治军非常满意。他慰劳将士之后走出大营,周亚夫马上命令关上营门,严整如故。跟随汉文帝的大臣们对于周亚夫的举动非常吃惊,但汉文帝反而很高兴地说:"周亚夫是真正的将才,而霸上、棘门的军队如同小孩子闹把戏,匈奴军队如果突然进攻,注定是要当俘虏的!至于周亚夫,难道可以侵犯他吗!"一个月之后,便拜周亚夫为中尉。

公元前157年,汉文帝病重,把太子刘启(即汉景帝)叫到床前叮嘱说:"国家如果有急难,周亚夫可以信任,命其将兵。"[1]文帝死后,周亚夫被拜为车骑将军。

汉景帝即位后的第3年,即公元前154年,以吴王刘濞为首的诸侯王举兵叛汉,爆发了吴、楚、赵、胶西、胶东、淄川和济南的七国之乱。形势十分危急。这时,汉景帝想起了汉文帝临终的嘱咐,便晋升周亚夫为太尉,命其率兵东击吴王刘濞和楚王刘戊。

周亚夫行军至霸上,用赵涉之计,从霸上沿秦岭右行走蓝田,出武关,抵洛阳,直奔武库,会兵于荥阳;之后,引兵东北至昌邑,遂深壁坚守而不战;同时,命弓高侯率轻骑兵断绝吴、楚兵之粮

① [汉]司马迁.史记·绛侯周勃世家[M].北京:中华书局,1959:2072.

道。吴、楚军中无粮，利在速战，便急于想和汉军决战。汉军则始终坚守不战。吴、楚军夜袭汉营，使老弱兵卒佯攻东南，把精兵埋伏于西北，想乘机偷袭汉营。此计早被周亚夫识破，他听到军卒来报，说敌军攻东南甚急，则命令加强西北面的防御，粉碎了敌军的偷营阴谋。这时，吴、楚军中无粮引军而去，周亚夫率精兵追击，大破吴、楚军，斩吴王刘濞，楚王刘戊自杀。

周亚夫消灭了吴、楚的军队之后，又率军去援助攻打胶西、胶东、淄川和济南4个反王的汉军。仅用3个月，就平息了吴、楚等七国的叛乱。在这次平息叛乱中，将士们都很敬佩周亚夫，认为他的计策高明。平息叛乱之后，汉王朝的中央政权更加巩固了，而诸侯只能在自己的封地内收租税，不能再干涉行政上的事情。

在平定七国的叛乱过程中，周亚夫出奇制胜，立了大功。后人每当议论起这件事，就自然地联想到汉文帝巡营细柳、识别将才的事。对汉文帝识人才能敬佩不已，对周亚夫能人尽其才感佩有嘉。

三、汉武帝开盛世，扩建上林苑南至秦岭

刘彻（前156—前87），汉景帝第三子，4岁时被封为胶东王，7岁时立为皇太子，16岁继位成为西汉第5任皇帝，在位54年，谥称武帝。

汉武帝是中国历史上最具雄才大略的皇帝之一。他在位期间，采取多种措施加强中央集权。在政治上，汉武帝继续推行景帝以来的削藩政策，颁行"推恩令"，准许诸侯王将封地分封给子弟，从而使其权力分散，成功地解决了诸侯王对朝廷政权的威胁；汉武帝还发展、完善察举选官，创立举孝廉制度，扩大了西汉王朝的统治基础；设置十三部（州）刺史，以加强中央对地方的控制；颁布《左官律》《附益法》，以控制诸侯王势力的发展。在中央权力分配上，提高皇权，削弱和限制相权，强化了皇权专制主义的中央集权统治。

在经济上，汉武帝下令"算缗""告缗"，征收资产税，实行盐铁官营，打击富商大贾；汉武帝改革币制，将铸币权收归中央，铸造并发行五铢钱；设置平准

图2-8 汉上林苑及主要宫馆图

官、均输官，由官府经营运输与贸易；兴修水利，向西北移民屯田。这些措施为国家积累了大量财富，增强了国家的经济实力。

在思想文化上，汉武帝接受董仲舒的建议，罢黜百家，独尊儒术，从而确立了儒学在政治思想领域的正统地位。在文化教育方面，设五经博士，兴建中央的太学和地方的郡国学，招揽司马相如等一批文学名士，促进了汉代文化事业的繁荣。

在军事上，增设八校尉和期门军、羽林军，增设楼船（水军）等兵种，以求强兵。汉武帝先后派大将卫青、霍去病等连续发动了大规模的反击匈奴的战争，解除了来自匈奴的威胁，保障了黄河流域广大地区经济、文化的发展；消灭南越（古代南方越人的一支）割据政权，统一了两广地区，并在今云贵地区首次设郡，加强了汉族与各少数民族之间的联系。

在外交上，两次派张骞出使西域，连通了大月氏、乌孙、安息等西域国家与内地的联系，加强了西域人民同汉族人民的经济文化交流，开辟了自长安到欧洲罗马帝国的"丝绸之路"。上述一系列措施，使西汉王朝达到鼎盛。

在国家政治安定、经济繁荣的背景下，西汉的都城与皇家园林建设也达到了一个新的水平。作为专供皇室游览、狩猎的特辖自然生态区——苑，在有历史记载的商周时期即已出现。"苑"就其性质而言，是属皇家直辖经营的私家园林，其规模、形制与现代自然保护区、森林公园有相似之处，即多依托自然环境而设立部分配套服务性设施，而对于其中动植物及相关生态环境尽力保持原貌。

皇室苑囿的建设经营是古代封建王朝政治、经济生活中的重要内容之一，因此历代帝王对此都极为重视。而对苑囿建设的考察，也是我们理解、探索古代社会经济、文化、政治观的一个独特层面。

秦汉时期，皇家园林有了很大发展，当时全国各地出现了不少著名园林，如"甘泉苑""乐游苑""宜寿苑"等，但规模最大、级别最高的当属"上林苑"。

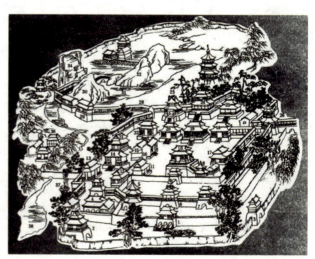

图2-9 建章宫图（源于《关中胜迹图志》）

上林苑始建于秦，位于渭河之南、秦岭终南山北麓。这里川原秀丽，河流纵横，风景优美，是游憩、行猎的好地方。秦惠文王曾于此筑阿城，秦昭王又将此专辟为王室苑囿，始皇时大加扩建，并在此修离宫别馆140多所，基本奠定了上林苑核心地带的规模形制。秦二世末年曾长期在此斋戒、行乐。秦末战争，上林苑毁弃。汉高帝十二年（前195），鉴于国力虚耗无力经营，诏令开放苑禁，许民入垦。文帝时期，藉田礼多在此进行，昔日皇室禁苑，基本上已是名存实亡。而其恢复、发展，主要是在武帝时期。[①]

公元前141年，16岁的刘彻登上帝位，成为大汉天子。这位年轻气盛、充满活力的皇帝决不甘心把自己关在幽深守旧的皇宫中，他有许多的梦想、许多的精力，像所有武功卓著的帝王一样，他对狩猎打围具有一种痴迷的向往。

据史书记载，武帝初即位就热衷于率众出猎，经常半夜里出发。而跟从他左右的，则是经过精挑细选的郎卫豪杰，他们骑射娴熟、武艺高强，也许正是他们才更激发了武帝尚武的情绪。

据载，一次武帝微服出猎，纵马狂奔，在户县一带践踏了百姓的庄稼，老百姓又急又气，聚众起来驱赶、咒骂武帝一行。这件事还被报告了当地县令，武帝一行几乎被扣，无奈只好出示皇室仪仗才得以脱身。又一次，武帝夜投旅店，遭到店主的冷遇，称说没有浆，只有小便供应；又疑武帝一行为奸盗，聚少年欲攻之。这些都使武帝很扫兴。于是便颁发诏书，把北起泾河、渭河，南濒秦岭北麓，东至蓝田南源，西达兴平之间的大片山川林地全部划为皇室禁苑，把在其中耕种的老百姓迁出去，然后大兴土木，把这里恢复为秦时上林苑的模样，作为他及皇室的专用游乐、狩猎的苑囿。尽管东方朔曾挺身而出，为民请命，企图谏止此举，但武帝仍按预定计划，广开上林苑。

扩建后的上林苑，东南至宜春、鼎湖、御宿、昆吾（今蓝田焦岱一带），南至终南山，西南至长扬、五柞（今周至东南），北跨渭河、绕黄山（今兴平马嵬北）、顺渭河而东，方圆170千米。周围筑有苑垣，长200千米，开有12道苑门。苑中划分为36个小区域的苑囿，都是由宫观、池沼、园林与自然景色组成不同特色的皇家公园。其建筑形式各异，彼此由甬道、复道相连接。在苑中还有移植来的各种名异果木、各国各地进贡来的珍禽异兽。后来司马相如曾为此专门写了一篇传世大赋《上林赋》，其中假借3个虚构人物的对话来描述上林苑的规模、美景及排场，并婉转地对武帝奢侈耗费提出了规劝。

---

① [汉]司马迁.史记·司马相如列传[M].北京：中华书局,1959：2999.

上林苑中最大的水域为昆明池，史载其开凿于汉武帝元狩三年（前120），主要是为了与昆明国作战而训练水军之用，并解决都城长安的水源问题，因其摹仿昆明国滇池，故名"昆明池"。当时它被寓为天上的银河，在池左右有织女、牛郎的石像。经勘查，昆明池位于汉长安城西南的沣水和滈水之间，其具体范围在今长安县孟家寨、万村之西，细柳原（即石匣口村）之北，张村和马营寨之东，北常家庄之南。石像在今常家庄北及斗门镇，用火成岩雕成，造型古朴、粗犷，目前保存尚完好。

上林苑诸宫数目现已难以考证清楚，但据《长安志》引《关中记》，至少有建章宫、承光宫、储元宫、包阳宫、尸阳宫、望远宫、犬台宫、宣曲宫、昭台宫、蒲陶宫等，后又在上林苑附近出土"上林荣宫"铭器，看来荣宫也必在其中。诸宫中以建章宫最为宏大。昭台宫初建年代不可考，后大多作为废后所居地。蒲陶宫又作葡萄宫，位于上林苑西，规模较大，可住500余人，武帝通西域后曾于此地引种葡萄，汉末废弃。宣曲宫是武帝游上林苑时最常去的地方，直到汉元帝时期仍存。上林苑最东部位于今蓝田县焦岱镇，有鼎湖宫——汉武帝时修建的离宫，为汉上林苑内十二宫之一。经勘探和发掘，在这里出土遗址面积约2万平方米，有多处夯土建筑基址，宫城城墙基址断续可见。有大量的建筑材料堆积，以云纹瓦当最多，文字瓦当有"千秋万岁""鼎""鼎湖延寿宫""长乐未央"等。此外，发现有成排的排水管道和散水等。

上林苑中诸观规模虽不及宫殿大，但却以其造型别致、数量众多而闻名。《三辅黄图》中记载有：昆明观、远望观、燕升观、茧观、平乐观、走马观、观象观、便门观、白鹿观、三爵观、阳禄观、阴德观、鱼鸟观、鼎郊观、椒唐观、元华观、柘观、上兰观、郎池观、当路观等。[①]《关中记》则还记有益乐观、则阳观、虎圈观等。这些观建筑时代不一，废弃又有先后，因此其数目、年代各书记载有异，但上林建筑规模可见一斑。其中，昆明观又称豫章观，在昆明池附近；茧观为皇后亲桑之处；平乐观曾以表演角抵之戏而闻名；观象观专饲养、驯养南越所贡大象。在今长安县斗门镇西北约1千米处，发现有豫章观遗址，在昆明池故址东岸，也称"昆明观"。该遗址为高约2.5米的高地，原面积1万多平方米，今残存约3500平方米。附近发现3块大卵石柱础，以及板瓦残片和"上林""千秋万岁"瓦当、云纹瓦当残片。

上林苑修建伊始，武帝就曾诏各地朝臣献名果异树2000余种，移植入苑中。集全国各地名贵果木于一苑，万紫千红，蔚为大观。

---

① 徐卫民,呼林贵.秦汉上林苑 · 秦建筑文化[M].西安:陕西人民教育出版社,1994:154.

上林苑的各种或豢养或野生的动物，数目相当惊人。鸟类有鹦鹉、鸳鸯、鹧鸪、鹈鹕、大雁及各种笼养珍禽；兽类号称"百兽"，虎、豹、熊、狼、狐、猴、鹿、野猪数量众多；此外还有各地各国进贡来的大象、犀牛也出没其中，供皇帝及皇室贵族、宠臣观赏、狩猎。[①]

四、秦岭脚下汉帝陵

汉代立都长安，共有11位皇帝，其中有9位皇帝的陵墓在渭河以北，位于渭河以南秦岭北侧的有两个，分别为汉文帝的霸陵和汉宣帝的杜陵。

（一）汉文帝与霸陵

汉文帝名刘恒，高祖之子，汉代第3位皇帝。刘恒早年封代王。太尉周勃等平定诸吕之乱后，迎立其为帝。文帝以节俭著称，他在位23年，宫室、苑囿、车骑、服饰无所增益。日常所着丝衣质地粗厚，明令宠妃"衣不曳地，帷帐无文绣"，并且实行了封赏功臣宗室、打击诸侯叛乱等一系列巩固皇权的措施，为开创"文景"盛世奠定了基础。汉文帝去世后葬于霸陵。

汉文帝营建霸陵一改前代帝王号土起冢之惯例，选中白鹿原作为自己的陵寝所在，下诏依山为陵，不起坟。史载"治霸陵，皆以瓦器，不得以金银铜锡为饰"；文帝提倡薄葬，生前留下遗诏"厚葬以破业，重服以伤生，吾其不取"；他反对国葬烦民，敕令治丧期间，民间"毋禁娶妇、嫁女、祠祀、饮酒、食肉"。[②]霸陵的营建充分体现了汉文帝的薄葬思想。

霸陵位于西安灞桥区毛窑院村以南。霸陵南靠白鹿原，北面灞河水，东邻老柿坡，西接赤水沟。霸陵以山为陵，唯山陵位置突兀，当地人称"凤凰嘴"，墓冢两侧呈对称形山凹，其陵势有"凤凰展翅"之说。墓陵前原有1棵古柏，柏下竖石碑1通，上刻毕沅书写"汉文帝霸陵"，周围石碑林立，相互交错。霸陵南有薄太后（文帝生母）陵和东南窦皇后陵，民间称这种墓葬格局为"顶妻背母"。

霸陵是中国历史上第一个依山凿穴为地宫的帝王陵，对后世特别是唐代依山为陵的建制影响极大。1956年8月，霸陵被列为陕西省第一批重点文物保护单位。

① [汉]司马迁.史记·司马相如列传[M].北京：中华书局，1959：3034.
② [汉]司马迁.史记·孝文本纪[M].北京：中华书局，1959：433.

（二）汉宣帝与杜陵

汉宣帝名刘询，是汉武帝的曾孙，原名病已，元康二年（前64）更名刘询。汉宣帝在位25年，其间国家呈现兴旺景象，史称"中兴"。汉宣帝去世后葬于杜陵。

杜陵，位于西安市雁塔区三兆村南、大兆乡东伍村北，当地人俗称"三兆大冢"。从开始营建到基本竣工，前后达8年之久。

考古发掘表明，杜陵为覆斗形，现高29米，底和顶部均为方形。底部每边长175米，顶部每边长50米，封土堆为夯筑。墓冢四面各有一墓道，系夯填，大小相同。陵园为方形，垣墙每边长430米，墙基宽8～10米，四面中部各有一门。在杜陵南有王皇后陵和许后少陵。杜陵范围相当大，陪葬墓多，为西汉帝王陵墓之冠。

今陵墓南面有清乾隆年间陕西巡抚毕沅立"汉宣帝杜陵"石碑及清代长安、咸宁几任知县的石碑数通。

第四节 从贞观之治到开元盛世

隋代北周，定都关中。在秦岭北麓、龙首原南麓兴建都城，命名为大兴城。其规模形制史无前例，为唐都长安奠定了基础。

李渊建唐，都长安。唐太宗、唐玄宗多建行宫。以秦岭的翠微宫和华清宫最为有名，唐太宗在翠微宫时间虽不长，但却在此完成了传位高宗的大事。唐玄宗多居华清宫，华清温泉为玄宗治国理政提供了优越的条件，出现了"开元盛世"。但其后玄宗又沉湎于华清泉及杨贵妃的温柔乡里，导致了"安史之乱"的国祸，唐朝由此走向衰落。唐朝君主多次不能安居长安城中，而秦岭又成为帝王们南逃避难的必经之地。

一、隋文帝营都大兴城

公元581年2月，大贵族杨坚废北周静帝，自立为帝，建立了隋朝。隋初仍以汉长安城为都，但这仅是权宜之计，从开皇元年(581)立国时起，隋文帝君臣便酝酿和筹划着另建新的都城。

隋初之所以要另建新都，有多种说法：其一，汉长安城自修筑至文帝建隋时近800年了，其间经新莽改造、东汉董卓之乱等破坏，已经是"宫宇朽蠹"，且汉城宫室"制度狭小，不称皇居"，难以适应隋统一帝国的需要；其二，汉城久为帝都，年深日久，水多咸卤，难以饮用，不适宜百姓居住生活[1]，"乃议迁都于故城之东南十三里，南直子午谷"[2]；其三，汉长安城北距渭河较近，常有洪水淹城的危险。《隋唐嘉话》记载了"隋文帝梦洪水没城，意恶之"一事，因此决定移都；其四，历朝都城"无革命而不徙"者。《隋书》卷一《高祖纪》载：(开皇二年)六月，丙申，诏曰："朕祗奉上玄，君临万国，属生人之敝，处前代之宫，常以为作之者劳，居之者逸，改创之事，心未遑也。而王公大臣陈谋献策，咸云(伏)羲(神)农以降，至于姬(周)刘(汉)有当代而屡迁。"况且，汉都凋残日久，屡为战场，久经衰乱，"今之宫室，事近权宜，又非谋筮从龟，占星揆目，不足建皇王之邑，合大众所聚"；其五，谶纬之说。据《太平广记》卷一三五《隋文帝》载：长安朝堂，即旧杨兴村村门，大树今尚在。初，周代有异僧，号为枨公。言词恍惚，后多有验。时村人于此树下集言议，枨公忽来逐之曰："此天子坐处，汝等何故居此。"综合以上诸多原因，隋文帝便有了迁都之意。

开皇二年（582）六月二十三日，隋文帝杨坚正式颁布营建新都的诏书。任命左仆射高颖为营新都大监，太子左庶子宇文恺为营新都副监，以将作大匠刘龙、钜鹿郡公贺娄子干、太府少卿高龙义等为营建使，开始营建新都。

隋文帝将都城迁于龙首原之南，更接近秦岭北

图2-10 隋文帝像（源于《中国历代人物像传》）

① [宋]司马光.资治通鉴[M].北京：中华书局,1956：5506.
② [清]顾祖禹.读史方舆纪要[M].北京：中华书局,2005：2505.

麓，这里仍旧是关中平原地区的中心位置，周、秦、西汉等王朝建都的自然环境、农业经济、交通运输、军事战略地位及政治因素等方面的优势和便利条件依然可以利用。

隋大兴城建造顺序是先筑宫城，次筑皇城，最后筑外郭城。因为规模宏大，建造时间紧张，隋文帝所建大兴城外郭城垣至隋亡尚未完全建成，直到唐代才陆续完善。而其他如宫城、皇城、宫殿、官署、坊里、住宅、两市、寺观及龙首、清明、永安等城市引水渠道，隋代多已建成。

隋开皇十年(590)于京师城南太阳门(大兴城明德门)筑圜丘；大业九年(613)三月"丁丑，发丁男十万城大兴"始筑郭城，但仍未建城楼；大业十四年(618)，李渊建立唐朝，改大兴城名"长安"，将大兴宫、大兴殿、大兴门、大兴县的名称分别改为太极宫、太极殿、太极门、万年县。

隋大兴城与之前都城相比有这样几个特点：第一，城市规模宏大，城市面积广大；第二，城市规划整齐；第三，城市布局对称；第四，城市建设秩序井然。

隋文帝在新都基本建成时，于开皇二年（582）十二月六日，命名新都为大兴城，并做好迁入新都的准备。开皇三年(583)三月十八日，隋文帝"以雨故，常服入新都"。正式由汉长安城迁入新都大兴城。

隋新都取名大兴城的原因历史上有以下多种说法：其一，取自爵名。因为隋文帝杨坚在北周时封大兴公，并以此渐成帝业。南宋郑樵称："文帝初封大兴公。故登极以后，其命城、县、门、殿及寺，皆以大兴焉。"[1]其二，取自地名。南宋程大昌认为：新都"宫之太极殿本大兴村，故因用其名也"[2]。其三，取其"大兴"的寓意，即要在此建立一个宏大一统、兴隆昌盛的新王朝。隋费长房说得更明确："龙首之山，川原秀丽，卉物滋阜，卜食相土，宜建都邑。定鼎之基永固，无穷之业在兹，因即城曰大兴城。"[3]

隋王朝国祚较短。隋大业十四年(618)五月，太原留守李渊废隋恭帝自立，改元武德，建立唐朝，定都于大兴城，改城名为长安城。一般都把隋大兴城与唐长安城合称为隋唐长安城。唐代长安城就其规模和布局来看，基本上沿袭了隋大兴城，"唐高祖、太宗建都，因隋之旧，无所改创"。但是，随着唐代社会政治、经济的发展，对都城的增修和扩建活动也是频有发生，城市建设有了进一步的发展。

① [宋]郑樵.通志[M].北京：中华书局,1995：556.
② [宋]程大昌著,黄永年校.雍录·大兴城[M].2005：50.
③ 张春雷.历代三宝记[M].郑州：河南人民出版社,2013.

二、唐太宗"贞观之治"与秦岭翠微宫

李世民（598—649），即唐太宗，唐高祖李渊次子，隋文帝开皇十七年（598）出生于武功（今陕西武功县西）。"少尚威武，不精学业"，尤喜演习弓矢。大业九年（635）17岁时与隋将长孙晟的女儿结婚。他助父起兵灭隋，建立唐王朝；夺取皇位后，开创了历史上有名的"贞观之治"。

沿西万路到秦岭北麓沣峪，东行里许，来到皇峪寺沟，循小溪而上，见一地平坦有致，台阶依稀，虽藤萝杂芜，却形势异然，这就是唐代有名的翠微宫遗址。这里苍山秀岭四面环列，杂花野草流彩溢秀，白云舒卷于足下，雄鹰翱翔于蓝天，万壑空静，如入仙境。

翠微宫，原名太和宫，是唐太宗避暑养病的离宫。太宗时，工部尚书阎立德主持重新修建，贞观二十一年（647）建成，改名为翠微宫，太宗开始在此避暑，处理朝政。[①]翠微宫"笼山为苑"，其正门面向北方，名为云霞门，朝殿称为翠微殿，寝殿称为含风殿。贞观二十三年（649）四月，唐太宗最后一次来到翠微宫，五月驾崩在终南山上的翠微宫含风殿。唐太宗在这里总结了他打江山、保社稷的成功经验，完成了权力交接这一历史使命，走完了他雄伟壮丽的人生道路。

贞观二十一（647）年五月，唐太宗到这里来养病，在翠微殿问侍臣："自古以来的帝王们，虽然平定了华夏，却不能使夷狄臣服，我的才能不如古人，可是功绩却比他们大，我自己不知其故，大家请坦率地说吧。"群臣们都说："陛下功绩如天地，万物不得而名言。"太宗说："不然。朕所以能达此者，原因有五：第一，自古帝王，多嫉妒胜己者，我却不是那样，而是见人之善，为己有之。第二，人之才干，不能备，没有完人，我常弃其短，取其长。第三，人主往往见贤者则想置于诸怀，而将不肖者总想推于诸壑，我的办法是，对贤者则敬之，对不肖者则怜之，贤与不肖者，各得其所。第四，人主多厌恶正直者，所以阴除

图2-11 唐太宗像（源于《中国历代人物像传》）

---

① [宋]王溥.唐会要[M].北京：中华书局，1955：550.

显戮，各代都有，我自即位以来，正直之士，比肩于朝，从未贬责一人。第五，自古皆贵中华，贱夷狄，我独爱之如一，平等对待，所以其种落皆依我如父母。这五条成今日之功也。"他接着又问褚遂良："公曾为史官，看我说的是否符合实际情况？"褚遂良回答说："陛下盛德不可胜载，独以此五条自与，是你谦虚之志。"①

六月间，太宗再幸翠微宫，其间为了使因战乱流失的汉族和其他少数民族重返家园、安居乐业，太宗下诏："遣使诣燕然等州，与都督相知，访求没落之人，赎以货财，给粮递还本贯（籍），其室韦、乌罗护、靺鞨三部人，为薛延陀所掠者，亦令赎还。"

太宗在翠微宫任命司农卿李纬为户部尚书。当时以房玄龄辅太子李治留守京师长安，有人从京师来翠微宫，太宗问来者："对任李纬为户部尚书，玄龄何言？"来者回答说："玄龄闻李纬拜尚书，但云李纬美髭鬓。"太宗很快就改任李纬为洛州刺史。

贞观二十三年(649)四月，太宗又到翠微宫疗养，为维持李唐王朝的统治，他给太子李治安排说："李勣（即徐茂公，唐高祖赐姓李）才智过人，然汝与之无恩，恐不能怀服。我今黜之，若其即行，俟我死，汝子后用为仆射，亲任之，若徘徊顾望，当杀之耳。"五月，就把同中书门下三品的李勣降至距长安650多千米的叠州当都督。李勣受诏，不至家而去。

太宗在翠微宫疗养期间，病痛剧增，太子李治日夜侍疾不离身侧，"或累日不食，发有变白者"，太宗见儿子劳虑如此，流着眼泪说："汝能孝爱如此，吾死何恨。"此后，太宗疾病加重，就召长孙无忌到翠微宫的含风殿。这次召长孙无忌到含风殿，只是把无忌的脸颊摸了摸，一句话都没说，就叫出殿去了，可见病势的沉重和内心的痛苦。后来，又召无忌和褚遂良进入卧室内，太宗当着太子李治的面说："朕今悉以后事付公辈。太子仁孝，公辈所知，善辅导之！"又给太子叮咛说："无忌、遂良在，汝勿忧天下！"最后给褚遂良又嘱托道："无忌尽忠于我，我有天下，多其力也，我死勿令谗人间之。"这话也是说给太子李治听的。后令褚遂良起草遗诏，不多时太宗就去世了，终年53岁。

太子见父王驾崩，抱着舅父无忌的项颈"号痛将绝，无忌揽涕"，请安排诸多的大事，以安内外。太子一直痛哭不止，无忌带着批评的口气劝道："主上以宗庙社稷付殿下，岂得效匹夫唯哭泣乎！"乃尸放翠微宫秘而不发。长孙无忌等"请太子先还京师，飞骑、劲兵及旧将皆从"。事情商量妥当后，第二天"太子入京城，大行御马舆，侍卫如平日，继太子而至，顿于两仪殿"。到第三天，在唐西内太极殿才宣读遗诏，太子李治在太极殿柩前即位。除诸王（没有濮王）奔丧外，"四夷之人

___
① [宋]司马光.资治通鉴[M].北京：中华书局,1956：6247.

入仕于朝及来朝贡者数百，闻丧皆痛哭，剪发劈面，割耳，流血洒地"。

唐太宗死后，此地改为翠微寺，后人有《题故翠微宫》诗曰："翠微寺本翠微宫，楼阁亭台几十重。天子不来僧又去，樵夫时倒一株松。"[1]可见当时的翠微宫是十分壮观的。

后来，大诗人刘禹锡曾有一首《翠微寺有感》描写了唐太宗游幸时的情景："吾王昔游幸，离宫云际开。朱旗迎夏早，凉轩避暑来。汤饼赐都尉，寒冰颂上才。龙颜不可望，王座生尘埃。"诗仙李白也曾与友人在秋末从子午峪口西行，沿青华山而南，游览了翠微寺，并写了《答长安崔少府叔封游终南翠微寺太宗皇帝金沙泉见寄》，其中有诗曰："初登翠微岭，复憩金沙泉。践苔朝霜滑，弄波夕月圆。饮彼石下流，结萝宿溪烟。鼎湖梦渌水，龙驾空茫然。"[2]

宋太宗太平兴国三年(978)，翠微寺改称永庆寺，后又复其原称。明中叶时此处已鲜有人至，以至于碧藓封碑。寺内现存金代舍利塔、唐佛造像、宾竹道人朱诚泳《翠微寺》诗碑及立于明万历三十七年(1609)的《重修永庆寺住持纂碑》，此外还有大量的简瓦、板瓦、莲红纹方砖等文物。现在，翠微宫早已不存在了，但遗址上的残砖断瓦、殿基柱石，依然显示出这里曾有过一段不寻常的岁月，这一切犹如一面镜子，映照出了那个惊天动地、风云飞卷的历史画面。

三、唐玄宗、杨玉环与骊山华清宫

唐代大诗人白居易在秦岭北麓今周至县黑河口仙游寺曾写过一首名为《长恨歌》的长篇叙事诗，其诗中的名句"在天愿作比翼鸟，在地愿为连理枝"，千百年来为人们所传唱，当然，人们也为唐玄宗与杨贵妃的爱情悲剧所感叹。说到此，不能不说他们爱情悲剧的发生地，秦岭北麓的华清池。

华清池又名华清宫，位于西安市临潼区骊山北麓。华清池内有温泉，自古就是游览沐浴胜地，新中国成立后，它是第一批国家级重点风景名胜区，1997年国务院公布华清宫遗址为全国第四批重点文物保护单位。华清池旖旎秀美的骊山风光，自然造化的天然温泉，吸引了在关中建都的历代天子。秦、汉、隋、唐等代封建统治者都将这块风水宝地作为他们的行宫别苑。贞观十八年(644)，太宗令将作大匠阎立德在骊山营建宫殿，赐名汤泉宫，咸亨二年(671)，高宗更其名为温泉宫。开元十一年(723)、天宝六载(747)两次扩建，玄宗为其定名"华清宫"，取"温泉毖涌而自浪，华清荡邪而难老"之意。

① [清]彭定求等.全唐诗[M].北京：中华书局,1999：8943
② [清]彭定求等.全唐诗[M].北京：中华书局,1999：1818.

华清宫布局严整,中心为北周宇文护所造之皇堂石井(骊山温泉之一),以由不同类型和用途的楼阁台榭为主的建筑群分布在骊山北坡和山前洪积扇上,宫外有罗城缭墙环绕,以温泉为轴,东西对称。华清宫背靠骊山,面对渭水,形势开阔。宫城内建筑繁多,有专供皇帝居住的飞霜殿、御汤九龙汤、杨妃赐浴汤(海棠汤)等重要建筑,及各种汤池18处。以"十殿""四楼""二阁""五汤""四门"最为有名。宫墙和缭墙外有花园、讲武场、球场等。宫殿之间以长廊相通。华清宫巧妙利用不同地形的差异,使各种建筑物错落有致。华清宫在唐玄宗时期达到鼎盛,成为当时最大的离宫,专供其避寒之用。

唐玄宗是唐王朝的盛世英主,为临淄王时以迅雷不及掩耳之势,粉碎了太平公主权势集团。继位后加强皇权,整顿朝纲,选贤任能。特别是他统治前期,任用姚崇和宋璟为相治理国家,整顿武则天当政后期以来的种种弊政;采取改革实封制度、打击佛教势力、打击豪门士族、发展农业等措施,促进社会经济迅速发展,人民安居乐业。这就是历史上著名的"开元之治"。然而到统治后期,玄宗却贪图享乐,任用奸佞,官吏贪黩,政治腐败;又沉湎于声色犬马之中。在此背景下,杨贵妃粉墨登场。

杨贵妃,原名杨玉环,原籍弘农华县,是蜀州官吏杨玄琰的女儿,幼时养在叔父杨玄珪家。杨玉环天生丽质,能歌善舞,有倾城倾国之容貌,是我国古代四大美女之一。公元735年,她被册封为玄宗儿子寿王李瑁的妃子。后来又被玄宗看中,为了掩人耳目,玄宗让杨玉环于公元740年当了道士,号太真。到公元745年,玄宗公然将她纳为贵妃,宠爱无比。

俗话说:"一人得道,鸡犬升天。"杨玉环受封后,她的兄弟姊妹个个飞黄腾达:大姐封韩国夫人,二姐封虢国夫人,八姐封秦国夫人,连几个叔伯兄弟也高官厚禄,煊赫一时,其中杨国忠更是当了右丞相。难怪白居易在诗中讽刺道:"遂令天下父母心,不重生男重生女。"

唐玄宗得到杨贵妃后,从此不理朝政,终日沉湎于歌舞酒色之中。杨贵妃十分喜爱华清池的

图2-12 唐玄宗像(源于《中国历代人物像传》)

温泉，唐玄宗就将它建为一个以温泉为中心的"陪都"，改名为华清宫。

开元二年至天宝十四载间（714—755），玄宗共正式出游华清宫49次，其中11年的整个冬春都是在华清宫度过的。他每次出游均有百官羽卫随行，相当于把长安的中央政府机关全部搬到骊山。百官僚属也纷纷在宫外建造府邸，华清宫曾鼎盛一时，周围商贾聚集，里闾纵横，犹如"第二个长安"。为此，唐代诗人李商隐在《华清宫》诗中描述道："华清恩幸古无伦，犹恐娥眉不胜人。"

表2-1 唐代帝王游幸华清池次数统计表(以正史记载为例)

帝王	游幸次数	资料出处
唐高祖	2	《旧唐书》《新唐书》
唐太宗	7	《旧唐书》《新唐书》
唐高宗	2	《旧唐书》《新唐书》
唐中宗	1	《旧唐书》《新唐书》
唐睿宗	1	《旧唐书》《新唐书》
唐玄宗	49	《旧唐书》《新唐书》
唐穆宗	2	《旧唐书》《新唐书》
唐敬宗	1	《旧唐书》《新唐书》
唐宣宗	1	《旧唐书》《新唐书》

从公元745年到755年，每当农历十月，唐玄宗都偕贵妃姊妹和大臣来华清池"避寒"，来年暮春才返回京师长安。在这段时间里，唐玄宗在华清宫处理朝政，接见外国使节，华清宫逐渐成为当时的政治中心。有一年，正在华清池的杨贵妃想吃南方的新鲜荔枝，唐玄宗为了讨美人欢心，竟然利用传递公文的驿站发快马昼夜奔驰，限三日内运到华清宫。面对这种劳民伤财的奢靡之举，诗人杜牧在《过华清宫》诗中讥讽道："长安回望绣成堆，山顶千门次第开。一骑红尘妃子笑，无人知是荔枝来。"[①]

正当唐玄宗和杨贵妃沉浸在奢侈荒淫的享乐中时，社会矛盾日益尖锐，地方割据势力日益强盛，"安史之乱"爆发。公元755年冬，三镇节度使安禄山以诛杀奸臣杨国忠为名，在范阳（今北京）起兵叛乱，击败唐军，攻下洛阳，第二年又攻破潼关，直逼都城长安。

---

① [清]彭定求等.全唐诗[M].北京：中华书局,1999：5997.

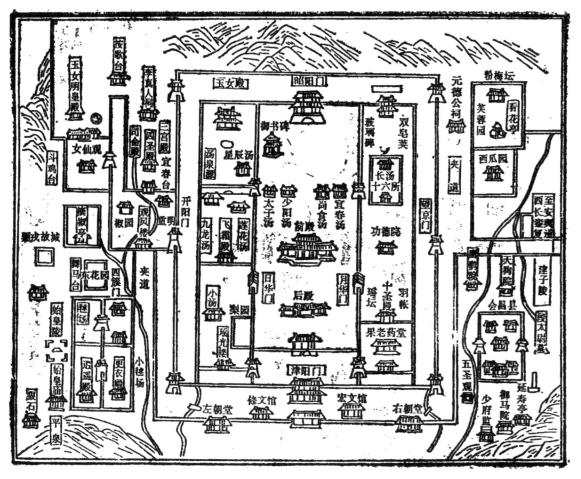

图2-13 华清宫图（源于《长安志》）

　　杨国忠主张逃向蜀中，唐玄宗已是六神无主，便命将军陈玄礼率御林军护卫他和杨贵妃等向西南而去。不料，陈玄礼的部下早对杨贵妃、杨国忠等祸国殃民的作为心怀不满，他们在秦岭北麓的马嵬驿勒马不前，先杀杨国忠，后迫使唐玄宗命杨贵妃自尽。

　　唐玄宗逃往蜀中，太子李亨被部下拥立为帝，就是唐肃宗，遥尊玄宗为太上皇。到公元758年玄宗回到长安时，已不能再过问天下大事了。他回到京城，非常思念杨玉环。民间传说，唐玄宗还派道士去寻觅她的魂魄，而且居然在海中仙山上找到了她。已做神仙的杨玉环，嘱托道士回到人间后，向玄宗转达她的问候。道士向她要一样可用来做证明的信物，贵妃就把头上的金钗分下一半交给了道士，还请他带回两句话，那是每年的七夕，玄宗和贵妃两人在华清宫中的长生殿上，凭栏仰望天上的银河，对着牵牛织女两颗星星发出的爱情誓言——在天愿作比翼鸟，在地愿为连理枝。

在50年后的《长恨歌》中，白居易通过叙事对唐玄宗作了讽刺，又借此歌颂了忠贞不渝的爱情。《长恨歌》中"在天愿作比翼鸟，在地愿为连理枝"这两句诗，感动了千百年来无数痴情的青年男女，寄托了他们对于爱情的美好愿望。

四、秦岭是唐代帝王南逃的安全通道

秦岭，作为通往巴蜀之地的天然屏障，既为国都长安的安全提供了保护，也是国都动乱时的避难之所，终唐一代，有3位帝王经秦岭南逃蜀地，后终于反攻，保住了大唐江山。

安史之乱爆发，天宝十五载（756）六月十三日，玄宗与宰相杨国忠、韦见素及太子、亲王、杨贵妃姊妹等出长安延秋门西逃。他们在陈玄礼率领的禁军护卫下，经咸阳、金城县至马嵬驿（今陕西兴平市西）时，随行禁军兵变，杀了宰相杨国忠，迫使玄宗处死杨贵妃，太子李亨与玄宗分道扬镳，玄宗决意奔蜀，经扶风县、岐山县至扶风郡（陕西凤翔）。玄宗在此安抚士卒，后西南行。经陈仓、散关，于六月二十四日至河池郡（凤县东北凤州镇），剑南节度副使崔圆前来迎驾，具陈"蜀土丰稔，甲兵全盛"，玄宗非常高兴。七月上旬，玄宗到达西县（陕西勉县老城），西向入金牛道。安史叛军攻克长安后，"日夜纵酒，专以声色宝贿为事，无复西出之意"[1]，使玄宗入蜀无追迫之患。七月十日，玄宗至益昌县（四川广元市西南昭化镇）。十二日，玄宗抵普安郡（四川剑阁），过了剑门关后，玄宗一行经巴西县（四川绵阳市东北）抵达成都，"从官及六军至者千三百人而已"[2]。至德二年（757）九月，郭子仪等收复两京，十月肃宗遣使入蜀奉迎玄宗，玄宗由原路返回长安。

在泾原兵变中，唐德宗由秦岭南麓的傥骆道奔梁州，经褒斜道返回。建中四年（783）十月，泾原兵在长安近郊哗变，德宗与妃嫔、太子、诸王和唐安公主等"自苑北门出"，仓皇而逃，"群臣皆不知乘舆所之"[3]。朱泚紧追德宗到奉天（陕西乾县），"围攻奉天经月，城中资粮具尽"，以野菜充饥。十一月，邠宁节度使李怀光率兵入援，解奉天之围。怀光胁迫德宗驱逐宰相卢杞，内不自安，遂有异志，直接威胁奉天。德宗命戴休彦守奉天。在"朝臣将士狼狈扈从"下奔梁州。李怀光遣其将孟保等3人率精骑数百追击，三将追到周至县，剽掠粮草，又遇到德宗后军侯仲庄和严震所遣部众的阻击而退，德宗一行才得平安入骆谷。傥骆道沿线居民点稀少，"骆谷道隘，储粮不豫，从官乏食。"[1]德宗群臣备受艰辛，甚至君臣相失，"梁、洋道险，尝与（陆）贽相失，经夕不至，上惊忧涕

① [宋]司马光.资治通鉴[M].北京：中华书局,1956：6980.
② [宋]司马光.资治通鉴[M].北京：中华书局,1956：6987.
③ [宋]司马光.资治通鉴[M].北京：中华书局,1956：7371.

泣"。这种艰苦的环境，德宗从未经历过。当道路上百姓有人献瓜果时，竟使德宗激动得欲以散试官授之。到达兴道县(陕西洋县)北20千米的清凉川时，严震接驾。三月九日到城固后，唐安公主病故，德宗甚是伤心。三月二十一日，德宗一行到梁州(陕西汉中)，见地薄民贫，户口减耗大半，粮用颇窘，欲西奔入蜀，经严震劝谏，李晟表谏，乃止。四月，大将浑瑊率诸军自梁州出斜谷，会同2万吐蕃兵，击败朱泚，引兵屯奉天，与李晟东西相应，以逼长安。五月，李晟等收复长安。六月十四日，德宗"诏改梁州为兴元府"[②]。十九日，德宗离开兴元，沿褒斜道经凤州、散关。七月至凤翔，在浑瑊等将领扈从下回到长安。

僖宗也是经傥骆道南逃的。广明元年（880）十二月，黄巢义军攻破潼关，田令孜带领神策兵500拥僖宗逃离京师，只有亲王4人及妃嫔数人从行。在崎岖艰险的傥骆道上，"道中无供顿，汉阴令李康以骡负糗粮数百驮献之，从行军士始得食"。十二月九日，僖宗至堰水(在今陕西洋县西南)，下诏给兴元、成都和东川帅臣。十八日，僖宗至兴元府，"诏诸道各出全军收复京师"。后来由于供给困难，中和元年春正月，僖宗离开兴元经金牛道入蜀。二十二日至绵州(四川绵阳)。二十八日抵达成都。

光启元年(885)正月初二，僖宗离成都，经汉州(四川广汉)、绵州、兴元府返回，三月回到长安。

① [宋]欧阳修,[宋]宋祁等.新唐书·李晟传[M].北京：中华书局,1975：4871.
② [宋]司马光.资治通鉴[M].北京：中华书局,1956：7438.

第五节　农民领袖

　　秦末农民起义，领袖陈胜、吴广率领起义军战至秦岭要地，虽未灭秦攻进咸阳，但却严重地动摇了秦王朝的统治，使其统治处于风雨飘摇之中。

　　黄巢反唐，在秦岭牛山练兵，最终杀进长安，给唐王朝致命一击，并在长安称帝。

　　李自成起义，面临明王朝的强力围剿，避祸于秦岭商洛山中，数年养兵蓄锐，兵出秦岭后很快攻陷西安，建立大顺政权，而后以秦岭北麓为基地，颠覆了明王朝。

一、首倡反秦：陈胜的鸿鹄之志

陈胜（？—前208），字涉，秦朝末年农民起义领袖。他是楚国阳城人，与吴广在大泽乡（今安徽宿州西南）率众起义，在陈郡（今河南淮阳）称王，建立张楚政权。

陈胜出身卑微，却有叛逆性格。年轻时受雇于人，给人耕田时，对同佣者说："苟富贵，勿相忘。" 大伙听了都觉得好笑："咱们天天卖力气给人家种田，哪儿来的富贵？"陈胜不免有所感慨，叹息道："燕雀安知鸿鹄之志哉！"[①]从这件事我们不难看出陈胜具有不甘久居人下的远大抱负。

秦二世元年（前209）七月，秦廷大举征兵去渔阳（今北京市密云西南）服役，陈胜也在征发之列，被任命为屯长。他和其他900多名穷苦农民在两名秦吏押送下，日夜兼程赶往渔阳。当行至蕲县大泽乡（今安徽宿州西寺坡乡）时，遇到连天大雨，道路被洪水冲断，无法通行，很难按期到达渔阳。按照秦的酷律，凡服役者，不按时到达指定地点，一律处斩。陈胜与吴广等人商议："逃亡是死，造反也是死，造反还可能有一线生机。"陈胜说："天下苦秦久矣。吾闻二世少子也，不当立，当立者乃公子扶苏。扶苏以数谏故，上使外将兵。今或闻无罪，二世杀之。百姓多闻其贤，未知其死也。项燕为楚将，数有功，爱士卒，楚人怜之。或以为死，或以为亡。今诚以吾众诈自称公子扶苏、项燕，为天下唱，宜多应者。"众人皆应之。陈胜毅然决定起义，反抗秦的暴政。

陈胜的谋划周到，得到了许多人的响应，起义进展顺利。且陈胜颇具战略意识，在控制了安徽、河南交界的大片地区后，即决定进攻战略要地陈县（今河南淮阳）。陈胜攻下陈县后，召集当地三老和豪杰共商大计。这些人看到陈胜率领的起义军短短一个月就连克数县，对陈胜也十分敬重，纷纷建议陈胜称王。陈胜思虑再三，最后称王立国，以陈县为都城，号为"张楚"（即张大楚国之意），建立了中国历史上第一个农民起义政权。而后，陈胜派吴广西进荥阳，吴广受挫。另派周文率兵远袭秦都咸阳，周文利用吴广牵制秦军主力，绕过荥阳，直取函谷关。周文率大军沿秦岭北麓攻关夺隘，势如破竹，一直打到离咸阳仅百余里的骊山脚下的戏（今陕西临潼境内）。在进军途中，百姓奋起响应，队伍不断壮大，已拥有战车千乘，士兵数十万人。

当骄奢淫逸的秦二世闻听起义军逼近咸阳的消息后，大惊失色。此时咸阳兵力空虚，从外地调兵已来不及，秦二世只好依少府章邯之谋，赦免在骊山服役的几十万刑徒，临时组编为军队对抗起义军，并封章邯为将。正被胜利冲昏头脑的农民起义军被突如其来的几十万秦军打得措手不及，很快溃退，被迫退出关中。在曹阳亭（今河南灵宝东北）固守、抗击秦军数十天后，又败退渑池。周文几经

---

① [汉]司马迁.史记·陈涉世家[M].北京：中华书局,1959：1949.

挫创，在既无粮又无援的情况，艰难地与秦军激战10余日，最后寡不敌众，拔剑自刎。

周文失败后，章邯带兵继续东进。围攻荥阳的农民军面临腹背受敌的危险，且田臧与吴广意见不合，认为吴广"不知兵权，不可与计，非诛之"①，竟假借陈胜之名杀害吴广。起义军人心离散，在章邯率领的秦军进攻下节节败退。田臧也在下城父(今安徽蒙城西北)被叛徒所杀。

陈胜起义虽未亡秦，但揭开了秦末农民起义的大幕。后来响应陈胜起义的刘邦、项羽等人经过不懈的奋战最终推翻了秦王朝。

二、黄巢练兵秦岭牛山

待到秋来九月八，我花开时百花杀；

冲天香阵透长安，满城尽带黄金甲！

这是唐代末年农民起义领袖黄巢著名的《不第后赋菊》，里面含有一个生动惊奇的故事。

黄巢是山东人，"世鬻盐，富于赀"②，少时读过私塾，特别爱好使枪弄棒、骑马射箭，有一身好武艺。一年，他到京城参加科举考试，结果未中。后来又去参加武举考试，这对他来说，应是轻而易举的事。本来解元(第一名)是他，可他一没靠山，二长得又黑又丑，结果还是名落孙山。黄巢对考试中的腐败恨之入骨，只得打掉牙齿往肚里咽。回到旅店便提笔疾书，将这首诗留在墙上，怀着愤懑而去。在诗中他用菊花比喻自己，心想总有一天他要像菊花那样，在百花凋谢的时节傲霜怒放，让浓浓的菊香弥漫长安，满城都像穿着菊花一样的黄金甲！这首诗一语双关，暗示了他要推翻唐朝统治，创建自己事业的决心和气概。

后来，天下连年灾害，无数百姓死于荒野。黄巢家乡曹州就流传过一首民谣："金色蛤蟆争怒眼，翻却曹州天下反。"黄巢从小善武艺、能

图2-14 黄巢像

① [汉]司马迁.史记•陈涉世家[M].北京：中华书局,1959；1957-1958.
② [后晋]刘昫.旧唐书•黄巢传[M].北京：中华书局,1975；6451.

诗文，好打抱不平，深得贫民拥戴。百姓便揭竿而起，聚众造反，称黄巢为"冲天大将军"。他们打官府，除恶霸，替穷人出了憋在心中的一口恶气。

黄巢队伍日渐扩大，但多为农民，他带着大批义军翻山越岭，来到秦岭南麓沟壑烟岚、千峰苍翠的牛山。牛山是进可攻、退可守的军事要地，距安康城区26千米。黄巢义军到达牛山后，先用山石垒山城，即现在人们称的防御石城；又选一巨大青石，上插义军旗帜。黄巢每日站在这块石头上指挥、操练士卒。每日操练结束，都要站在一块突兀的岩石上向北方长安发誓：不推翻唐朝绝非好汉！每日誓言响彻山谷，震天动地，极大地振奋了军心，人人都自觉训练。义军称此石为"望京石""恨京石"，此石至今还在。

训练有素的义军再次冲杀出去，劈山开路，势如破竹。唐王朝在惊恐不安中一面加强镇压；一面造谣诽谤黄巢，说"黄巢杀人八百万，在劫难逃；说牛山一个与他相好的柳和尚躲在树洞里，也被黄巢试刀砍杀，所以柳树皮长成刀印，柳树的半边是空心。还传闻说黄巢是黄腰兽所变……"

但义军经过7年艰苦斗争，终以雷霆万钧之力，突破潼关天险，长驱直入，直捣长安。当义军攻到长安东郊灞桥时，唐僖宗翻越秦岭，逃往四川。大臣张方直率领文武百官到灞桥迎降。黄巢入长安，于次年元月登含元殿，继皇帝位，国号大齐，年号金统。实现了他"冲天香阵透长安，满城尽带黄金甲"的豪言壮语。

至今，在陕西秦岭以南的安康八景中还有"牛山叠嶂"。它美在层峰，景在清逸，趣在传说，让人超然脱俗。

三、李自成息马商洛山

李自成（1606—1645），原名李鸿基，小名黄来，陕西米脂人，明末农民起义领袖。李自成出身贫苦农家，幼时为大户艾氏牧羊，后充银川驿卒。崇祯二年（1629）起义，后在闯王高迎祥麾下任闯将。崇祯八年，李自成在荥阳大会上提出分兵定向、四路攻战方略，深受赞同。崇祯九年，高迎祥战死，李自成继称闯王，率部与官军周旋于陕、甘、宁、川、楚等地，艰苦卓绝，历尽艰险，转战南北15年，起义军发展至百万人，成为明末农民起义的主力军。后来，终于打败了明军主力，推翻了明王朝的统治。

1638年，明王朝组织围剿起义军，李自成在潼关遇伏，损失惨重，仅率刘宗敏等18骑突围而出，隐伏商洛山中。次年夏天，假装降明的张献忠再起，李自成冲出山中，重新活跃在陕、鄂、川边境。

据史书记载，李自成下山后，因觉势单力薄，曾投奔张献忠，张献忠想火并他，被他察觉，遁去。李自成后来被官军围困在秦岭"商、洛山中"①，陷入绝境，将士多出降，连刘宗敏这样骁勇的大将也动摇了。李自成带着刘宗敏步入一祠庙，叹口气说："人说我当为天子，我们何不来卜它一卦？如果不吉，再请砍下我的头出降如何？"结果三卜三吉，刘宗敏回头便去杀掉妻子，表示誓死相随。军中壮士也都纷纷表示，愿意跟着闯王打天下。

自从潼关南原突围之后，李自成知道东出潼关已经不可能了，他便与刘宗敏等18人在潼关附近突然改变前进的方向，沿着崤函山脉自北往南进入秦岭商洛山中。

秦岭商洛山地处陕西东南部，东面与河南西部接界，南面与湖北北部毗邻。这一带方圆数百里，崇山峻岭，危崖险路，柴草繁茂、古木参天。这种人烟稀少的自然条件，使李闯王等人得以逃脱明军侦骑的搜捕。在商洛山区，他们息马养伤，重新积聚力量。

农民军遭受如此惨重的损失，闯王的心情十分沉重。潼关大战中失散的义军们三五成群地回到李自成的身边，使得农民军的队伍又渐渐壮大起来。这些历尽磨难的将士们多数带伤挂彩，相互搀扶着来到商洛山中，聚集在闯王麾下。

摆在李闯王面前的局面是：每人每天只能吃两顿饭，且都是山芋干片和少量小米煮成的粥；在严寒的冬天里，既无粮米，更缺药草和棉衣，只好通宵达旦地围着篝火取暖。如何摆脱困境，渡过难关，重振旗鼓，杀向河南，李自成经苦苦思索后，召集大伙开会商讨，计划做好三件事：第一，开春以后要开荒种地，自己耕作，收获粮食，组织打猎，改善伙食；第二，集中会打铁磨刀的弟兄，砌炉生火冶铁铸造兵器，把队伍重新装备起来；第三，找机会下山向地主富户人家借粮置衣，措办日常用品。此后，大家分头完成闯王的计划和分配的任务。秦岭商洛山深处开始热闹起来，除了松涛起伏的吼声、野兽的嚎叫声、战马的嘶鸣、伤员的呻吟之外，还回响着铁锤叩击铁砧发出的叮叮当当的声音。这声音就如悦耳动听的音乐给农民军战士带

图2-15 李自成像

---

① [清]张廷玉等.明史·流贼传[M].北京：中华书局,1974：7955.

来了希望，带来了力量。

从崇祯十一年(1638)十月潼关南原大战以后，到崇祯十三年(1640)冬天，近两年时间，李闯王和他的农民军战友们息马在商洛山区，过着非常艰苦的生活，这支队伍的元气逐渐恢复。义军在李闯王领导和组织下，积蓄力量，种地耕作，打铁操练。

李闯王本人胸怀大志，此时更加信心倍增。几度离开商洛山，亲自带领小股人马机动灵活地游弋在明军势力比较薄弱的陕西、河南、湖北和四川交界的边界上。而在商洛山的日子里，白天，他常常走在开荒耕作队伍的前头，他那庄稼汉的本色赢得了众口赞扬；在打猎的山林深处也常常可以见到他那矫健轻捷的身影，他百发百中的射箭本领更为众人钦佩不已。晚上，他就端坐在昏黄的松明灯下，聚精会神地研习《孙子兵法》和《水浒传》。他认真总结起义10多年来的斗争经验，研究历次战斗胜败的教训。他每每为《水浒传》中的英雄们的斗争精神所感动。而每当夜读以后，他就提剑出帐门，在皎洁的月光下挥剑劈杀，练得浑身冒热气，还不肯停歇，直到东方的启明星送来又一个黎明。

> 收拾残破费经营，暂驻商洛苦练兵。
> 月夜贪看击剑晚，星晨风送马蹄轻。

传说这是李自成后来在长安回忆自己在商洛山那段艰难生活的诗篇。由于历史年代久远，诗的下半篇已经残缺了。但是，这仅存的四句诗所洋溢的那种百折不回、坚毅顽强的精神是多么强烈。当然，息马秦岭商洛山，为闯王重振队伍积蓄了力量，为后来的发展壮大奠定了坚实的基础。

第三章

秦岭
——中国历代名将建功立业的理想之地

巍峨而厚重的秦岭，为历代名将搭建了建功立业的理想平台。从夏启与有扈氏在秦岭北麓的甘之战揭开了中国文明时代之序幕，到大清王朝的覆灭，历代名将在秦岭地区的赫赫战功、谋略思想、战略战术及英勇献身精神，史不绝书，都是今天值得挖掘的精神财富。

第一节 秦岭战略地理环境

秦岭不仅是中国南北自然分界线，而且是古代许多次战争的始发地。尤其是在冷兵器时代，其战略地位尤为重要。特别是蕴藏在崇山峻岭中的古代雄关要隘，成为决定战争胜负的关键。因此秦岭被称为"三秦要塞""川陕咽喉""九州要领"等。在历史上发挥着重要作用。

一、雄踞秦岭的险关要隘

秦岭是陕西关中优良的天然屏障，在四周绵延起伏、层峦叠嶂的山脉之间，藏有许多雄关险隘，这些关隘均有"一夫当关，万夫莫敌"之效，成为关中易守难攻的门户。东为潼关或函谷关，南为武关，西为散关，北为萧关。潼关是东部进入关中的天然防线，南依秦岭，有禁沟深谷之险；函谷关则扼崤函之险，控制着关中与中原之间的往来咽喉；武关是关中的南方门户，在秦岭南麓陕南商山的谷涧，悬崖深壑，号称"三秦要塞"；散关则西扼关中交通要道，南依秦岭山脉，自古为"川陕咽喉"，是兵家必争之地；北方之萧关，居六盘山东麓，控扼塞北通向关中之要道。因恃秦岭，关中占据了突出的战略地理优势，进可攻、退可守，形成了"制内御外"的绝佳态势。占据关中，就意味着掌握了天下"要领"、扼制了九州"咽喉"，这是古人建都的重要出发点。

（一）大散关

大散关，位于秦岭北麓宝鸡市西南大散岭上，其遗址范围为南起秦岭梁，北至二里关。因古为散国地，又因散谷水（今清姜河）流经关前而名。关口海拔1223米，关下深谷直切，两侧陡壁夹峙如喉，称为"一线天"。历史上大散关为关中入秦岭进四川之要道，历来是兵家必争之地。《水经·渭水注》："渭水又与扞水合，水出周道谷北，北径武都故道县之故城西。其水又东北历大散关而入渭水也。"《读史方舆纪要》卷二《大散关》称其为"扼南北交通，北不得此，无以启梁益，南不得此，无以图关中"[①]，《读史方舆纪要》卷五十五《宝鸡县》载：大散关"在县西南大散岭上。自古南北之险要也，向设巡司戍守"。民国《宝鸡县志》载："为秦蜀之噤喉，南山自蓝田而西，至此方尽；又西则陇首突起，汧、渭萦流，关当山川之会，扼南北之交。北不得此，无以启梁益；南不得

图3-1 古大散关 刘宁 摄

此，无以图关中。"据史料载，大散关曾发生战役70余次。楚汉相争时，韩信"明修栈道，暗度陈仓"；三国时曹操西征张鲁，自陈仓经由散关；诸葛亮也曾出散关，围陈仓，和魏将决胜于五丈原；宋时金兵南下，宋将吴璘、吴玠兄弟在此扼险固守，打败敌人多次进攻，后人为纪念吴氏兄弟，在关西修有吴公祠。由于其特殊的地理位置，从古至今，大散关也成为历

① [清]顾祖禹.读史方舆纪要[M].北京：中华书局,2005.

代文人墨客、达官贵人及普通百姓游览之地。

据传老子曾西出散关以升昆仑，为关令尹喜所迫授《道德经》一卷；东汉末年，曹操途经大散关留下了《晨上大散关》一诗；此后，唐代王勃、王维、岑参、杜甫、李商隐等，特别是宋代陆游、苏东坡有关大散关的诗最多，影响也最大。其中，诗人陆游在《书愤》中写道："楼船夜雪瓜洲渡，铁马秋风大散关。"如今关下竖有石碑一座，上书"古大散关"，川陕公路及宝成铁路均穿过此关。举目远眺，秦岭雄伟险峻，太白山白雪皑皑，若遇火车盘山而来，如同绿色巨蟒翻山越岭，景象十分壮观。大散关现为陕西省重点文物保护单位。

（二）函谷关（潼关）

古函谷关在今河南灵宝东北，东自崤山，西至潼津，通名函谷，号称天险，因关在谷中，深险如函而得名。苏秦所谓"秦有崤函之固"即指此。贾谊曾认为"秦得崤函，而六国之亡始此矣"。《楚策一》张仪说楚王："秦之所以不出甲于函谷关，十五年以攻诸侯者，阴谋有吞天下之心也。"函谷关是秦国东部门户，拥重兵守关，关前战事较多，著名的有：公元前318年，公孙衍发动魏、赵、韩、燕、楚五国攻秦，秦军迎战于古函谷，击败五国联军；秦庄襄王三年(前247)，秦伐魏，魏公子无忌率五国之师大败秦师，追秦国军队至函谷关前，不得入而还；楚考烈王二十二年（前241），楚赵魏韩卫合纵伐秦，再败于函谷关前；公元前207年，刘邦西入咸阳，遣兵守此以拒诸侯军。汉置关都尉戍守。汉武帝元鼎三年（前114）徙关于新安县后，改置弘农郡于此。现仅存关门。新函谷关在今河南新安东，去故关150千米，故名新关。东汉中平元年(184)，因镇压黄巾起义军，置八关，此即八关之首。三国魏正始元年(204)废。今遗址尚存，陇海铁路经此。

潼关是在东汉末年替代新安（县）函谷关的一个重要关隘。具体设置年代约在公元191年至211年间。[1]东汉末年，董卓大乱之后，汉献帝失去了对全国的控制，军阀割据，相互混战，一时呈现出混乱局面。而当时关中地区被马超、韩遂等10个割据势力所占有。为了牢固占领关中，利用潼关的有利地势设城把关，以防东方割据势力入侵，便成为必然措施。自此，潼关城就成为以后封建王朝扼守关中与通往中原的关卡了。《水经注》载："河在关内南流潼激关山，因谓之潼关。"由于潼关地处黄河渡口，位居晋、陕、豫三省要冲，扼长安至洛阳驿道之要冲，是进出三秦之锁钥，所以成为汉末以来东入中原和西出关中、西域的必经之关防要隘，历来为兵家必争之地，素有"畿内首险""四镇咽喉""百二重关"之誉。

111

---

① [唐]杜佑.通典·州郡三[M].北京：中华书局，1988.

（三）武关

武关位于唐商州上洛县（今陕西商洛）东南90千米。该关西有商洛终南山，东有熊耳马蹬山，中有一线长谷，地势险要，自古就有"一夫守垒，千夫沉滞"之称，为关中通往荆楚的交通要道。唐柳宗元《馆驿使壁记》："自霸而南至于蓝田，其驿六，其蔽曰商州，其关曰武关。"清代顾祖禹《读史方舆纪要》卷五十四中说："扼秦楚之交，据山川之险。道南阳而东方动，入蓝田而关右危。武关巨防，一举而轻重分焉。"唐代后期，这里曾发生过多次重大战役。唐肃宗至德二年（757），唐将王难得在这里击败安史之乱的叛军守将，收复上洛郡；唐代宗广德初年，吐蕃攻入长安后，唐将郭子仪即从武关出兵，收复了长安；唐德宗建中四年(783)，泾原乱兵占领长安，唐德宗西逃奉天，唐将尚可孤自襄阳入武关赴援，击败了武关的泾原守兵，配合将军李晟收复长安；唐僖宗中和四年（884），黄巢起义军在关中被唐军击败后，也从武关南下，转战河南地区。唐人吴融曾在《武关》一诗中写道："时来时去若循环，双阖平云谩锁山。只道地教秦设险，不知天与汉为关。贪生莫作千年计，到了都成一梦闲。争得便如岩下水，从他兴废自潺潺。"杜牧有《题武关》诗："碧溪留我武关东，一笑怀王迹自穷。郑袖娇娆酣似醉，屈原憔悴去如蓬。山墙谷堑依然在，弱吐强吞尽已空。今日圣神家四海，戍旗长卷夕阳中。"

图3-2 武关遗址 王建国 摄

（四）萧关

萧关位于宁夏固原东南，立于六盘山山口，六盘山山脉横亘于关中西北。萧关扼守自泾河方向进入关中的通道，是关中西北方向的重要关隘，屏护关中西北的安全。顾祖禹称其为"据八郡之肩背，绾三镇之要脊"，自古乃兵家必争之地。

作为中原自然屏障四塞之一的萧关，自战国、秦汉以来，一直是关中抗击西北游牧民族进犯的前哨，也是关中与北方的军事、经济、文化交往的主要通道。秦始皇三十二年（前215），蒙恬率军经义渠、萧关之道进入河套地区，进攻匈奴部落，将河套地区匈奴部落全部肃清。汉文帝十四年（前166），匈奴曾入萧关，侵扰北地等郡，致使关中震动。汉武帝时国力强盛，曾多次出萧关，巡视西北边境，耀兵塞上，威慑匈奴。北朝后期，突厥称雄塞外，中原政权频受其扰。唐武则天时，曾任魏元忠为萧关大总管，统重兵镇守萧关，以备突厥。北宋时，党项人建立的西夏称雄西北。在宋、夏近百年的对抗中，萧关一带作为双方对峙前沿，咽喉要道的作用更为显著。

二、穿越秦岭的古代通道

秦岭，历经周秦汉唐千余年的开拓，形成了多条古道，由西向东有：陈仓道、褒斜道、傥骆道、子午道、库谷道和武关道。其中陈仓道为通山南和剑南的主干道；武关道为通往江汉地区的捷近之道。6条秦岭驿道中褒斜道起始最早，持续时间最长，规模最大，也最为平缓；傥骆道距离最短但也最艰险；子午道距离最长；这3条古道都是连接汉中地区和关中地区的主要交通要道。

（一）陈仓道

关中西侧穿越秦岭通往陕南、四川的驿道。以道路北端入山处为秦汉时陈仓县而得名；又因秦岭北侧正脊大散岭，古代在山岭上设置过一座大散关，又名散关道；还因途中沿嘉陵江上源故道水而行，秦时设置故道县，又名故道。[1]此道开辟于先秦时期，秦末汉初已成为沟通关中与巴蜀的惯行路线，楚汉战争时刘邦"明修栈道，暗度陈仓"即由此道北伐关中。唐代辟为驿道，逐渐替代其他栈道，成为长安通往巴蜀的主要驿道。其经行路线大致为：自长安循陇关道西行，至凤翔折南至陈仓(今宝鸡东)，西南行入秦岭至玉女潭，穿越散关翻越黄牛岭至黄花川，沿故道水行至凤县，入故道川，经马岭寨、两当县、固镇、河池县、长举县至兴州治所顺政县，复东南行经兴城关、分水岭后渡沮水至西县(今勉县西)，折西南经百牢关至金牛县(今宁强县金牛镇)，再沿金牛道入蜀或经褒城至汉中。[2]

（二）褒斜道(斜谷道)

古代长安穿越秦岭通达陕南、四川的又一驿道。因沿渭水支流斜水与汉水支流褒水两条河谷而行，北入口在眉县斜谷，南出口在汉中褒谷，故称褒斜道。此道沿褒斜二水蜿蜒于层峦叠嶂的峻岭峡谷中，因其地势凿孔架栈使道路凌空，极天下之险。此道历史最为悠远，《华阳国志》引《蜀志》称其始通于三皇五帝，说明在传说中的三皇五帝时期就已通行；《读史方舆纪要》亦称："褒斜之道，夏禹发之。"[3]秦汉时期，褒斜道是咸阳、长安通

图3-3 褒谷口

① 李之勤.陈仓古道考[J].中国历史地理论丛,2008(3)：118-124.
② 王玉军.古道纵横[J].交通建设与管理,2007(6)：104.
③ [清]顾祖禹.读史方舆纪要[M].北京：中华书局,2005：2449.

往陕南、四川的主要驿路。《史记》称关中南往巴蜀，"栈道千里，无所不通，唯褒斜绾毂其口"。其经行路线大致为：自古长安经户县折西过周至、眉县，由斜谷口入秦岭，沿斜水东侧南行，经鹦鹉嘴、下寺湾，越老爷岭入桃川谷，西过灵丹庙、杜家坪，登五里坡，进入褒水上源之一的红岩河上游（今太白县城所在地嘴头镇），再折向西南行，经两河口、关山街、古迹街、西江口镇、孔雀台、马道镇、褒姒铺，穿石门或越七盘岭出褒谷口，经褒城到达汉中。①

褒斜道主要是沿褒水和斜水河谷而行，河谷深险，悬崖壁立，山路陡急，远不及陈仓道平缓。路程虽近，但通行极为不易。历朝历代，为了江山统一，以褒斜栈道为咽喉，作为互相吞并而争战的必经之路。因此，褒斜道在历史上的军事争端不断。秦治栈道于褒斜，以通汉中、巴蜀。刘邦就封南郑时曾烧毁，后又予以修复。西汉武帝时曾发卒数万人，开拓此道，欲通船漕，虽"道果便近，而水湍石，不可漕"②，事倍而功半。三国时，诸葛亮北伐，魏、蜀频繁交兵。诸葛亮第一次北伐失利退兵时，赵云又烧毁一段；诸葛亮最后一次攻魏，大军出斜谷道，驻屯于秦岭脚下渭河南岸的五丈原。诸葛亮死后，此道又被魏延烧断。此后或修或毁，增损不定。自中唐以后，褒斜道南段（即褒水河谷段）路线变化较大，已非汉晋旧道路径。

图3-4 秦岭古道

（三）傥骆道(骆谷道)

古代长安翻越秦岭通达汉中、四川的驿道。因自长安南下先经周至县西骆谷而得名；又因翻越秦岭后南面出口为汉江支流傥水河谷，故名傥骆道。谷道较短，行程便捷。三国时期始见记载，其行经路线大致为：自古长安西南行，经户县至周至，西南行15千米从西骆谷入秦岭，越骆谷关，逆黑河支流陈家河上游翻越老君岭，沿八斗河、大蟒河谷上行，溯黑河西源越秦岭至都督门，进入汉江支流胥河上源，再向西南翻越兴隆山至酉河上游的洋县华阳镇，沿酉河经茅坪过八里关，又越贯岭梁经白草驿，出傥谷口，循傥水河谷至洋县，沿汉江北岸渡胥水，经流王城、城固县城、柳林镇到达汉中。③其中越秦岭主峰一段，盘山路曲折回旋40余千米，共84盘，行军不易，常受阻塞。曹魏正始五年（244），曹爽率兵伐蜀，从骆谷入。魏甘露二年（257），蜀将姜维率兵数万人出骆谷。

① 王玉军.古道纵横[J].交通建设与管理,2007(6)：104.
② [汉]司马迁.史记·河渠书[M].北京：中华书局,1959：1411.
③ 王玉军.古道纵横[J].交通建设与管理,2007(6)：103.

大古道中山路最为平缓的一条通道。此道由长安东出，经引驾回折南入库谷，溯库峪河而上翻越秦岭，经十八里小岭、阴沟口、阎王沟、黄家店、石湾铺、拦马河、表德铺至镇安县，循乾佑河而下，经今长哨、东坪、青铜至两河关进入旬水谷道，又经赵湾、甘溪至旬阳县，折西沿汉江北岸到达金州（安康）。[①]库谷道北有库谷关，南有洵关控制着通道的南北两端。唐宋时已有山间小径，元代正式辟为驿路。

（六）武关道

武关道是古代长安翻越秦岭，东南向通往南阳、荆襄以至江南、岭南的驿道。因途经蓝田关、武关，故名武关道或蓝武道；又因自长安先到达商州（今商州区），唐时又名商山路。武关道开辟于商末周初，由荆楚部族首领鬻熊率族人自关中移居江汉时开辟。秦汉魏晋时期，由于它在军事上的特殊作用而备受重视。《通典》记载，自长安南诣荆、襄，"皆有店肆，以供商旅"。可见当时是繁盛的交通路线。唐时在诸驿道中地位仅次于潼关道。此道大致经行路线为：自唐长安城东行，过灞桥后折向东南，经蓝田坡底村上七盘岭，绕芦山南侧过蓝桥到蓝桥镇；溯蓝桥河而上，经牧护关（唐时蓝田关）翻越秦岭梁，顺丹水支流七盘河下至黑龙口，折东行经商州、丹凤县后出武关，又东经商南县富水镇出今陕西省境，经西峡县、内乡县至南阳。[②]唐前期，因武关道捷近，故官私行旅趋东南，多取此道。安史之乱后，因中原地区藩镇割据，交通梗涩，武关道的交通地位明显上升。韩愈被贬潮州，经由武关道穿越秦岭，留下"云横秦岭家何在，雪拥蓝关马不前"的诗句。唐以后，武关道失去国道地位，但作为西北与东南联系的捷径，仍发挥着重要作用。今天的武关，仍是沟通关中与河南、湖北的咽喉。

如今，历史的烟火已经散去，留在古道上的满是青山绿水。历史为秦岭古道积淀了丰厚的文化遗存，同时也增添了古道的神秘气息。

① 王玉军.古道纵横[J].交通建设与管理,2007(6)：105.
② 王玉军.古道纵横[J].交通建设与管理,2007(6)：105.

三国末期，钟会伐蜀时，骆谷也是其进兵路线之一。南北朝时期，傥骆道荒废不通。唐武德年间，复开傥骆道，以通汉中、巴蜀。唐后期，关中变故频仍，皇帝官员为避祸乱，也多以傥骆道为长安、汉中往来的交通要道。北宋时期，傥骆道一度仍为驿道。宋金对峙时，宋将吴璘部也以傥骆道为反击金兵的要道。陆游诗中写道："千艘漕粟鱼关北，一点烽传骆谷东。"

（四）子午道

古代长安通往汉中、安康及巴蜀的驿道，也是秦岭6条大道中最险峻的一条通道，故有"秦岭六道，子午为王"之称。因穿越子午谷，且从长安南行开始一段道路方向正南北向而得名。《长安志》载，谷长330千米，北口曰子，在西安府南百里；南口曰午，在汉中府洋县东80千米。秦代始开子午道，东汉王升《石门颂》中说："高祖受命，兴于汉中，道由子午。"楚汉相争时，相传刘邦沿此道前往汉中就任汉中王。王莽时重修子午道，并置子午关。以后子午道遂成为关中进入汉中、四川等地的通道。子午道的大致经行路线为：自古长安南行，经今西安南郊杜城村，入今长安县子午镇附近子午谷，溯谷而上至土地梁，越梁沿沣水支流至喂子坪附近沣水河谷，溯谷南行至关石（即子午关，又名石羊关）；过关后南行，越秦岭主脊到宁陕县沙沟街，循汉江支流旬河而下，经高关场江口镇、沙坪街、大西沟，翻越月河梁到月河坪，南渡月河顺腰竹沟行，于古桑墩附近越腰竹岭进入汉江另一支流池河沿，循池河南下，经营盘、胭脂坝、新矿、龙王街、铁炉镇入石泉县境，经梧桐寺、迎风街、筷子铺、后营至池河镇，过鸣岭关绕汉江北侧九里十三湾至石泉县城；自石泉县城向西北，经古堰，绕峰街至西乡县子午镇，过子午河入洋县境，复经金水镇、酉水镇、龙亭进入汉江平原，过洋县、城固县城到达汉中。[①]历史上，子午道十分险要，是历来兵家冒险出兵的奇道。诸葛亮第一次北伐时，大将魏延提出"子午谷奇谋"，自请率兵五千出子午谷以袭长安，诸葛亮认为魏延计谋过于冒险而未予以采用，最终六出祁山而未果，留下"出师未捷身先死，常使英雄泪满襟"的遗憾。三国曹魏钟会攻蜀，子午谷也是其进兵路线之一。东晋永和十年(354)，大将桓温入武关伐前秦，另遣司马勋出子午道袭长安，结果被秦军击败。宋金对峙时，南宋除了在散关屯戍重兵外，还在子午谷口置立堡塞，以备金人进袭。清末民国时期，子午道仍是关中与汉中的交通要道。自从沣浴口修建了西万公路后，这条历经千年风雨的子午古道才日渐衰落。

（五）库谷道

库谷道是古代长安翻越秦岭，南向通往金州(今安康)的驿道，以入口秦岭山谷得名，也是秦岭六

① 王玉军.古道纵横[J].交通建设与管理,2007(6)：103.

第二节 秦岭地区战事及攻守态势

纵观中国历史发展过程，秦岭不仅为中华文明的进程提供了生态屏障，而且对中华文化的形成和发展发挥了重要作用。从公元前11世纪开始，先后有西周、秦、西汉、新莽、东汉(献帝)、西晋(愍帝)、前赵、前秦、后秦、大夏、北周、隋、唐等13个王朝在此建都，留下了丰富的文物古迹。悠久历史赋予秦岭掘之不尽、观之不胜的文化遗产，形成了天然历史博物馆。

秦岭不仅是历代封建王朝建都依靠的福荫之地，见证了周、秦、汉、唐文明的成长历程，也是历代兵家必争之地。

从周秦汉唐到宋元明清，秦岭的攻守态势充分显示了秦岭地区在冷兵器时代，在东西交通、南北拱卫的军事地理地位上的重要性。

一、周秦时期的秦岭战事

秦岭北麓的关中平原，首先孕育出中国奴隶社会最为强盛的西周王朝。周的远祖，在秦岭脚下休养生息、积蓄力量，最终东灭殷商，建立了强大的周王朝。西周的丰镐二京，都建立在秦岭北麓。秦岭天堑不可逾越，而关中东有函谷关，西有陇关，东南有武关，北有大河，所谓四塞之国，占尽了地利。西周300年来征伐经营，主要针对的是东南方向的敌人，秦岭永远是它牢固的靠山。周孝王时期，秦先祖伯益之后非子因牧马有功，在秦地建立城邑，并不断向四周拓展领土，跻身西周贵族行列，为建立秦国奠定了基础。春秋时期，秦襄公的儿子秦文公把秦人都城从汉水上游的"西陲"迁往雍（陕西宝鸡境内凤翔县），迈出了挺进关中、觊觎中原的关键性一步。秦穆公时期，强大的农业基础使秦国脱颖而出，跻身春秋五霸行列。秦惠文王时期，派张仪、司马错率兵从褒斜道翻越秦岭，攻入四川，吞并了巴国和蜀国。秦王嬴政时，举起了征讨六国的大旗，发动了统一中国的全面战争，实现了开拓帝国伟业的宏大理想。秦建立统一帝国后，"秦为天下之脊，南山则秦之脊也"[①]。从秦岭大山中走出的秦人，先后用了550年的时间，终于完成了从游牧部落文明到农耕文明的艰难融合。大秦帝国的创建，秦岭功不可没。秦始皇生前选定的坟墓，就位于骊山脚下，依偎在秦岭的怀抱。

二、两汉三国时期的秦岭战事

在巍峨的秦岭之中，汉王朝奠定了中国辽阔的版图。公元前207年，刘邦攻克武关，沿秦楚古道北上，从蓝田翻过秦岭，抢在项羽之前攻入秦国都城咸阳，拉开了建立西汉帝国的序幕。然而，刘邦并没有当上皇帝，鸿门宴上死里逃生，被项羽封为汉王。西楚霸王的一念之差，留于史册的是一个从秦岭深处酝酿崛起的大汉王朝。从关中到汉中，刘邦要翻越的不仅是秦岭的高山峻岭，更是无尽的失落与绝望。刘邦率部到达汉中以后，听从张良之计绕道褒谷口，烧毁褒斜道。秦岭山谷中燃烧的火焰，让沉醉于西楚霸王美梦里的项羽如释重负。而身居汉中的刘邦一方面大张旗鼓地对外宣称要重修褒斜道，以引起关中守将章邯的注意；另一方面，刘邦和张良统率大军，兵分两路，悄悄绕过褒水，几乎一夜之间，10万大军从天而降，从大散关越过秦岭，进入楚军镇守的陈仓，关中平原门户顿开。从此，刘邦"明修栈道，暗度陈仓"的军事实践，被世界军事史奉为避实就虚、声东击西的经典战例。公元前202年，经历了4年楚汉战争，刘邦成功地登上了帝王宝座，并把他建立的江山称为"汉"，以纪念他贬为汉王时的艰难岁月。3个月后，刘邦力排众议，把都城从洛阳迁至紧靠秦岭的长安。中国历史上一个开疆拓土、威仪天下的帝国呼之而出。汉武帝刘彻即位后，把西汉王朝带进了一个盛极一时的崭新时代。西汉末年，"公孙述据蜀，跨有汉中，当秦陇之经"，以为守土，而褒斜

---

① [清]毛凤枝.南山谷口考校注[M].西安：三秦出版社，2006：1.

道为其扼守要道。

东汉末年，军阀混战，秦岭再次成为延续汉室最后一丝气脉的屏障。距先祖刘邦来汉中400余年后，刘备又来到秦岭山中，在勉县举起了征讨曹操、拯救汉室江山的大旗。东汉建安十九年（214），刘备灭掉刘璋，攻取四川，与占据黄河流域的曹操及占据江南的孙权，形成三足鼎立之势。建安二十四年（219），刘备经过充分准备，抢占了军事要地定军山（今陕西勉县南），打开了通向汉中的通道。经过与曹军的多次争战，刘备最终占据汉中盆地，攻取了西城（今陕西安康市），保证了巴蜀的安全。同年，刘备在汉中自称汉中王，随后返回成都。魏蜀吴三国鼎立形成后，秦岭自然成为曹魏和蜀汉的军事分界线。这样的一道天然屏障，使魏蜀双方在没有具备绝对优势的情况下，谁也不敢轻易发动军事进攻。诸葛亮先发制人，"以攻为守"，让曹魏政权忙于应对。公元227年，屯兵汉中的诸葛亮以《出师表》上书，拉开了5次北伐的序幕。悲壮的5次北伐，在某种程度上既是蜀汉主动的进攻策略，同时也是一种防御选择，更是诸葛亮面对秦岭大山的苦苦挣扎。从公元227年出兵祁山，到公元234年兵败五丈原，为了逾越秦岭，诸葛亮煞费苦心，屡屡以弱攻强，以步卒攻铁骑，在国力、兵力、运力远不及魏国的形势下，最终使蜀国兵马疲惫不堪。险峻的秦岭始终是诸葛亮面前一道难以逾越的屏障。公元228年，马谡失守街亭，蜀军全线溃退。撤退路上，在距先祖刘邦火烧褒斜道434年后，蜀军再次把留坝县江口镇到太白县王家塄的栈道烧毁。大汉帝国的背影，渐渐远离了人们的视线，而巍峨的秦岭依然挺立于中国大地中央。

三、大唐时代的秦岭战事

秦岭北侧的支脉——骊山，是喜马拉雅造山运动时带动秦岭抬升的山体断块。从这个断裂伤口中流淌出带有温度的水，被称为温泉。秦岭的温泉水洗出了美女杨玉环的国色天香，也开始了大唐帝国的衰落。安史之乱，使杨玉环被深爱她的唐玄宗勒死在马嵬坡，而唐玄宗本人却躲进了秦岭山中。伴随着白居易的《长恨歌》，护佑大唐国君的秦岭又一次为天下人所铭记。

《旧唐书·吐蕃传》载：广德元年（763）十月，吐蕃大军入侵关中，由秦州（今甘肃天水）入大震关，继攻泾州（今甘肃泾川）、邠州（今陕西彬县）、奉天、武功。然后分兵，一支南渡渭水从盩厔（今周至）、户县东进；一支自咸阳进逼长安，唐代宗仓皇东幸陕州（今河南陕县），吐蕃入据长安达半月。当时兵马副元帅郭子仪因兵力寡弱，从咸阳退回长安，入南山牛心谷（今蓝田县焦岱镇东南有牛心峪）暂避。后郭子仪于商州收集散兵及武关防兵，循武关道返至蓝田，诸路勤王唐军陆续从三面逼近京城，吐蕃军大掠城中，西撤而去。[①]

---

① [后晋]刘昫.旧唐书·宪宗纪[M]. 北京：中华书局,1975：405.

吐蕃大军西撤后，诸军亡卒及乡曲无赖子弟乘乱相聚为盗，流窜于终南山子午等五谷(子午谷东有库谷、蓝田谷，西有骆谷、斜谷)中，为患作乱。唐代宗下诏以太子宾客薛景仙为南山五谷防御使进行讨伐，但成效不佳，后又命凤翔节帅李抱玉讨之。李抱玉分兵防守各个谷口，同时派兵马使李崇客率精骑400自桃林、虢川攻伐，贼帅高玉脱身败走城固，后为山南西道节度使张献诚擒获。不久，为患地方的贼盗相继被唐军平息。

764年8月，唐叛臣仆固怀恩引回纥、吐蕃等10万众侵犯唐境，大将郭子仪奉诏出镇奉天(今陕西乾县)。10月7日，唐军趁夜布阵于乾陵之南，广布旌旗，张扬声势。次日拂晓，敌虏受惊而退。

806年1月，剑南西川节帅刘辟反叛，唐宪宗诏遣神策军使高崇文率步骑5000为前锋，取斜谷道进兵；神策军兵马使李元奕率步骑2000为次军，取骆谷路进兵，进军梓州(今四川三台)，讨伐刘辟。

880年冬，黄巢率农民起义军60万众攻潼关，声震河岳；唐将齐克让以饥卒万人依托关外，张承范以2000余人屯关上。12月1日，黄巢军发起攻击，齐克让部不敌而溃，"关之左有谷，可通行人，平时捉税，禁人出入，谓之禁谷。及贼至，官军但守潼关，不防禁谷，以为谷既官禁，贼无得而逾也。尚让、林言率前锋由禁谷而入，夹攻潼关。官军大溃，博野都径还京师，燔掠西市"[1]。黄巢军采用正面攻击和侧面迂回，最终打破潼关。

史念海先生指出：在关中平原古代的防卫战中，西面的三角防御地带由今凤翔、陇县和宝鸡构成，其中陇县不仅是陇关的后卫，控制着东西走向的陇关道，同时也控制着南北走向的回中道；宝鸡控制着趋向汉中和蜀地的散关道；而自散关道和陇关道东至长安，皆须经过凤翔。这样，凤翔就绾毂三道而地位尤显重要。[2]

885年12月，河中节帅王重荣以李克用之太原军(沙陀兵)为援，大败邠宁节帅朱玫和凤翔节帅李昌符于同州沙苑(今大荔县南)，进逼长安。宦官首领(神策军中尉)田令孜又迫僖宗请幸兴元府(今汉中市)；僖宗不从，被田令孜乘夜劫持至宝鸡县。而朱玫、李昌符亦发兵，欲迎奉乘舆，败神策军于潘氏堡(今宝鸡市东北20余千米)，钲鼓之声闻于行宫。田令孜闻邠军至，急奉僖宗趋散关，令禁军守石鼻驿(一名灵壁，今宝鸡市东北15千米)为后拒。邠军至，禁军溃散，遂长驱追车驾至尊途释(散关北口外)。襄王煴(肃宗玄孙)有疾，从驾不及，为朱玫所得。

① [后晋]刘昫.旧唐书·黄巢传[M].北京：中华书局,1975：5393.
② 史念海.河山集·四集[M].西安：陕西师范大学出版社,1991：220-221.

僖宗登上大散岭，李昌符之军焚烧阁道丈余，殆将摧折，神策军使王健等扶掖僖宗御乘，自烟焰中跃过，夜宿坂下。以神策军指挥使杨晟为感义军节度使，守散关。朱玫军踵后攻之，不克而退。

892年7月，凤翔节帅李茂贞求得山南西道招讨使，发兵攻兴元节帅杨守亮，克凤州（今陕西凤县东北）、兴州（今陕西略阳）、洋州（今陕西洋县）。8月，攻拔兴元府。杨守亮等奔往阆州（今四川阆中）。[①]

901年，朱全忠举兵7万趋同州（今陕西大荔），欲迎昭宗至东都。宦官韩全诲等劫持昭宗至凤翔府。朱全忠兵临凤翔府，攻取邠州（今陕西彬县）……次年5月，朱全忠以5万精兵攻凤翔，于虢县（今陕西宝鸡）北大破李茂贞军；又遣其将孔勍出散关，攻拔凤州。7月，孔勍取成州（今甘肃礼县南）、陇州（今陕西陇县），至秦州（今甘肃天水）而还。[②]朱全忠以三面包围之势，迫使李茂贞屈服求和。

四、宋元明清时期的秦岭战事

五代以后，斜谷作为一条军事通道渐被废弃，南北往来均以散关为要冲。可见，秦岭在古代军事征伐中起了很大的作用。

南宋时，吴璘率宋军在大散关面对金军的强大攻势，以一当十，大败金兵。大散关东面的和尚原是从渭水流域越秦岭进入汉中地区的重要关口之一。1131年5月，金军分两路进攻和尚原，吴玠利用有利地形，与金军展开激战。因路多窄隘，怪石壁立，金军骑兵寸步难行。宋军在吴玠统领下英勇善战，大败金将乌鲁、折合所率金军。这次战役的胜利，大大鼓舞了宋军的士气。元代，秦岭之东的潼关是通往关中的重要关口，在此发生多次战事。如1356年，元末将领李思齐在秦岭潼关打败北方红巾军；1369年，朱元璋派兵征讨李思齐，以徐达为主帅，冯胜为副将。徐达兵临陕西凤翔，制订攻城方略，由冯胜率军西攻李思齐，两军在秦岭渭源决战。最终李思齐受困于庆坪的群山峡谷之地，全军投降。朱元璋封李思齐为江西行省左丞，随徐达伐北元。1636年，洪承畴率军在秦岭北麓临潼大败农民军，将起义军围困秦岭山中长达3个月。后来高迎祥率部从陕西汉中突围，遭陕西巡抚孙传庭埋伏，在秦岭北麓盩厔（今陕西周至）黑河口被洪承畴俘虏。明末农民起义领袖李自成曾长期辗转秦岭，息马秦岭商洛山，为后来的发展壮大奠定了坚实的基础。

随着杀戮声渐渐平息，蜿蜒在秦岭古道上的，只有幽幽的风景和络绎不绝的商队，以及文人雅士手中笔墨留下的对历史的慨叹和一些弥足珍贵的文化遗存。

① [宋]司马光.资治通鉴[M].北京：中华书局,1956：8434.
② [宋]司马光.资治通鉴[M].北京：中华书局,1956：8556.

第三节　历代名将

　　秦岭地区将星灿烂。从原始社会末年的甘之战一直到明清时期，秦岭战事连绵不断，历代名将层出不穷，他们或以攻守闻名，或以谋略著称，为秦岭智库增色，为人类文明添彩。

一、西周时期

1. 西周开国功臣、军事家——姜子牙

姜子牙（约前1156—约前1017），姜姓，吕氏，名尚，一名望，字子牙，也称吕尚，别号飞熊，是西周初年的开国功臣、政治家、军事家。

他的先祖为四岳，帮助大禹治理水患有功，被封于吕，故以吕为氏。其出生因此便有了东海和河内的两种说法。商朝末年，姜尚过得十分贫困，年老时借钓鱼之机，得到西伯周文王的垂青，尊为太师，称"太公望"。文王被商纣囚羑里后，他想方设法营救西伯。又出权谋奇计帮助文王讨伐崇、密须和犬夷，建都丰京，使周人"三分天下有其二"[①]。

文王死后，姜子牙又辅佐武王伐纣；从秦岭北麓的周都出发，先在孟津观兵，大会八百诸侯；次年率大军在牧野誓师，大败纣兵。纣王登鹿台自焚而死，从此商亡周立。

姜子牙是文王翦商、武王克纣的首席谋主、最高军事统帅，是西周的开国元勋、齐国始国君、齐文化的创始人[②]，更是中国古代一位影响久远的杰出的韬略家、军事家与政治家。历代典籍都公认他的历史地位，儒、法、兵、纵横诸家皆追他为本家人物，尊其为"百家宗师"。有《太公兵法》传世。

2. 伐纣东征、制礼作乐的军事家——周公旦

周公旦，姬姓，名旦，是周文王之子，周武王之弟，周成王的叔父，又称叔旦，史称周公，是周朝历史上第一代周公，西周初年的政治家、思想家、军事家。

西周建立后不久，武王病逝，成王年幼，周公旦摄政当国。管叔、蔡叔和霍叔勾结商纣王之子武庚和徐、奄等东方夷族反叛，史称"三监之乱"。周公奉命从秦岭北麓周都镐京出师，3年平息叛乱，并将国家势力扩展至东海。平叛后建成周雒邑，史称"东都"。

周公旦平息叛乱之后，致力于"敬德保民"、"制礼作乐"、建立典章制度，成为西周文化的集大成者。《尚书·大传》称"周公摄政：一年救乱，二年克殷，三年践奄，四年建侯卫，五年营成周，六年制礼作乐，七年致政成王"[③]，这是对周公一生历史功绩的公正评价。

① 杨伯峻译注.论语[M].北京：中华书局，2009：83.
② [汉]司马迁.史记·齐太公世家[M].北京：中华书局，1959：1477-1481.
③ 王世舜.尚书译注[M].成都：四川人民出版社，1982：276.

二、春秋战国时期

3. 屡败屡战的秦国将军——孟明视、西乞术、白乙丙

孟明视、西乞术、白乙丙是秦穆公时期的3位干将，因屡败屡战而出名。

孟明视，春秋时期虞国（今山西平陆县）人，姜姓，百里氏，名视，字孟明。他是秦国谋臣百里奚的儿子，曾与父亲失散40余年，后随母亲流落到秦国，终于见到身为上大夫的父亲百里奚。因武功高强被穆公拜为将军。

西乞术，春秋时秦国上大夫蹇叔的儿子。也有人认为是秦国少数民族将领。名术，字西乞。因作战勇敢，被秦穆公封为将军。

白乙丙，姓蹇，名丙，字白乙，是秦国著名的战略家、政治家蹇叔的儿子，与西乞术同为穆公时期著名将领。

穆公三十二年（前628），郑国有个卖国贼派人送信给秦穆公，请秦国攻打郑国，他可做内应。秦穆公即派孟明视、西乞术、白乙丙为将，率军从秦都雍城出发，沿秦岭北麓千里奔袭郑国，不料为郑国牛贩弦高所骗，未能如愿以偿。回师路上，灭掉了晋国的从属国滑国，引起晋国不满。结果在崤函之地中了晋国埋伏，全军覆没。过了两年，孟明视要求穆公发兵报崤山之仇，秦穆公派孟明视、西乞术、白乙丙3位将军，率领400辆战车，沿秦岭北麓攻打晋国，结果在彭衙再次被晋国打败。

次年，穆公再派孟明视、西乞术、白乙丙率兵伐晋。孟明视等渡河沉舟，大败晋军，占领王宫和高（今陕西澄城一带）等地，雪了崤函战败之耻。穆公亲自从秦岭北麓的茅津渡河，祭奠了在崤函之战中为国捐躯的士兵，并讣告全国举哀3日，然后告诫军队说："古人有事都向老人请教，故不会错，只因为我当初不采纳百里奚的谋略，才有今日的警示，希望后世之人要记住我的教训。"[1]

孟明视、西乞术、白乙丙在率领秦军与晋国作战中，屡败屡战，但最终还是战胜了中原霸主晋国，威震天下。此3人在秦穆公的争霸战争中，使秦国"扩地千里，益国十二"，成就了秦穆公为"春秋五霸"之一。

① [汉]司马迁.史记·秦本纪[M].北京：中华书局,1959：193-194.

4. 战国中期的秦国名将、谋臣——樗里疾

樗（chū）里疾（？—前300），名疾，又称樗里子、严君疾，战国中期秦国名将、谋臣。他是秦孝公庶子，秦惠文王异母弟。[1]因足智多谋，号称"智囊"。曾辅佐秦惠文王、秦武王、秦昭王3代国君，是秦国历史上不可多得的智勇双全的人物。

公元前312年，他协助魏章攻打楚国，打败楚将屈匄（gài），翻越秦岭，夺取汉中。因功受封于严道（蜀郡有严道），号为严君。有人认为他是严姓的来源之一。

樗里疾擅长外交、军事。秦武王继位后，驱逐张仪、魏章，任命战功卓著的樗里疾为右丞相、精通韬略的甘茂为左丞相，二人珠联璧合、相得益彰，在他们的谋划下进行了一系列战争，扩张秦国版图，为后来秦国统一中国打下稳固根基。司马迁《史记·太史公自序》说："秦所以东攘雄诸侯，樗里、甘茂之策。"可见樗里疾在当时秦国的历史地位。

5. 征巴蜀、越秦岭大败楚国的秦将——司马错

司马错，生卒年不详，战国时期秦国夏阳(今陕西韩城)人，司马迁的八世祖，主要生活在秦惠文王、秦武王和秦昭王时期，秦国三大干将之一。在秦完成统一六国的历史进程中，司马错的军事战略思想及其成功实践，不仅为秦统一中国做出了重要贡献，而且还丰富了中国古代的军事思想。

司马错的主要功绩，是为秦开疆拓土，穿越秦岭，三征巴蜀，一入楚境。秦惠王后元九年（前316），秦王派司马错、张仪等率军经金牛道（今陕西勉县西南）攻打蜀国，一举灭亡蜀国。后又灭掉巴国，使秦国领土扩大了近一半。随后10余年间，又先后率兵多次平定蜀乱，并授命镇抚蜀国，使巴蜀成为秦国的大后方郡县，达到了秦国"富国""强兵"的目的，从战备上形成了对楚国的侧翼包围。秦昭王二十七年（前280），司马错率陇西、巴蜀10万大兵，装船万艘，载米600斛，从巴蜀进攻楚国。秦军翻越岷山山脉、摩天岭山脉、云贵高原，采用避实击虚的战术，出其不意攻到楚军后方，迫使楚国让出庸和汉水以北地区给秦国，实现了司马错"得蜀即得楚"的预言。2年后，白起攻破楚都郢，迫使楚王东迁至陈。司马错灭蜀攻楚，为秦国的统一奠定了坚实的基础。

6. 翻越秦岭大胜楚军的常胜将军——白起

白起（？—前257），秦国大将，著名军事家。陕西眉县人，又名公孙起。曾率兵为秦昭王效

---

① [汉]司马迁.史记·樗里子甘茂列传[M].北京：中华书局,1959：2307.

图3-5 白起像　　　　图3-6 白起墓

力37年，夺取大小城池80余座，歼敌165万，功勋卓著，威震六国，为秦始皇统一中国奠定了坚实基础，名列战国四大名将之首，后秦昭王封他为武安君，在历史上被称为"战神""常胜将军"。

据出土秦简记载，秦将白起翻越秦岭，顺嘉陵江而下入长江，再逆乌江而上到龚滩，翻山进酉水入沅江到洞庭。正是选择了这条秘径，最终使秦军大胜楚军。

司马迁《史记·白起王翦列传》载，公元前277年，秦武安君白起"定巫、黔中郡，初置黔中郡"①。这是秦军第二次征蜀。当年，白起率精锐之师出汉中，翻秦岭、登天险、越剑阁，披荆斩棘，直抵绵竹。当地民众用美酒犒劳秦军，三军上下"觉甚醄畅"，统帅白起"尤爱饮之"。

白起名重天下，威震诸侯，作为一代名将，当之无愧。晚年死于"非罪"，秦国百姓出于同情立庙祭祀他。今秦岭北麓陕西眉县常兴镇白家村有白姓人家和白起墓，以示纪念。

7. 秦灭六国的最大功臣——王翦

王翦，生卒年不详，战国晚期秦国名将，关中频阳东乡（今陕西富平东北）人，秦代杰出军事家，主要战绩在破赵灭燕，最后以绝对优势兵力灭楚，是秦始皇兼并六国的最大功臣。杰出的军事指挥才能使其与白起、李牧、廉颇并列为"战国四大名将"。

王翦在秦灭六国的战争中最大的军功是灭楚之战。秦始皇二十三年（前224），王翦率60万大军翻越秦岭，走武关道，直逼楚境。王翦因手握重兵，出征时向秦王多请田宅为子孙业，以消除秦王疑

① [汉]司马迁.史记·白起王翦列传[M].北京：中华书局，1959：2331.

虑之心，确保出师必胜。王翦率军进至平舆（今河南平舆北）驻屯，采取稳扎稳打、坚壁固守、消耗疲惫楚师的作战方针，归后趁其撤师东还时，令秦军猛攻，一举击溃了楚军主力，杀楚将项燕。次年，攻下楚都寿春（今寿县），虏楚王负刍，楚亡。二十五年，王翦军乘胜南征百越，平定江南。二十六年，秦兼并天下，统一中国。史书称"王氏、蒙氏功为多，名施于后世"[1]。

王翦是秦国杰出的军事家，一生征战无数，战必胜，攻必取，智勇多谋。与其子王贲为辅助秦始皇统一六国立下了汗马功劳。其墓位于陕西省富平县到贤镇东门外3里许的纪贤村永和堡北，据说里面埋着六国王侯的衣冠、图书和俘虏等。1956年被列为陕西省第一批重点文物保护单位。

图3-7　王翦墓

三、秦汉时期

8. 秦王朝最后的军事支柱——章邯

章邯（？—前205），秦末著名将领，上将军。秦二世时任少府，为秦王朝最后的军事支柱，也是秦朝最后一员大将。

公元前208年，陈胜部将周文等人率兵数十万人攻打秦岭北麓骊山脚下的戏水，逼近咸阳。秦二世与群臣商议。章邯以九卿少府之名建议秦二世赦免骊山刑徒，把他们编成军队以对抗陈胜军。秦二世派章邯为将，受命率骊山刑徒及奴隶70万之众，迎击周文，果然打垮了周文的军队。周文出关，逃至曹阳，章邯追至，击破曹阳。周文再次败走渑池，10余日后，章邯大破渑池，周文自刭。

秦朝灭亡后，项羽自立为西楚霸王，分封天下诸侯王，把秦王畿之地一分为三，封立了雍王、塞王、翟王，号称"三秦"。章邯为雍王，称王于咸阳以西，建都废丘（今陕西兴平东南）。公元前206年8月，汉王刘邦用韩信计策，从秦岭古道回军，袭击雍王章邯。章邯在陈仓迎击汉军，兵败，退保废丘。汉王随即平定了雍地，向东到达咸阳，率军围困雍王于废丘。公元前205年6月，汉军用计水淹

---

① [汉]司马迁.史记·白起王翦列传[M].北京：中华书局,1959：2341.

城池，章邯遂拔剑自刎，成为秦王朝的殉葬品。

9. "明修栈道，暗度陈仓"的"汉初三杰"之一 ——韩信

韩信（前228—前196），中国历史上著名的军事指挥家、战略家和理论家，淮阴（今江苏淮安淮阴区）人，西汉开国功臣，被汉高祖刘邦誉为"汉初三杰"之一。中国军事思想谋战派代表人物。

韩信谙熟兵法，洞察人心，智广才高，战法灵活多变，擅长因敌以制敌，是中国战争史上最善于灵活用兵的将领。其一生为后世留下了大量的经典战例，其中发生在秦岭山中的"明修栈道，暗度陈仓"最为著名。公元前206年，韩信率军出陈仓、定三秦、破魏、灭赵、降燕、伐齐，直至垓下全歼楚军，无一败绩，天下莫敢与之相争。其在拜将时所提出的"汉中对策"以及"分兵三万，北举燕、赵，东击齐，南绝楚之粮道"对楚实施战略包围的建议，均成为楚汉战争胜利的根本方略；作为军事理论家，其与张良整理先秦兵书，并著有兵法3篇，为中国军事理论的传承与发展做出了杰出的贡献。

公元前206年8月，刘邦拜韩信为大将，积极谋划北上伐楚，准备一统天下。为迷惑楚军，韩信采用"明修栈道，暗度陈仓"的策略，先派樊哙、周勃率兵1万佯修已烧毁的栈道，摆出要从秦岭褒斜道出兵的架势。韩信自己却率大军西出勉县，顺陈仓道入秦川，于陈仓古渡口渡渭河，倒攻大散关。毫无防备的秦军将领章邯仓促率军赶到陈仓城，与韩信激战。此时，明修栈道的樊哙、周勃也出斜谷，与韩信会师。章邯兵败自杀。汉军又攻占了雍地咸阳，驻守关中东部的司马欣和北部的董翳也相继投降，号称三秦的关中地区全部被刘邦汉军占领。从此，关中成了刘邦打败项羽，统一天下的基地。

图3-8 韩信雕像

图3-9 拜将台

韩信是汉代名将，相关的传说民间流传甚广。如宝鸡东5千米处的陈仓峪，传说为韩信渡渭河后的藏兵之处。汉中市城南门外的拜将台，相传为刘邦拜韩信为大将时所筑，正是这个拜将台，把具有军事才能的韩信推上了军事大舞台，韩信在这个舞台展示了他的才能，助刘邦打下半壁江山，从某种意义上说，拜将台实际上是汉王朝的奠基台。

10. "运筹帷幄，决胜千里"的汉初谋臣良将——张良

张良（约前250—前186），字子房，汉初颍川父城（今河南宝丰）人，秦末汉初杰出的谋士、良将，与韩信、萧何并列为"汉初三杰"。

张良初在秦国灭亡韩国后图谋恢复韩国，主要从事抗暴活动，在博浪沙狙击秦始皇，未成。秦末农民战争中，聚众归刘邦，为其主要"智囊"。霸上分封时"为汉王请汉中地"。曾助汉高祖刘邦从鸿门宴上脱身，后又以出色的智谋，协助刘邦在楚汉战争中最终夺得天下，被封为留侯。

公元前207年，刘邦率军抵达秦岭峣关（今陕西商州西北）。峣关是古代南阳与关中的交通要隘，易守难攻，是通往秦都咸阳的咽喉要塞，也是拱卫咸阳的最后一道关隘，秦有重兵扼守此地。张良向刘邦献计以珍宝财物劝诱秦将。刘邦依计而行，峣关守将献关投降。随后，刘邦率兵向峣关发起攻击，结果秦军大败，弃关退守蓝田（今陕西蓝田县西）。刘邦乘胜追击，引兵绕过峣关，穿越蒉山，在蓝田大败秦军。大军继续西进，于公元前207年10月抵达霸上。秦王子婴开城出降，刘邦顺利进入关中。张良功在其中。

天下分封已定，张良通过贿赂，使项伯为刘邦请求加封汉中地区。这样，刘邦建都南郑（今陕西南郑县东北），占据了秦岭以南巴、蜀、汉中三郡之地。张良送刘邦到褒中（今陕西褒城），根据当地地势，建议刘邦在汉军过后，全部烧毁入蜀栈道，表示无东顾之意，以消除项羽的猜忌，同时也防备他人的袭击。刘邦进入汉中后，励精图治，积极休整，用大将韩信之谋，避开雍王章邯的正面防御，"暗度陈仓"，

图3-10 张良雕塑

从侧面出其不意地打败了雍王章邯、塞王司马欣和翟王董翳，一举平定三秦，夺取了关中宝地。张良"明烧栈道"，韩信"暗度陈仓"，珠联璧合，最终使刘邦依据富饶的关中地区，与项羽逐鹿天下。

刘邦即帝位后，封张良为留侯。汉高后二年（前186）病卒，谥号文成侯。

11. 保汉安刘的西汉名将——周勃

周勃（约前240—前169），汉族，沛（今江苏沛县）人，秦末汉初的军事家和政治家、西汉开国功臣。汉高祖刘邦认为周勃"厚重少文"，可以托付大事，以军功高封为绛侯。汉文帝时，拜右丞相。

刘邦起义时，周勃投身义军，是刘邦的侍卫官。在反秦斗争中，追随刘邦东征西战，在战场上冲锋陷阵，表现出色，立下不少战功，但没有独当一面指挥过大战。起义军灭掉秦朝后，刘邦被封为汉王，周勃受赏爵为威武侯。在之后的军事活动中，他跟随刘邦穿越秦岭到达汉中，被拜为将军。楚汉战争中，随韩信还定三秦，在汉军中作战勇敢，战功卓著。在中原与楚军大战时，他守卫蓝田秦岭山中的峣关，以保卫汉军后方的安全；又守卫敖仓，以保证汉军粮饷的储备与供应；击垮项羽之后，周勃带领一支汉军向东平定楚地泗水、东海等郡，取得22个县，为刘邦争夺天下立下了汗马功劳，战功显赫。

12. 战功显赫的舞阴侯——岑彭

岑彭（？—36），字君然，南阳棘阳（今河南新野东北）人，光武中兴名将。明帝时图画功臣，列为云台二十八将之一，排名第6位。新莽末，以宛城归降绿林农民起义军，封归德侯，属刘伯升部下。归附刘秀后，拜刺奸大将军，从平河北。刘秀称帝，任廷尉，行大将军事。与大司马吴汉等率兵围攻洛阳，迫使并劝降更始大将军朱鲔；又攻破秦丰、田戎等割据势力。镇守荆州，遣使至江南诸郡班行诏命。因战功显赫被封为舞阴侯。先后率师征讨隗嚣、公孙述等，守益州牧。

26年，岑彭奉朝廷之命率军南下，进攻荆州、襄阳一带，攻下鄀、叶等10余城。因战功卓著，被刘秀拜为征南大将军。受封后的岑彭继续南下，进击秦丰之军。面对强乱，岑彭采用声东击西的战术，扬言西击山都（今湖北襄阳县西北）[①]，诱使秦丰调动主力，开赴山都。岑彭偷渡过秦岭中的沔水（今汉水），在阿头山（今襄阳县西）大破秦丰部将张扬。然后，从川谷间伐木取道，直奔秦丰的大本营黎丘，击败留守部队。秦丰急忙回师救护，岑彭军早有准备，出兵迎击，秦丰败走，蔡宏被杀，岑彭

---

① [刘宋]范晔.后汉书·冯岑贾列传[M].北京：中华书局,1965：639.

因战秦丰有功封为舞阴侯。

32年，岑彭率兵跟随光武帝攻破天水，并与吴汉在西城包围了割据陇上的隗嚣。岑彭堵塞谷水，以灌西城。隗嚣将领行巡、周宗率领蜀地救兵前来救援。隗嚣得以逃出西城。汉军粮尽，于是烧毁辎重，率兵撤回。隗嚣派兵尾随追击。岑彭殿后，保证了诸将全师而归。

35年，岑彭率军6万越秦岭伐蜀，屡破公孙述军，直至成都城下，极大地震动了巴蜀政权。后因孤军深入，敌我势力相差悬殊，双方相持不下，被公孙述派刺客刺杀，死后谥壮侯。

13. 功列"云台二十八将"之首的名将——邓禹

邓禹（2—58），字仲华，南阳新野（今河南新野）人，东汉初年军事家，位列"云台二十八将"第一位。

建武元年（25）正月，邓禹率军自河内进至箕关（今河南济源西），然后进军河东郡。河东都尉守关，邓禹进攻10日，终于攻破。继而进围安邑（今山西夏县西北），历经数月未能攻下。当时，更始政权派樊参前去阻挡。樊参以数万兵力进攻邓禹。邓禹在解县（今山西虞乡西）斩杀樊参。刘玄再派王匡、成丹、刘均等合军10余万，围攻邓禹。邓禹手下大将樊崇战死。韩歆及诸位将领劝邓禹撤退，邓禹不允。后王匡全力出战，轻率冒进，被邓禹打败，邓禹斩杀抗威将军刘均、河东郡守杨宝、中郎将弥强等人，彻底平定河东郡，功拜大司徒。当年秋天，邓禹又在彭衙县（今陕西白水）大败刘玄军队。邓禹引军北上，抵缒邑（今陕西旬邑）。后来，赤眉军由于缺乏粮食，只得焚烧宫室，西走扶风。邓禹趁机率兵进入长安，犒劳将士，拜谒高庙。"禹所止辄停车住节，以劳来之，父老童稚，垂发戴白，满其车下，莫不感悦，于是名震关西。"[1] 建武三年（27）正月，回洛阳，拜为右将军。37年，天下平定，邓禹被封为高密侯，食邑4个县。58年5月病逝，死后谥元侯。

四、三国两晋南北朝时期

14. 祸乱天下的汉末军阀——董卓

董卓（？—192），字仲颖，陇西临洮（今甘肃岷县）人。东汉末年权臣。家本陇西临洮的豪族，"膂力过人，双带两鞬，左右驰射，为羌胡所畏"[2]。少时常游羌中，尽与豪帅相结。桓帝末，以六郡

① [刘宋]范晔.后汉书·邓禹列传[M].北京：中华书局,1965：602.
② [刘宋]范晔.后汉书·董卓列传[M].北京：中华书局,1965.

良家子为羽林郎,屡有战功。拜并州刺史,河东太守,迁中郎将。

中平元年(184),继卢植进攻黄巾军,被黄巾军击败。昭宁元年(189)四月,灵帝死,少帝刘辩即位,其舅大将军何进掌权。七月,何进与司隶校尉袁绍计议诛灭宦官,引董卓入京为助。董卓认为时机已到,奉命后立即带兵赴洛阳。八月,董卓还未到京城,何进已因走漏消息,反被宦官张让、赵忠等人所杀。张让等劫持少帝及陈留王刘协逃出洛阳,夜走小平津,走投无路,投河而死。董卓带兵赶到,把少帝及刘协接到军中,护送回洛阳。

不久,董卓派吕布杀死执金吾丁原,收并其军。从此,董卓独握京都兵权,东汉王朝只好任他为司空,很快又升迁为太尉,假节钺虎贲。九月,董卓废少帝为弘农王,立灵帝少子陈留王,是为献帝。董卓升迁相国,封郿侯,赞拜不名,剑履上殿。董卓独揽朝政,纵兵殃民,残忍不仁。一次,董卓派军队开到洛阳东南的阳城(今河南登封东南),把正在祭社的男子全部杀死,掠走妇女和财物,还把男子脑袋砍下缚在车辕上,把妇女装在车箱里,说是"攻城大胜",凯旋而归。

初平元年(190)正月,袁绍联合一部分州刺史、郡太守起兵讨伐董卓。董卓感到威胁,毒死已废黜的少帝刘辩,并放火焚烧洛阳宫殿、宗庙、官衙与民房,强迫京城及附近的居民数百万人迁往长安,使洛阳周围200里内无人烟。史载:"董卓收诸富室,以罪恶诛之,没入其财物,死者不可胜计。悉驱徙其余民数百万口于长安,步骑驱蹙,更相蹈藉,饥饿寇掠,积尸盈路。"[1]昔日繁华的洛阳城,瞬间变成一片废墟,凄凉惨景令人痛惜。为了攫取财富,董卓还派吕布洗劫皇家陵墓和公卿坟冢,尽收珍宝。次年,为加强自己的权势,迫使献帝封他为太师,号曰"尚父",位在诸王侯之上,一切仪仗、服饰,完全与皇帝相同。还在秦岭北麓筑坞于郿(今陕西眉县东北),储30年积谷,藏金二三万斤,银八九万斤。并对自己说:"事成,雄据天下;不成,守此足以毕老。"后"卓忍于诛杀,诸将言语有蹉跌者,便戮于前,人不聊生"。[2]

初平三年(192)4月,司徒王允等利用董卓上朝的机会设下埋伏,让李肃、吕布刺杀董卓,查抄他的家产。董卓被暴尸于市,燃火焚烧,一时长安百姓争相歌舞,买酒肉以庆贺。

15."宁为魏公奴,不为刘备上宾"的"张镇南"——张鲁

张鲁(?—216),祖籍沛国丰县(今江苏丰县),东汉末年割据汉中一带的军阀。据传是西汉

① [宋]司马光.资治通鉴[M].北京:中华书局,1965.
② [宋]司马光.资治通鉴[M].北京:中华书局,1965.

留侯张良的十世孙、天师道（五斗米道）教祖张陵的孙子，五斗米道的第三代天师，在祖父和父亲去世后继续在汉中一带传播五斗米道，并自称为"师君"。雄据汉中近30年，后投降曹操，官拜镇南将军，封阆中侯，食邑万户。

191年，张鲁被刘焉任命为督义司马，与别部司马张修共同带兵攻打汉中太守苏固，共取汉中。张修杀苏固后，张鲁又杀张修，将其兵归为己有，并截断秦岭斜谷道，后经刘焉授意，又杀害朝廷使者。刘焉死后，其子刘璋继任，张鲁之母及其家室惨遭灭门，后又遣其将庞羲等人攻张鲁，但多次出击均被张鲁成功抵挡。张鲁的部曲多在巴地，刘璋于是任命庞羲为巴郡太守。张鲁后攻取巴郡，割据于汉中，以五斗米道教化百姓，建立了短暂的政教合一政权。

张鲁政权持续近30年，处于东汉末年时期比较安定的地区，因此很多人迁居于此。215年，曹操亲率10万大军越秦岭西征汉中，张鲁弟张卫以数万人马据阳平关坚守，为曹操所破，张鲁先退避到巴中（今四川巴中），后封存库藏降曹。曹操很看重他，拜镇南将军、封阆中侯。迁还中原，张富、张盛等五子皆封为侯，一女嫁曹操子曹宇。后世道教徒称张鲁为"张镇南"[①]。张鲁投降曹操时亦曾言："宁为魏公奴，不为刘备上宾也。"

张鲁死后谥原侯，葬邺城（今河北临漳），子张富嗣侯。

16. 曹魏政权的实际缔造者——曹操

曹操（155—220），字孟德，小字阿瞒，沛国谯县（今安徽亳州）人，汉族。东汉末年杰出的政治家、军事家、文学家、书法家，三国中曹魏政权的实际缔造者。

东汉末年，军阀混战，宦官专权，曹操以汉天子的名义征讨四方，对内消灭二袁、吕布、刘表、韩遂等割据势力，对外降服南匈奴、乌桓、鲜卑等，统一了中国北方，并实行一系列政策恢复经济生产，安定社会秩序，从而奠定了曹魏立国的基础。曹操在世时，担任东汉丞相，后为魏王，去世后谥号为武王。

建安十六年（211），曹操稳定北方形势后，开始对关中用兵。3月，曹操先派司隶校尉钟繇率大将夏侯渊以讨伐汉中张鲁为名进兵

图3-11 曹操雕像

① [刘宋]范晔.后汉书·张鲁传[M].北京：中华书局，1965：2431.

关中。此时盘踞关中的马超、韩遂等部联合屯据潼关。7月，曹操亲率大军，大败关中联军，马超等提出求和，曹操不许。韩遂、马超被迫退回凉州，关中自此平定。10月，曹操进军安定，迫使杨秋投降。随后派夏侯渊督众将继续西征。在此后两年间，逐马超、破韩遂、灭宋建、横扫羌氐，凉州地区基本平定。

215年3月，曹操率10万大军翻越秦岭亲征汉中张鲁。5月，攻克河池，斩氐王窦茂；7月，曹操进至秦岭之阳平关（今陕西勉县西北）。张鲁闻讯，仓皇逃往巴中。曹操顺利进军南郑，张鲁出降，曹操尽占汉中之地。

218年，刘备亲率大军进至阳平关，与夏侯渊对峙。曹军多次击退刘备的猛烈攻势。7月，曹操亲率大军赶往关中，坐镇长安，以便随时指挥汉中战局。

219年1月，刘备自阳平关南渡沔水（今汉水），依山而进，驻军于定军山（今陕西勉县东南）。夏侯渊出兵与刘备争战，结果被黄忠斩杀，曹军大败。此后，曹操亲率大军越秦岭争夺汉中，但是刘备坚壁不出，两军相持数月，最后曹操被迫放弃汉中，还军洛阳。220年1月，曹操病逝于洛阳，终年66岁，谥武王，安葬于邺城西郊的高陵。同年10月，魏王曹丕取代汉朝，自立为帝，国号魏，追尊曹操为武皇帝，庙号太祖。

17. 蜀汉"五虎上将"之一 ——马超

马超（176—222），字孟起，扶风茂陵（今陕西兴平市东北）人，汉末及三国时期蜀汉著名将领。伏波将军马援后人，汉末名将马腾之子。早年随父亲征战，参与攻克苏氏坞、马韩互攻等战役。官渡之战后，助司隶校尉钟繇讨伐郭援、高干、单于联军于平阳。大战中，马超身先士卒，冲锋陷阵，被飞箭射中脚部，仍不退缩，用布裹住脚伤，继续领军作战，大破敌军。

图3-12 马超雕像

211年，曹操治兵关中。马超联合西凉诸将起兵反曹，率领10万人马进逼潼关，抵抗曹操。曹操派遣曹仁为先遣部队前往拒守，被马超击败。马超很快进驻潼关。曹操于是传令各军坚守潼关不出，自己亲率大军前来支援，与马超大战于河、渭之地。曹操军驻扎在蒲阪，打算西行渡河，马超建议韩遂在渭河北岸据守，以迫使曹军粮尽自退，但被韩遂拒绝。曹操闻迅后派遣徐晃、朱灵等夜渡蒲阪津，占据河西，设立营寨，自己率军从潼关北渡，与马超军相遇，全军大乱。危急时刻，许褚、张郃等将曹操救至船中渡河，马超率领骑兵紧追不舍，一时箭如雨下。曹操帐下校尉丁斐在河岸放出大量牛马，扰乱马超军营，曹操因此才得以成功渡河。

马超后投奔汉中张鲁，但被张鲁部将排挤，于是暗中密书请降刘备，与刘备合围成都，刘璋归降，刘备建立了蜀汉政权。刘备进攻秦岭之南的汉中时，封马超为左将军。马超在汉中争夺战中立下战功。刘备称帝后，封马超为骠骑将军，爵位斄乡侯。222年，马超病死，终年47岁。

18. 刚毅威武的魏国名将——庞德

庞德（？—219），字令明，东汉末年雍州南安郡狟道县（今甘肃天水）人。初平年间，投奔马腾，在平定羌民的征伐中屡立战功。建安年间，跟随马超征战平阳，抵御袁绍部将郭援、高干，亲斩郭援首级于阵前。后随马腾平定弘农张白骑叛乱，在崤山击破叛军。庞德作战英勇，名冠三军。马超退败关中后，几经辗转，无奈中翻越秦岭，投奔汉中张鲁。张鲁归降曹操后，庞德亦归曹操麾下，被授官立义将军，封关内亭侯，食邑三百户。219年，庞德协助曹仁抵御关羽。两军对垒，庞德骑白马驰骋奔杀，一箭射中关羽前额，被蜀军称作"白马将军"。当时值汉水暴溢，他率诸将与关羽殊死搏斗，箭镞射尽，又短兵相接，力战多时后因小舟被洪水打翻为蜀军所擒。关羽敬重其刚毅威武，以封将劝降，但庞德怒目不跪，反斥关羽，最终殒身殉节。

19. 蜀汉"常胜将军"——赵云

赵云（170—229），字子龙，常山真定（今河北正定）人，三国时期著名蜀汉将领，"五虎上将"之一。

218年，刘备率军进攻汉中，次年黄忠在秦岭南麓的定军山大败夏侯渊，斩其首。曹操亲率大军越秦岭争夺汉中，并先期运送大批军粮至北山之下。黄忠为夺取曹操军粮，便领军出击，赵云紧随其后接应黄忠。黄忠逾时未归，赵云仅带几十骑出营寨察视，遭遇曹操大军，赵云率军突破曹军包围，最终退回汉营。曹军紧追不舍。赵云机智勇敢，大开营门，偃旗息鼓。曹军怀疑赵云设有伏兵，

图3-13 赵云雕像

赵云

引兵欲退。赵云一声令下，号角齐鸣，鼓声震天，令军士以弩箭射曹军。曹军惊骇，自相蹂践，坠入汉水中淹死者不计其数。《三国演义》中刘备称赞赵云："常山子龙，一身是胆，忠义无双！"军中称其为"虎威将军"。

228年，诸葛亮出师北伐，扬言由秦岭斜谷道出兵，以赵云、邓芝为疑军，占据箕谷。曹魏派大将军曹真率军抵抗，诸葛亮令赵云、邓芝在斜谷道阻挡曹军，自己亲率领、蜀军主力进攻祁山。赵云、邓芝由于兵弱敌强，失利于箕谷，而赵云随即聚拢部队，固守箕谷，没有造成重大损失。蜀军撤退时，赵云亲自断后，阻止曹军追击，诸葛亮全军安全退回汉中。

太和三年（229），赵云病逝。后主刘禅于景耀四年（261）追谥赵云为顺平侯。

赵云戎马生涯40年，骁勇善战，胆识卓著。《三国演义》高度评价赵云："古来冲阵扶危主，惟有常山赵子龙。"他是深受百姓喜欢的一代名将。

20. "六出祁山"的蜀相——诸葛亮

诸葛亮（181—234），字孔明，号卧龙（也作伏龙），汉族，徐州琅琊郡阳都（今山东临沂市沂南县）人，三国时期蜀汉丞相，以聪明、机智闻名，杰出的政治家、军事家、发明家，封武乡侯，234年在五丈原（今宝鸡岐山境内）病逝，追谥忠武侯。

建安十二年（207），刘备三顾茅庐，问计于诸葛亮。诸葛亮根据当时的形势，提出著名的《隆中对》，深得刘备信任，随后辅助刘备联孙抗曹，建立蜀汉政权，以丞相之位主持朝政。蜀汉后主刘禅继位后，被封为武乡侯，国之事务，皆由诸葛亮决定。

图3-14 诸葛亮雕像

建兴五年（227），诸葛亮率军至汉中，准备北伐。他在汉军中积极练兵，先后使魏之南安（甘肃陇西）、天水、安定降蜀。建兴六年（228）春，诸葛亮扬言走秦岭斜谷道取郿（今秦岭北麓陕西眉县），派赵云、邓芝率军据箕谷以吸引曹真重兵，自己率大军攻祁山。魏明帝亲赴长安督战，命张郃率领步骑5万人前往，大破马谡于街亭，而赵云也寡不敌众，失利于秦岭箕谷。诸葛亮只好率军返回汉中，第一次北伐失败。同年冬，诸葛亮趁魏兵东下，关中虚弱，再次率军北伐，出散关（今陕西宝鸡市西南），围陈仓，终因粮尽而退。建兴七年（229），诸

图3-15 诸葛亮第一、二次北伐示意图

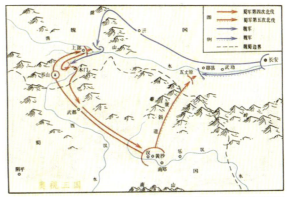
图3-16 诸葛亮第四、五次北伐示意图

葛亮第三次率军北伐，蜀军西向，攻武都（今甘肃成县周边）、阴平（今甘肃文县周边）二郡。雍州刺史郭淮引兵救之，诸葛亮亲率10万大军出战建威（今甘肃西和县西），击败郭淮，夺得二郡。

建兴八年（230）秋，魏军三路进攻汉中，司马懿走西城（今陕西安康市西北），张郃走秦岭子午谷，曹真走秦岭斜谷。诸葛亮驻军于城固（今陕西城固县东）、赤坂（今陕西洋县东10千米）。当时大雨30余天，魏军撤退。同年，诸葛亮派魏延、吴懿西入羌中，大破魏后将军费曜、雍州刺史郭淮于阳溪（南安郡内，在今甘肃武山西南一带）。

建兴九年（231）二月，诸葛亮率大军攻祁山，以木牛运输粮草。司马懿都督关中诸将出战。诸葛亮割麦于上邽（今甘肃天水）。司马懿追至卤城（今甘肃天水与甘谷之间），掘营自守。五月，诸葛亮派魏延、高翔、吴班等军，大破司马懿，汉军获甲首3000级、玄铠5000领、角弩3100张，司马懿退还保营。后因李严运粮不济，诸葛亮被迫退还。张郃追兵至木门，被诸葛亮伏杀。

建兴十二年（234）二月，诸葛亮率蜀军由汉中出发，穿秦岭，出斜谷，据秦岭北麓岐山五丈原（今陕西岐山南），屯田渭滨，与司马懿对阵于秦岭脚下，并约吴国共同发兵。期间诸葛亮多次遣使者下战书，又致巾帼妇人之饰，以激怒司马懿，但司马懿忍辱据守不出，并以"千里请战"的妙计平息将怒。诸葛亮吸取以往教训，分兵屯田，在魏国境内与魏国百姓共同种粮自给自足，打算长期驻守。双方在五丈原相持百余日，诸葛亮不得不引诱魏兵入葫芦沟作战，并放火烧断谷口，欲大败魏将司马懿。未料一场大雨，使魏军死里逃生。同年秋天，诸葛亮突患急病卒于军中，蜀军全线撤退。

诸葛亮在后世受到极高尊崇，成为忠臣楷模、智慧化身。如今在成都、宝鸡、汉中、南阳等地都有武侯祠以示纪念。诸葛亮"鞠躬尽瘁，死而后已"的精神被后世所推崇。

21. 魏国历经四朝的托孤辅政重臣、名将——司马懿

司马懿（179—251），字仲达，河内郡温县孝敬里（今河南温县）人。三国时期魏国杰出的政治家、军事家，西晋王朝的奠基人。曾任曹魏大都督、大将军、太尉、太傅，是辅佐魏国4代国君的托孤辅政之臣，后期成为掌控魏国朝政的权臣。善谋奇策，多次征伐有功，其中最显著的功绩是两次率大军成功地对抗诸葛亮北伐和平定辽东。

230年，魏明帝决定兴师伐蜀，以司马懿为大将军，加大都督、假黄钺，与大司马曹真一起伐蜀。8月，魏明帝命曹真率主力由长安入秦岭子午谷，左将军张郃出斜谷，司马懿自荆州溯汉水出西城（今陕西安康西北），兵分三路会攻汉中。司马懿从西城开拓道路，水陆并进，沿秦岭山中沔水逆流而上，直达胸膈，攻克新丰县，驻军丹口，后遇雨班师。

231年2月，蜀汉丞相诸葛亮率军第四次攻魏，包围祁山（位今甘肃礼县）贾嗣、魏平部，以木牛流马运输粮草。明帝派司马懿西驻长安，都督左将军张郃、雍州刺史郭淮等防御蜀军。司马懿留部将费曜、戴陵率4000人守上邽（今甘肃天水），自率主力西救祁山。张郃劝司马懿分兵驻扎雍、郿两地，以做大军后镇，但遭司马懿拒绝。诸葛亮闻讯急忙派兵遣将，分兵一部攻祁山，自率主力迎击司马懿，击败魏将郭淮及费曜等部，并趁势抢先收割熟麦，获得军粮。

图3-17 司马懿雕像

234年2月，蜀相诸葛亮率军10万出秦岭斜谷攻魏。4月，诸葛亮至郿县，进驻渭水之南。司马懿率军渡渭水，背水筑垒阻击。诸葛亮兵至五丈原，司马懿接受郭淮的建议，命其率兵移屯北原，与蜀军成对峙状态。5月，吴军10万三路攻魏，以配合蜀军作战。魏明帝派秦朗率2万人援司马懿，自率主力反攻吴军。7月，吴军撤走。

诸葛亮东进道路受阻于司马懿，从渭水前进，又有郭淮阻挡，于是移军攻取散关、陇城等地，然后回师进攻司马懿。8月，司马懿遵照明帝"坚壁拒守，以逸待劳"的指示，与诸葛亮相持百余日。诸葛亮数次挑战，司马懿均坚壁不出，等待蜀军粮尽，相机反

攻。诸葛亮便派人给司马懿送来"巾帼妇人之饰"羞辱，以激司马懿出战，司马懿仍不出战。为平息部属不满情绪，司马懿假意上表请战。明帝不许，并派骨鲠之臣辛毗持节为司马懿军师，以节制其行动。诸葛亮遂分兵屯田，做长久屯驻准备。不久诸葛亮病故于五丈原军中。蜀将秘不发丧，整军后退。司马懿出兵追击。蜀将杨仪返旗鸣鼓，假意回击，司马懿以为中计，忙收军退回。在巡视诸葛亮营垒时，断定诸葛亮已死，率兵急追。一直追到赤岸，才得到诸葛亮确切死讯。当时有谚语说："死诸葛吓走生仲达。"

251年8月，司马懿病逝，享年72岁，葬于河阴，谥文贞，后改为文宣。晋武帝代魏后，尊司马懿为宣皇帝，称其陵墓为高原，庙号高祖。

22. 功在关陇的曹魏大将军——曹真

曹真（？—231），字子丹，沛国谯（今安徽亳州）人，曹操族子。三国时期曹魏名将，官至大将军、大司马。

218年，刘备率领诸将攻汉中。曹真以偏将军率领所部，与都护将军曹洪、骑都尉曹休、雍州刺史张既等在下辨（今甘肃成县西北）击破刘备别将吴兰，因功拜为中坚将军。9月，随曹操亲征至长安，被授予中领军一职。

219年，刘备率军南渡沔水，黄忠在定军山斩杀曹军统帅夏侯渊。曹操十分忧虑汉中战事，任命曹真为征蜀护军，后督徐晃等在阳平关击破刘备别将高翔。曹操从长安率军翻越秦岭进入汉中，但其后却无法击败刘备，于是决定放弃汉中。曹操命令各路军队陆续退出汉中，并令曹真赴武都迎接曹洪所部回屯陈仓。

228年，蜀汉丞相诸葛亮北伐，南安、天水和安定三郡皆投降蜀汉。曹叡于是亲征至长安，派曹真为都督，左将军张郃进军援救，于街亭大破马谡。同时，曹真在秦岭箕谷击败赵云、邓芝的偏师，增援部队开进陇右，诸葛亮为避免遭受夹击，主动退兵。曹真认为诸葛亮必攻陈仓，于是命将军郝昭、王生死守陈仓，修筑城池。翌年春，诸葛亮果然攻打陈仓，郝昭早有准备，诸葛亮多次进攻不能攻克，后因蜀汉军队兵粮不足，诸葛亮无功而还。曹真因功被增加食邑2900户。

230年，曹真接替曹休，迁大司马，赐剑履上殿。曹真上表认为蜀汉多次犯境，建议数路大军攻伐蜀汉，被魏明帝采纳。但司空陈群反对从秦岭斜谷进军，曹真再次上书要求从秦岭北麓子午道进攻汉中，陈群再次陈述不能出兵理由，且认为大规模征战军事花费甚巨。魏明帝下诏将陈群的意见供曹真参考，曹真却据此诏书随即出发，改从子午道入秦岭；另遣大将军司马懿经汉水进军，郭淮、费曜等部或从斜谷或从武威穿秦岭。后因汉中艰险，适逢雨季，栈道遭雨水冲刷断绝，曹真用时一月，才走完一半路程，朝中大臣华歆、杨阜、王肃等上疏劝魏明帝下诏撤军，曹真只得受诏撤退，带病返回洛阳，不久病逝。231年，曹真薨，谥曰元侯。

23. 命殒秦岭的魏国名将——张郃

张郃（？—231），三国时期魏国名将，曹操部下"五子良将"之一，先从韩馥，后投袁绍，在与公孙瓒的交战中多有斩获。官渡之战时，张郃受郭图陷害，率众投降曹操，得以重用，随曹操平定北方，远征乌桓，平马超，灭张鲁，多有战功。

218年，刘备进攻汉中，屯于阳平，夏侯渊、张郃、徐晃等率军迎击，张郃负责防守广石。次年，魏军主帅夏侯渊在定军山战死，曹军大败，张郃同败军一起退守秦岭阳平关东。司马郭淮和督军杜袭收敛散卒，推举张郃为魏军主帅。张郃上任后，指挥士兵，布置营寨，军心安定。刘备欲渡汉水来攻，见魏军在汉水以北列阵相迎，遂放弃渡河，隔水相峙。不久，曹操遣使令张郃假节。后来，曹操亲自进攻汉中，不能取胜，于是撤出汉中，令张郃屯兵陈仓。

228年，诸葛亮第一次北伐，南安、天水、安定三郡反叛响应。魏明帝曹叡派张郃督使诸军，与蜀将马谡战于街亭。马谡依守南山，据不下城，被张郃截断水源，大败而归。继而，张郃又平定了三郡反叛。魏明帝曹叡下诏嘉奖张郃，增加食邑1000户，前后共4300户。

诸葛亮第二次北伐，出散关围陈仓。魏明帝曹叡急招张郃进京，命其率3万士兵，并派遣武卫、虎贲等侍卫保护。张郃率军连夜翻越秦岭，赶到南郑，诸葛亮退军，于是奉诏还于京都，被拜为征西车骑将军。

231年，诸葛亮第四次北伐，张郃随司马懿前往相拒。后诸葛亮粮尽退兵，张郃追至秦岭木门。诸葛亮在此设伏，张郃不慎被飞矢射中右膝而亡。因张郃征战有功，谥为壮侯，魏明帝封张郃诸子为列侯，其幼子爵为关内侯。

24. 魏灭蜀国的名将——邓艾

邓艾（197—264），字士载，义阳棘阳（今河南新野）人。三国后期魏国杰出的军事家，灭蜀战争指挥者之一。他文武全才，深谙兵法，多年坚守西北前线以防备蜀汉大将姜维，使曹魏政权在三国中始终保持强势。

249年秋，蜀汉大将军姜维进攻雍州，邓艾随征西将军郭淮抵御姜维，进围曲城，使守城蜀军困窘不堪。后率军驻屯白水（今甘肃白龙江）北岸，以防蜀军反攻。256年，邓艾在段谷（今甘肃天水南）大败姜维，升镇西将军。

263年，魏军兵分三路伐蜀，征西将军邓艾率兵3万余人，由狄道（今甘肃临洮）进军，以牵制蜀将姜维驻守沓中（今甘肃舟曲西北）的主力。由于蜀军未对斜谷、骆谷、子午谷严加防守，被魏兴太守刘钦占领，使魏军很快直入汉中。邓艾趁姜维被钟会牵制在剑阁之机，率军自阴平小道，凿山开路，修栈架桥，越秦岭700里无人烟险域，出其不意直抵江油，迫降守将马邈。行军至绵竹（今四川德阳北），大败蜀军，斩蜀将诸葛瞻。邓艾率偏师出奇兵，迂回穿插，绕过蜀军的正面防御，直捣蜀都，成功地创造了中国战争史上著名的奇袭战例。在邓艾强大的攻势下，蜀主刘禅出降，姜维也奉命投降。灭蜀之役，邓艾功不可没。邓艾晚年遭钟会污蔑和陷害，受司马昭猜忌而被收押，与其子邓忠一起被杀害。

25. 文韬武略的蜀汉大将——姜维

姜维（202—264），字伯约，天水冀（今甘肃甘谷东南）人，三国后期蜀汉著名将领、军事统帅。他自幼博览群书，兵法武艺无所不通。

256年1月，姜维被后主封为大将军，出兵秦岭余脉祁山，邓艾军据险拒守。姜维见地利已失，强攻难克，于是夜渡渭水东进，沿山进取上邽。两军在段谷（今甘肃天水西南）交战。蜀军士卒溃散，死伤众多。姜维败归，自请贬为后将军，行大将军事。

257年，姜维趁魏关中空虚率兵出秦川，又率领数万人出秦岭之骆谷。姜维驻军于秦岭北麓的芒水（今陕西周至黑河），依山扎营，魏军坚守不出，两军长期对峙。姜维屡次北伐，但未见成效，从此不再轻易对外用兵，致力于加强汉中的守御。

263年，姜维听闻钟会治兵关中，上表刘禅，派遣张翼、廖化分别驻守阳安关口、阴平桥头，但未被重视。魏军三路伐蜀，姜维被邓艾军牵制，退驻阴平。在魏军强大攻势下，姜维和廖

图3-18 姜维雕像

化只好放弃阴平，与张翼、董厥会合，退保剑阁。邓艾率一支奇兵越秦岭天险入成都，蜀后主刘禅诏令全军投降，姜维奉诏向钟会投降。"将士咸怒，拔刀斫石。"[1]蜀汉灭亡后，姜维假意投降魏将钟会，欲利用钟会反叛曹魏以实现恢复汉室的愿望，最终因钟会反叛失败，姜维也被魏兵所杀。

姜维作为蜀汉政权的最后支柱，曾先后4次随诸葛亮出师北伐。费祎死后，总揽军权，多次出兵北伐，直到刘禅投降，蜀灭亡后仍希望利用钟会复兴蜀汉。姜维为蜀汉后期政权的巩固和发展做出了重大贡献。

26. 屡立奇功的蜀汉名将——魏延

魏延（？—234），字文长，义阳（今河南信阳）人。蜀汉名将。魏延随刘备入川，因数有战功被任命为牙门将军、镇远将军，镇守汉中，成为独当一方的大将。后屡次随诸葛亮北伐，功绩显著。

219年，刘备于沔阳自称汉中王，并定都成都，提拔魏延为汉中都督、太守。诸葛亮北伐时，进驻汉中，升魏延为丞相司马、凉州刺史。

图3-19 魏延祠遗址

230年，曹魏三路大军进攻汉中，其中两路因大雨退还，此时魏延率军偏师西入羌中，攻击曹魏凉州地区，与曹魏后将军费瑶、雍州刺史郭淮大军会战于秦岭阳溪一带，魏延大破费瑶和郭淮，因功被提拔为前军师、征西大将军，进封为南郑侯。

231年，诸葛亮第四次北伐，与司马懿刘峙。诸葛亮使魏延、高翔、吴班逆战，魏兵大败，获甲首3000级，司马懿退还保营。

234年，诸葛亮第五次北伐，魏延为先锋。诸葛亮死后，在前线主持军务的杨仪与魏延矛盾激化，相互争权，魏延败逃，为马岱斩杀，杨仪遂灭魏延全家。

① [晋]陈寿.三国志·蜀书·姜维传[M].北京：中华书局,1959：1968.

27. 料敌制胜的曹魏大将——钟会

钟会（225—264），字士季，颍川长社（今河南长葛东）人。三国时期魏将，太傅钟繇之幼子，钟毓之弟。自幼才华横溢，后在征讨毌丘俭、诸葛诞期间，屡出奇谋，被人称作西汉谋士张良，又曾为司马昭献策阻止了曹髦的夺权企图，因而成为司马氏的亲信。

262年，钟会被封为镇西将军、假节都督关中诸军事。263年，魏举兵伐蜀，钟会为主将统兵10万，分别从秦岭之斜谷、骆谷进军汉中，不久攻陷阳平关。当时蜀军驻守汉城和乐城。钟会以护军荀恺、前将军李辅各领兵万人，分别包围汉城和乐城。钟会大军出江油攻打剑阁，但被姜维绊住，久攻不下。而邓艾奇袭得手，击杀诸葛瞻，迫使刘禅率众投降，姜维也奉诏归降钟会。平蜀后，钟会谋诛魏将，陷害邓艾，欲据蜀自立，与蜀汉降将姜维共谋其事，因部下反叛而失败，死于兵变，终年40岁。

28. 威名显赫的北伐将军——桓温

桓温（312—373），字元子，一作符子，汉族，谯国龙亢（今安徽怀远龙亢镇）人。东晋著名的军事家、权臣，谯国桓氏代表人物。

354年2月，桓温第一次北伐前秦，亲统步骑4万自江陵出发，经析县（今河南西峡）直指秦岭武关（今陕西丹凤东南）；水军则从襄阳入均口（今湖北丹江口），直指南乡（今湖北均县东南）；同时命梁州刺史司马勋沿秦岭子午道向前推进；并派军攻占上洛（今陕西商州区）。前秦国主苻坚面对桓温大军，派遣太子苻苌、丞相苻雄等人率兵5万驻屯蓝田峣关以作抵抗。4月，桓温在蓝田县与苻苌等军展开大战，最终大败秦军。不久，桓温又在秦岭北麓的白鹿原击败苻雄，向长安进发，进据霸上。当时苻苌等军退屯城南，苻坚尽发精兵3万，在大司马雷弱儿等人率领下与苻苌会合，只6000老弱士兵留守长安。一时长安危急，三辅各郡县向桓温归降，桓温极力安抚，居民争相以牛酒劳军，又夹道观看桓温大军。顺阳太守薛珍劝桓温直取长安，但遭拒绝。

苻雄率7000骑进袭司马勋，并在子午谷败之。后与诸军联合在白鹿原与桓温大战，杀晋兵万余人。前秦军抢先收割当地麦子，获得军粮，坚壁清野，桓温陷入缺粮困境。在此情势下，桓温迁关中3000多户南归。苻苌见桓温退兵，领兵追击，至潼关时屡败晋军，伤亡数以万计。进攻陈仓的司马勋和王擢虽攻破陈仓，但亦被苻雄所败，司马勋退回汉中而王擢回略阳。北伐至此结束。

桓温前后3次出兵北伐，越秦岭，达长安城东南的秦岭北麓白鹿原，战功累累，威名赫赫，在361—373年期间独揽朝政，欲行篡位之事，逼迫朝廷加其九锡，但终因第三次北伐失败而令其声望受损，受制于朝中王谢势力而未能如愿。

五、隋唐五代时期

29. 屡立战功的唐初名将——丘行恭

　　丘行恭(586—665)，唐初将领，河南洛阳人。有勇力，善骑射。隋炀帝大业末年，聚众于长安（今陕西西安）西部一带，在秦岭鄠城（今陕西眉县境内）镇压当地"奴贼"，收其兵众。李渊进据关中，他率众与李世民在渭北会合，随入长安。后从李世民灭薛举、刘武周、王世充、窦建德等，频立战功。贞观中，从侯君集平高昌，进右武侯将军。高宗朝，迁大将军，冀（今河北高邑县西南）、陕（今河南三门峡陕县）二州刺史。在剿灭王世充的战斗中，与李世民突入敌阵，世民坐骑中箭，他下马拔箭，并将坐骑让给世民，自己步行马前，执长刀大呼突围。唐太宗陵前，存有其拔箭之石刻，为"昭陵六骏"之"飒露紫"。丘行恭664年卒，享年80岁，谥"襄"。

图3-20 丘行恭与昭陵六骏之飒露紫

30. 护卫社稷的唐代大将——郭子仪

图3-21 郭子仪像

　　郭子仪（697—781），唐朝名将，华州郑县（今陕西华县）人，祖籍山西太原，唐代著名的政治家、军事家。一生经历了武则天、唐中宗、唐睿宗、唐玄宗、唐肃宗、唐代宗、唐德宗七朝。在玄宗、肃宗、代宗、德宗四朝为将，为维护唐朝的统一和社会的安定做出了巨大的贡献。曾封汾阳王，世称郭令公。

　　755年，郭子仪调任朔方节度使，奉命率军东讨叛军。与叛军遇于秦岭之北的潼关，郭子仪初战获捷。继而攻下云中（今山西大同）、马邑（今山西朔县东），打通东陉关（今山西代县东），为继续东进开辟了道路。第二年，郭子仪与李光弼军合兵，兵力达10万多人，九门（今河北正定东）一战，大败叛军。

唐肃宗于灵武即位后，以郭子仪为兵部尚书兼宰相。郭子仪率军从洛交（今陕西富县）进攻冯翊（今陕西大荔），逼近仅一河之隔的河东。河东城内应唐军，杀叛军近千人。叛军守将崔乾佑越城逃走，郭子仪乘胜追击，斩敌4000人，俘虏5000人，顺利攻下河东。由于唐军连战告捷，肃宗也由灵武到了凤翔。4月，唐肃宗任命郭子仪为天下兵马副元帅，授以平定叛乱、收复两京的重任，并由河东去凤翔，从西面反攻长安。郭子仪率军由秦岭北麓西进，在三原县留运桥附近攻破叛将李归仁的阻截，与从凤翔、武功东进的唐将王思礼的兵马会合，越西渭桥东进，屯军沣水之东，与叛军安守忠、李归仁等部在涧河以西的清渠（今陕西西安长安区西南25千米）相持，后被叛军击败。郭子仪退回武功，经数月准备后集15万兵力，并借回纥兵4000人，号称20万再度对长安发动进攻。唐军兵分三部，郭子仪将中军，李嗣业将前军，王思礼将后军。三路大军从武功南渡渭水，经盩厔（今陕西周至）、鄠县（今陕西户县），沿秦岭北麓绕至长安城南，设阵于香积寺（今陕西西安长安区南）之北。唐军西据沣水、东据涧水、南依神禾原，10余里间，阵势相接。长安叛军10万人出城迎战。唐军居高临下，占据有利地形，从西、南两面对长安城形成包抄态势。最终唐军大获全胜，歼叛军6万多人，叛军退回长安东逃。郭子仪乘胜追击至潼关，杀敌5000人，占领华阴、弘农（今河南灵宝）。随后，唐军收复洛阳。在郭子仪、李光弼等大将的共同努力下，安史之乱终于平息了。

安史之乱使唐朝由盛转衰，国力虚弱。吐蕃乘虚深入内地，大举攻唐，占领了陕西凤翔以西、邠州以北的十九个州。又占领了奉天（今陕西乾县），打到长安城下，代宗逃到陕州避难。吐蕃兵占领了长安，纵兵焚掠，长安被洗劫一空。朝廷下诏拜郭子仪为关内副元帅，循秦岭而东，沿途收容唐军散兵，驻军在商州。郭子仪采取声东击西、虚张声势之计，派羽林军大将长孙全绪，带领200轻骑，到蓝田城北面，白天擂鼓呐喊，夜晚燃起火把，牵制吐蕃兵力，伪作向蓝田城东进军的姿态，暗中亲率主力杀向蓝田城西。与此同时，又派禁军将领王甫潜入长安，暗中连结京城中的少年豪侠作为内应。郭子仪迅速集中兵力，奋勇攻击，打得吐蕃措手不及，不战而逃。长安陷落15天后，又被郭子仪收复，代宗回到长安。

780年，唐德宗李适继位，郭子仪被尊为"尚父"，进位太尉、中书令。781年6月，郭子仪去世。《旧唐书·郭子仪传》载："薨，时年八十五，德宗闻之震悼，废朝五日……陪葬建陵……旧令一品坟高丈八，而诏特加十尺。"[①]墓在陵西南2千米的坡阳村，墓前有清代毕沅所书"郭子仪墓"石碑。今墓已夷为平地。

① [后晋]刘昫.旧唐书·郭子仪传[M].北京：中华书局,1975：3465.

31. 禁暴安民、戎马一生的唐代功臣——李抱玉

李抱玉（704—777），唐代功臣，河西武威（今甘肃武威）人。本名安重璋，系河西豪望安兴贵玄孙，后耻与叛军首领安禄山同姓，请求举宗族并赐国姓，遂以李为姓。李抱玉自幼成长于河西边陲，好骑善射，对军旅生活耳濡目染。性格沉毅深谋，小心忠谨。

肃宗乾元初，李抱玉经太尉李光弼荐为军内官吏，屡建战功，很快脱颖而出，由右羽林大将军升为持节郑州诸军事兼郑州刺史等职。

763年10月，吐蕃攻陷京师长安达10余日，皇帝出逃陕州。诸军亡卒及乡曲无赖子弟相聚为盗，窜伏秦岭子午、斜谷等五谷为患。朝廷派太子宾客薛景仙为南山五溪谷防御使，引兵招捕，但收效甚微。于是代宗诏李抱玉率兵讨伐。李抱玉一方面调查秦岭五谷地形和特点，制定详细围剿方案；另一方面派兵分别驻守诸谷要地，断绝起事者之间的联系，并令牙将李崇客率领400精锐骑兵，以迅雷不及掩耳之势，在桃林、被川发起奇袭。不过旬日，五谷之患即被平息，活擒起事者首领高玉等。李抱玉也因此被授以代理凤翔、陇右（今甘肃东部及青海乐部一带）节度使。

唐代后期，藩镇割据，吐蕃趁机多次骚扰唐边境。朝廷以守卫西部国门的重任寄托于李抱玉。李抱玉迁同中书门下平章事，兼山南西道节度使、河西陇右山南西道副元帅、判梁州（今陕西汉中）事，连统三道节制，兼领凤翔、潞（今山西长治）、梁三大府，秩同三公。因位极人臣，多次上疏恳辞司空及山南西道节度、判梁州事，乞退授兵部尚书。皇帝嘉其功高而谦让、位隆而不骄，批准了他的请求。李抱玉镇守凤翔达10余年之久，"禁暴安人，颇为当时所称"[①]。777年，戎马一生的李抱玉逝世，享年74岁。代宗罢朝3日，追赠太保，谥号昭武。

图3-22 李晟墓志铭

32. 挽救唐廷命运、保卫西北边防的中兴名将——李晟

李晟(727—793)，唐朝名将，字良器，洮州临潭(今甘肃临潭)人。勇烈有才，善骑射。793年去世，终年67岁。去世后，德宗亲临吊祭，废朝5日，举行了隆重的葬礼，追赠为太师。

146

---

① [宋]欧阳修,[宋]宋祁等.新唐书[M].北京：中华书局,1975：4620.

李晟作战勇敢，有谋有略，征战中常常以少胜多，出奇制胜。769年，吐蕃进犯灵州，当时李抱玉镇守凤翔，任命李晟为右军都将，命其率5000士兵抵抗吐蕃。李晟自请率领1000士兵，迅速从秦岭大震关出击，直奔临洮，平定秦堡，俘获堡帅慕容谷钟，解除了吐蕃对灵州的包围。李晟因战功卓著，被授予开府仪同三司的官位，兼右金吾大将军，泾原、四镇、北庭都知兵马使。

大历年间，李晟入京，为京城宿卫，任右神策军都将。

建中四年（783），泾原兵变后，德宗仓皇逃往奉天（今陕西乾县），叛军拥立朱泚为主帅，围攻奉天，形势危急。李晟不辞辛苦，昼夜兼程，从河北战场赶回关中，奔赴国难。到代州时被任为神策行营节度使。又从浦津渡过黄河，驻扎于秦岭北麓东渭桥。李晟一边行军，一边招集士兵。由于李晟善于抚慰且能与士卒同甘共苦，旬月之间，兵力迅速由4000发展到10000多人。

784年4月，朝廷又加任李晟为鄜坊、京畿、渭北、商华副元帅。李晟大规模列兵于长安通化门外，声势浩大，使叛军不敢出击。为了保护百姓安全和皇城的完好无损，李晟做了周密的围攻计划，与各军约定日期协同作战。

此后，李晟又将军队从东渭桥移到光泰门外的米仓村，近逼京城。朱泚猛将张庭芝、李希倩率领大批士兵赶到，双方经过激战，李晟最终打败叛军。朱泚率领残兵败将逃离长安，李晟派兵马使田子奇追击。其余叛军相继投降。历时9个月的朱泚之乱得以平息。李晟因此被任为司徒兼中书令，实封2000户。为表彰李晟的功勋，德宗下令立纪功碑于东渭桥。

李晟戎马一生，既勇敢善战，又能深谋远虑，具有卓越的军事才能。他平定了朱泚之乱，挽救唐朝的命运，保卫西北边防，为抵御吐蕃做出了贡献。

33. 南征北战、所向披靡的农民军将领——黄巢

黄巢（820—883），唐末农民起义军领袖，领导起义军沉重打击了李唐王朝，打破了唐末军阀割据混战局面，为社会由分裂向统一过渡准备了条件，从而推动了历史的发展。

874年，河南连年发生水旱灾害，王仙芝聚众数千人，于长垣（今河南长垣）揭竿而起。875年，黄巢与族兄弟子侄聚众数千人，响应王仙芝，"数月之间，众至数万"，极大地震撼了唐朝统治者。在唐王朝的强大攻势下，王仙芝与黄巢采取避实就虚的流动战术，南征北战，与唐军周旋。

880年，黄巢军进占洛阳后，即向关中挺进。唐僖宗令田令孜率神策、博野等军10万守潼关。11月中旬，黄巢率领北伐起义军攻取陕州（今河南陕县）、虢州（今河南灵宝），西进攻打秦岭脚下的潼关。义军奋力攻关，前后夹攻，官军溃退。黄巢一举破关，又乘胜攻克了华州（今陕西华县），自己亲率大军直捣长安。僖宗在田令孜神策军护卫下，狼狈逃往成都避难，黄巢前锋柴存未遇任何抵抗即顺利进入长安。义军浩浩荡荡，"甲骑如流，辎重塞涂，千里络绎不绝"①。起义军进入长安后，黄巢于含元殿即皇帝位，国号"大齐"，建元金统，并大赦天下。大齐政权的建立，标志着黄巢起义军已取得了巨大的胜利。

881年1月，唐僖宗调兵遣将，各路军马陆续向京师进发。黄巢以朱温为东南面行营都虞侯，攻陷了邓州（今河南邓县），以阻荆、襄官军北上。又遣尚让、王播率军进攻凤翔（今陕西宝鸡）。尚让麻痹轻敌，大败而归，损失2万多人。黄巢不得已出城东走，夜宿霸上，不久又回师攻城，官军大败，义军又很快收复长安。

黄巢起义军虽四处作战，或胜或败，但始终未能打开被围局面。又由于长期没有建立巩固的根据地，长安得不到充足的粮食供给，将士们以树皮充饥。因此，当唐诸路大军云集长安向义军发起总攻时，形势便急转直下，历时3年的大齐政权也很快崩溃。

883年1月，沙陀人李克用率兵5万进至沙苑。4月，唐诸镇兵从四面八方会集京师。黄巢率大军于渭桥迎战，一日三战，连战失利，其他诸道兵也乘机发起攻击，义军大败。李克用军攻入长安，黄巢力战不胜，连夜撤离，经蓝田关进入秦岭商山（今陕西商州区东）。唐王朝调集大批军队，围剿农民军。黄巢率残兵败将向东北逃窜，后被其外甥林言所杀，唐末农民起义失败。

图3-23 黄巢墓

① [后晋]刘昫.旧唐书·黄巢传[M].北京：中华书局,1975：5392.

六、宋元明清时期

34. 毕生扼守秦关要塞的名将——吴玠

吴玠（1093—1139），字晋卿，兴国州永兴（今湖北阳新）人，南宋名将。早年从军御边，抗击西夏建功。后领兵抗金，和尚原之战大败金兵兀术部，破川陕路金兵进攻。因功官至四川宣抚使。由于长期鞍马之劳，病卒于防地仙人关，年仅47岁。

吴玠性格沉毅，知晓兵法，善于骑射。靖康初年，西夏犯边，吴玠率百余人追击，斩获颇多，晋升为第二副将，在军中初露锋芒。建炎初，凭借战功多次升迁至泾原路副总管。

1128年，金兵西路军出大庆关（今陕西大荔县东），进犯陕西，直趋泾原。吴玠受陕西制置史曲端之命率军迎击，一举击退金兵于秦岭之青溪岭，后又奉命东进，收复华州（今陕西华县）。吴玠因此被任命为统制。

1130年秋，金兵大举进攻南宋，江淮形势异常紧张，张浚为牵制金军，集结熙河路经略使刘锡、秦凤路经略使孙偓、泾原路经略使刘琦、环庆路经略使赵哲以及统制吴玠等"五路之师"于陕西富平，令刘锡为统帅，与入陕金军决战。吴玠、刘琦身先士卒，奋勇冲杀。但因诸将意见不合，使吴玠、刘琦腹背受敌而败阵。

富平之战后，吴玠受命为都统制，退至凤翔地区，与弟璘扼守秦岭大散关以东的和尚原。和尚原位于宝鸡西南20千米处，是从渭水流域越秦岭进入汉中地区的重要关口之一，在大散关之东，属川陕之首要门户，其地势之险要与大散关不相上下。吴玠、吴璘奉张浚之命，收集几千散兵，担任保卫和尚原的任务。

图3-24 吴玠、吴璘雕像 王建国 摄

1131年5月，金军分两路进攻和尚原，吴玠利用有利地形，与金军展开激战。因路多窄隘、怪石壁立，金军骑兵寸步难行。宋军在吴玠统领下英勇善战，大败金将乌鲁、折合所率金军。这次战役的胜利，大大鼓舞了宋军的士气。

金统治者不甘失败，元帅兀术亲自出马，纠集各地兵力10余万，架设浮桥，跨过渭水，从宝鸡结连珠营，垒石为城，与吴玠所部宋军夹涧对峙，准备与宋军决战。10月，金军对扼守和尚原的宋军发起攻击。

吴玠命诸将选硬弓强弩与战，分番迭射，金军不利，丢弃武器退却。吴玠乘机派奇军从小道绕至敌后，阻断金军运粮通道，使金军陷入困境，金兀术夺路逃遁。吴玠派弟吴璘引骑兵3000设伏于原北的神岔沟。金军因粮道被袭，退军至神岔沟，遭吴璘军夜袭，金兀术身中流矢，仅以身免。

和尚原一战，俘获金军头目300余人，甲士800余人，缴获器甲数以万计，取得了辉煌的胜利，在宋金战争史上具有重要意义。宋军以少胜多，重创金军主力，扭转了富平战败的局势。《宋史·吴玠传》记载："玠在原上，凤翔民感其遗惠，相与夜输刍粟助之。玠偿以银帛，民益喜，输者益多。金人怒，伏兵渭河邀杀之，且令保伍连坐，民冒禁如故，数年然后止。"[①]

1132年，金将撒离喝派军自商州入侵，威胁秦岭南麓之仙人关（今甘肃徽县南），牵制吴玠，自率主力抄小道涉险东来，进袭金州（今陕西安康）。宋军因防御不力，金州失守，金军乘胜进逼汉中。情急之下，吴玠奉命领兵自河池出发，连夜奔袭300里，至饶凤关投入战斗。吴玠亲自指挥宋军，弓弩、大石兼用，坚持六昼夜，固守关隘。后因金将以重金召募死士5000人，环绕关后，轻兵夜袭，使宋军腹背受敌，吴玠不得已退保西县，后又与刘子羽在三泉会合，助其固守三泉。在此期间，吴玠多次用游骑袭扰金营，金军因远离后方，饷运不济，只得退兵。吴玠因功勋卓著，封检校少保。

图3-25 和尚原古战场 于风军 摄

1134年秋，金帅兀术与大将撒离喝再次率师10万长驱南下。吴玠命弟吴璘放弃和尚原，退守仙人关，并于关右置寨扎营，分守要隘，互为犄角。由于宋军拒险死守，金兵始终不能破关。金

① [元]脱脱.宋史·吴玠传[M].北京：中华书局，1977：11410.

军连年累战，反损兵折将，于是退至凤翔。吴氏兄弟因屡胜金军，声威大震，名扬陇蜀。朝廷诏授吴玠为检校少师、川陕宣抚副使，授吴璘为定国军承宣使。

仙人关之战，再次粉碎了金军由陕窥蜀的企图，给金军以沉重打击，迫使金军改主动进攻为防守。吴玠相继收复凤州、秦州、陇州三地，川陕形势最终稳定。

吴玠尽其毕生精力，长期扼守秦凤要塞牵制金人对东南的压力，使金人始终不敢窥视蜀地，深得陇蜀民众的拥戴。1139年，宋高宗因吴玠功高，授开府仪同三司，晋升为四川宣抚使。由于长期鞍马之劳，损害了健康，吴玠病卒于防地仙人关，年仅47岁，谥号武安，作庙于仙人关，号思烈。淳熙中，追封涪王。

35. 守秦陇、屏巴蜀的名将——吴璘

吴璘（1102—1167），字唐卿，兴国州永兴（今湖北阳新）人，吴玠弟，宋朝著名军事将领，智勇双全。在南宋抗金斗争中，与兄吴玠为保卫秦陇、屏障巴蜀，立下汗马功劳。死后被赠为太师，追封信王。

1131年，在秦岭箭箐关地区，没立和乌鲁折合的军队欲联合攻关，吴璘切断他们的会合，迫使金兵逃跑。因战功赫赫，吴璘被提拔统制和尚原（今陕西宝鸡市西南大散关东）军队。吴璘机智勇敢，多次击败金军。仙人关之战，吴璘与吴玠相互配合。吴璘冒着重围征战，在仙人关和吴玠会师，和金兵连续激战多天。金兵大败，兀术、撒离喝从此多年不敢进犯四川。宋高宗任命吴璘为定国军承宣使、熙河兰廊路经略安抚使、熙州（今甘肃临洮）知府。

1136年，朝廷新设置行营两护军，吴璘为左护军统制。1139年，吴璘被提拔为都统制，不久拜秦凤路（今陕西凤翔）经略安抚使、秦州知府。吴玠死后，吴璘被拜为龙卫、神卫四厢都指挥使。

1140年，金兀术执政，以全部兵力分路大举南侵。金兵西路军由蒲州渡过黄河，迅速占领长安，直趋凤翔。当时，只有吴璘之主力屯驻河池，陕右之军皆隔于敌后。在孤立无援的形势下，吴璘立即率军迎敌，几经激战，力挫金兵。

1161年，金主完颜亮背弃盟约，渡过淮河，令金将合喜为西路元帅，率兵占领大散关，派骑兵进攻黄牛堡。吴璘当时已身染重病，不得已带病领军作战。面对金军的强大攻势，宋军以一当十，金兵大败，逃回壁中。宋军多次出战，金兵在壁中坚守不战。此时正遇天降风雪，金兵拔营逃跑。吴璘进

入城中，很快恢复市民生活，老百姓围其叩拜不断，对其感激不尽。

1167年，吴璘病逝，终年66岁。孝宗赠他为太师，并罢朝两日，越级赐予办丧事之费。

36. 割据关中的元末将领——李思齐

李思齐（1323—1374），元末著名将领，字世贤，罗山（今河南罗山）人。初与察罕帖木儿组织地主武装，镇压红巾军，后拥兵陕西，任陕西等地行中书省平章政事，明洪武二年（1369）降明。

1356年9月，北方红巾军李武、崔德率征西军在陕西节节胜利，越秦岭，克武关，得商州，据蓝田，后分兵攻克同州(今陕西大荔)、华州(今陕西华县)，乘势包围长安，元廷大震，急忙命察罕帖木儿为陕西行省左丞、李思齐为四川行省右丞率军救陕西。两军在秦岭潼关会合时，与征西军相遇，击败征西军。随后李思齐等人协同陕西元军多次打败征西军，化解了长安之围，并收复陕州、虢州。为了剿灭起义军，元军采用多种方法，但起义军采用避实就虚战法，元军接连失败。李思齐以重兵守凤翔，引诱起义军，察罕帖木儿带领少数元军撤离凤翔，引诱起义军进攻。在起义军以主力进攻凤翔时，察罕帖木儿率领几千精锐骑兵，分两翼突然进攻围城的起义军，与城内的李思齐军内外夹攻，起义军大乱，自相践踏，夺路而逃。从此，陕西起义军基本无所作为。

1369年，朱元璋派师西征，以徐达为主帅，冯胜为副将。徐达兵临陕西凤翔，制订攻城方略，由冯胜率军西攻李思齐，两军在秦岭渭源决战。冯胜以近20万明军，连挫元军，迫使李思齐军退守渭源城。元军拆毁渭河桥，使明军无法涉河攻城。徐达派冯胜率明军绕道临洮截断元军退路，自己亲率大军攻城。李思齐兵撤关山，退守庆坪，明军乘胜追击，翻山越岭，绕道包围，断其后路。李思齐受困于庆坪的群山峡谷之地，全军投降。朱元璋封李思齐为江西行省左丞，随徐达伐北元。

37. 明代开国大将——常遇春

常遇春（1330—1369），字伯仁，号燕衡。南直隶怀远（今安徽怀远）人，明朝开国军事大将，明朝第一功臣。

1367年10月，朱元璋以徐达为征虏大将军，常遇春为副将军，率25万大军北伐。徐达、常遇春出师3个多月，平定山东。1368年4月，明军在洛阳的塔儿

图3-26 常遇春雕像

湾与元军遭遇，常遇春单骑突入敌阵，麾下壮士奋勇从之，在洛水之北击溃元军5万、俘虏无数，史称"塔儿湾大捷"。此战占领了河南和秦岭北麓之潼关，夺取了陕西的门槛，为攻取元大都创造了极为有利的条件。

1369年3月，西征军进攻陕西，元将李思齐由凤翔奔临洮，力竭而降。元顺帝乘明军主力长驱秦晋之机，命丞相也速率军向北平反扑，兵锋已抵通州。常遇春又奉命与李文忠率步卒8万、骑士1万驰救北平，元军闻讯即向北逃奔，常遇春率军追奔千里，大获全胜。

1369年，常遇春自开平率师南归，行至柳河川（今河北龙关县西），暴病卒于军中，年仅40岁。

38. "洪恩浩荡，不能报国反成仇"的明朝叛将——洪承畴

洪承畴（1593—1665），字彦演，号亨九，福建泉州南安人。明神宗万历四十四年（1616）进士，崇祯七年(1634)任兵部尚书，兼督河南、山西、陕西、湖广等省军务，镇压农民起义。后专督关中，俘高迎祥，逼李自成走商洛，使明末农民起义转入低潮。松山战败后降清，成为清朝首位汉人大学士。

1629年，农民军王左桂、苗美率兵进攻韩城。陕西总督杨鹤命参政洪承畴领兵出战。洪承畴阵前斩杀义军300人，解韩城之围，顿时名声大噪。此后所部号称"洪兵"，屡战屡胜。

1630年，洪承畴任延绥巡抚，授陕西三边总督。1634年，加太子太保、兵部尚书衔，总督河南、山西、陕西、湖广、四川5省军务，成为明廷镇压农民起义的主要统帅。当时聚集在陕西的农民军约有20余万人，其中以闯王高迎祥及其部属李自成的力量最为强大。洪承畴命总兵贺人龙、左光先出兵夹击，义军突围东走，转进灵宝、汜水。

明廷为加强陕西攻势，令洪承畴专力进攻高迎祥、李自成等部。1636年，洪承畴率军在秦岭北麓临潼大败农民军，将起义军围困秦岭山中长达3个月。后高迎祥率部从陕西汉中突围，遭陕西巡抚孙传庭埋伏，在秦岭北麓盩厔（今陕西周至）黑河口被俘，洪承畴将其解京处死，李自成继为"闯王"。

1638年10月，洪承畴大破李自成军。李自成仅以18骑败走商洛，明末农民起义转入低潮。1642年，松山之败后，洪承畴被俘降清。1665年，洪承畴病逝，终年73岁。

39."横行天下，自成自立"的明末农民军将领 ——李自成

李自成（1606—1645），明末农民起义领袖，陕西米脂人。1629年起义，后为高迎祥部下闯将，勇猛有识略。高迎祥牺牲后，继称闯王。于长安建立大顺政权，不久攻克北京，推翻明王朝。后来清军与明总兵吴三桂合兵，在山海关内外会战李自成。李自成战败，退出北京，转战河南、陕西。1645年，在湖北通城九宫山被杀。

1629年，李自成举行武装起义，投奔王左桂领导的农民军。王左桂迫于明军的强大攻势，投降于延绥巡抚洪承畴，李自成率部分义军东渡黄河进入山西，成为王自用农民军的一部，称闯将，有步马700。

1633年初，明朝派重兵进入山西围剿农民军。李自成同张献忠经汉中转入四川。7月，李、张二部由川东越大巴山回陕南，路经兴安（今陕西安康）时，误入秦岭南麓绝谷车厢峡。峡谷之中为古栈道，山势险峻，易入难出。明军居高临下，垒石塞路，袭击起义军。义军被困峡内又饿又乏，加之天降大雨，山洪暴发，兵士"弓矢尽脱"，死亡过半，形势十分危急。李自成利用明军主帅陈奇瑜胸无大志的弱点，伪降明军。但出南栈道时4万义军一起奋起反抗，杀死官兵5000余人，重举义旗，以摧枯拉朽之势击败明总兵贺人龙、张天礼的军队，继而攻宝鸡、麟游等处，关中大震。车厢峡也因之成为中国历史上有名的关隘。

出峡后，起义军接连攻下关中的眉县、扶风、武功、凤翔、宝鸡、岐山、麟游7座县城，补充了粮食和武器，救济饥民。农民军力量空前壮大，发展到数万人。

1637年，李自成率部东入陕西，准备东进河南与"革左五营"会合。途经秦岭潼关南原，陷入明军重围，经几昼夜激战，李自成部损失惨重，仅率十几骑突出，潜伏于秦岭商洛山中。在商洛山中，李自成刻苦读书，重新组建部队，操练兵马，积蓄力量，待机再起。

1639年5月，张献忠在谷城二次起

图3-27 陕西米脂李自成行宫广场雕像

义，李自成立即率部出武关，进入湖北郧阳地区。第二年，东进河南西部，部队扩大到几十万人。李自成提出"均田免粮""平买平卖""割富济贫"的口号，得到中原农民的拥护。在政治、军事上取得了主动，打开了一个新局面。

1641年，李自成攻克洛阳，杀福王朱常洵，以其钱粮救济贫穷百姓。1643年10月，李自成攻破潼关，打败兵部尚书、总督孙传庭的部队，在渭南战斗中击毙孙传庭。李自成进入西安后，分派大将往汉中、延安、固原追歼孙传庭余部，他率军北上攻克榆林。尔后占据宁夏和甘肃大部，年底返回西安。

1644年正月，李自成改西安为"西京"，建立大顺国号，称"大顺王"，建立中央政权，重新组建军队。按着，李自成亲率百万大军北上。攻下太原后，兵分两路，向明王朝的统治中心——北京进军。3月，两路大军会师北京城下，崇祯自杀于煤山。统治了276年的朱明王朝，在农民武装斗争的打击下瓦解了。

1644年4月，李自成率领6万人马东征，直驱山海关，与吴三桂战于关西一片石。在清军强大攻势下，李自成军难以抵挡，大败南撤。退至永平（今河北卢龙）再度受挫，败回京师。在清军步步紧逼下，农民军退回陕西。年底，清军从东、北两面夹攻，潼关失守，延绥陷落，李自成被迫放弃西安，走秦岭北麓，经蓝田、商州，出武关，南下湖北，节节败退。5月，李自成进入湖北通城九宫山时，遭袭击被杀，年仅40岁。

第四章

秦岭
——中国儒学衍生发展的重要区域

以儒学论，自西周以至晚清，秦岭地区先后孕育了先秦儒学、两汉经学、宋元明清理学，是先秦儒学的渊薮、两汉经学的中心、宋元明清理学的重镇，它是中国儒学衍生发展的重要区域，在整个中国儒学史上占有十分重要的地位。

第一节　西周新文化与孔子儒学的诞生

　　周人崛起于西土，建都于岐下、丰镐之间。今天陕西北山以南、秦岭北麓地区，既是周人所谓"西土"的核心地区，也是西周新文化发祥地。

　　地处秦岭北麓的丰镐是周人政治、经济、文化的中心，秦岭北麓的绝大部分地区与周人生存密切相关。因此也可以说，地处秦岭北麓的宗周丰镐既是文王、武王、周公等西周诸圣的主要活动地，也是以仁义礼智为核心内容的西周王道文化即西周新文化的主要诞生地。

一、西周新文化（周道）的产生

西周新文化的产生有许多因素，但商周力量对比的绝对悬殊无疑是其中最重要的原因。

西周王朝的建立与巩固，是弱小民族在极为不利的情况下，主要依靠自身的智慧与美德，成功战胜强大敌人并取得胜利的典范。在商周斗争时，商王朝天命在身，是各邦国公认的华夏共主，又有人数众多的东夷族的支持，无论在哪个方面，商的综合实力都远胜周人。对此，周人始终有着清醒认识。他们唯一能够取胜的法宝就是充分发挥自身的聪明才智。许倬云认为："周以蕞尔小国而能克商，既不能由经济力强弱作理由，又不能由军事力量的优劣来分高低，周之胜利当只能由战略的运用以寻求解释了。"[1]《周易·系辞传》云："《易》之兴也，其于中古乎？作《易》者，其有忧患乎？是故《履》，德之基也；《谦》，德之柄也……《损》，先难而后易；《益》，长裕而不设；《困》，穷而通；《井》，居其所而迁；《巽》，称而隐。《履》以和行，《谦》以制礼，《复》以自知，《恒》以一德，《损》以远害，《益》以兴利，《困》以寡怨，《井》以辨义，《巽》以行权。"正是那种敌我力量悬殊的忧患苦斗环境，激发了周人的智慧，使他们走出了一条依靠美德、智慧与制度创新制胜的西周道路，创造了后世儒家所说的以仁义礼智为代表的西周新文化。

在商周斗争中，周人取胜的第一个法宝，就是善用仁义美德树立良好的公众形象，进而争取民心，从精神和道义上瓦解大邦商。周人本有好施仁义的传统。《史记·周本纪》说："后稷之兴，在陶唐、虞、夏之际，皆有令德。"公刘"务耕种，行地宜，自漆、沮度渭，取材用，行者有资，居者有畜积，民赖其庆。百姓怀之，多徙而保归焉。周道之兴自此始，故诗人歌乐思其德"。到了古公、季历、文王三代，周人更加笃行仁义，结果成功地争取到八百诸侯的拥护与归顺。尊尚美德、好行仁义本是周人的施政传统，在力量悬殊、商王残暴的背景下，这种传统就成了他们争取民心、瓦解敌人的有力武器。事实上，由于周人崇尚美德、好施仁义，他们不仅得到了岐下百姓的拥护，消除了内部的纷争，而且赢得了商朝士大夫和众多邦国的归附，收到了仁者无敌、"不战而屈人之兵"的奇效。

在商周斗争中，周人取胜的第二个法宝，就是他们具有高明的战略、灵活的策略，即西周王道中的"智"。在战略方面，早在古公亶父时期，周人就制定了克商的基本方针——"翦商"。《诗·鲁颂·閟宫》说"后稷之孙，实维大王。居岐之阳，实始翦商"，在太王古公亶父的时代，周人就立下了灭商的雄心壮志。在古公亶父看来，商王朝好比一只凶猛的大鸟，他打算先翦除这只大鸟的羽毛和翅膀，再置

图4-1 丰镐遗址

---

① 许倬云.西周史[M].北京：三联书店,1993：86.

图4-2 周文王像

图4-3 周公像

其于死地。徐中舒认为，古公亶父时泰伯、虞仲的让贤出亡也是周人"翦商"战略的重要组成部分。周人对付商王朝的宏大战略是先经营西岐故地，再感化西南，又出一支奇兵在东南，最终形成对商王朝的三面包抄之势。[①]《尚书•牧誓》也说参加伐商的大军有"庸、蜀、羌、髳、微、卢、彭、濮人"等。

在具体的策略上，周人也十分聪明，极善权变，在动机仁义、有利于灭商的前提下，他们并不拘泥于具体道德的约束，凡是有利于灭商的就干，反之则不干。《周本纪》记载崇侯虎在纣王面前告状，纣王把文王囚禁在羑里（今河南汤阴境内）。此时，文王的属下搜求美女宝马、奇珍异宝献给纣王。纣王很高兴，不仅释放了文王，而且还赏赐文王弓矢斧钺，并赋予他征伐大权。在这个事件中，文王和他的属下采取行贿的办法，成功摆脱了商纣的迫害。《韩非子》记载说，文王时，周人得到一块绝世美玉，纣王听说后，就派贤臣胶鬲来索要，文王考虑后，认为不能给胶鬲；接着，纣王又派来一个奸臣费仲，文王考虑后，就把美玉给了费仲。为什么文王不把美玉给贤臣而给了奸臣呢？韩非子认为，如果把美玉给贤臣带回去，纣王重用贤臣，商朝施政得人心，这就不利于灭商；反之，如果把美玉给了奸臣，小人得势，就能加速商朝的灭亡。这个故事是文王高明政治智慧的极好例证。

与此同时，周人还善用天命鬼神数术为灭商大业服务。殷周之际，一个王朝是否合法，要看它是否得到了上天的眷顾。在此方面，周人煞费心机，制造了许多文王受命的故事。《诗•大雅•皇矣》说，早在季历的时候，上帝就打算把统治天下的权力交给周人。《周本纪》记载周人借虞、芮土地争端来宣扬文王受命。《逸周书•程寤解》记载文王、武王借太姒之梦宣扬周人受命于皇天上帝。据王晖先生研究，周原甲骨中也有不少文王受命的文字。另外，周人还善用《周易》宣传自己的革命观念。《周本纪》载："西伯盖即位五十年。其囚羑里，盖益《易》之八卦为六十四卦。"今本《易传》的《革》卦象辞说："天地革

① 徐中舒.殷周之际史迹之检讨[J].中央研究院历史语言研究所集刊论文类编（历史卷历史编•先秦卷）.北京：中华书局,2009：173.

而四时成，汤武革命，顺乎天而应乎人。革之时大矣哉！"这虽是后人之说，但其中也保留了周人神道设教，利用占卜宣传革命，借以改变民心向背的痕迹。

制礼作乐，巩固政权。制度创造是西周王道的重要内容。商王朝灭亡后，西周王权制度还不成熟，东土商朝遗民也并未心悦诚服。在武王去世不久，由于周公摄政，引发了著名的"管蔡之乱"。东征平乱后，周公深刻意识到巩固西周政权的重要性和必要性，因此，他在深刻总结历史经验的同时，在西周旧制和夏商礼制的基础上，创制了一套西周国家制度，亦即"礼乐制度"，史称周公"制礼作乐"。从西周国家制度的建立过程看，尽管西周礼乐制度不是一人之劳，也不是数年之功，但周公对西周礼乐制度的形成的确起了主要作用，后世把西周礼乐制度的建立归功于周公一人，说周公拯救和再造了西周王朝是没错的。从这个意义上讲，礼乐制度既是周道的重要内容，也是西周新文化的重要标志。

二、西周新文化与孔子儒学的创立

文王、周公所创立的西周王道代表了一种与殷商鬼神文化差异很大的新文化，代表了上古文化的最高水平，因此受到了孔子的极力追捧，这对孔子儒学体系的形成起了十分重要的作用。《礼记·中庸》说："仲尼祖述尧舜，宪章文武。"孔子一生虽然崇拜多个上古圣王，但最膜拜的还是文王姬昌和周公姬旦。《论语·泰伯》记载孔子被匡人包围而身处绝境时说："文王既没，文不在兹乎？"这里，孔子是以文王继承者自居的。《论语·述而》子曰："甚矣吾衰也！久矣吾不复梦见周公。"即此一句，就可看出孔子对周公的崇拜。不仅如此，孔子也完全继承了文王、周公所创制的仁义礼智之道。在仁义美德方面，孔子非常重视仁义。他说："巧言令色，鲜矣仁。""里仁为美。"在礼乐制度方面，孔子主张"非礼勿视，非礼勿听，非礼勿言，非礼勿动""克己复礼""天下有道，则礼乐征伐自天子出"。孔子说："周监于二代，郁郁乎文哉！吾从周。"[1]可以说，"吾从周"即追随西周圣王之道，这是孔子思想的最大特点。当然，孔子对周道的继承也不全是墨守，在整理继承的同时，他还有十分杰出的优选与发挥。如果说文王、周公的仁义礼智思想还比较散乱无序、不成系统的话，那么，在孔子这里，这些散乱的思想则被贯通为一个极富条理的完整的理论体系。这就是孔子所说的"述而不作"的工作。

在孔子看来，智是仁的基础。他说："未知，焉得仁？"[2]又认为仁义是礼乐的基础。他说："人而不仁，如礼何？人而不仁，如乐何？"在智、仁的基础上，孔子又进一步强调礼乐制度是社会

① 管曙光主编.诸子集成（第一册）[M].长春：长春出版社,1999：6.
② 管曙光主编.诸子集成（第一册）[M].长春：长春出版社,1999：10.

秩序的基础，认为仁义礼智本质上是互通的，他说："为政在人，取人以身，修道以仁。人者仁也，亲亲为大；义者宜也，尊贤为大。亲亲之杀，尊贤之等，礼所生也。"总的说来，在孔子儒学中，知识与智慧是基础和起点，所以孔子一生致力于知识教育与道德教化。与之同时，为了贯彻"从周"的宗旨，孔子还删订《诗》《书》《礼》《乐》，赞《周易》，修《春秋》，留下了6部上古圣王经世理民的书籍，这就是著名的"六经"。

孔子一生"述而不作"，其所谓"述"，就是对西周王道的整理、优选与发挥，这本身就是一种再创造。《史记·仲尼弟子列传》记载子贡说，人人都在学习文王武王之道，但学习的结果还是有高下之分。孔子对文武之道的学习与一般人不同：一般人只看到细微末节，而孔子能抓住根本。除了文武之道，孔子也向其他人学习，并不固守一家之言。孔子在《论语·阳货》中说："如有用我者，吾其为东周乎！"孔子虽宗西周，但他不是要开历史倒车，要倒退回西周，而是有志建立一个超越西周的东周王朝。孔子治六经，也不是照本宣科，而是有所取舍、有所发挥。

孔子十分崇拜文王、周公，不仅明确主张"吾从周"，而且一生孜孜于"居仁由义""克己复礼"的伟大理想。在某种意义上，孔子的思想就是对文王、周公之道的整理、优选和发挥，而秦岭本土的丰镐是西周都城，是文王、周公活动的主要空间。明代关中理学家张舜典说："吾乡居天下之西北，脊坤灵淑粹之气自吾乡发，是以庖羲画卦，西伯演《易》，姬公制礼，而千万世之道源学术自此衍且广矣。子曰'文不在兹乎'，又曰'吾其为东周乎'，则西方圣人发挥旁通，东方圣人怀而则之，其揆一也。"[①]清代关中理学家柏景伟也说："自周公集三代学术，备于官师，见于《七略》，道学之统，自关中始。"[②]就此而言，说今天的秦岭北麓地区是儒家圣地，是孔子儒学的渊薮，也是名副其实的。

图4-4 孔子讲学图

图4-5 孔子像

---

① [明]冯从吾撰.陈俊民等点校.关学编（附续编）[M].北京：中华书局,1987：62.
② [明]冯从吾撰.陈俊民等点校.关学编（附续编）[M].北京：中华书局,1987：69.

第二节　秦代儒学的曲折发展

　　《史记》《黄图》《元和志》皆曰："始皇都咸阳，引渭水贯都，以象天汉，横桥南度，以法牵牛。"此既可见渭之兼在都南矣，而犹谓山水皆阳者，本秦之朝市宫苑多在渭北，而总命名以此也。于是《史记》《水经》凡序长乐，悉以其地系之咸阳，而于甘泉、阿房，亦自明命以为咸阳之前殿也，则咸阳之名，又尝兼逾渭南也。"①据此，则秦都咸阳半在渭水之南，秦都咸阳的儒学，自然也是秦岭儒学不可或缺的重要内容。

---

① [宋]程大昌著.黄永年点校.雍录[M].北京：中华书局,2005：15.

一、统一前的秦国儒学

孔子儒学出现在春秋晚期。当时，东周都城在洛邑，文化最先进的地方在东方。因此，孔子虽然尊崇西周，但一生都没到过偏僻的西方秦国。但据《史记·仲尼弟子列传》和其他史料的记载，在孔子弟子中，却有4人属秦籍，他们是秦祖、燕伋、石作蜀、壤驷赤，但这4人名声不大，现在已很难知道他们的详情。然而，孔子有个弟子叫子夏，他是卫国人，名气很大，曾做过魏文侯的老师，魏国西邻秦国。《史记·仲尼弟子列传》云："卜商，字子夏。少孔子四十四岁。""孔子既没，子夏居西河。"其实，西河又称河西，它是一个大概念，泛指陕西与山西交界处的黄河以西、洛河以东地区。当时西河处于秦晋、秦魏战争的前线，先属晋国，再归秦国，复归魏国，终归秦国。在孔门弟子中，子夏擅长六经研究，极有学问。如果子夏居住的地方是陕西"西河"，那么，可以说他就是孔子弟子中到过今陕西境内的最有学问的大儒了。

战国初、中期，是否有儒者到过秦国，现已难以稽考。战国晚期秦昭王时，范雎任秦国丞相，这时，大儒荀子曾到访过秦国。据《荀子·强国》记载，当时范雎征询荀子入秦观感，荀子告诉范雎说，秦人依法治国、崇尚功利，把国家建设得很强大，这是值得肯定的。可是秦国"无儒"，不尚仁义，思想文化又很杂乱，距离西周王道还是差得很远，这又是秦国的短处。在荀子离开秦国不久的庄襄王时期，吕不韦做了秦国丞相。庄襄王在位3年薨，太子嬴政即位，尊吕不韦为相国，号曰"仲父"。"当是时，魏有信陵君，楚有春申君，赵有平原君，齐有孟尝君，皆下士喜宾客以相倾。吕不韦以秦之强，羞不如，亦招致士，厚遇之，至食客三千人。……乃使其客人人著所闻，集论以为八览、六论、十二纪，二十余万言。以为备天地万物古今之事，号曰《吕氏春秋》。"[1]在《吕氏春秋》这部杂家著作中，有不少阴阳五行家、儒家思想。由此可见，当时吕不韦三千门客中已有一大批儒生，说明至少在始皇初年，儒家思想已经开始进入并影响秦国了。不过，秦儒学的真正繁荣，还是在始皇统一六国之后。

二、统一后的秦朝儒学

始皇二十六年（前221），秦国最后灭掉了齐国，统一天下，历史进入秦朝一统时代。秦代儒学的情况比较复杂，一方面，是始皇帝对儒生和儒学的尊崇，秦代儒学有一定的势力和影响；另一方面，则是"焚书坑儒"事件的发生，儒学遭到史无前例的打击。

---

① [汉]司马迁.史记[M].北京：中华书局，1959：2510.

（一）秦代儒学的发展

秦始皇对儒学的尊崇，首先表现在博士制度的建立。秦朝刚建立，始皇帝高瞻远瞩，他以十分优厚的待遇招徕东方六国的文学方士，想让这些人帮助他开创万世太平。这样，包括儒生在内的大批知识精英云集秦都，咸阳一举取代齐国临淄，成了全国的学术中心。为了笼络和管理这些知识分子，始皇帝仿效六国旧制建立了博士制度。王国维《汉魏博士题名考》说："博士一官，盖置于六国之末，而秦因之。"[1]早在战国中晚期，鲁、宋、魏等国已经出现了博士。齐国稷下学宫的老师，虽不叫博士，但性质是一样的，而且规模巨大，制度比较成熟。秦统一后，即综合六国制度，创建了博士制度。据学者研究，始皇时秦博士定员70人，二世时跑掉不少，但还有30余人，其中姓名可考者有周青臣、淳于越、伏胜、叔孙通、羊子、黄疵、正先、李克、桂贞、卢敖、圈公、沈遂等12人。从学派上看，淳于越、伏胜、叔孙通、羊子、李克、圈公都是儒家，黄疵为名家，卢敖为神仙家，其余4名不知学派。12人中，儒家占50%；而在可知学派的8名博士中，儒家占75%，为绝对多数。可见，秦博士官是诸家并立、儒家为主的局面。[2]《汉书·百官公卿表》说："博士，秦官，掌通古今，秩比六百石，员多至数十人。"应劭《汉官仪》说："博士，秦官也。博者，通博古今。士者，辨于然否。"[3]在始皇帝时，博士地位尊贵，凡朝廷重大活动，几乎都有博士的参与。

除博士制度外，儒学在秦代社会也确有一定的影响。首先，由于礼、法的内在联系性，始皇时代的国家意识虽以法家为尊，但也在一定限度内接纳了儒家思想，特别是儒家的礼教。如《史记·秦始皇本纪》所载始皇二十八年（前219）的峄山刻石云："贵贱分明，男女礼顺，慎遵职事。"三十七年（前210）的会稽刻石云："饰省宣义，有子而嫁，倍死不贞。防隔内外，禁止淫泆，男女絜诚。夫为寄豭，杀之无罪，男秉义程。妻为逃嫁，子不得母，咸化廉清。"从上述史料可见始皇帝对儒学肯定和宽容的态度。第二，从出土文献看，在秦代中下层社会，儒学思想也广泛存在。近年出土的云梦秦简说，为吏之道应"宽容忠信，和平毋怨，悔过勿重。慈下勿陵，敬上勿犯，听谏勿塞……尊贤养孽，原野如廷。断割不刓。怒能喜，乐能哀，智能愚，壮能衰，勇能屈，刚能柔，仁能忍，强良不得……毋喜富，毋恶贫，正行脩身，祸去福存"[4]。这都说明孔子儒学已经渗透到秦代社会生活的方方面面。

（二）儒学的重大挫折

① 王国维.王国维全集[M].杭州：浙江教育出版社,2009：106.
② 张汉东.秦汉博士官的设置及其演变[J].史学集刊,1984(1)：6.
③ [清]缪荃孙.艺风堂文集[M].近代中国史料丛刊（95）.台北：文海出版社,辛丑印行.卷三：28.
④ 睡虎地秦墓竹简整理小组.睡虎地秦墓竹简[M].北京：文物出版社,1978：281.

发生在秦都咸阳的"焚书坑儒"事件，使儒家思想的传播和发展遭受了极大的摧残和挫折。据《史记·秦始皇本纪》记载，始皇帝三十四年（前213），在一次酒会上，博士周青臣厚今薄古，极力称颂始皇实行的郡县制；而另一位博士淳于越则大唱反调，主张在秦国推行西周分封制。始皇就让朝臣一起来讨论这个话题。这时，法家代表人物丞相李斯站出来，不仅坚决驳斥了淳于越的复古主张，而且提出了在秦国加强思想统一、实行文化专制主义的一系列具体措施。始皇采纳李斯的建议，采取了以下措施：（1）下令焚烧除《秦记》以外的列国史记；（2）下令焚烧除医药、占卜、农业等实用技术之外的思想著作；（3）限期烧毁民间私藏的儒家经典《诗经》和《尚书》；（4）对于胆敢谈论《诗》《书》者处死，对于那些以古非今者灭族；（5）禁止私学，天下读书人只能学习法令，而且学习法令，必须以现任的官吏为师。这就是"焚书"事件。焚书事件一年后，又发生了坑儒惨案。始皇三十五年（前212），由于找不到长生药的方士们害怕始皇帝的严惩，他们或者在骗取钱财后逃之夭夭，或者继续欺骗始皇帝，更为可恨的是，一些方士还到处散布污蔑皇帝的谣言，这使得始皇帝勃然大怒，于是"使御史悉案问诸生，诸生传相告引，乃自除犯禁者四百六十余人，皆坑之咸阳，使天下知之，以惩后"[1]。这就是"坑儒"事件。

在历史上，学者们习惯将以上两个事件合称为"焚书坑儒"，并作为始皇帝独尊法家、迫害儒学儒生的滔天大罪。其实，秦代咸阳发生的"焚书坑儒"事件并非始皇帝的初衷，而是由多种因素促成的，也不能简单归咎于始皇帝的文化专制。总的说来，秦代儒学具有双重性：一方面，由于始皇帝本身对儒学有着一定的肯定和宽容，因此，无论在朝在野，秦代儒学和儒生都有一定势力和相当影响；但另一方面，秦代政治毕竟以法家为根本，同时，始皇本人也有好大喜功、不惜民力的个性缺陷，这就使得秦代发生了"焚书坑儒"事件，儒学遭到了空前绝后的重创。

图4-6 焚书坑儒

① [汉]司马迁.史记[M].北京：中华书局,1959：258.

第三节　西京长安——经学之都

　　秦帝国只存在了短短14年就土崩瓦解了。秦亡后，刘邦定都长安，建立了强大的西汉王朝。《雍录》中说道："汉长安城在龙首山上……"[1]龙首山又南接樊川，万年距樊川35里[2]，这样说来，汉都长安据秦岭不过五六十里。龙首山出樊川，为秦岭北麓支脉，汉长安城就建在秦岭支脉上。

　　建都长安后，鉴于秦亡教训，汉初统治者最初信奉的是无为而治、与民休息、约法省禁、轻徭薄赋的黄老刑名之术。与此同时，汉高祖也采纳了叔孙通的建议，作汉廷朝仪。文景之际，亦设儒学博士，虽诸博士不受重用，但儒学未曾断绝。到西汉武帝时，儒学终于战胜诸子百家，成了西汉帝国的法定意识形态，长安也因此成为经学之都。

①[宋]程大昌著,黄永年点校.雍录[M].北京：中华书局,2005：20.
②[唐]李吉甫撰,贺次君点校.元和郡县图志[M].北京：中华书局,1983：3.

一、经学在西汉的确立

在经学史上，西汉是儒家经学确立的时代。由于西汉国力由弱转强和汉武帝个人的偏好，也由于赵绾、王臧、辕固生、董仲舒、公孙弘等儒生的大力提倡，在武帝时期，儒家终于战胜诸子百家，成为国家意识形态。于是孔子所订的"六经"也成为读书人必修的经典，经学得以产生和确立。在汉代，由于《乐经》已经亡佚，经学即是儒生对孔子所手订的《诗》《书》《礼》《易》《春秋》五经的整理、研究、阐发之学。在董仲舒、公孙弘等人的推动下，西汉经学教育十分发达。《汉书》说："昭帝时举贤良文学，增博士弟子员满百人，宣帝末增倍之。元帝好儒，能通一经者皆复。数年，以用度不足，更为设员千人，郡国置"五经"百石卒史。成帝末，或言孔子布衣养徒三千人，今天子太学弟子少，于是增弟子员三千人。岁余，复如故。平帝时王莽秉政，增元士之子得受业如弟子，勿以为员，岁课甲科四十人为郎中，乙科二十人为太子舍人，丙科四十人补文学掌故。"[1]这样，经学就成了一种专门而普遍的学问。皮锡瑞所说的西汉为经学昌明时代，在很大程度上，就是指经学在西汉的确立。

图4-7 董仲舒像

由于西汉统治者的大力提倡，西汉今文经学的经典体系、博士制度、学校制度等日趋成熟，以经义论是非的经学权威已经确立，经学研究已经成为学术思想界的主流。在此情形下，西汉国都长安聚集了全国一流的经学名家，成了名副其实的经学之都。这些经学名家的研究范围不仅覆盖了《诗》《书》《礼》《易》《春秋》五经，而且分出不同的师法和流派。以《春秋》为例，贾谊专长《左氏春秋》，胡毋生、董仲舒、严彭祖、眭弘等擅长《公羊春秋》，翟方进、刘向等长于《谷梁春秋》；以《易》为例，自田何以来，梁丘贺、施雠、孟喜、京房四家易学也已齐备。这些关外经学大师的到来，无疑对西汉秦岭地区的儒学发展影响极大。然而，不可否认的是，西汉秦地儒学之盛，本土学者并不多，主要是沾了外来学者的光。在当时全部西京学者中，外地学者显然占大多数，籍贯在关中或祖籍不在关中而出生在关中者仅有张山拊、李寻、谷永、杜邺4人。如果范围再宽一些，加上本为外籍而后徙居关中的田何、施雠、萧望之3人，总共也不过7人。

① [汉]班固.汉书[M].北京：中华书局，1959：3569.

二、本土经学家的崛起

西京本土学者虽少，但其地位与影响却不容小看。据《汉书》记载，当时长安比较有名的关中本地经学家，有平陵人张山拊、长安人谷永、茂陵人杜邺、杜陵人田何、萧望之等。以上5人，田何是西汉易学的始祖；汉宣帝时，萧望之以五经名儒、太子太傅的身份主持石渠阁会议，对于古文经学的兴起起了很大的作用；杜邺与其子杜林为汉代小学始祖。他们人数虽少，但对于经学发展产生了很大的影响。

西汉时，秦地本土经学家的缺乏主要是历史原因造成的。自春秋以来，天下学术的中心在函谷关以东地区，秦穆公虽为孔子所称赞，但孔子西行不到秦。战国初中期，天下学术的中心仍在东方，秦地偏僻，又不与诸侯通聘往来，于是六国视秦如蛮夷，十分看不起。自战国末期到秦帝国，虽然吕不韦广招三千门客，始皇帝统一六国后又厚招天下文学方士至咸阳，但秦地本土学者相对缺少的情况并未根本改观，这种情况一直延续到了西汉。与此同时，我们也应注意到，诸多外地学者西入关中，一方面造就了田何、萧望之等本土经学名家，另一方面也给关中儒学的繁荣打下了坚实的基础。蒙文通说："先秦以往之思想，至汉而集其成。故后汉而下之思想，亦自西京而立其本。"[1] "汉代经学以西京为宏深，宋代史学以南渡为卓绝。"[2]蒙先生这一论断也与两汉经学在秦地的衍变相吻合。经过西京儒学数百年的丰厚积淀，在东汉时，关中地区终于结出了十分喜人的经学硕果。

① 蒙文通.川大史学·蒙文通卷[M].成都：四川大学出版社,2006：185.
② 蒙文通.蒙文通文集·经史抉原[M].成都：巴蜀书社,1995：470.

第四节　经学在东汉关西的空前繁荣

《后汉书·儒林传》说："光武中兴，爱好经术。建武五年，修起太学。中元元年，初建三雍。明帝即位，亲行其礼。天子始冠通天，衣日月。备法物之驾，盛清道之仪。坐明堂而朝群后，登灵台以望云物。袒割辟雍之上，尊养三老五更。飨射礼毕，帝正坐自讲，诸儒执经问难于前。冠带缙绅之人，圜桥门而观听者盖亿万计。其后复为功臣子孙、四姓末属别立校舍，搜选高能以授其业。自期门羽林之士，悉令通《孝经》章句。匈奴亦遣子入学。济济乎！洋洋乎！盛于永平矣。"因此缘故，东汉一朝成为经学极盛的时代。东汉定都洛阳，故时人以洛阳为中心，习惯泛称函谷关以西之地为"关西"。当时，秦岭本土的关西虽然失去了帝都地位，但本土名家之多却远超西汉，应是东汉经学的重镇。

一、东汉关西经学家群体

据东汉赵岐《三辅决录》、晋袁宏《后汉纪》、晋常璩《华阳国志》、南朝宋范晔《后汉书》、元郝经《续后汉书》、清严可均《全后汉文》等书记载，东汉关西名垂史册的儒学名家有马融、贾逵、李育、杜林、班固、鲁恭、赵岐等40余人，详见下表：

表4-1 东汉关西儒学名家简表

姓名	籍贯	学术简况	所属学派	资料来源
杨震	弘农华阴	《欧阳尚书》，关西夫子杨伯起	今文	《后汉书·杨震传》
杨秉	弘农华阴	《欧阳尚书》《京氏易》	今文	《后汉书·杨震传》
杨赐	弘农华阴	《欧阳尚书》	今文	《后汉书·杨震传》
杨彪	弘农华阴	《尚书》桓君章句	今文	《后汉书·杨震传》
班彪	扶风安陵	通儒上才	——	《后汉书·班彪传》
班固	扶风安陵	博贯载籍，所学无常师，不为章句，举大义而已	——	《后汉书·班固传》
班昭	扶风安陵	博通经学	——	《后汉书·列女传》
张纯	京兆杜陵	礼义、图谶	——	《后汉书·张纯传》
张奋	京兆杜陵	礼义	——	《后汉书·张纯传》
贾徽	扶风平陵	受《左氏春秋》，兼习《国语》《周官》《古文尚书》《毛诗》，作《左氏条例》	古文	《后汉书·贾逵传》
贾逵	扶风平陵	《左氏春秋》《古文尚书》《周官》《毛诗》，虽为古学，兼通五家《谷梁》之说，通儒，为儒宗，有"问事不休贾长头"的说法	古文	《后汉书·贾逵传》
贾伯升	扶风平陵	不详	古文	《经典释文·序录》
马皇后	扶风茂陵	能诵《易》，好读《春秋》《楚辞》，尤善《周官》、董仲舒书	——	《后汉书·明德马皇后纪》
马严	扶风茂陵	专心坟典，能通《春秋左氏》	古文	《后汉书·马援传》
马续	扶风茂陵	《论语》《尚书》《诗》	——	《后汉书·马援传》
马融	扶风茂陵	《三传异同说》，注《孝经》《论语》《诗》《易》《三礼》《尚书》，通儒	古文为主，兼通今文、谶纬	《后汉书·马融传、儒林传、马援传》
马日磾	扶风茂陵	少传融业，与杨彪、卢植、蔡邕等典校中书	古文	《续后汉书·马日磾传》

鲁恭	扶风平陵	居太学，《鲁诗》博士，兄弟俱为诸儒所称	今文	《后汉书·鲁恭传》
鲁丕	扶风平陵	兼通五经，擅长《鲁诗》《尚书》，当世名儒，五经复兴鲁叔陵	今文	《后汉书·鲁丕传》
孔奋	扶风茂陵	从刘歆受《春秋左氏传》，歆称之	古文	《后汉书·孔奋传》
孔奇	扶风茂陵	博通经典，作《春秋左氏删》	古文	《后汉书·孔奋传》
孔嘉	扶风茂陵	作《左氏说》	古文	《后汉书·孔奋传》
杜林	扶风茂陵	漆书《古文尚书》，博洽多闻，时称通儒	古文	《后汉书·杜林传》
张湛	扶风平陵	矜严好礼，三辅以为仪表	——	《后汉书·张湛传》
李育	扶风漆	《公羊春秋》，知名太学，最为通儒	今文	《后汉书·儒林传》
挚恂	京兆	以儒术教授，名重关西	古文	《后汉书·马融传》
赵岐	京兆长陵	多所述作，著《孟子章句》《三辅决录》传世	——	《后汉书·赵岐传》
杨政	京兆长安	《梁丘易》，善说经书，有"说经铿铿杨子行"的说法	今文	《后汉书·儒林传》
宋登	京兆长安	少传《欧阳尚书》，教授数千人	今文	《后汉书·儒林传》
乐恢	京兆长陵	长好经学，事博士焦永，笃志为名儒	今文	《后汉书·乐恢传》
井丹	扶风	博通五经，善谈论，有"五经纷纶井大春"的说法	——	《后汉书·逸民传》
梁鸿	扶风平陵	博览无不通	——	《后汉书·逸民传》
法真	扶风郿	好学而无常家，博通内外图典，为关西大儒	经学谶纬	《后汉书·逸民传》
韦彪	扶风平陵	好学洽闻，雅称儒宗，三辅诸儒莫不慕仰	——	《后汉书·韦彪传》
冯衍	京兆杜陵	能通诗，博通群书	——	《后汉书·冯衍传》
苏竟	扶风平陵	明《易》，善图谶，能通百家之言	经学图谶	《后汉书·苏竟传》
徐业	扶风琅邪	大儒	——	《后汉书·儒林传》
傅毅	扶风茂陵	少博学，与班固、贾逵共典校书	——	《后汉书·文苑传》
窦武	扶风平陵	少以经行著称，名显关西	——	《后汉书·窦武传》
赵牧	京兆长安	修《春秋》，事乐恢	今文	《三辅决录》
玉况	京兆杜陵	三辅名族，该总五经	——	《三辅决录》
第五元先	京兆	《京氏易》《公羊春秋》	今文	《后汉书·郑玄传》
廉范	京兆杜陵	诣京师受业，事博士薛汉	今文	《后汉书·廉范传》
吕叔公	扶风	以图谶空说非圣，不以为教	——	《华阳国志卷十》
郭基	京兆人	孝行著于州里，经学称于师门	——	《后汉书·班彪传》

二、东汉关西经学家群体的特点

由上表可知，东汉关西通经名家45人，他们具有如下特点：

1.经学名家人数众多，规模可观。《后汉书》中有"自光武中年以后，干戈稍戢，专事经学，自是其风世笃焉。其服儒衣，称先王，游庠序，聚横塾者，盖布之于邦域矣。若乃经生所处，不远万里之路，精庐暂建，赢粮动有千百，其耆名高义开门受徒者，编牒不下万人"①。据学者统计，东汉一代见诸各类史书的经学家共计432人②，著于《后汉书》者约170人左右③，若以《后汉书》所载170人为基数，则关中经学名家45人，约占1/4左右的比例，学者群体的规模十分可观。

2.经学大师辈出。以上45人，大多名扬海内。其中，贾逵、李育、马融、杜林、鲁恭、班彪等皆有"通儒"、"大儒"或"儒宗"之称。东汉章帝建初四年（79），著名的白虎观会议召开。据皇帝诏令，与会者有大夫、博士、议郎、郎官及诸生、诸儒多人，今天可考的人物有丁鸿、王羡、楼望、成封、桓郁、贾逵、魏应、鲁恭、淳于恭、李育、张酺、召驯、赵博、杨终、班固等十几人，这些人物都是当时的一流学者，而其中关西学者就有贾逵、班固、李育、鲁恭4位，约占1/5的比例。

3.学术家族增多。东汉关西出现了像华阴杨氏、茂陵杜氏、扶风班氏、扶风马氏、京兆张氏、平陵鲁氏、茂陵孔氏等著名的学术家族，这些家族或传两代，或传三四代，都有明显的学术传承与学术共性，每个家族都堪称一个学术派别。

梁启超《清代学术概论》曾说"乾嘉以来，家家许郑，人人贾马，东汉学烂然如日中天矣"④，认为清代汉学大兴，首推许慎、郑玄、贾逵、马融。在此四人中，关西大师有其二，关西大师的弟子有其二，仅此一例，可见当时关西经学之盛。总的说来，东汉关西经学之盛与整个东汉时代同步，是秦地儒学史最为骄傲的一页！

① [刘宋]范晔.后汉书[M].北京：中华书局，1965：2588.
② 洪乾祐.汉代经学史[M].台中：国彰出版社,1996：1643.
③ 赵均强.东汉"关中学派"说之我见[J].唐都学刊,2012(2)：45.
④ 梁启超.清代学术概论[M].北京：东方出版社,2004：58.

第五节 三国两晋南北朝时期的乱世儒学

　　东汉以后，我国历史进入三国两晋南北朝时期，这是一个国家分裂、战火纷飞的乱世，更有北方游牧民族的南侵，使这一时期的历史更加扑朔迷离。西晋灭亡后，北方为五胡十六国，南方为东晋。东晋灭亡后，南方出现了宋、齐、梁、陈四个朝代，史称南朝（420—589）。

　　在北方，五胡十六国后，先后出现了北魏、东魏、西魏、北齐、北周五个政权，史称"北朝"（386—581）。但令人惊叹的是，这一时期虽当乱世，又有佛教、道教的冲击，但儒学的发展却没有停步。其他姑且不论，《清人注疏十三经》中，除《孝经》为唐明皇御注外，其他十二经的注释名作，两汉与魏晋各占一半，就足以说明一切。

一、三国时期的秦岭本土经学家

三国时，秦岭本土经学家不乏其人。《三国志·王肃传》所引《魏略》记载当时关中有董遇、贾洪、隗禧三大名家。《魏略》以董遇、贾洪、邯郸淳、薛夏、隗禧、苏林、乐详等7人为儒宗。

史载："董遇字季直，性质讷而好学。兴平中，关中扰乱，与兄季中依将军段煨采稆负贩，而常挟持经书，投闲习读，其兄笑之，而遇不改。遇善治《老子》，为《老子》作训注。又善《左氏传》，更为作《朱墨别异》。"《魏略》还记载说，当时有人要拜董遇为师，董遇就告诉他"读书百遍而义自见"，要他先读百遍书；有求学的人不肯下功夫，借口说没时间读书，董遇告诉他，时间多的是，只要抓住"三余"就可以了。何为"三余"？冬者岁之余，夜者日之余，阴雨者时之余。

贾洪字叔业，京兆新丰人。好学有才，而特精于《春秋左氏传》。建安初，贾洪出来做了个计掾的小官，后来应州一级的征召，当时州中自参军以下100多人，"唯洪与冯翊严苞（交）文通，才学最高"。

隗禧字子牙，京兆人。少好学。汉献帝初平中，三辅乱，他在南逃荆州途中，用扁担挑着经书，一有闲暇，就赶紧诵习。曹操平定荆州后，召他为署军谋掾。魏文帝曹丕黄初年间，他又做过谯王司马承的郎中。后来因病回籍，年高80多岁，前来就学者甚多。隗禧精通《周易》，善天文星官；习《春秋左氏传》；说齐、韩、鲁、毛四家义不用拿书，因为他已经把经书倒背如流了；又撰作诸经解数十万言，未及缮写，就耳聋了，数年后病亡。

魏晋时，秦岭本土最著名的经学家要数"左氏功臣"杜预了。《晋书·杜预传》云："杜预，字元凯，京兆杜陵人也。""预身不跨马，射不穿札，而每任大事，辄居将率之列。结交接物，恭而有礼，问无所隐，诲人不倦，敏于事而慎于言。既立功之后，从容无事，乃耽思经籍，为《春秋左氏经传集解》。又参考众家谱第，谓之《释例》。又作《盟会图》《春秋长历》，备成一家之学，比老乃成。……时王济解相马，又甚爱之，而和峤颇聚敛，预常称'济有马癖，峤有钱癖'。武帝闻之，谓预曰：'卿有何癖？'对曰：'臣有《左传》癖。'"杜预学宗古文，其春秋左氏学虽备受攻击，但仍为历代经师所重。唐孔颖达云："晋世杜元凯又为《左氏集解》，专取丘明之传以释孔氏之经，所谓子应乎母、以胶投漆，虽欲勿合，其可离乎？今校先儒优劣，杜为甲矣。"四库馆臣云："《春秋左氏传注疏》六十卷，晋杜预注，唐孔颖达疏。《左氏传》出于汉初，而立于学官最晚。其于释经，则义略而事详，预为《经传集解》，世称左氏功臣。"

二、十六国时期的长安儒学

十六国时，秦岭本土的长安也曾为前秦（氐）和后秦（羌）的国都。虽然这两个国家为胡人所立，并非统一帝国，存在时间又很短，但这两个政权都十分向往中原文化，重视儒学。据《宋书》记载，前秦苻坚雅好儒术。"禁老、庄、图谶之学。中外四禁、二卫、四军长上将士，皆令修学。课后宫，置典学，立内司，以授于掖庭，选阉人及女隶有聪识者署博士以授经"，又"复魏、晋士籍，使役有常，闻诸非正道，典学一皆禁之。坚临太学，考学生经义，上第擢叙者八十三人。自永嘉之乱，庠序无闻，及坚之僭，颇留心儒学，王猛整齐风俗，政理称举，学校渐兴。关、陇清晏，百姓丰乐"。与此同时，苻坚还经常向漠北、西域游牧民族宣扬儒学。史载："坚以翼犍荒俗，未参仁义，令入太学习礼。"

图4-8 杜预像

后秦都长安时，也十分尊崇儒学。《宋书》记载后秦太祖姚苌"立社稷于长安。百姓年七十有德行者，拜为中大夫，岁赐牛酒"，又"立太学，礼先贤之后"，"下书令留台诸镇各置学官，勿有所废，考试优劣，随才擢叙"。高祖姚兴时，"包容广纳，一言之善，咸见礼异。京兆杜瑾、冯翊吉默、始平周宝等上陈时事，皆擢处美官。天水姜龛、东平淳于岐、冯翊郭高等皆耆儒硕德，经明行修，各门徒数百，教授长安，诸生自远而至者万数千人。兴每于听政之暇，引龛等于东堂，讲论道艺，错综名理。凉州胡辩，苻坚之末，东徙洛阳，讲授弟子千有余人，关中后进多赴之请业。兴敕关尉曰：'诸生谘访道艺，修己厉身，往来出入，勿拘常限。'于是学者咸劝，儒风盛焉"。姚泓时，"泓受经于博士淳于岐。岐病，泓亲诣省疾，拜于床下。自是公侯见师傅皆拜焉"[1]。然而十分遗憾的是，前秦、后秦国祚均极短促，未能持续。

三、"北学之父"——徐遵明

北朝时，秦岭本土最著名的经学家是华阴徐遵明。徐遵明(472—526)，字子判，华阴人。事迹见

① [唐]房玄龄等.晋书[M].北京：中华书局,1974：3007.

于《魏书》和《北史》的《儒林本传》。《儒林本传》说遵明幼孤好学，曾四处求学，转益多师。曾居于平原唐迁之蚕舍，读《孝经》《论语》《毛诗》《尚书》《三礼》，6年不出门院。又听说阳平馆陶赵世业家有东汉古文经学家服虔所注《左氏春秋》，就前往研读，历经数载，学有心得，于是撰《春秋义章》30卷。后在外讲学教授20余年，学徒众多，海内宗仰。

《魏书·儒林·李业兴传》载遵明弟子李业兴上表为遵明请求谥号时说："信以称大儒于海内……束修受业，编录将逾万人。"《北齐书·儒林传》也说："其学徒至今浸以成俗。"遵明学徒之众、影响之大可想而知。马宗霍《中国经学史》说："盖遵明师则择良而事，书则择善本而读，而卒要之于自得，故能博综兼览，不为一派一家所囿，虽手撰之书止《春秋》一种，而诸经之传多自遵明开之。"[1]据焦桂美的研究，北朝师学可分三期，前期学者治经宗主多元，中期则习尚汉学，后期则具融通取向，而中期崇汉之风的兴起实由徐遵明、刘献之二人开创，以致于徐、刘之尚即北朝之尚。在北朝师学五经中，刘献之授《诗经》，其余四经皆为徐遵明所授。

学者姜宁认为，徐遵明对北朝经学的贡献在于：第一，促进了北朝汉学的盛行。北朝前期经学多自出新意，而不尽遵汉儒旧说。直到徐遵明讲经之后，北朝经学才以汉学为主，这显然是徐遵明提倡的结果。由于《三礼》及《毛诗》南北方均以郑玄之注为主，因此南北经学宗尚之差异，主要体现在《周易》《尚书》《左传》方面，而上述三经，徐遵明均宗汉学，故皮锡瑞称赞徐遵明"择术最正"。第二，徐遵明促进了北朝群经义疏之学的兴起。义疏是南北朝时期新兴的一种经解体裁，其特点在于兼释经注，主要通过对所宗之注的疏解阐发，达到疏通经义的目的。北朝群经义疏之学，兴起于徐遵明讲经之后。徐遵明采用"敷陈"义疏的方法讲经，由于他的弟子众多，因此学者纷纷仿效，北朝的群经义疏之学也随之发展起来。[2]

以上可见，三国两晋南北朝时期，虽天下纷乱，而秦岭本土儒学的传承与发展并未断绝，以杜预、徐遵明为代表的本土学者对当时经学的发展做出了不可磨灭的杰出贡献。

图4-9 徐遵明像

① 焦桂美.南北朝经学史[D].山东：山东大学，2006.
② 姜宁.徐遵明与北朝经学[J].大众文艺，2010(5)：179.

第六节 隋唐帝都——六朝经学的总结与统一

公元589年，隋文帝灭陈，最终完成统一大业。继隋而立的唐王朝，更是一个幅员广阔的伟大帝国，中国历史迎来了又一个统一的强盛时代。隋唐时期，秦岭北麓本土又恢复了阔别已久的帝都地位，成为全国政治、经济、文化中心。《礼记·学记》说："三王之祭川也，皆先河而后海，或源也，或委也，此之谓务本。"后世学者衡论学术本末源流，多据此典，以学术之起源谓之"先河"，以学术之结束谓之"后海"。由于隋唐两代经学是对三国两晋南北朝经学的继承、总结和统一，且又偏重南学，所以，国学大师刘咸炘《唐学略》称唐代经学为"六朝之后海"。①

① [清]刘咸炘.推十书增补全本（甲辑）[M].上海：上海科学技术文献出版社,2009：1222.

一、隋唐经学概况

隋代国运虽然短暂，但其经学也有一定的发展。史载隋文帝重视儒学，礼敬儒生，厚赏诸儒，以致"四海九州岛强学待问之士，靡不毕集"。文帝晚年，不喜爱儒术，转而喜欢刑名，儒学一度陷于困顿。炀帝即位后，重开国子郡县之学，儒学又恢复了生机。当时，"二刘拔萃出类，学通南北，博极今古，后生钻仰，莫之能测。所制诸经义疏，搢绅咸师宗之"①。《隋书•儒林传》称赞说："刘焯道冠缙绅，数穷天象，既精且博，洞幽究微，铭深致远，源流不测，数百年来，斯人而已；刘炫学实通儒，才堪成务，九流七略，无不该览，虽探赜索隐，不逮于焯，裁成义说，文雅过之。"又有河汾人王通，拟《论语》而作《文中子》，又作《续六经》。拟经、续经不始于王通，西汉司马迁、东汉扬雄已开先河，而自隋王通后，唐拟经有宋氏《女论语》、郑氏《女孝经》等，续经则有刘迅《六说》、刘允济《鲁后春秋》、徐浩《广孝经》、陈正卿《续尚书》、林慎思《续孟子》等，这是唐代经学中"特异之风"②的一个重要表现。

唐代立国后虽采取三教并用的国策，但随着时代推移，帝国的三教政策也有变化。唐高祖李渊时，因唐王姓李，老子也姓李，同时又有一些朝臣反对佛教，所以武德八年（625），李渊颁布《先老后释诏》说："今可老先，次孔，末后释宗。"将道教置于儒、佛之先。到唐太宗李世民时期，儒学地位有很大上升，贞观二年（628），太宗升孔子为先圣，立孔子庙于国学，并表示："朕今所好者，惟在尧舜之道、周孔之教，以为如鸟有翼，如鱼依水，失之必死，不可暂无耳。"③大抵唐代经学盛于唐代前期，而中衰于武周与安史之乱后。就总的情况看，唐前期经学笃守古义，无取新奇，各承师传，不凭胸臆，中唐之后则有所变异。

二、秦岭本土的唐代经学家

据《新唐书•儒林传》记载，唐代经学名家计有陆德明、孔颖达、贾公彦等六七十人，而秦岭本土最著名者则首推初唐颜师古与中唐啖助。

（一）颜师古

颜师古，字籀，京兆万年人，祖籍琅琊临沂（今山东临沂），祖父颜之推时迁居关中。万年颜氏

① [唐]魏徵.隋书[M].北京：中华书局,1997：1707.
② [清]刘咸炘.推十书增补全本（甲辑）[M].上海：上海科学技术文献出版社,2009：1233.
③ [唐]吴兢.贞观政要[M].上海：上海古籍出版社,1978：149.

为儒学世家。颜师古曾祖颜勰，善《周官》《左氏》。祖父颜之推早传家业，不好庄老虚谈，却喜欢研究儒家经学，博览群书，无不该洽，词情典丽，甚为西府所称。隋开皇中，太子召为学士，甚见礼重。不久因病去世。有文30卷、《家训》20篇行于世。父思鲁，以儒学显。由于家学渊源，颜师古年少时即博览群经，精通诂训学，又善文章。隋朝仁寿中，授安养尉，以才高干练闻名。不久失职归长安，家境困难，依靠教书为生。李渊入关后，师古谒见于长春宫。武德初，颜师古为秦王府记室，参军事，授朝散大夫，拜敦煌公府文学，累迁中书舍人，负责诏令机密。太宗李世民即位，拜中书侍郎，封琅琊县男，以母丧去职。服除还官，不久加通直郎、散骑常侍。迁秘书监、弘文馆学士。贞观十九年（645）卒，年65。

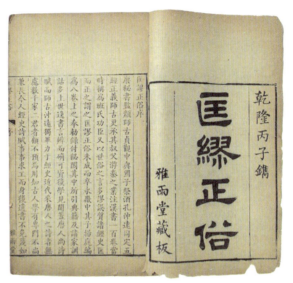

图4-10 《匡谬正俗》书影

颜师古编订《五经定本》，与孔颖达等编撰《五经正义》，著作《匡谬正俗》，又注《论语》，在经学上的贡献很多。唐朝刚建立，唐太宗感叹五经去圣久远，传习浸讹，既不便士子学习，也不利国家思想的统一，于是诏令师古在秘书省考订经籍文字，师古不负所望，多所厘正。书成，太宗召集诸儒评议。当时诸儒各执所习，纷纷非难诘问，师古引经据典，有问必答，持之有据，人人叹服。太宗还下诏颁行师古所订五经于天下，为学者治经的依据，是为《五经定本》。不久，唐太宗又下诏颜师古与孔颖达等撰五经义训凡百余篇，先名《义赞》，后改为《正义》。[①]皮锡瑞《经学历史》说："永徽四年，颁孔颖达《五经正义》于天下，每年明经依此考试。自唐至宋，明经取士，皆遵此本。夫汉帝称制临决，尚未定为全书；博士分门授徒，亦非止一家数；以经学论，未有统一若此之大且久者。"当今学者以为，《五经正义》"虽然实现了对经学的统一，但同时也就标志着汉代经学系统的终结"[②]。颜师古精通小学，任秘书监时，专门负责经籍文字的校对，时日既久，累积成帙，于是作《匡谬正俗》8卷。《四库全书总目提要》说该书"前四卷凡五十五条，皆论诸经训诂、音释。后四卷凡一百二十七条，皆论诸书字义、字音及俗语相承之异。考据极为精密。惟拘于习俗，不能知音有古今。……然古人考辨小学之书，今皆失传。自颜之推《家训•音证篇》外，实莫古于是书。其邱区、禹宇之论，韩愈《讳辨》

① [宋]欧阳修,[宋]宋祁等.新唐书[M].北京：中华书局,1975：5644.
② 吴雁南,秦学顼,李禹阶主编.中国经学史[M].福州：福建人民出版社,2010：247.

引之，知唐人已绝重之矣。"此外，颜师古又撰《五礼》《急就章》，为太子李承乾注班固《汉书》，时人称赞颜师古为"班固忠臣"。

（二）"异儒"啖助及其新春秋学派

啖助，字叔佐，本赵州人，后迁居关中。史载啖助善为《春秋》，考《公羊》《谷梁》《左氏》三家短长，缝绽补阙，号《春秋集传》，经10年乃成，又摄其纲条为《春秋例统》。《春秋》之学，两汉多专门，古文、今文壁垒森严。及至晋范宁作《春秋谷梁传集解》，乃有统合三传之论。至于啖助，则合三传而论之，变专门为通学。但啖助春秋学虽为通学，却于《春秋》三传之中，主今文而薄古文，偏爱《公》《谷》而非议《左氏》。啖助反对前儒《春秋》学重传不重经的做法，主张治《春秋》当以《春秋》经统领三传。其学每多新奇之论，譬如认为《左氏传》解义多谬，《左氏》乃出于孔氏门人，非一人所作等等新奇见解，故其学以新见长，因此被称为唐代"异儒"的代表。

啖助死后，门人赵匡、陆质淳传其学。因啖助、赵匡、陆质之学异于前代，又具明显传承，故学者称之为"新经学"或"新春秋学派"。此一学派，自宋以来就褒贬不一。在宋儒看来，啖助春秋学偏离了东汉古学传统，有臆断之弊、诬圣之嫌，例如北宋欧阳修等所撰《新唐书·儒学》说："啖助在唐，名治《春秋》，撼讪三家，不本所承，自用名学，凭私臆决，尊之曰'孔子意也'，赵、陆从而唱之，遂显于时。呜呼！孔子没乃数千年，助所推著果其意乎？其未可必也。以未可必而必之，则固；持一己之固而倡兹世，则诬。诬与固，君子所不取。助果谓可乎？徒令后生穿凿诡辨，诟前人，舍成说，而自为纷纷，助所阶已。"

但越到后来，学者越多肯定之词。例如晚清今文家皮锡瑞说："自汉以后，六朝及唐皆好尚文辞，不重经术，故《左氏传》专行于世，《春秋》经义，委之榛芜。啖、赵、陆始兼采三传，不专主《左氏》，推明孔子褒贬之例，不以凡例属周公。虽未能上窥微言，而视杜预、孔颖达以《春秋》为录成文而无关系者，所见固已卓矣。"[1] 又说："合三传为一书者，自唐陆淳《春秋纂例》始。""淳本啖助、赵匡之说，杂采三传，以意去取，合为一书，变专门为通学，是《春秋》经学一大变。宋儒治《春秋》者皆此一派，如孙复、孙觉、刘敞、崔子方、叶梦得、吕本中、胡安国、高闶、吕祖谦、张洽、程公说、吕大圭、家铉翁，皆其著者。"[2] 皮氏之论，虽不脱今文门户陈言，

---

[1] [清]皮锡瑞.经学通论·四·春秋[M].北京：中华书局，1954：73.
[2] [清]皮锡瑞.经学通论·四·春秋[M].北京：中华书局，1954：59.

但所论啖助一派得失尚属中肯，其中说啖助一派下开宋儒春秋学变古之风，尤其中的。事实上，自中唐以来，不仅经学内部已有变革汉以来经学的内因和动力，而且在外部，存在着来自佛老的威胁、宋代统治的政治需要以及外族入侵所造成的民族危机，这样每变愈新，一种新儒学即理学的产生，已是历史的必然了。

唐代秦岭本土经学名家，除颜师古、啖助外，还有韦彤、祝钦明二人。韦彤，京兆人，以治《礼》名家，德宗时为太常博士。[①]祝钦明，雍州始平人，少通五经，兼涉众史百家之说。长安元年，累迁太子率更令，兼崇文馆学士；中宗在春宫，钦明兼充侍读。[②]

① [宋]欧阳修,[宋]宋祁等.新唐书[M].北京：中华书局,1975：5708.
② [后晋]刘昫.旧唐书[M].北京：中华书局,1975：4965.

第七节　宋明时期关学的创立与发展

　　1910年，日本学者内藤湖南在日本《历史与地理》第9卷第5号上发表《概括的唐宋时代观》一文，认为唐、宋两代在文化的性质上存在显著差异。唐代和宋代是中国历史上的重要分水岭。唐代是中世纪的结束，而宋代则是近世的开始。内藤氏的这些观点，后来被概括为著名的"唐宋变革论"。从儒学史的角度看，唐宋时期确实也经历了一场重大变革。所谓唐宋之际的儒学变革；首先是指在儒学形态从汉唐经学到宋明理学的变革；其次是指从中国文化的宏观角度看，中国文化从隋唐时期的三教鼎立、佛教领先逐渐转向宋明时期的三教并行、儒学主导的变化。就前者而言，这是新儒学取代旧儒学的过程；就后者而言，这又是儒学战胜佛、道二教的过程。这里所谓新儒学，是指在北宋庆历新政与王安石变法之际产生的、有别于汉唐经学的崭新儒学形态，即宋明理学。

　　宋明之际，虽然关中已不再是帝王之都，失去了许多文化繁荣的优越条件，但一则由于机缘巧合，二则由于西北深厚的文化底蕴与刚正不屈的风土民情，再加上官方理学的推广与倡导，使这一时期秦岭本土儒学，亦即关学的发展仍然走在全国前列。

一、北宋理学大师张载与蓝田吕氏

北宋时，伟大的思想家张载创立了关学，而其弟子蓝田诸吕也名震一时。

（一）张载及其关学

张载（1020—1077），宋明理学的主要奠基人之一，他所创立的关学不仅在中国理学史上出现的时间较早，而且也一直占有重要地位。

张载，字子厚，原籍大梁（今河南开封），生于长安（今陕西西安）。父迪，仕仁宗朝，为殿中丞，卒于知涪州（今重庆涪陵）任上，孤儿寡母不能返回原籍，侨寓凤翔郿县（今陕西眉县）横渠镇，因此，世称张载为"横渠先生"。宋仁宗嘉祐二年（1057），张载中进士，授祁州司法参军，调丹州云岩令，迁著作佐郎，签书渭州军事判官等。宋神宗熙宁二年（1069），除崇文院校书。次年移疾。十年春，复召还馆，同知太常礼院。同年冬，告归，卒于道，享年58岁。南宋宁宗嘉定十三年（1220），赐谥明公。

图4-11 张载像

张载生活在北宋仁宗与神宗时期，此时，国内矛盾与民族矛盾日益加剧，出现了范仲淹庆历新政与王安石变法。这一时期也出现了著名的儒学复兴运动。[1]张载的理学，正是在这种背景下产生的。张载的主要著作有《正蒙》《横渠易说》《经学理窟》《语录》等，明代人编为《张子全书》，今有《张载集》传世，其中以《正蒙》《西铭》最为著名。

张载弟子范育说："子张子校书崇文，未伸其志，退而寓于太白之阴，横渠之阳，潜心天地，参圣学之源，七年而道益明，德益尊，著《正蒙》书数万言。"[2]因张载定居的郿县横渠镇在关中，张载经常在此讲学，又因张载和他的弟子多是关中人，因此，早在南宋时，张载理学就被称为"关学"。在当下学界，关学的定义有广义与狭义之分，狭义的

图4-12 张载祠

---

① 刘复生.北宋中期的儒学复兴运动[M].台北：文津出版社,1991：1.
② [宋]张载撰.章锡琛点校.张载集[M].北京：中华书局,1978：4.

关学指张载及其弟子的理学，广义的关学指包括张载关学学派在内的宋元明清关中理学。

张载关学是一个天人合一、内外合一的庞大理学体系。他的理学自天及人、自内及外，具有严密的逻辑体系，在许多方面都有开创。

首先，张载认为"知人而不知天"是秦汉以来学者的最大毛病。所以，张载理学十分重视"知天"，这样，讲阴阳之道的《周易》就成了张载关学的经典依据。根据对《周易》的深刻体悟，张载写成了《正蒙》一书。在这部书中，张载提出了"太虚即气"的气一元论命题，认为一切可以被认知的东西都是一种实在，一切实在都有其形象，一切形象的本质都是气。宇宙最初的状态是太虚，而那个看似虚空的状态正是一种气态，而气是变动不居的，当气凝聚时就变成了实有，当气散开时就变成了虚空。不仅宇宙本身是气，而且大千世界多种多样的事物本身也是气，而气又有阴、阳两种形态，所以，一切事物看起来是个完整的"一"，而此"一"实质上却具有阴、阳两端，亦即"两"。"两"是事物变化的终极原因，"一"是事物变化的必然结果。"两不立，则一不可见；一不可见，则两之用息。两体者，虚实也，动静也，聚散也，清浊也，其究一而已。"（《正蒙·太和》）阴阳两端循环往复，虽有虚实、动静、聚散、清浊这样的相互对立，但终究还是一个和谐的整体，这种神妙的变化就是天地运行的奥秘。在张载看来，宇宙间的万千现象的本质是气，万事万物的生长、发展的原因正在于阴阳二气的神奇变化，而"变"与"化"不同，"变言其著，化言其渐"（《易说》）。变是粗，是可见的；化是精，是无形的。所以，阴阳二气运行的低级状态是变，高级状态是化，这种妙不可言、指向和谐的变化被张载称为神化。

基于气本论，张载建立了自己的心性学与修养论。他认为，人性可分为天地之性与气质之性。天地之性至善，圣人与天地同撰，故天地之性即圣人之性，这是最完美的人性；普通的人性本为至善，但人一出生，就会受到血气的影响，所以人性就变得不尽善，这种不尽善的人性就是气质之性。血气有阴有阳、有善有恶，人能去其性中阴滓，就会恢复人的本性，最终达到天地之性的至善境界，所以张载提倡"善反"，认为"形而后有气质之性，善反之，则天地之性存焉"（《正蒙·诚明》）。在张载看来，学习的终极目的就是懂得如何做人。通过后天的不懈努力，一个人的气质就会有所变化。他说："学者，学所以为人也。""为学大益，在自能变化气质。"（《经学理窟》）张载心性修养学说千言万语，都是一个目的，就是教人向往至善，"求为圣人"。近年来，学界多认为张载是北宋理学中最早注意到心性问题的理学家。事实上，张载之学对心性问题认识深刻，也的确有许多创见。例如他说："心，统性情者也。"（《性理拾遗》）朱熹赞扬说："性、情、心，惟孟子、横渠说得好。仁是性，恻隐是情，须从心上发出来。横渠曰'心，统性情者也'。"（《朱子语录》）

张载说："世人之心，止于闻见之狭。圣人尽性，不以见闻梏其心。""大其心则能体天下之物。"（《正蒙•大心》）冯友兰肯定说："'大其心'三个字很重要。这是张载的哲学方法，也是他的修养方法，总称为为学之方。"[1]

与很多宋明理学家不同的是，张载的理学除了讲格物致知、诚意正心的内圣之学外，还具有强烈的现实关怀和经世精神，因此在张载理学中，治国平天下的外王之学也占有十分重要的地位。张载的外王之学以孔孟"富教说"为本，以《周礼》为法式，以"躬行礼教"为核心，以"渐复三代之制"为社会改革总体方案。张载所谓渐复，就是温和地渐进地改良。所谓三代之制，即是西周礼制，也就是周礼。也可以说，张载的礼学即是他的外王之学。张载坚信周礼中的井田制、宗法制、分封制一定可以行于后世。总体看来，张载的外王之学就是一整套以复礼为思路的温和的社会改革方案。针对两宋高度集权的弊端，张载一反唐代柳宗元《封建论》对秦代郡县制的推崇，认为西周分封制也有优势，适当放宽地方权力，是天下治安的有效手段。分封之外，张载还主张推行西周的井田与宗法。他说："治天下不由井地，终无由得平。周道止是均平。"（《经学理窟•周礼》）在张载看来，"均平"是周礼的根本精神，而均平的关键在于推行公私兼顾的井田制。张载还认为西周宗法制度是建立理想社会的重要途径。他说："管摄天下人心，收宗族，厚风俗，使人不忘本，须是明谱系、世族与立宗子法。宗法不立，则人不知统系来处。……无百年之家，骨肉无统，虽至亲，恩亦薄。"（《经学理窟•宗法》）不仅理论上有这样的认识，而且张载也的确在横渠镇自己出钱购置土地，与弟子们试验井田制，希望达到均贫富、厚风俗的太和盛世。他说："贫富不均，教养无法，虽欲言治，皆苟而已。"（吕大临《横渠先生行状》）

张载关学，在北宋时即为二程所称赞。程颢说："横渠道尽高，言尽醇，自孟子后，儒者都无他见识。"程颐云："某接人治经论道者亦甚多。肯言及治体者，诚未有如子厚。"（《二程集》）在《宋史•黄干》中，黄干曾说："自周以来，任传道之意、得统之正者不过数人，而能使斯道章章较著者，一二人而止耳。由孔子而后，曾子、子思继其微，至孟子而始著。由孟子而后，周、程、张子继其绝，至先生（朱熹）而始著。"[2]此论以张载、周敦颐及二程为两宋道学创始人。而冯友兰认为，周敦颐、邵雍为北宋道学

图4-13 张载墓

① 冯友兰.中国哲学史新编[M].北京：北京人民出版社,1999：156.
② [元]脱脱.宋史[M].北京：中华书局,1977：12769.

先驱，张载、二程为北宋道学奠基人。他说："张载和二程都是道学的奠基人，但他们的哲学思想又各不相同。他们代表道学中的三个主要派别：程颢代表道学中心学的一派；程颐代表道学中理学的一派；张载的一派是气学。心学和理学是道学中的唯心主义，气学是道学中的唯物主义。"①

（二）蓝田吕氏

张载关学是一个学派，不仅包括张载本人的理学，也包括张载弟子的理学。张载弟子，目前已知的有吕大忠、吕大钧、吕大临、苏昞、范育、游师雄、种师道、潘拯、李复、田腴、邵清、张舜民、薛昌朝、晁说之、蔡发等15人。弟子之外，又有弟张戬为学侣、吕大防为同调。这其中，又以蓝田吕氏最负盛名。

蓝田吕氏四贤祖籍河南汲郡，祖父吕通，曾为太常博士。因吕通死后葬在京兆府蓝田县，故吕氏世居此地。蓝田吕氏的父亲叫吕蕡，官至比部郎中。吕蕡生六子，有名者吕大忠、吕大防、吕大钧、吕大临四人，人称"吕氏四贤"或"蓝田吕氏"。其中，因吕大忠（晋伯）、吕大钧（和叔）、吕大临（与叔）曾师事横渠张载，因此又称"蓝田三吕"。在三吕兄弟中，学问最高的是吕大临。吕大临（1042—1090），字与叔，号芸阁。《宋史》说他"通《六经》，尤邃于《礼》。每欲掇习三代遗文旧制，令可行，不为空言以拂世骇俗"。吕大临一生致力于学术，无心仕途，仅因门荫出任太常博士、秘书省正字，但为时很短。后来范祖禹推荐他为太学讲官，可惜未及上任就去世了，年仅47岁。对吕大临的学问人品，程颐、朱熹有极高评价。朱熹说："吕与叔惜乎寿不永，如天假之年，必所见又别。程子称其'深潜缜密'，可见他资质好，又能涵养。某若只如吕年，亦不见得到此田地矣。"②吕大临的学术在两宋时有较大影响，朱熹《诗集传》、吕祖谦《吕氏家塾读诗记》等都曾引用吕大临所作《诗传》。理学之外，吕大临也是我国古代金石学开创者之一，所作《考古图》为历代学者所重。例如，王国维《〈宋代金文著录表〉序》说："与叔《考古》之图、宣和《博古》之录，既写其形，复摹其款，此一类也。"③吕大临之外，吕大忠、吕大防、吕大钧的著作也很丰富。

蓝田吕氏对后世影响最大的是《吕氏乡约》。据李如冰博士的研究，《吕氏乡约》是吕氏四兄弟在熙宁七年到熙宁十年（1074—1077）的四年间共同制定的。《乡约》分为"德业相劝""过失相规""礼俗相交""患难相恤"4个部分。每部分又分若干条目，对乡人的行为举止、仪态服饰、长幼秩序均作了道德规定。《吕氏乡约》在南宋时得到理学大师朱熹的高度重视。明嘉靖、万历年间，

① 冯友兰.三松堂全集[M].郑州：河南人民出版社,2001：120.
② [清]永瑢,纪昀等.文渊阁四库全书[M].上海：上海古籍出版社,1987：702-160.
③ 王国维.观堂集林[M].石家庄：河北教育出版社,2003：146.

著名理学家、刑部侍郎吕坤将乡约与保甲制度相结合，制订成《乡甲约》，并在全国范围推广实行。此后，这种乡约与保甲制度结合的乡村控制模式直到清末民初还在一些地方的基层组织中存在，影响深远巨大。

然而，十分遗憾的是，张载死后，其关学并没有被关中学者全面继承。由于种种原因，到了宋元时期，关中理学几乎都是程朱理学的天下了。不过，宋元明时期是一个理学的时代，自张载以后，著述张载关学的关中学者虽不多见，但关中理学却始终保持了一个相当长的繁荣局面，延续了张载开创的理学宗风。

二、金元时期的奉元路诸君子之学

南宋时，关中为金人所占。秦岭本土儒学一度十分萧条。幸运的是，在元代，由于大儒许衡曾督学关中，关学一度复兴。元代设陕西行省，行省下设奉元路、延安路、兴元路。奉元路治所在长安和咸宁（即今陕西西安），其管辖范围包括西起今周至、永寿一线，北到今铜川，东至韩城，南至镇安、山阳的广大区域。因为元代关学的主要代表人物高陵杨君美、杨恭懿，奉元萧维斗、同恕，奉天杨奂均属奉元路；所以被统称为"奉元路诸君子"。在奉元路诸君子中，活动在秦岭本土的名儒有杨奂、同恕、萧惟斗3人，其学皆以程朱理学为宗。

杨奂，字焕然，乾州奉天（今陕西乾县）人，生于金元之际。杨奂为人正直、颇重气节，"金末，尝作《万言策》，指陈时病，辞旨剀切，皆人所不敢言者，诣阙欲上之，不果。元初，隐居讲道授徒，抵鄠县柳塘，门生百余人"[1]。元太宗窝阔台时，杨奂在东平应试，中赋论第一，后由元代名相耶律楚才举荐为河南路课税所长官兼廉访使，掌一方大权。杨奂与许衡、姚枢等大儒关系密切，元好问亦为杨奂挚友，往来酬唱甚多。赵复、郝经等人都对他十分推崇，元好问为其撰《神道碑》，称杨奂为"关西夫子"，以为"秦中百年以来，号称多士，较其声闻赫奕、耸动一世，盖未有出其右者"[2]。据元好问《神道碑》说，杨奂著有《还山集》120卷、《概言》10卷、《天兴近鉴》30卷、《正统记》60卷，但这些著作后来都散佚了。明代嘉靖年间，南阳太守宋廷佐辑其佚编名曰《还山遗稿》，《四库全书》有收录，西北大学图书馆有抄本。据《还山遗稿》所辑《名臣事略》称，杨奂有《概言》10卷，专论"性与天道"问题，是其理学思想的代表作。在这部书中，"天道性命，五经百氏之言，理欲之消长均极乎精微入神之妙矣"，惜其书无传。杨奂著有《正统记》一书，该书也已亡

① [明]冯从吾撰.陈俊民等点校.关学编（附续编）[M].北京：中华书局,1987：17.
② 方光华等.关学及其著述[M].西安：西安出版社,2003：51.

佚，保存下来的只有《正统八例总序》。

同恕，字宽甫，号榘庵。祖父同升，父亲同继先，皆博闻有学问，为当地名儒。相传同家200余口住在一个大院子里，相处得十分融洽。同恕秉承家学，少年时即以《书经》夺魁乡校，至元年间，朝廷累次征召，辞不赴。当地官员请旨，专门在长安设立了鲁斋书院，让他专心从事儒学教育。延祐六年（1319），拜奉议大夫、太子左赞善，不久即辞官归里。同恕之学也以程朱理学为宗。《元史·儒林传》称："恕之学，由程、朱上溯孔、孟，务贯浃事理，以利于行。教人曲为开导，使得趣向之正。"同恕主持鲁斋书院时，前后来学者数千人。延祐年间，同恕两次主持陕西乡试，为陕西学术发展做出了很大贡献。当时，萧维斗隐居在终南山下，每次进城，都要去拜访同恕，他们关系密切，学者称为"萧同"。同恕"平生著作不事粉饰，而于淳厚敦朴之中，时露峻洁峭厉之气"。他的著作《榘庵集》，一度散佚不见。现《四库全书》有辑录本。

萧惟斗，名渼，号勤斋，早年隐居终南山，力学不倦，遍览百家之书，天文、地理、律历、算数，靡不研究，声闻秦中。侯均说："元有天下百年，惟萧惟斗为识字人。"萧惟斗平日待人宽厚。有次外出，走在一妇人之后。这位妇人把金钗丢了，就怀疑是萧惟斗拾去了，并向他索要。妇人说："当时路上没有其他人，只有你走在我后面，不是你捡走，还能有谁呢？"萧先生听罢，心里坦然，不恼怒也不辩解，就叫妇人到他家里，取了一根金钗给她。不久，这妇人的金钗找到了，就觉得自己冤枉了萧先生，心里非常惭愧，于是上门道歉，并把金钗还给了萧先生。由于萧惟斗学行一致，能在生活中实践儒学、忠恕待人，所以时间一长，盛名远扬，得到了许多人的敬重，前来求学的人很多，成为一代儒宗。《元史·儒林传》称他"制行甚高，真履实践，其教人，必自《小学》始。为文辞，立意精深，言近而指远，一以洙泗为本、濂洛考亭为据，关辅之士，翕然宗之，称为一代醇儒。"所著有《三礼说》、《小学标题驳论》、《九州志》及《勤斋集》等。《四库总目提要》称赞道："关辅自许衡倡明理学之后，（萧）实继之。"萧惟斗著作今存《勤斋集》8卷，《四库全书》有收录。

三、秦岭本土的明代关学

明代是秦岭本土儒学最繁荣的时期。就全国范围讲，明初程朱理学独尊，故北方理学亦为程朱之传。具体来说，明代关中初中期理学主要是以吕柟为代表的河东之学以及王恕、王承裕所自创的三原之学。《四库总目提要》说："明世关西讲学，其初皆本于薛瑄。王恕又别立一宗，学者称为三原支派。"[1]刘宗周曾说："关中之学皆自河东派来，而一变至道。"[2]这里的"一变至道"，以往学者较

① [清]永瑢,纪昀等.文渊阁四库全书[M].上海：上海古籍出版社,1987：2-394.
② 黄宗羲.黄宗羲全集（第七册）.杭州：浙江古籍出版社,2005：12.

少注意。笔者认为，它是指明代关学自关洛濂闽学向王湛心学的转化。高陵、三原之后，随着心学的鼎盛，晚明关学开始了一个自关洛濂闽学向王阳明、湛若水心学转化的过程。当时，蓝田王之士、长安冯从吾、凤翔张舜典，皆为晚明关中心学的代表人物。张舜典，字心虞，号鸡山，晚明凤翔人，与冯从吾师从许孚远，时称"东冯西张"，所著有《鸡山语要》，其学虽以"明德"为宗，然究其实，却是王阳明"致良知"的翻版。刘宗周所说的"一变至道"，张氏也占一席之地。如果以地缘划分，明代前中期所盛之高陵、三原皆在渭河以北，而晚明王之士、冯从吾则在渭水以南的秦岭北麓。

（一）蓝田王之士

王之士（1528—1590），字欲立，号秦关，其先祖是咸宁人，五世祖时迁居秦岭山中的蓝田县，故学者称为"秦关先生"。之士父王旌，号飞泉，官代邸教授，明理学。自七八岁时，王之士即跟随父亲学习《毛诗》。长大后，又研究《大戴礼》，兼通《周易》，闻名庠校。嘉靖戊午（1558），中举人，后屡考进士不中，于是潜心理学，以道自任，为《养心图》《定气说》，书之左右，闭关不出长达9年。平日居乡间，一尊礼教，行己必恭，与人必敬，饮食必祭必诚，又作《乡约》，"一时学者以为蓝田吕氏复出，咸慕执经者屡满户外，士习翕然"[1]。万历己卯，为结交同志、开拓眼界，王之士北上京师，讲学于京城萧寺，初识许孚远。后又前往山东，瞻仰圣人遗迹，久之乃归，由此名动海内。远行归来，正值许孚远督学关中，许氏特邀之士讲学长安正学书院，做关中读书人的表率，之士也欣然前往，此后二人为莫逆之交。后许孚远以应天承贬官返回乡，之士闻之，不顾年老跛足，慨然南出武关，经江西，见许先生于浙江德清，留二月，方归陕西。未几，卒于家，终年63岁。先是，因南京祭酒赵用贤、柱史王以通举荐，诏受国子监博士，而皇命到时，之士已亡4月。

王之士的著作，《关学编》所记有《理学绪言》《信学私言》《大易图象卷》《道学考源录》《易传》《诗传》《正世要言》《正俗乡约》《王氏族谱》《正学筌蹄》《阙里瞻思》《关洛集》《京途集》《南游稿》《先师遗训》《先君遗训》《皇明四大家要言》《性理类言》《续孟录》等19种，这些书稿在其去世20年后，由冯从吾编为《秦关全书》，但现已亡佚。因文献阙如，王之士理学思想今已难见全豹，而据散碎史料可知王之士早年私淑吕柟，为关洛濂闽学，应是高陵一脉。不过，在晚年，由于许孚远的影响，他的理学有了一些变化，又有了向湛若水心学转化的趋向。刘宗周所谓"一变至道"，王之士也是一个例证。[2]

---

① [明]冯从吾撰.陈俊民等点校.关学编（附续编）[M].北京：中华书局,1987：60.
② 《明儒学案》列王之士于三原学案之末，而《明史·儒林传》列王之士于吕柟之后，又说之士不及柟门。就笔者所见资料，则益信《明史》之说为有据、《明儒学案》之说为可疑。

（二）长安冯从吾

　　晚明关学的"一变至道"在长安冯从吾身上也很典型。冯从吾（1557—1627），字仲好，号少墟，学者称少墟先生，明代西安府长安人。父冯友，为保定郡丞。从吾弱冠，以父荫恩选入太学。学成回乡后，恰逢许孚远督学关中，从吾受邀讲学正学书院，拜许孚远为师，又与王之士等日相切磋，学业大进。明神宗万历己丑年（1589），冯从吾中进士，改庶吉士，授监察御史。在御史任上，冯从吾刚正不阿，京城不正之风几乎绝迹，但也因此得罪了阉党小人。不久，他又上书直斥皇帝失德，差点被当场杖刑。数月后，冯从吾被革职回陕，从此讲学关中书院25年。天启四年（1624），朝廷启用冯从吾为南京右都御史，后召拜工部尚书。此时，东林党领袖赵南星、高攀龙相继离开朝廷。第二年秋，因阉党张讷诬陷，冯从吾再次被革职回陕。回陕后，又受到阉党王绍徽、乔应甲多方迫害，羞愤交加，因病去世。崇祯初，赠太子太保，谥恭定。

　　冯从吾一生著作丰富，现有四库本《冯少墟集》22卷，其中收录有《关学篇》《凝思录》《辨学录》《善利图说》等著作。此外，又有《元儒考略》、《冯子节要》及《古文辑选》等单行本。理学之外，冯从吾讲学关中书院几十年，"四方从学至五千余人"[①]，当时即有"关西夫子"的美称，因此他也是明代著名的教育家。在历史上，冯从吾的理学具有很高的盛誉。《明史》将冯从吾与刘宗周、丁元荐并列，称为"名儒"[②]。明末清初三大儒之一的李二曲称赞冯从吾说："近代理学书，《读书》《居业》二录外，惟《冯少墟集》最醇。"[③]《读书录》作者薛瑄、《居业录》作者胡居仁，皆明代大儒，李二曲把冯从吾著作与薛瑄、胡居仁并列，可谓推崇备至。李二曲又说："关学一派，张子开先，泾野接武，至先生（少墟）而集其成，宗风赖以大振。"[④]在李二曲看来，冯从吾集宋明关学之大成，同张载、吕柟一样，是关学发展史上的标志性人物。

图4-14 关中书院

图4-15 冯从吾雕像

① [明]冯从吾撰.陈俊民等点校.关学编（附续编）[M].北京：中华书局,1987：60.
② [清]张廷玉等.明史（第二十四册）[M].北京：中华书局,1974：7286.
③ [清]李颙撰.陈俊民等点校.二曲集[M].北京：中华书局,1996：156.
④ [清]李颙撰.陈俊民等点校.二曲集[M].北京：中华书局,1996：181.

第八节 清初关学的极盛与晚清关学的复兴

清代关学呈现出清初极盛、中期凋零、晚期复兴的格局。清初，周至李颙名满天下，为"明末清初三大儒"①之一。因清初关中士人固守气节，名震六合，学者又将周至李二曲、富平李因笃、眉县李柏称为"关中三李"。此外，又有华阴王宏撰、合阳康乃心、朝邑王建常、户县王心敬、三原刘绍攽等也为当世名儒。当时，李颙南行讲学常州五县，李因笃北上京城，王宏撰、李柏游学江南，而顾炎武客居陕西达7年之久，颜李学派的李塨也曾两至陕西②，其时关中东西南北学术交流极为活跃。当时，康熙朝理学名臣汤斌在致王宏撰的信中说："关中形势完固，风俗淳淑，代有伟人，恐不过今时也。"③此话虽有过情之嫌，但也可见清初关学之盛。然而，到了乾嘉之际，关学则呈现出一片哀鸿遍野的荒秽局面，与乾隆朝皖、苏、浙、京等地经学繁荣的盛况形成了极大的反差。嘉道以降，随着全国范围内理学复兴思潮的到来，关中理学又出现了喜人的复苏景象。蒙文通曾说："清末西北理学，有炽然复兴之势，与李元春同时者有倭艮峰、苏菊邨、李文园，皆中州人。而李氏之流独广，其弟子之著者有杨损斋、贺复斋、薛仁斋。再传之著者有牛梦周、张葆初，并时关中又有柏子俊、刘古愚，是皆西北之俊、关中之先觉也。其源远而流长，亦不可以弗论。"④正是这样一个儒学群体的出现，促成了引人注目的晚清关学复兴，从而为数千年的秦岭本土儒学画上了一个圆满的句号。

① 三大儒有两说：一为清儒全祖望以黄宗羲、李二曲、孙奇逢为三大儒；二是民初章太炎以顾炎武、黄宗羲、王夫之为三大儒。
② 胡适：《胡适全集》卷八《李塨年表》，第362页记载李塨"五一岁，到陕西。五月廿七到富平，访王孙商（子丕）。十二月朔归。五二岁，三月初，又到富平。游商州，在沈廷桢幕见陶甄夫（程延祚之外舅），八月十六东归"。又，《梁启超全集》第4262页亦载李塨居陕事，可参考。
③ [清]王宏撰著，何本方点校.山志二集[M].北京：中华书局，1999：280.
④ 蒙文通.蒙文通文集·经史抉原[M].成都：巴蜀书社，1995：413.

一、清代初期秦岭本土的理学名家

清初，秦岭本土的理学代表人物主要有李二曲、李柏、王宏撰、王心敬4人。其中，周至李二曲最为著名。

（一）周至李二曲

李二曲（1627—1705），名颙，字中孚，西安府周至人。周至古有山曲、水曲之美，而李颙也曾别署二曲，故学者称为"二曲先生"。二曲世代庶民，出身寒苦，是古代自学成才的典范。

李二曲9岁入学，背《三字经》，诵《大学》《中庸》，因病辍学。这时，其父李可从随明朝陕西总督汪乔年讨伐李自成义军，阵亡于河南襄城，于是孤儿寡母，家境更加窘迫，以至一天只能吃一顿饭，时常面有菜色。二曲好学，每次路过学舍，都恋恋不舍，但因交不起学费，母子只能相对哭泣。万般无奈，他只得取旧时《大学》《中庸》，将就学习，完了又逐字逐句研读《论语》《孟子》，逢人便问，不到一年，竟然识字渐广，文理渐通。十五六岁时，已博通典籍。17岁，"得《冯少墟先生集》读之，恍然悟圣学渊源，乃一意究心经史，求其要领"[①]。早年，二曲治学走的也是程朱理学的学问之路，"尝著《十三经纠缪》《二十一史纠缪》诸书，以及象数之学，无不有述，其学极博"。受冯从吾理学的影响，他幡然悔悟，以为前此"近于口耳之学，无当于身心，故不复示人"[②]。

20岁，周至县令樊辛为表彰其好学，手书"大志希贤"匾额悬挂于二曲家门，于是二曲得以借阅县邑富家藏书，遍览无遗。又笃守清贫，一介不以苟取，远近皆以"夫子"推崇。33岁，周至县令骆钟麟拜二曲为师。二曲仁孝，44岁东出潼关，前往河南襄城访求父亲骨骸。当时弟子骆钟麟知常州府，获信后派人礼迎二曲至常州讲学。此后，二曲讲学于常州、无锡、江阴、靖江、宜兴5县及东林书院，前后拜师与听讲者达4000人，一时名重江南。归来后，陕西总督鄂善重修关中书院，延请二曲讲学。又值清廷开博学鸿儒科，陕西总督鄂善、兵部主事房廷正等交章疏荐，当地官员奉旨特征，敦逼二曲上京，而二曲卧病不赴，闭门不出，这样，他的名声就更大了。76岁时，康熙大帝西巡，索取二曲著作，并欲在行宫召见二曲。不得已，二曲就让其子携书觐

图4-16 李二曲像

---

① [明]冯从吾撰.陈俊民等点校.关学编（附续编）[M],北京：中华书局,1987：85.

② [清]李颙撰.陈俊民等点校.二曲集[M],北京：中华书局,1996：614.

见康熙，而自己以老病卧床为由坚辞不见。对此，康熙予以理解，称赞二曲著作"醇正昌明，羽翼经传"，并赐御书"操志高洁"匾额及御制《金山》诗幅。康熙五十四年（1705），二曲因病去世，终年79岁。所著《四书反身录》《悔过自新说》等，今收录在陈俊民点校的《二曲集》中。

李二曲之学，以明体适用为宗旨。他说："穷理致知，反之于内，则识心悟性，实修实证；达之于外，则开物成务，康济群生，夫是之谓明体适用。"[1]又说："明体而不适用，便是腐儒；适用而不本于明体，便是霸儒。"[2]简言之，二曲所谓"明体"，即是明心见性，就是王阳明的致良知，就是修养身心；其所谓"适用"，也就是经世利民，治国平天下。前者是内圣，后者是外王，与《大学》修齐治平之旨一致。

尽管二曲自称其学"未尝专主一家"[3]，前贤也认为其学"惟是之从"[4]，但其所谓明体，本质上还是王阳明"致良知"的翻版，其所谓适用也不过是对陆王心学的修正与补救而已。这说明，二曲之学虽不固守阳明，但仍偏于阳明心学。二曲偏主姚江，以身心之学为根本，以尊德性为第一义，而其好友顾炎武则偏主程朱，趋向经学研究。总体来看，李二曲的"体用全学"，本质上是对明代心学的实学化改良，是王阳明心学的新发展。

（二）眉县李柏

李柏(1630—1700)，字雪木，号太白山人、白山逸人，陕西眉县人，生于崇祯三年，卒于康熙三十九年，享年71岁。[5]李柏出身寒门，父亲早亡，少年时就有狂狷之气，喜欢古人古书，不好帖括八股。后奉母命应试，为明诸生。母殁，从此弃去儒服。时值明清鼎革之际，李柏以遗民自居，隐遁不仕。所著有《一笑集》《勤学通录》《麟山十二诗》《可以集》《蕉窗墨战》《南游草》等，后世辑为《槲叶集》。

与李颙、李因笃不同，李柏没有系统的理学理论或经学著作，而独以诗文与遗民气节闻名后世，学者以为儒之隐者。《清儒学案》说李柏"居洋县，入山屏迹读书者数十年。尝一日两粥，或半月食无盐，时时忍饥默坐"，然而"有主于中，不动于外，抱节死义，不忘沟壑"[6]。虽公车屡征，却坚辞不就，决心"存铁心，养铁膝，蓄铁胆，坚铁骨，以铁汉老可也。慎无捷径以终南"[7]，绝不苟

① [清]李颙撰.陈俊民等点校.二曲集[M].北京：中华书局,1987：120.
② [清]李颙撰.陈俊民等点校.二曲集[M].北京：中华书局,1987：410.
③ [清]李颙撰.陈俊民等点校.二曲集[M].北京：中华书局,1987：200.
④ [明]冯从吾撰.陈俊民等点校.关学编（附续编）[M].北京：中华书局,1987：87.
⑤ 常新.李柏思想研究[D].陕西：陕西师范大学,2008.
⑥ 徐世昌等撰.沈芝盈等点校.清儒学案[M].北京：中华书局,2008：1126.
⑦ 韩星.儒家的隐者——李柏思想构成探析[J].人文杂志,2001（2）：128.

且。邓之诚说："清初遗逸多矣，如柏者实罕。"[1]然而李柏虽坚辞不仕，却也有自己的学术圈子。据《清儒学案》记载，李柏少与二曲订交，"中年同约入山未果，后为姻家"。又据《三李年谱》，早在康熙十七年（1678），李柏就与李因笃（字天生）有过诗文唱和。由于李颙、李因笃、李柏3人同姓，关系密切，同为讲气节的关中学者，因此世称"关中三李"[2]。三李事迹，岳井秀评述最详。他说："关中学者，清首三李……而二曲最为儒宗，实践躬行，守死不贰，晚年独营圣庐，屏绝妻子，终其身在家国之丧，可谓醇乎醇者矣。天生以文学名海内，而慷慨有豪侠气，同时诸老，尤与顾亭林、傅青主善。天性醇挚，《陈情》一疏，世以比李令伯。虽出处与二曲小异，而二曲引为宗弟。惜《受祺堂集》今佚一卷，家国之际，微言遂绝，其憾事也。雪木行事，颇少概见，要其艰苦卓绝，为二曲一辈人。观其辗转太白山中，餐冰饮雪，而意气浩然，不改其素。读《槲叶集》，识议精粹，如见其人，盖不羁之才而独行君子也。"萧柳庵谓李柏："生平慕诸葛孔明、陶元亮之为人，遁迹太白山中大雪崖洞十余年。《易》所谓'不事王侯，高尚其事'，先生有焉。然或者谓后之知先生者，似未若二曲、天生之盛，不知二曲征荐，至为九重所知，天生亦名重阙廷。先生终生一韦布耳，抑二曲、天生著书久显于世，先生《槲叶集》往往求之不得，是以二曲、天生，后生犹多能举其名姓，至先生则知者少矣。虽然，实之至者，久亦必彰。"[3]此说很有见地。

（三）华阴王山史

王山史（1622—1702），一名宏撰（一说弘撰），字修文，又字无异，号山史，陕西华阴人，明南京兵部右侍郎王之良之子。王山史幼年随父在南京读书，聪明勤学，博览《史》《汉》及历代诗词。顺治初年，他游历江南，结交名士，后应陕西巡抚贾汉复聘请，参与纂修《陕西通志》。康熙十八年（1679）举博学鸿儒，他被清廷召至京城，但借口有病未参加廷试，不久就离京南下，再次漫游江南，长达10年之久。早年，王山史醉心文史，49岁时，始抱"雕虫之悔"，隐居华山脚下的华阴家中潜心理学，遂为"关中声气之领袖"[4]，与三李往来密切，"当时关中碑志，非三李，则宏撰，而宏工书法，故尤多于三李"[5]。顾炎武入关后，与王山史订交，其后每至，多住其家。顾氏称赞说："好学不倦，笃于朋友，吾不如王山史。"[6]王山史一生博学多才，在诗文、书法、金石及《周易》研究诸方面均有建树，所著有《砥斋集》12卷、《周易筮述》8卷、《正学隅见述》1卷、《山

① 邓之诚.清诗纪事初编[M].上海：上海古籍出版社，1984：171.
② 出于《清儒学案》卷十七下《李先生因笃》。赵俪生认为"关中三李"有两说，一为李颙、李柏、李因笃学者群体，一为李楷、李柏、李因笃诗人群体，详见赵俪生著《顾亭林与王山史》第223页。李楷，字叔则，朝邑人，学者称河滨夫子。尝自订《河滨全书》100卷，后散佚。道光间，七世孙李元春辑有《诗选》《文选》《遗书抄》数种。关于清初关中学术交流，请参阅赵俪生《清初山陕学者交游事迹考》、魏光《顾炎武陕西踪迹考》，原彦平《清初关中儒学群体与南北学术交流》。
③ 常新.李柏思想研究[D].陕西：陕西师范大学，2008.
④ 徐世昌等撰.沈芝盈等点校.清儒学案[M].北京：中华书局，2008：349.
⑤ 王钟翰点校.清史列传[M].北京：中华书局，1987：5301.
⑥ [清]顾炎武.亭林诗文集[M].北京：中华书局，1959：140.

志》6卷。康熙四十一年（1702），王山史卒于家，享年81岁。

王山史学宗朱子，《清史列传》说他："少与兄弘学、弘嘉互相师友，博雅能古文，尤深于《易》。隐居华山下，筑'读易庐'居之。其论《易》，辟焦、京之术，阐周、文之理，推本经义，一以朱子、邵子为归。"又尝与二曲论"格物"之旨，以为格物即"格物穷理"，而非如阳明"革去物欲"之说，因而也受到了二曲的批评。然而，王山史的理学又有开放的一面。他虽宗朱子，但又衡之以理，征之以信，非所当非，是所当是，惟求其是，不主一家，兼容并包。

（四）户县王丰川

王丰川（1656—1738），名心敬，字尔缉，号丰川，陕西户县人，二曲弟子中最著名者。生于顺治十三年，卒于乾隆三年，享年83岁。丰川生活的时代，正是清代儒学自理学转向经学的过渡时期，因此他的学问也表现出一些新取向，与二曲有同有异。通观丰川之学，虽不违二曲明体适用之旨，却显然有尊汉唐、贬宋明、重视经学训诂与名物考据的取向。这与二曲尊宋明、薄经传明显不同。其致用之学，似为自理学转经学的过渡形态。其学与富平李因笃、华阴王宏撰、朝邑王建常、三原刘绍攽、泾阳王承烈诸儒，俱为关中理学转向经学之先河。然而可惜的是，后来关中诸儒并未沿此方向前行，于是便有了乾嘉时关中儒学的寥落。史载："乾隆元年，蒲城某士廷试，大学士鄂公尔泰问：'丰川安否？'其人素昧先生，不能应。鄂公笑曰：'士何俗耶！天下人莫不知丰川，为其乡邻，反不知乎？'"[①]可见雍乾之际，当时关中士子大多沉醉于科举八股之间，丰川之学已为绝响了。

二、晚清秦岭本土的理学家

乾嘉低潮之后，在晚清西北理学复兴思潮中，秦岭北麓先后出现了刘光蕡、柏景伟、牛兆濂等学者。这其中，又以刘光蕡最为杰出。

（一）咸阳刘光蕡

刘光蕡（1843—1903），字焕唐，号古愚，同光年间陕西咸阳人。祖父刘志舜、父亲刘辉皆诸生，而光蕡幼年孤贫，躲避回民义军于醴泉、兴平之间，一边为人磨面卖饼，一边读书不倦。乱定后，同治四年（1865）以冠军补诸生，入关中书院肄业。时同学李寅家富多藏书，又博学任侠，有经世才，光蕡与之交厚。其间，长安柏子俊闻二人名，亲访于李家，一见如故，三人遂定交。[②]光绪元年

① [明]冯从吾撰.陈俊民等点校.关学编（附续编）[M].北京：中华书局,1987：108.
② 徐世昌等撰.沈芝盈等点校.清儒学案[M].北京：中华书局,2008：7365.

（1875），光蕡乡试中举。次年，赴京试不第，此后绝意仕途，毕生致力于陕西的近代化事业，至死不渝。史载先生曾"历主泾阳、泾干、味经、崇实诸书院。其法分课编日程，躬与切磨。门弟子千数百人，成就者众。关中学风廓然一变。复并义塾于咸阳、醴泉、扶风，导之科学。余则练枪械，寓兵谋，以风列县。募巨金二十万，谋汽机，开织业，以兴民利"[1]。甲午战后，国难急迫，康、梁、谭力主变法，先生闻声而动，经门生李岳瑞等介绍，与康、梁书信往还。先生对康梁维新变法主张深表佩服，于是在关中大力传播西学，力主维新，时有"南康北刘"之称。据学者研究，1895年公车上书1300名举人中，陕籍士子占55名。1898年康有为组建的保国会186人中，陕籍士子有34人。[2]自乾嘉以来，陕西偏居西北一隅，学术落后，而维新运动时则走在全国前列，实先生之力。维新失败后，刘光蕡被列为乱党，而他视死如归，煮酒待戮，后因大吏解救才幸免于难。晚年，主讲于烟霞草堂，陕甘总督奏请赴兰州，任甘肃大学堂总教习。不数月病卒，终年61岁。

所著有《立政臆解》《学记臆解》《大学古义》《孝经本义》《论语时习录》《孟子性善备万物图说》《史记货殖列传注》《前汉书食货志注》《陕甘味经书院志》等，后人辑为《烟霞草堂文集》。近代陕西英才多出其门，弟子最著名者有于右任、吴宓、张季鸾、张秉枢、李岳瑞、毛昌杰、王含初、景莘农、李仪祉、张鼎昌、王授金等。

由于近代中西交汇的文化背景、地域学术传统与时代风尚的影响，刘光蕡的学问既有经学、理学，也有近代新学，且日趋于新学。理学方面，他与柏子俊、李寅学术相近而远过之。柏子俊以阳明良知为宗旨而充之以学问，又长于经世。李寅"论学以心得为主，不欺为用，破除门户之见。其大端近象山、阳明，而不改程朱规模"[3]。而先生"究心汉、宋儒者之说。尤取阳明本诸良知者，归于经世务，通经致用，灌输新学、新法、新器以救之。亦以此为学，亦以此为教"[4]。大约与维新运动同步，先生之学渐次转向今文经学。昔两汉今文家以孔子为尊，谓孔子六经是为汉制法，遂得托诸六经以行改制之实；而康有为首倡维新，亦以今文为宗主，伪托孔子改制之名，暗行维新变法之实。先生既引康梁为同党，其所作诸经说，大抵以为经书文字皆寓重

图4-17 刘光蕡

① 徐世昌等撰.沈芝盈等点校.清儒学案[M].北京：中华书局,2008：7366.
② 胡俊生.晚清陕西士绅研究[D].陕西：西北大学,2006.
③ 徐世昌等撰.沈芝盈等点校.清儒学案[M].北京：中华书局,2008：7394.
④ 徐世昌等撰.沈芝盈等点校.清儒学案[M].北京：中华书局,2008：7365.

学、经世、变法、维新之旨而发挥之。如《泰西机器必行于中国说》云："尝论世运五百年而一变，孟子论道统是也。亦必五千年而一大变，皇古至中天，不知若干岁，中天至今正五千余年，其大变之时乎？""书契之作，天欲合中国之九州为一也。火车、电线、机器之作，天欲合地球之万国为一也。天欲开之，谁能违之？"综观其说，则其经世变法、救国救民之仁心大志充塞于字里行间，虽未必与经典本义完全一致，但颇有用于中国之实际，其用心之良苦深切，可见一斑。史载"先生晚年忧愤时事，哭泣至于失明"[1]，是则先生之学，其初固守阳明良知之教以正人心、固根本，而后迫于亡国灭种的险恶时局，则与康梁同气连枝，遂转以通经致用，虽名为经学，其实风云际会，已是新学了。

（二）长安柏景伟

柏景伟（1830—1891），字子俊，号忍庵，晚号沣西老农，同治、光绪间陕西长安人。咸丰五年（1855）举人。授定边训导，因陕甘回民起义，携带父母避祸终南山中，未赴任。双亲去世后，在籍帮办团练，授候补知县。左宗棠奉旨入陕后，以为经世之才，嘱帮办军务刘典保举其为知县，加同州衔。后刘典退休，先生返回长安，入终南山南五台读书不出。同治六年（1867），左宗棠委任先生总理六府修筑堡寨事务，先生不负所托，一时陕西六府村寨皆高墙深垒，其遗迹长安、高陵至今犹存。光绪二年（1876），受聘主讲泾干书院、味经书院。光绪三年，秦大饥，先生请大吏发粟赈济。又创各村保各村法：让穷人稽查富人粮食，确保富人无隐匿；让富人核实穷人户口，确保穷人不冒领，因此活人无数。光绪十一年，任关中书院山长。十五年，以老病辞归。时刘光蕡首倡"维新变法"于关中，约请筹办"求友会"，先生欣然表示"虽不能为座上菩萨，抑或可为堂下护法"，亲撰《求友斋课启》，以为时局危急，非旧学、实学、新学兼举不可挽回，因此以经史、道学、政事、天文、舆地、掌故、算学分门教授学生，所造人才众多。又重刊冯从吾《关学编》，在今西安西门外重建冯恭定祠，旨在上继关学之统，昌明正学。光绪十七年，陕吏举荐做京官，慈禧下部议，文未下而先生已亡，享年62岁。

柏子俊学兼体用而长于经济。其立本之学，则以阳明心学为宗，而深恶门户偏见。刘光蕡说他"讲学宗阳明良知之说，而充之以学问，博通经史，熟悉本朝掌故，期于坐言起行。其学外是陈同甫（南宋陈亮）、王伯厚（南宋王应麟），而实以刘念台（晚明刘宗周）慎独实践为归，故不流于空虚之滥"[2]。著有《沣西草堂集》8卷，弟子军机大臣、刑部尚书长安赵舒翘及副都察御史醴泉宋伯鲁有名当世。

① 徐世昌等撰.沈芝盈等点校.清儒学案[M].北京：中华书局,2008：7394.
② 徐世昌等撰.沈芝盈等点校.清儒学案[M].北京：中华书局,2008：7395.

（三）蓝田牛兆濂

牛兆濂（1867—1937），字梦周，号蓝川，晚清民国陕西蓝田人，世称蓝川先生。父牛文博，家贫为商贩，而倾心理学。相传先生出生时，其父忽梦北宋理学宗师周敦颐至其家，于是给先生起名叫"兆濂"，字"梦周"。光绪十四年（1888），西安乡试中举人，后因父亡母病放弃京考。当地守官嘉其孝义，上报嘉奖，光绪御批"孝行可风，著赏加内阁中书衔"[①]，从七品，而先生力辞，从此名日高。光绪十九年，先生北赴三原，师事贺瑞麟于清麓书院。二十七年返蓝田，在吕氏芸阁书院旧址上，复建芸阁学舍，聚徒讲学，一时陕、甘、晋、鲁学子慕名而至者数百人，陕西巡抚升允举荐当朝，廷命即日赴京应经济特科，先生复辞不应。光绪三十三年，清廷行新政，地方公推先生为省咨议局议员。宣统三年（1911），辛亥革命爆发，先生隐遁南山，复受陕西军政府大都督张凤翙之托前往乾陵，说服陕甘旧督升允议和罢兵，西安免遭涂炭。民国初，先生执教三原清麓书院，自费刊刻《十三经》及理学书69种，欲行孔教，不遗余力。1935年，先生69岁，患半身不遂，卧病在床，犹口授《续修蓝田县志》22卷。1937年，平津沦陷，先生忧愤辞世，终年71岁。一生著作，除《续修蓝田县志》外，有《吕氏遗书辑略》《吕与叔芸阁礼记传》《近思录类编》《芸阁礼节缘要》《蓝田文钞》《续钞》等。[②]

牛兆濂的理学与其师贺瑞麟密切相关。贺瑞麟（1824—1893），字角生，号复斋，陕西三原人。

图4-18 牛兆濂

道光二十七年（1847）拜朝邑李元春为师，从此潜心理学，学宗程朱而辟陆王，门户森严。牛兆濂的理学，自称"能一生向程朱脚下盘旋，便是跳崖落井，终是得正而毙"。牛氏理学的主旨，是"正身昌道"4字。所谓"正身"，即一尊程朱居敬穷理之教，认为只有"行之必以礼，持之必以敬"，"持敬得力"才能"一系为正"；所谓"昌道"，则重在讲道学、兴孔教。时当西风炽烈之际，先生深以儒学凋敝、国家危亡为忧，对于中学西学、新学旧学与中国富强之关系多所深思。他批评当时中国人所谓新学并非真西学，故斥责新学为邪说；又主张学习西学与西人之法；主张中学、西学并存；同时又主张以道学为根本。在牛兆濂看来，中国纲常沦丧、为人所欺的根本原因是自乾嘉以来的

秦岭四库全书·智库

文明春秋

① 灏峰.牛兆濂[J].美文.2009(2)：87.
② 陈正奇.教育家、理学家、"才子"牛兆濂[J].西安教育学院学报.1997(2)：57.

"义理不明""道学之不讲",因此大声疾呼"存孔教而保吾国""尊孔之义,为目今救时之急",还主张"欲保孔教,势不能不标宗教之名",进而取法西洋,欲使中国为政教合一之国家。他还据《礼记·深衣》,特制了儒者制服,在征得督抚批准后,便身体力行,身着儒服,行走于世,毕生不改。[1]牛兆濂一生跨越近代与现代,经历了中国历史上最巨大的历史变革时期,是一位富有传奇色彩的前清遗老。1937年,牛兆濂去世。牛兆濂之死,既是关中理学终结的象征,也是关中传统儒学终结的标志。

宋伯鲁在《陕西通志稿》中写道:"孔子西行虽不到秦,而壤驷赤、秦祖、燕伋、石作蜀四人者,皆以秦产,为孔门高弟,传学关陇以西。战国初,卜子夏教授西河,为万乘师。……启西京经学之风。自是厥后,两汉三唐,人文极盛,关中遂以儒学著称。横渠著《西铭》,蓝田著《家约》,窥天人性命之原,探修齐治平之本,由是关学大兴,转移时运,于以挽振荡流放之人心,而还诸中正和平之域……迨至沣西、古愚两先生出,扶危定倾,蔚然开今日之学派。"中国传统文化,魏晋以前是诸子百家此消彼长的时期,魏晋以降是儒、佛、道三教鼎立的时代,其间虽有挫折与低迷,但就总的情况看,在中国漫长历史的绝大多数时间里,儒家和儒学都占有核心地位。时至今日,儒学也是中华民族的灵魂和真正根柢之所在。正如本章所述,自西周以至晚清,3000年秦岭本土,确然是名副其实的儒学渊薮、经学之都、理学重镇,在我国儒学史上占有十分显赫的地位。就此而言,秦岭儒学曲折辉煌的历史值得我们回味和骄傲,它所蕴含的宝贵精神财富,更值得我们学习和弘扬。

图4-19 牛兆濂及清末关学传人

---

[1] 刘宗镐.牛兆濂对儒学生存问题反思的探析[J].宝鸡文理学院学报.2013(10):31.

第五章

秦岭——中国佛教名山圣地

秦岭自古以来就是佛教圣地，有"长安三千金世界，终南百万玉楼台"的称誉。秦岭终南山跻身于中国佛教十大名山圣地之列，宗教地位十分重要。秦岭北麓的关中，长期作为中国文化、经济、政治的中心，又是丝绸之路的起点，有沟通中西的天时、地利、人和之便，因此佛教较早就在关中地区繁荣起来。自公元1世纪佛教沿着丝绸之路传入中原后，作为长安"后花园"的秦岭以其秀美的山水、宽阔的胸怀、丰富的物产为汉传佛教的孕育发展提供了自然、人文及物质资源，成为汉传佛教的摇篮与发展重地，中国佛教经典的译传中心，中国佛教宗派祖庭的中心，中国佛教历史上养僧、护僧的中心，中国佛教历史上慕道、学道、修道、悟道、证道的中心，中国佛教文化对外传播的中心。更为重要的是，终南山是中国儒释道相互冲突融合、最终定型的地方，在这里中国佛教政教关系模式初创并最终定型。①

---

① 李利安."学而讲坛"：终南山佛教文化的历史地位与当代价值[J]. http://xjtunews.xjtu. edu.cn/zhxw/2010-06/1276248805d27480.shtml.

第一节 明驼西来——终南佛教的传入与发展

　　佛教创立于公元前6世纪至公元前5世纪的古印度，开始主要流行于恒河中上游地区，创立者为乔达摩·悉达多，世称释迦牟尼。公元前3世纪以后，佛教开始向印度各地及周边国家传播，向南传入斯里兰卡和东南亚诸国，向北传入大夏、安息以及大月氏等地，并越过葱岭传入中国西北地区，最后传入中国内地。[①]据《魏书·释老志》记载："及开西域，遣张骞使大夏还，传其旁有身毒国，一名天竺，始闻有浮屠之教。"[②]可见，中国内地的佛教主要是在西汉张骞凿通西域之后，沿着秦岭由丝绸之路自西而东，由边疆而内地逐渐传入的，其前沿就是长安。佛教何时传入长安，众说纷纭，有两种说法使用得较多：一种认为约在公元前后，另一种认为在东汉永平十年（67）。一般学术界通行第一种说法，认为是在西汉末年、东汉初年，即公元1世纪。[③]"汉哀帝元寿元年（前2），博士弟子秦景卢受大月氏王使伊存口授《浮屠经》。"[④]表明西汉末年，大月氏国使臣已在长安通过口授方式，传播佛教。如果按此来算，佛教传入长安距今已有2000多年的历史。

---

① 佛教的传入按其不同的流传渠道可分为南北两系三支：传入中国大部分地区、日本、越南等国的以大乘佛教为主，称为北传佛教；传入中国西藏、内蒙古等地的为北传佛教中的藏传佛教，俗称喇嘛教；传入斯里兰卡、缅甸、泰国和我国傣族地区的以小乘佛教为主，称为南传佛教。
② [北齐]魏收.魏书[M].北京：中华书局，1974：3025.
③ 任继愈主编.中国佛教史[M].北京：中国社会科学出版社，1985：45-67.
④ [北齐]魏收.魏书[M].北京：中华书局，1974：3025.

一、汉晋时期佛教"三宝"与终南山佛教传入

终南山作为中国佛教的圣地，其渊源可以追溯至佛教初传不久的汉、晋时代。汤用彤先生认为："汉晋之间，佛教来自西域，月氏、于阗、龟兹为其时重镇。"[①]此时，佛教三宝——佛、法、僧相继由西域传入长安。据文献记载，阿育王时代佛舍利进入关中地区，这代表着佛教三宝中的"佛"；而公元前2年大月氏国的使者伊存来到长安城，向汉朝的博士弟子景卢口授《浮屠经》，这代表着"法"的传入；公元1世纪的白马驮经则最后完成"僧"的出现，从此三宝具足，中国佛教历史序幕正式拉开。至东汉时，佛教在长安已广泛传播。据《陕西通志》《西安府志》记载，东汉时长安建有三台寺、宝泉寺、福胜寺等寺院。两晋时，长安已广建佛寺，相传大兴善寺就是西晋初泰始年间修建的。西行求法最早的朱行士和这一时期西行求法成绩最显著的法显，都是从长安出发的，可见在佛教初传时，长安即处于地理要冲的地位，是佛教快速发展的前沿阵地，也是推动中国佛教迈向繁荣鼎盛的重镇。其中佛舍利和佛教经典事件都发生在终南山下，而后来在终南山下发生的竺法护译经、道安弘法等史实均为中国佛教历史上具有开创意义的佛教输入事件。[②]

二、十六国到北周时期终南山佛教的译传

十六国和南北朝时期，长安作为多个少数民族政权的国都，饱经战乱和灾荒，加之统治者不遗余力地弘扬佛法，从而使佛教得到了空前的发展[③]。前秦、后秦时，长安的佛教已很兴盛。户县境内终南山北麓的白马招觉寺（后称罗汉寺）和鸠摩罗什译经之所大寺（即草堂寺）都是早期的寺院。前秦苻坚笃信佛教，迎高僧佛图澄弟子道安于长安的五重寺，领众数千人，讲经授法。后秦姚兴迎鸠摩罗什于长安逍遥园，鸠摩罗什在草堂寺先后译出大量的佛教经典。草堂寺不仅是第一个国立译经场，而且也是第一个管理全国佛教事务机构的所在地，佛教研究成为一时之风。北朝时期，统治阶级更是崇信佛教，长安佛教相当兴盛，修寺建塔，风靡长安。北周政权定都长安，全国有寺院万余座，僧侣100万人。由于佛教兴盛严重地影响了社会经济的发展。北魏太武帝和北周武帝分别于公元446年和574年发动了两次灭佛运动，长安均成为法难的中心而因此荼毒最烈，迫使长安城里的众多僧人逃入秦岭山中以保存力量。《高僧传》载：僧周及其弟子僧亮等数十人曾在第一次法难前夕逃入"寒

① 汤用彤.隋唐佛教史稿·绪言[M].北京：中华书局，1982：2.
② 李利安."学而讲坛"：终南山佛教文化的历史地位与当代价值[J]. http://xjtunews.xjtu.edu.cn/zhxw/2010-06/1276248805d27480.shtml.
③ 汤用彤.汉魏两晋南北朝佛教史[M].北京：北京大学出版社，1997：133-135.

山"（或称太白山）隐居。又北周法难时期的普安，曾栖隐于终南梗梓谷西坡；同时又引静渊法师同止林野，后静渊法师于此置寺结徒，是为至相寺之始，后来演变成中国佛教的净土宗派。静蔼法师于此时亦携其徒侣30余人入终南山，东西造寺27所，依岩附险，使逃逸之僧得以安置，此不啻为灭佛之祸行虐关中乃至全国时的一方净土。[①]

三、隋唐时期终南山佛教的鼎盛与创新

两晋南北朝时期，以老庄为代表的传统文化思想和佛学深厚的文化底蕴交相互融，使佛教在中国古代社会最动荡的年代生根开花，并得以飞速发展。隋唐时期佛教发展达到鼎盛，不但长安城内佛寺林立，雄奇峻秀的终南山一带，也成为僧侣建寺立院、栖身念佛修行的处所，故有"一片白云遮不住，满山红叶尽是僧"之说。

隋唐时期佛教的兴盛繁荣与当时国家的政治支持密不可分。隋文帝即位后提倡佛教，招揽了北周灭佛后流入南方、藏身山林野泽的僧人和因长期战乱而失去土地的流民，广建寺、塔，营造经像；隋炀帝更是礼敬佛法，长安城内道场甚多，名僧云集，译经弘法，"关中复为佛法之中心，且融会南北之异说也"[②]。唐太宗特别重视佛教，他设立译场，大力支持玄奘等人翻译佛经，并亲自为玄奘撰写《大唐三藏圣教序》，称誉玄奘是"法门领袖"[③]，为佛教歌功颂德，除了寻求福佑，更有以佛教调节社会矛盾的政治含义。唐高宗依然注重佛教，继续支持玄奘法师译经，并为玄奘作序《述圣记》[④]。武则天为了以女身主天下，提倡佛教，尤其是对华严宗优礼垂渥；后来又诏神秀入京师行道，禅僧社会地位一时提高。玄宗时期正好是唐朝极盛之时，佛教各宗派在政治支持、奖掖卜繁荣兴隆，唐玄宗亲自注疏《金刚经》，并将其颁行于全国。安史之乱以后，国势转衰，但唐代宗、德宗以及宪宗仍崇信密教，使得此时期密教势力大张。

由于统治者提倡和笃信佛教，唐代长安佛教发展达到了历史最高峰，秦岭佛教也达到了鼎盛时期。主要有以下几个表现：一是佛教寺院由长安向关中各地扩展，终南山脚下的周至、户县、长安、蓝田等地寺院数量明显增多；二是佛教寺院由都市向大山挺进，隋代终南山有佛教寺院7座，太白山2座、华山1座，唐代终南山共有寺院50余座；三是佛经翻译兴盛，玄奘、义净等西行取经，各宗僧人以长安为基地，翻译佛经、建造寺院、雕塑佛像、绘制壁画，进行佛教宣传；四是长安融合佛教的各

① 西安宗教概况[J].三秦游网. http://www.sanqinyou.com/shaanxi/info/1311009590933134.html.
② 汤用彤.隋唐佛教史稿[M].北京：中华书局，1982.
③ [清]董诰等编.全唐文[M].北京：中华书局,1983.
④ [唐]道宣. 集古今佛道论衡[M]//大正藏.河北省佛教协会,2005.

个流派，逐渐形成具有中国特色的佛教宗派；五是佛教的兴盛，吸引了一大批外国僧人来长安学习佛法和中国文化，如"开元三大士"的善无畏、金刚智、不空来自印度，空海等"入唐八大家"来自日本，慈藏和义湘来自朝鲜半岛，他们回国后都成了本国佛教宗派的开山祖师。不仅如此，中国僧人也前往国外弘传佛法，最为著名的是东渡日本的鉴真和尚。佛教文化的传播，也深深影响了以日本、朝鲜为代表的东亚各国的社会文化，如今这些国家的宗教团体与秦岭中的寺院仍保持着密切联系。

隋唐时代，佛教形成了诸宗竞立、高僧大德辈出的繁荣创新局面。这一局面的出现，标志着外来佛教文化已经完成了同中国固有传统文化的融合，并结出了丰硕的成果。

四、唐末至明清时期终南山佛教的持续发展与复兴

唐武宗时期，爆发了中国佛教史上最严重的一次灭佛运动，唐朝佛教走向衰落。此时逃入秦岭避祸的僧人更多，法难过后，他们重新进入城市，寻求新的发展。五代时期佛教的持续发展与这次僧人集结有很大关系。在某种程度上，终南山成了佛教屏避劫难的堡垒。

自两宋始，儒家地位上升，佛教整体式微，唯有禅宗持续发展。但在社会生活的各个方面，佛教仍有深刻影响。

民国至今，陕西佛教从低谷走出。除"文革"时期寺院遭到冲击外，大多数寺院在政府的帮助下获得了恢复和发展，秦岭的佛教寺院更是迎来了新的生机。

第二节　佛教名山——秦岭佛教寺院资源

秦岭佛教寺院主要集中于北麓中段的终南山脉。这里的佛寺数量较其他任何一处名山都占有绝对优势。

终南山又称太一、太乙、南山、橘山、楚山、秦山、周南山、地肺山，是中国古代著名的佛道名山，也是中国古代文化孕育、诞生和发展的重要源地。《雍录》卷五《南山》条记载了终南山的地理范围："横亘关中南面，西起秦、陇，东彻蓝田，凡雍、岐、郿、鄠、长安、万年，相去且八百里，而连绵峙据其南者，皆此之一山也。"[①]一般常说的终南山指今西安市周至、户县、长安、蓝田四区县。这里靠近华夏帝都长安，加之神秀幽静，有佛教圣境形成的条件和优势资源。传统说法"秦岭七十二峪"，其中最有名的"二十八峪"正位于终南山地段，如从西向东有黑峪、祥峪沟、沣峪、大和峪、栗峪、皂峪、潭峪、太平峪、高冠峪、紫阁峪等，在这些峪里形成了众多的寺院群。这些寺庙的建造与自然风貌和历代人文政治有直接的关系。仅从名称来说；有因山而得名的，如当今秦岭山脉中的圭峰寺、宝峰寺、灵崖寺、南峰禅寺等；有因水而得名的，如秦岭山区的黑水寺、水陆庵等等。

山、水、寺、僧、法交融，秦岭呈现一派佛教圣境。正如唐代诗人岑参所描述："昨夜云际宿，旦从西峰回。不见林中僧，微雨潭上来。诸峰皆青翠，秦岭独不开。石鼓有时鸣，秦王安在哉。……崖口悬瀑流，半空白皑皑……"[②]

---

① [宋]程大昌撰,黄永年点校.雍录[M].北京：中华书局,2005.
② [唐]岑参.终南云际精舍寻法澄上人不遇,归高冠东潭石淙,望秦岭微雨,作贻友人[M]//[清]彭定求等.全唐诗.北京：中华书局,1999.卷198-25：2036.

一、秦岭北麓寺院群

（一）太白、黑峪寺院群

秦岭被尊为华夏文明的龙脉，主峰太白山海拔3767.2米，位于秦岭西段眉县南，山顶常年白雪皑皑，天空晴朗时百里之外可望见银色山峰。山顶有古冰川遗迹，主脊偏居北侧，北坡陡而短，南坡缓而长。此间颇多胜景，吸引着无数道僧来此修道、学佛。在太白山中，昔有九林寺，是九大寺院的总称，九寺之中今存铁佛寺，相传是北周武帝灭佛时禁锢关西僧人的地方。史书记载：建德三年(574)正月，命令寺院按人口向朝廷纳税服役；同年五月严禁佛、道二教，把佛经佛像悉毁，并限令和尚还俗。[①]阿育王寺（即法门寺）所有和尚被放逐到太白山九林寺。此外又有不少僧人因避祸或隐修来至山中结茅，既有汉僧，亦有胡僧。唐代诗人岑参在《太白胡僧歌》其序中云：

> 太白中峰绝顶，有胡僧，不知几百岁。眉长数寸，身不制缯帛，衣以草叶，恒持《楞伽经》。云壁回绝，人迹罕到。尝东峰有斗虎，弱者将死，僧杖而解之；西湫有毒龙，久而为患，僧器而贮之。商山赵叟前年采茯苓，深入太白，偶值此僧，访我而说。予恒有独往之意。闻而悦之，乃为歌曰：

> > 闻有胡僧在太白，兰若去天三百尺。
> >
> > 一持楞伽入中峰，世人难见但闻钟。
> >
> > 窗边锡杖解两虎，床下钵盂藏一龙。
> >
> > 草衣不针复不线，两耳垂肩眉覆面。
> >
> > 此僧年纪哪得知，手种青松今十围。
> >
> > 心将流水同清静，身与浮云无是非。
> >
> > 商山老人已曾识，愿一见之何由得。
> >
> > 山中有僧人不知，城里看山空黛色。[②]

经过历代营建，山上寺院达数十座，由此构成了太白山独特的古建筑群，这些寺院多用铁瓦覆顶，佛像多为铁铸或木雕，主要有下坂寺、上坂寺、菩萨山(俗称大殿)、平安寺、明心寺、向阳寺等。由太白山向东还有骆峪寺，此寺原为隋炀帝大业间(605—617)高僧道哲潜隐之处，后又"营构禅宇，立徒策业，山俗道侣相从屯赴。教以正法，训以律仪"[③]，道哲圆寂后移葬于此。由此往东，在周至县城南约17千米的黑水峪口有仙游寺，建在河道内侧的岸上。此寺原为隋代仙游宫遗址，仁寿元

---

① [唐]令狐德棻等.周书[M].北京：中华书局,1971：85.
② [唐]岑参.太白胡僧歌[M]//[清]彭定求等.全唐诗.北京：中华书局,1999.卷199-50：2063.
③ [唐]释道宣.续高僧传[M].上海：上海书店出版社,1989.

年(601)改建为寺。隋文帝第一次下令在全国建数十座舍利塔,仙游寺塔占其一。此塔又名法王塔,方形7级,高31米,是现存唯一一座隋代砖塔。唐代咸通元年(860)改为三寺,现只留一寺。这里依山傍水,风景如画,清幽、静谧而庄严,吸引文人墨客来此游赏,留下不少有名诗作。如唐代诗人岑参就有对仙游寺景色的描述:"夜来闻清磬,月出苍山空。空山满清光,水树相玲珑。回廊映密竹,秋殿隐深松。灯影落前溪,夜宿水声中。"[①]另一位唐代诗人白居易在此写成了不朽名篇《长恨歌》,如今寺院已将毛泽东手书此诗中之一段及臧克家的跋文镌刻成巨碑供游人观赏。20世纪90年代,因建设黑河水库,将千年古刹仙游寺及中国唯一的隋塔法王塔,整体搬迁到水库北侧的塬上。骆峪向东是田峪(古名蚰蜒河),峪内有神田寺,高僧僧照于北周武帝灭法时避祸,独处幽居于此,"高步松苑,顾影与心,相娱自得"。至隋初,佛法大兴,僧照乃于田峪立神田寺,养徒纵业,名震渭川。

(二)终南户县段诸峪寺院群

终南山中段户县境内,无论于古于今都是佛寺最多的地方。据志书记载,迫至明代,仅户县一地便有佛寺千余所之多,而且几乎是"无地不寺,无寺不奇"。这些寺院主要集中在山头和峪口,从西向东主要遍布于栗峪、直峪、皂峪、潭峪、乌桑峪、太平峪、紫阁峪、高冠峪等。

栗峪口东西分别有大悲寺、明阳寺。大悲寺位于慈云山山腰,创建年代不详,从点滴文献记载看不晚于隋唐,康熙、雍正时颇具规模,今寺内尚存清代石碑3通。明阳寺在隋朝时为甘泉宫,唐时改为佛寺,清代毁于火,现仍存石碑、铁钟、舍利塔数座。直峪口云台山下有新兴寺,始建于明洪武年间(1368—1398),后多次复修,现有大殿、韦驮殿、禅堂、厢房等建筑。皂峪、潭峪分水岭南端有九华山寺,因九峰相连故取此名,寺周围茂林修竹,有佳景十数处。山下阿姑泉村的弥陀寺,有唐代石佛像一尊,这两座寺均建于唐代。乌桑峪、太平峪之间的圭峰山,风景秀美,有"天上一轮月,圭峰十二圆"之称,又因范仲淹在圭峰山上饮酒赏月而得"圭峰夜月"之美名。山下有著名的佛教名刹三论宗祖庭草堂寺,后秦时西域高僧鸠摩罗什在此翻译佛经,华严宗五祖宗密大师也曾在此著书讲学,并以习禅称世。草堂寺香火旺盛,加之寺院井中的热气,形成"草堂烟雾"之景观,为关中八大景之一。西圭峰南面祥峪的西侧有圭峰寺,宗密禅师住持草堂寺时曾来此坐禅,"圭峰月照草堂寺",映射出圭峰山和草堂寺的血脉相连及优美形胜。在圭峰山北有重云寺,由五代后梁开平五年(911)京兆僧智晖创建,因时有叠云祥出于众峰间,故名,后唐明宗天成五年(930)改名为长兴寺。其西有一座山势平缓低矮的山,犹如老牛安卧,故名牛首山,山下有座金峰寺。据记载,金峰寺创建于隋朝,至唐代达到鼎盛。寺中现存有一块明成化十年(1474)《重修金峰寺记》石碑,据碑文及碑阴所刻殿堂

---

① [唐]岑参.冬夜宿仙游寺南凉堂呈谦道人[M]//[清]彭定求等.全唐诗.中华书局,1999.卷198-7:2030.

图看，当时殿宇达40余间，其西边的新兴寺、大悲寺为其下院，规模很可观。另据碑文可知，唐代高僧一行和尚曾驻锡此寺，在寺后牛首山山顶观察过天象，今寺内存有一行和尚站立的塑像。西圭峰东山脚下及太平峪口有太平宫寺，大业末改为佛寺，峪内山水相映，犹如仙境。唐高祖、唐太宗都到过太平宫寺游历避暑。由太平峪口入山，经重云寺下院、过长啸洞、虎溪和凤池，然后可达云际寺。因寺在山巅，山峰孤高，白云缭绕，故有其名。云际寺始建于北周，隋统一后重建，唐朝时寺院规模很大，高僧汇集，建筑宏伟壮观；明清均有修葺，现存有少量建筑。紫阁峪口杜家庄南有大圆寺，明嘉靖三十四年(1555)由高僧大圆所建，故名大圆寺。传说汉时这里称"子房庄"，即所谓张良辟谷处。寺院朱阁丹楼，修竹成林，内有名人题咏。"文革"前，寺内尚存有五代时期的韦陀铜立像及弥勒、如来佛铜像等5尊。紫阁峪口内有一座著名寺院，就是宝林寺。此寺原名紫阁寺，贞观年间唐太宗敕建，大将尉迟敬德监修。据说寺院改名为宝林寺，与尉迟敬德的儿子宝林在此寺出家为僧有关。宝林寺因年久失修，现已不存，唯有一座密檐式唐塔屹立于南山峰顶。此塔俗称敬德塔，高15米左右。依据陈景福先生记述，宝林寺曾一度藏有高僧玄奘的头盖骨。[①]

（三）沣峪、太和峪寺院群

长安有佛教第二故乡之称，终南山中段的长安区境内也有多处寺院群。沣峪口寺院群除净业寺、丰德寺之外，在峪口3千米处有观音禅院。此寺复建于1999年，按照传统佛教寺院格局规划设计，布局谨严，依次建有牌坊、天王殿、钟鼓楼、地藏殿、客堂、大雄宝殿、放生池、廊亭、观音阁等。观音阁内供奉万尊雕刻精美、神态各异的汉白玉观音菩萨造像，圣洁庄严，为国内罕见。寺后观音山上建有高16米的汉白玉三面观音圣像，巍巍挺拔、慈眉善目，是沣峪口内的标志性雕塑。据《长安古刹》所记：观音禅院由高鹏居士捐建，旨在弘扬终南山佛教优良传统，建成一个"庄严国土，利乐有情，弘扬佛法，和谐社会"的清静正法道场。[②]在观音禅院周围又有南雅寺、金禅寺、万峰寺、水帘洞及东西南北四景池等殿宇，诸寺虽依岩而建，周围却也都长满树木。此外，在沣峪还有许多茅蓬，如天台茅蓬、摩天岭茅蓬、楞严茅蓬等，这些寺院、茅蓬隐藏在茂林深处，显得更加幽静和神秘。太和峪寺庙群包括翠微寺、龙田寺、黄峪寺以及西邻的青华山石佛寺。翠微寺由翠微宫改成，龙田寺即翠微宫侧旁的太子宫，《贞元释教录》又谓大和宫之正院为大和寺，至贞元时，龙田寺与大和寺合并为翠微寺。黄峪寺今已无存。石佛寺立于青华山顶，据《古刹提要》记载，此寺创建于唐代，道宣律师曾于此传戒。寺内有一石卧佛，总长约17米，就自然山石雕造而成，号称城南第一大佛。[③]因寺

① 陈景福.诸宗竞演终南山[J].佛教与山：中国佛教十大名山.学佛网.http://www.xuefo.net/nr/article5/46976.html.
② 冯健龙,王亚荣,释本如.长安古刹[M].西安：陕西师范大学出版社,2009：142.
③ 樊耀亭.终南山佛寺游访记[M].西安：陕西人民出版社,2003：200.

中有卧佛，故又被称为卧佛寺。据石室门柱刻文，此尊石佛雕刻于清道光元年（1821），由本然禅师创。卧佛头向东，足向西，面朝外，右臂回曲枕于头下，神态安详而庄严。

（四）南五台寺院群（观音菩萨道场）

南五台是终南山著名的佛教圣地，位于长安区南25千米，广袤十里许，有奇峰五座，最高处曰大顶，其余4峰为清凉、文殊、灵应、兜率，合称为五台，为与耀县东1.5千米的北五台山相区别，故称南五台。据长安、咸宁两县续志载，南五台辟于隋，盛于唐，毁于五代，宋元复修，到了明清堑崖砌石，才可以直登。这里原本是1300年前观音菩萨现比丘身、降伏毒龙所开的古道场，也是莲宗八祖云栖莲池大师中兴莲宗的发愿场所。山上各台原来均有寺庙，盛唐时期环山方圆20千米有寺院上百、僧众万余，已成为全国四大佛教"灵境"之一。五台之名皆缘出于佛。山中建筑众多，仅明、清时期修建的寺庙就达40多处。建筑布局讲究，将自然景观与建筑艺术巧妙结合，富有浓郁的风格特色。南五台仍可寻访到的佛教寺院和遗迹有西林禅寺、弥陀寺、圆光寺、圣寿寺、千佛寺、卧佛殿、竹林寺、五马寺、黑虎殿、印光大师影堂塔、甘露寺、五佛殿、莲花洞寺等。有些是古寺，有些是近几年佛教信徒重新复修的。

西林禅寺，在观音台南坡上。光绪十六年(1890)由僧觉朗创建，初名大茅蓬，民国时改为今名。印光大师曾一度住此习法，清末至民国间为南五台的主要寺院之一，常住僧达五六十人，现存9间殿堂及觉朗舍利塔。

圆光寺，是南五台最负盛名的寺院，建在最高峰观音台上，隋仁寿年间(601—604)创建，初名观世音寺，寺内供奉观音菩萨。唐代与千佛寺等一起成为皇家寺院，因避太宗李世民讳，去掉"世"字，故称观音寺。北宋太平兴国三年（978）夏，因前后6次出现五色圆相祥云，宋太宗遂敕赠"五台山圆光之寺"匾额。明代建殿宇40余间，民国以来曾遭两次火灾，现虽存寺舍数间，但仍可以看出当年的规模。

弥陀寺，位于南五台北坡塔寺沟口，创建于隋开皇年间，兴盛于唐代，后屡毁屡修。现重修有大雄宝殿，供奉西方三圣，还有毗卢殿，后院新建有罗汉堂，堂壁上嵌有五百罗汉石像，造形十分精致。

圣寿寺，在塔寺沟内。隋仁寿间(601—604)创建，昔日规模已无从考证。今尚存山门、大殿、僧房等20余间。大殿北侧矗立着隋代仁寿年间修筑的应身大士舍利塔，又称观音大士舍利塔，据传现在的大雁塔当年就是仿此塔而建。该塔距今1300多年，高23米，是国内罕见的、保存完好的带有转轮塔顶的七级砖塔，也是迄今为止中国官方为观音菩萨修建的最早的佛塔。据寺内保存的清朝道光二十九年（1849）的《观音大士伏龙赋（并序）碑》记载，隋仁寿年间，有一毒龙盘于火龙洞之中危害百姓，惊动了观音大士，为拯救众生，观音就差遣座下1只白虎和5匹白马降伏毒龙。信众所建的圣寿寺、五马寺、黑虎殿、紫竹林、观音台等庙宇，就是表达对观音菩萨慈悲为怀行为的敬仰。如今每年农历六月初一，南五台都会举办盛大的庙会，纪念观音菩萨救民于水火的善举。圣寿寺塔旁又有净土宗第十三祖印光大师影塔。唐代惟政禅师等高僧曾于此居住弘法。现寺内种有日本前首相田中角荣所赠80棵落叶松，后又育苗增种600余株，现已蔚然成林。

南五台以观音菩萨道场、皇家寺院与佛教五大祖庭或中心寺院的源脉关系，在中国佛教发展史上享有崇高地位。

（五）嘉午台寺院群

嘉午台位于长安区大峪乡白道峪村南，距西安市区东南30多千米。台西有小峪，东近大峪，南依秦岭，北对少陵，是一处风光秀美的佛教名山。嘉午台兴于隋，唐贞观元年（627）已闻名全国。从大峪十里庙进山，半山上有"狮子茅蓬"，是由虚云老和尚所建，寺内有一座白塔，现在已经改建成了一座云公塔。蛟峪有天池寺，原名龙池寺。据记载，此寺创建于隋仁寿元年（601），文帝改仰天池为龙池，建塔修寺，安放舍利，名龙池寺。唐太宗时，命华严初祖杜顺主持再修建，改名为普光寺，由于此寺有方池曰"仰天"，故俗称天池寺。寺院恢宏庄严，李世民曾多次登临此寺。明洪武年间重修，分为上下两寺，影响较大；清代以来多次修复，今已荒废，只有一宋塔、一处大殿和几间僧房。除以上寺院外，还有白道峪嘉午台的兴庆寺和新安寺、大峪的莲花洞寺、小峪口的清禅寺等，其历史也都十分久远。

嘉午台作为佛教胜地，长期居住修炼的有印光、虚云、妙阔、定慧等40多位著名的法师高僧。

（六）蓝田峪佛寺群

蓝田峪口忆蓝关，历史沧桑青山鉴。

水陆庵与悟真寺，更看今朝天地变。[1]

终南山东段王顺山下蓝田峪口有六朝古刹水陆庵。蓝田峪古称蓝田谷、蓝谷，又因沟口西北有皇家寺院水陆庵，又称水陆庵峪。因过去该峪为出入陕南商州，通河南、湖北古道，经武关，又称武

① 毛水龙.秦岭北麓峪沟口[M].西安：三秦出版社,2011：66.

关道、蓝田关。唐代大诗人韩愈在此留下"云横秦岭家何在，雪拥蓝关马不前"的佳句。现存的水陆庵亦名蓝渚庵，是悟真寺的组成部分，明代为秦藩王家佛堂，堂内始作巨形佛本生故事、五百罗汉、二十四诸天、菩萨等壁塑以及横三世佛、报应身佛和儒、道、医人物塑像等。据说西檐墙上的兜率天（俗称《千人听经图》）壁塑为五代作品。这些塑像多达3700余尊，做工精细，神态各异，脱俗逼真，色彩鲜艳，具有很高的艺术价值，有"第二个敦煌"之称。水陆庵对面的王顺山中有悟真寺，始建于隋唐，因善导大师曾在此驻锡弘法传习教义，所以被尊为净土宗祖庭。悟真寺有上、下二寺，唐代时期，规模恢宏，常住僧千人，佛事活动频繁，吸引了不少达官士人，如白居易曾在此游玩5日，并写下《游悟真寺》诗。日本、韩国僧人也来此学习修法，也被东南亚净土宗佛教信徒尊为祖庭之一，在佛教文化中有重要的地位。玉泉寺，在蓝田散谷，始建于隋，唐武德初大仆卿宇文明达之子宇文世寿重建，因山有润玉、下有流泉而改名玉泉寺。高僧静藏奉敕住持，弘化远近道俗。空寂寺，在县城东北20千米东咀村沟道中，始建于唐，首任住持为大福和尚（曾充任庆山寺住持）。唐代时，该寺地产横跨渭南、蓝田两县境。除以上诸寺外，在蓝田峪以及王顺山中还有玉山寺、清原寺、汤兴寺、丰盈寺、红门寺等寺院。

（七）秦岭东段佛寺

秦岭东段佛寺相较于终南山而言，明显减少，主要集中于骊山、华县及潼关境内。

骊山是秦岭山脉的一个支脉，在其绣岭山腰有一座石瓮寺，因石鱼岩有直下数十丈的瀑布，将谷中巨石冲刷成瓮形而得名。[1]史传，开元年间（713—741）以造华清宫余材建造此寺，初名福岩寺。当时寺内有幽州所贡白玉佛像，为名家杨慧之所塑，寺旁红楼有唐玄宗题诗，壁上有王维所绘的山水画。这里山深林静，兰草曼谷，有"骊山佳处在此"[2]之誉。寺现存后殿5间、西厢房3间，后殿内有宋代石雕菩萨造像。由此往东，在华县莲花寺乡迷虎峪内有潜龙寺、宁山寺、永庆禅院等，相传这3座寺院都与汉光武帝刘秀有关。潜龙寺又名藏龙寺，坐落于少华蟠龙山巅，东汉刘秀称帝前曾在此地避难，其子汉明帝刘庄尊崇佛教，为纪念其父的伟绩，报答此地潜藏先父之恩，敕令修建寺院。因寺院建在蟠龙山山顶龙头左侧，故曰"潜龙寺"。潜龙寺周围峰峦叠嶂，使得古刹气势不凡，雄伟壮观。宁山寺为潜龙寺的下院，是秦岭终南山东部佛教活动开展最早的寺院，坐落在小夫峪口东侧柏树坡的山脚下，四周环境幽美，山清水秀，鸟语花香，游人不断。史载，刘秀曾被王莽囚于西安城南王曲青龙岭，后经人解救脱离险境，向东行过小夫峪曾在此休息藏身，故汉明帝下令敕修此寺。山门

---

① [宋]钱易撰.黄寿成点校.南部新书(己)[M].北京：中华书局,2002：810.
② [明]袁宏道.袁中郎全集[M].台北：台北伟文图书出版有限公司,1976.

横额有"宁山净寺"4个字，大雄宝殿两侧有"天雨虽宽不润无根之草，佛门广大难度不善之徒"的楹联，皆出自于右任之手。永庆禅院坐落于华县柳枝镇安村南凤凰山（又名"凤龙山""凤居山"）下，据寺院现存碑刻记载，永庆寺建于东汉永平十二年(69)，因为此寺也与汉武帝刘秀有直接关系，故自建寺起，历代十分重视。至唐代永庆寺规模不断扩大，达到极盛，方圆20千米，有僧众400余人，是接纳各地信士的"十方丛林"①。史载，唐贞观六年(632)，唐太宗曾于永庆寺焚香参拜，唐代高僧玄奘法师也曾到永庆禅院静居修持。据《五灯会元》卷十三与宋《毗陵志》卷二十五记载，南宋建炎四年（1130）改赐永庆禅院。明朝时期禅宗长老二法师居于此寺，重建庙宇，再塑佛像。据传，光绪二十七年（1901）慈禧太后与光绪皇帝等人移驾西安途中曾到永庆禅院敬香，并留下凤袍以作纪念。现禅院仅存大殿3间，内供释迦主尊及文殊、普贤两位菩萨。大殿右前侧有廊房6间供僧侣食宿之用，禅院南端有一仿木楼阁式宋塔，再南又有普乾和尚宝塔相伴。

另外，在今潼关县南10千米的安乐乡的松果山上有佛崖寺，始建于唐贞观十年(636)，因建于形似佛头的佛头崖而得名。佛头崖又叫佛头山，是千里大秦岭孕育的无数奇峰异岭中陕西东部潼关县境内最高的一座山峰，与西岳华山紧相邻。寺院依峰临壑，风景美不胜收。主建筑菩萨庙有圆觉宝殿等5间正殿和观音洞等，大殿塑有菩萨像。每年农历六月初十是佛头崖大会的日子，秦晋豫黄河金三角附近之善男信女聚集于此祈求佛祖保佑，香火极为旺盛。

图5-1 潼关佛崖寺 贾俊侠 摄

二、秦岭南麓寺院

在秦岭南麓，道教的流传早于佛教，有顽强的生命力。佛教与道教及民间祭祀崇拜的互相渗透、互相包容、互相转换，构成了这一地区宗教流传演化的主要内容。隋唐时期秦岭南麓佛教寺院达到了兴盛，但寺院保存下来的不多，从现存寺院看，宋元明清时期寺院较多，且主要以禅宗和净土宗为主，而且寺庙多居于山水之间，以风景优美、佛教文化遗迹丰厚、地方庙会特色显著而受世人关注。如勉县牛头寺、凤云寺，汉中宝峰寺，洋县谢村镇的智果寺、良马寺，南郑的龙岗寺、小南海、金华

① 十方丛林是一种寺庙管理制度。十方：指东、南、西、北、东南、西南、西北、东北、上、下。丛林，指僧侣聚集、修道之处，亦通常指禅宗寺院而言，故又称禅林。后世律宗等各宗寺院也有仿照丛林制度而称丛林的。

寺、圣水寺，镇安云盖寺，山阳石佛寺，略阳灵岩寺等。

宝峰寺坐落在秦岭南麓一谷地的小山头之上，此处孤峰耸立、三面环水，寺院建筑据其山势，层层相盘而上，有数个院落组成。院落大小由下而上依次递减，最顶端建有一座观音殿，殿的四周只有一条狭窄的走道，在山畔盘旋，引人入胜。历史上这里曾有佛道两家交替居住，现存既有佛教的许多造像、石碑，也有大量道教的殿宇和神像。智果寺楼殿廊庑，华美玲珑，精巧别致，塔群林立；加之藏经楼内雕塑有唐三藏西天取经故事组图，藏有2000多卷4113册的明代佛经，成为陕南佛教旅游的胜地。良马寺是陕西仅存的一座元代建筑，其觉皇殿中的一幅巨型元代壁画，是元代绘画艺术的珍品。略阳城南约3千米的嘉陵江畔天然岩穴上的灵岩寺，亦名"灵崖寺"，创建于唐开元年间，是陕南第一大佛洞。洞分前后两部分，前洞有房屋建筑，后洞有罗汉多尊。寺内共有记叙寺庙沿革、修建和题咏碑碣118通。自然景观和人文景观的巧妙结合，构成一处独有神韵的佛教灵示圣地，著称于陕、甘、川3省，是重要的风景名胜区。山阳境内的天竺山原名天柱山，佛教传入后，有西域高僧在此传法行道，教化颇盛，于是以天竺山为名。唐时修寺建庙，远近闻名。至清初，有四川和尚超古重修殿堂，因山高风大，殿顶覆以铁瓦，遂名铁瓦殿。又在山脚下凿洞藏经400余部，成为方圆数百里闻名的佛教中心。乾隆年间兵荒马乱，流民藏匿，僧众散逃，道教徒乘虚而入，占据此山。天竺山成为玄门宫观，绵延至今，兴盛时有数百名道士。洛南境内华严寺是佛教文化传播的重要名刹，始建于南辽时期，重建于明正德年间，距今500余年。该寺在佛教华严宗中辈分甚高，仅次于北京大华严寺，原封地辖河南、湖北、山西临近9个下华严寺。现存寺庙中，仍留有稀世罕见的彩绘壁画，虽历经数百年，但色彩鲜艳、栩栩如生。据《洛南县志》记载："华严寺建有正殿、中殿、前殿三楹，和谐得体、肃穆壮观、画栋雕梁、金碧辉煌，曾是兴盛之所，高僧修行之地。"[1]

秦岭中这些寺院，由于地理及交流的缘故，与长安城内的寺院乃至政治有着密切的关系，一些当时名声显赫的僧人，比如道宣与玄奘，都曾在终南山与长安城之间往来。

① 洛南县地方志编纂委员会编.洛南县志[M].北京：作家出版社,2010.

第三节 一花六叶——秦岭汉传佛教诸宗派

佛教汉时从西域传入中国，首兴于两晋，再兴于隋唐，此后逐步中国化，自成体系，形成八大宗，即三论宗、禅宗、天台宗、华严宗、唯识宗、律宗、净土宗和密宗[①]，加上三阶教派，共有九大宗派，每一宗派都有自己的祖庭。所谓祖庭，特指开创各大宗派的祖师即初祖居住、弘法布道的寺院，这是中国汉传佛教区别于印度佛教的特点，也是佛教传入中国以后完成中国化的重要标志之一。九大宗派中，除天台和禅宗两宗在陕西没有明确的祖庭之外，其余宗派的首传祖庭都在长安。其中，唯识宗的祖庭大慈恩寺、密宗的祖庭大兴善寺和青龙寺在西安城区。而三论宗祖庭草堂寺，净土宗祖庭香积寺和悟真寺，华严宗祖庭至相寺、华严寺，律宗祖庭净业寺、丰德寺，唯识宗另一祖庭兴教寺以及三阶教祖庭百塔寺，就像花瓣一般组合成佛教之花盛开于秦岭北麓的终南山中。这些祖庭大寺既是唐代各宗派的根据地，也是当时国家资助的学术中心。

佛教宗派的创立标志着中国人在引进印度佛教的同时对这种外来宗教的理解和接受，也标志着中国化的宗教理论体系的形成，更标志着终南山是中国佛教最大也最持久的理论创新基地。[②]不仅如此，各宗派理论、教义传至日本、朝鲜及东南亚诸国，对世界佛教发展影响甚巨。

---

① 八大宗派的特点可用一偈浅而概之："密富禅贫方便净，唯识耐烦嘉祥空。传统华严修身律，义理组织天台宗。"
② 萨埵·李利安教授在香港宣讲终南山佛教的十大历史地位[J].中国佛学网.http://www.china2551.org/Article/zbzl/xslw/201003/10869.html.

一、草堂寺与三论宗

佛经译场在长安有多个地方，中国有史以来第一个国立译经场——草堂寺，就在秦岭终南山北麓的圭峰山脚下。草堂寺始建于后秦，兴盛于唐代，距今约有1500余年历史，是西域龟兹（今新疆库车）高僧鸠摩罗什的道场。最早叫"大寺"，也曾用名"栖禅园"，后因西域高僧鸠摩罗什在此苫草建堂译经而得草堂寺名。它处在诸峰如画、瀑急潭秀、茂林修竹的环境中，不仅是一座融天然风景与人工缔构为一体的千年古刹，也是中国佛教三论宗的起源地，历来为佛门高僧朝佛传经之地。魏周之际，大寺分为草堂、常住、京兆王寺、大乘等4座寺，独草堂寺存留至今。唐末，华严宗四祖澄观法师于此撰成《新译华严经后分经疏》10卷，五祖宗密住此教禅双弘，飞锡法师于此据《法华》而说"净土"，可见，这个三论宗的祖庭此时与华严宗、禅宗、净土宗也有密切的关系。

三论宗由吉藏大师创立于隋朝，其教义主要是依据鸠摩罗什译出龙树的《中论》、《十二门论》与提婆的《百论》等三论而形成，故名三论宗。据记述，三论宗的学统分印度与中国两大支，在印度是：龙树—提婆—罗睺罗—青目—须利耶苏摩—鸠摩罗什；在中国是：鸠摩罗什—僧肇—僧朗—僧诠—法朗—吉藏。[①] 可见此宗初祖为龙树，将其传至中国则为鸠摩罗什。弘始三年至十三年（401—410），后秦皇帝姚兴迎请西域高僧鸠摩罗什到长安，后于圭峰山下逍遥园中千亩竹林之心建立中国第一个国立译经场。译出经律论三藏经典35部425卷，诸经以大乘为主，其中《中论》《十二门论》等，为大乘佛学建立了牢固的理论基础。

三论宗是印度中观派在汉地的传承。它是由于佛教谈空太过造成危机后，出现的一个佛教宗派。其主要以"二谛""八不中道"为教门。所谓"二谛"，一是俗谛，二是真谛。谛，就是真理。俗谛认为有因果君臣父子忠义之道；真谛认为一切法毕竟空寂。这就是所谓的俗"有"真"空"，即"诸法空性"和"中道实相"论，认为世间和出世间一切万有诸法，都是从众多因缘和合而生，是众多因素和条件结合而成的，这叫"缘起"，没有事物是独立不变的实体，这叫"无自性"，也就是性空。如果能以坚定的信念加上努力修持，就可以努力观我空与法空。并认为这"有"是假有，非实有，"空"是假空，非实空，远离"有""空"，折衷二道，称为"中道"，也就是三论宗信奉的《中论》之道。三论宗教诲众徒要"言以不住为端，心以无得为主。无得即无所得，无所得即中道，破一切有所得见，以无所得为本宗宗旨"。《中论》卷一又以"不生、不灭、不常、不断、不一、不异、不来、不出"来显中道。这样的话，对于生命的虚妄执着，就会慢慢减低，去除我爱、我慢、我见、我痴，而体悟身空。

---

① 牟钟鉴,张践.中国宗教通史（上）[M].北京：社会科学文献出版社,2003：504.

罗什以后，师徒相传，历久不绝。罗什高足僧肇擅长般若学，曾和道融等讲习鸠摩罗什所译三论，被称为"解空第一"，他在自己的撰述中阐明并确立了"诸法缘生性空"的三论宗义，成为罗什学说的正宗传人。后来，辽东僧朗传得此学，并至江东弘扬，至吉藏而正式确立三论宗大旨和仪轨。吉藏之后，其弟子慧远、智拔、乌凯、智凯、智命、硕法师、慧灌等仍传讲此宗。三论学说在初唐盛极一时，后来其风头逐渐被唯识宗、华严宗取代。"会昌法难"之后，三论宗的章疏被毁殆尽，几乎绝传。

吉藏弟子慧灌是高丽学僧，后来去了日本，依据《妙法莲华经》创立了日莲宗。因《妙法莲华经》由鸠摩罗什于草堂寺译出，所以日莲宗便以草堂寺为其祖庭。20世纪80年代初，日莲宗僧侣几次组团来中国，专程参拜草堂寺，并募集经费修葺草堂寺，还向草堂寺奉献鸠摩罗什木雕像一尊，后来又在草堂寺内修建了一座鸠摩罗什纪念堂。

鸠摩罗什生前在这里译经讲佛，死后葬于此地，因此，草堂寺即成为三论宗的祖庭。后秦时寺院规模很大，史书有"十万流沙来振锡，三千弟子共译经"的记载。北周时毁，唐宪宗敕令重修草堂寺，宗密禅师曾在此弘扬佛法，被称为草堂寺的中兴之时。宋以后多次重建。如今，寺院已整修一新，有山门、大殿、厢房、走廊、碑石、碑亭及舍利塔。寺内仍保存有"姚秦三藏法师鸠摩罗什舍利塔"和《定慧禅师传法碑》。鸠摩罗什舍利塔，高2.33米，大理石雕琢，8面12层。下层为浮雕山状的须弥座，座上为3层云台，填饰蔓草花纹，云台上为八角形龛，龛前刻有门，左、右刻格子窗，其上覆四角攒尖形顶，顶端作宝珠形。屋顶下有线刻佛像，精美别致。塔有题刻铭文"鸠摩罗什舍利塔"。因此塔用西域8种颜色不同的玉石雕刻镶拼而成，故俗称"八宝玉石塔"。在塔东南有井一眼名"莲花井"，相传鸠摩罗什圆寂后，在塔南生出莲花一株，姚兴奇之，遣人挖掘，方知其根是从舍利塔中发出，后有水涌出，僧人在井两侧各植柏树一棵，故又称"二柏一眼井"，以显当时寺院之宏大。井西立有元至正十二年（1352）《逍遥园大草堂栖禅寺宗派图碑》，可以说就是草堂寺庙谱，碑上记录437人，从鸠摩罗什开始，跨越900余年，十分珍贵。草堂寺建有碑廊，现存名碑20余通。其中《草堂寺唐太宗皇帝赞姚秦三藏罗什法师碑》，方形，碑周有线刻波纹，碑面多风化裂纹，但字体尚可辨读。碑于金正大乙酉岁(1225)仲冬望日，由住持传法沙门义金重录上石，长安樊世曹刊。从碑文可反映出历史上草堂寺的地位和影响。

寺内有一古井，常有烟雾溢升，成为长安八景之一的"草堂烟雾"。清代朱集义有诗云："烟雾空蒙叠嶂生，草堂龙象未分明。钟声缥缈云端出，跨鹤人来玉女迎。"①

---

① 诗文见西安碑林博物馆碑刻"关中八景"。

二、兴教寺与唯识宗

唯识宗祖师玄奘，被誉为"中国的佛"，他在生前称终南山为"众山之祖"，他死后归葬的兴教寺，一眼就能看见终南山。唯识宗虽不直接创立于秦岭，但因其祖师大唐三藏法师玄奘及弟子窥基、圆测的灵骨安葬在兴教寺，而与秦岭佛教有了直接的联系。

兴教寺位于西安城南约20千米处少陵原畔，是唐代樊川八大寺院之首。公元664年，著名高僧玄奘法师圆寂后，葬于白鹿原，唐高宗总章二年（669）又改葬为樊川凤栖原，并修建了5层灵塔，次年因塔建寺，唐肃宗题"兴教"二字，从此取名兴教寺，寓意大兴佛教。兴教寺坐北朝南，门内钟鼓两楼夹道对峙，气象庄严，远眺终南山，峰峦叠嶂、景色秀丽。由于兴教寺是玄奘法师的长眠之地，也被尊为唯识宗的祖庭。

唯识宗是唐初盛行的一个大乘佛教流派，由玄奘及其弟子窥基创造。此宗因其强调不许有心外独立之境，被称为唯识宗；又因剖析一切法（事物）的"相"（事物的相状）和"性"（事物的本性）来表达"唯识真性"，所以称为法相宗；又因为是以弥勒说，无著记录整理的《瑜伽师地论》为根本教典而立宗，所以也叫瑜伽宗；又由于创始者玄奘及其弟子窥基常住大慈恩寺，故又称慈恩宗。其传承谱系为：无著—世亲—陈那—护法—戒贤—玄奘—窥基—慧沼—智周。无著、世亲是印度佛教大乘有宗的创始人，其思想经过陈那、护法的发展，由戒贤传与玄奘。玄奘从印度照搬回中国。[1]主要信奉古印度大乘佛学瑜伽的学说，其所依经典以《瑜伽师地论》为本，以《百法明门论》《五蕴论》《显扬圣教论》《摄大乘论》《杂论集》《辨中边论》《唯识二十论》《唯识三十颂》《大乘庄严经论》《分别瑜伽论》等十论为支的所谓"一本十支"为主要典籍，而《成唯识论》为其代表作。

唯识宗的教义以"五法三自性""八识二无我"为总纲，以转识成智为宗旨。五法是一名、二相、三分别、四正智、五如如；三自性是遍计所执性、依他起性、圆成实性；八识为眼识、耳识、鼻识；舌识、身识、意识、第七末那识、第八阿赖耶识；二无我是人无我和法无我。[2]

唯识宗虽由玄奘所创立，但其弟子神昉、嘉

图5-2 护国兴教寺

① 牟钟鉴,张践.中国宗教通史[M].北京：社会科学文献出版社,2003：509.
② 王宏涛.西安佛教寺庙[M].西安：西安出版社,2010：33.

尚、普光、窥基等对该宗典籍作过注疏，他们在理论上都各有发挥。特别是窥基，得玄奘真传，在注疏大乘有宗经论的同时，他发挥了唯识宗的思想，使之充实完备，盛极一时。窥基本人则被尊为"慈恩大师"与"百部疏主"。窥基之后，慧沼、智周传承两代，各有阐扬。

此宗所传唯识因明之学对后世影响很大。由于唯识学过于繁琐，一般人不易理解，唐代盛兴后渐衰，但由日僧道昭、玄昉传至日本。唐永徽年间跟从玄奘学唯识宗的日本僧人道昭，回国后以元兴寺为中心传法，称"南寺传"。开元初年，日僧玄昉随玄奘弟子智周学唯识宗教义，回国后以兴福寺为中心传法，被称为"北寺传"。之后智周的弟子智凤、智鸾、智雄相继使唯识弘传于日本，所以，唯识宗成为日本奈良、平安时代最有影响的宗派之一，至今流传不绝。

兴教寺分为东、中、西3个院落，大雄宝殿位于中院。东跨院内有数座中日佛教友好交流的纪念石碑，最有代表性的是位于藏经阁北面的一座樱花园。20世纪90年代，日本宗教界人士来到兴教寺进行佛学交流，并将几株日本的樱花树栽种在藏经阁后的小园中，此后这些树成为兴教寺樱花的种源，也象征着中日佛教的友谊在此生根发芽。西跨院也称塔院，因玄奘、窥基是慈恩宗的祖师，又称慈恩塔院。院中主体建筑为三座灵骨塔，玄奘塔居中，圆测法师塔和窥基法师塔居于左右，他们是兴教寺的镇寺之宝。玄奘灵骨塔是由白鹿原迁葬于此，塔为方形5层砖结构，通高约21米，底边长5.2米。一层较高，面南辟龛室，内置玄奘塑像，塔身收分适度，造型庄重，为早期楼阁式塔的典型作品。塔背嵌有唐文宗开成四年（839）刘轲撰文的《大唐三藏大遍觉法师塔铭并序》碑刻，因亦称"大遍觉塔"。"大遍觉"就是"大彻大悟"的意思。两侧弟子灵塔均为方形3层，高7米左右，边长约2米。其中"窥基塔"为唐永淳元年（682）始建，大和三年（829）重建；"圆测塔"为北宋政和五年（1115）由终南山丰德寺迁来灵骨时所建。

兴教寺作为玄奘法师的灵骨塔所在地，成为唯识宗祖庭之一，这确定了它在佛教史上的地位。玄奘法师独涉流沙，去印度取经，回长安以后，得到唐王朝的崇高礼遇和隆重欢迎，太宗皇帝为其亲写《三藏圣教序》。20世纪60年代，在印度几乎每个车站都贴着今兴教寺大遍觉堂玄奘背负木制背夹、艰苦行路的石刻雕像画。可见，玄奘的形象、事迹，早已冲出佛教界，成为一种伟大精神，激励着每个人。在中国，"唐僧取经"的故事几乎人人皆知，没有一个僧人像他这样如此普遍地深入人心和广泛受到人们的尊重。正因为他有如此深远的影响，所以兴教寺也就必然成为人们崇敬和向往的佛教胜地。唐代起塔建寺以后，唐肃宗为玄奘塔题写"兴教"二字，自此寺取名为"兴教寺"；睿宗时赐寺院额："大唐护国兴教寺"。玄奘的威望、皇家的重视，使兴教寺香火极盛，著名僧人、文人骚客、官宦都来此供香、拜塔、游览。至民国，康有为、蒋介石、程潜、朱子桥、杨虎城等政界要人，凡到过西安的也都会至兴教寺礼塔拜佛或捐款修葺。游人登临此寺，抬头仰望，山门额上镶着"护国兴教寺""法相""庄严"9个金色大字，映衬着朱红大门，格外显得庄严肃穆。宋人李弥逊《题兴教寺》最为脍炙人口，诗云："云开岫幌隐禅扉，高屋凭虚面翠微。午枕有香清蝶梦，晚林无路送鸿飞。一丘一壑真吾事，三沐三薰悟昨非。山意有情留倦客，树头谁道不如归。"①

三、华严寺、至相寺与华严宗

华严宗是佛教之一派，因以《华严经》为根本典籍而得名。又因华严三祖释法藏曾被女皇帝武则天赐名贤首大师，称作"贤首宗"。此外，还因为"法界缘起"是此宗理论的出发点称法界宗。华严宗的传承谱系是杜顺—智俨—法藏—慧苑—法铣—澄观—宗密②，一般认为其传法世系"华严五祖"，即杜顺—智俨—法藏—澄观—宗密。华严宗的实际创建人是法藏，葬于华严寺南；杜顺、智俨是华严宗的思想先驱；澄观和宗密主张融合华严宗和禅宗，提倡教禅一致，进一步发展了华严宗的学说。诸位祖师生前殁后都与华严寺、终南山至相寺、五台山清凉寺有些关系，故这几座寺院均被视为佛教华严宗祖庭，也成为国内外信众朝圣礼拜的圣地。

华严寺位于长安区东少陵原半坡，始建于唐贞元十九年（803），是唐代"樊川八大寺"之一。寺院居高临下可俯瞰樊川，西望神禾原，南观终南山玉案、雾岩诸峰。诗人岑参的"寺南几十峰，峰翠晴可掬"③，道尽了它景致最佳处。寺院周围的自然景色，虽不是佛经中描述的华严世界，却也是人间的华严天堂。

据记载，华严寺从建立到以后几百年，没有高大的殿堂建筑，只有凿原为窟，以安置佛像及僧众居住，是一座典型的窟洞寺院。寺院中曾有华严宗初祖杜顺坐定身骨的墓塔、二祖智俨塔、三祖贤首塔、四祖澄观塔。但因发生少陵原崩塌事件，现寺址仅存初祖杜顺塔与四祖澄观塔。杜顺18岁出家，皈依因圣寺珍禅师学习禅观。他一生中，为人治病、除害行善，其行为受到当时僧俗崇敬。唐太宗李世民慕其

图5-3 华严寺与杜顺塔、澄观塔

① [宋]李弥逊.筠溪词[M].四印斋汇刻宋元三十一家词本.
② 牟钟鉴,张践.中国宗教通史[M].北京：社会科学文献出版社,2003：515.
③ [唐]岑参.题华严寺瑰公禅房[M]//[清]彭定求等.全唐诗.中华书局,1999.卷198-64：2047.

盛名，曾将杜顺请入宫中供养，后妃、王族、大臣奉之如生佛。杜顺曾住持终南山，并著有《华严五教止观》《华严法界观门》，被尊为华严宗初祖。圆寂后，弟子在此建塔藏葬，名"杜顺禅师塔"，是一座仿木结构的楼阁式砖塔，塔的第3层嵌有"无垢净光宝塔"和"严主"字样。该塔塔身呈四边形，象征华严宗的卓越思想"四法界"；高6层，象征华严宗的"六相缘起"学说；塔身和塔高两者相加为10，则代表着《华严经》的重要理论"十玄门"，也象征着圆满，意指华严宗为一乘圆教、最究竟的佛教学说。西边的塔是四祖"清凉国师"澄观的灵骨塔。澄观是三祖法藏圆寂后中兴华严宗的重要代表，他少年出家，前半生遍寻名山，在各地游学，广学诸宗，如律宗、三论和华严等。法藏殁后私淑其学，住五台山清凉寺。澄观多次奉敕译经撰疏，入殿讲经，被唐朝皇帝敕命"清凉国师"。贞元十二年（796），奉诏至长安，参加"四十《华严》"的翻译。他还系统注疏了"八十《华严》"，定名为《华严经疏钞》，是《华严经》注疏中最重要的著作。澄观塔为六角造型，有5层，代表了华严宗的判教思想"五教"。

两塔下层均有砖筑龛堂，其中有石刻影像，石下部有清宋伯鲁、宋胜奎等人所书重修记。寺内殿宇因清乾隆年间少陵原崩坍而全毁。1984年至1986年将塔向北迁建，发现地下有两层风格不同的塔，当是元代重修的残塔。在残塔下还发现了塔心内室所藏的石函，石函内有盛舍利的白玉瓶。在清凉国师塔侧有18世纪清雍正年间加封澄观为"妙正真乘禅师"时立的碑石。虽然少陵原崩塌风险仍存，但整修后的华严寺，今非昔比，两塔对峙，相互辉映，为少陵古原增添了不少光彩。不少华严弟子专程来少陵原参拜这仅存的杜顺和澄观两塔，以遥寄对华严宗创始法祖们的纪念。

华严宗教义虽然主要以《大方广佛华严经》立宗，但对《般若》、《涅槃》、《梵冈》诸经以及《大乘起信论》等佛教经典也都兼收并蓄，既远承地论、摄论诸师的学说，又批判地吸收天台、唯识宗的有关思想，经过糅合，形成一个新的佛教思想体系。此宗对佛教经典并不拘泥原义、照本宣科，而是酝酿于南北朝以来的华严学和毗卢、文殊、普贤崇拜，由华严三祖法藏大师著书成熟于隋唐之际的终南山至相寺。隋代，高僧智正曾至此从静渊研习《华严》；华严宗的初祖杜顺、二祖智俨、三祖法藏（贤首国师）都曾在此研习、弘扬《华严经》义。所以说至相寺实际上是华严宗的发祥地。

至相寺又名国清寺，位于秦岭天子峪内，峪内山体形势雄伟、形状如龟，下有泉水汇流，寺院处于龟背之上。关于至相寺的建立，有两种说法：一说是隋文帝开皇初年由静渊法师始建；另一说是唐王李世民父子为弘扬佛法而修建。相传唐太宗曾多次诣寺敬香，距寺4000米的山顶有避暑离宫"唐王寨"，有遗碑铭曰："终南正脉，结在其中。"唐宣宗时裴休致仕后在至相寺隐居，并亲送其子在至相寺出家，寺中的"裴休洞"就是他与静海法师谈玄之处。[1]至相寺不仅是佛教著名古刹，也是终南古迹胜境。至今寺内犹存李世民亲手栽植的古槐和银杏，枝繁叶茂，苍劲挺拔。庙后大橡树上尉迟敬德拴马的铁环尚存。寺内殿宇巍峨，佛像庄严，静净相合，庙墙上"念佛是谁"几个大字，让人回味无穷。

《续高僧传·释普安传》载，周武灭法（574），普安"栖隐于终南山之楩梓谷（今天子峪）西坡，深林自庇"，"又引静渊法师同至林野，披释幽奥，资承玄理"。[2]《续高僧传·释静渊传》载，静渊屏迹终南，于楩梓谷内置寺授徒，是曰"至相寺"。但是最初之至相寺是在楩梓谷内的狭谷之中，水流湍急诸多不便，静渊之师、高僧灵裕"敕召入朝，才有间隙径投渊寺。……又以（文）帝之信施为移山路"。"裕卜西坡阜，是称福地，非唯山众相续，亦使供拟无亏。"[3]静渊即听从迁往今寺址。普安法师崇重《华严》，创建者静渊法师亦以义学称著。可见，至相寺从一开始便是弘扬华严学的重镇。又据《续高僧传·释智正传》载，隋代，原居京城仁觉寺的高僧智正，"承终南至相有静渊法师者，解行相高，京城推仰，遂往从焉"，在至相寺从静渊研习《华严》，"因留同住二十八年"。[4]至相寺传承法系为华严宗，其初祖杜顺、二祖智俨、三祖贤首国师法藏、海东华严初祖义湘都曾在此研习、弘扬《华严经》义。

华严宗的主要教理为"法界缘起说"，认为宇宙万法由缘而起时，都是互相依持。在"圆融无碍"思想的支配下，华严宗在佛教内部调和各派思想，对外则主张融合佛儒道三家。这种圆融一切的思想，不仅是盛唐大一统局面的一种反映，而且体现了汉地佛教高层次的文化心理特征，非常适合以士大夫为主体的信徒们的胃口。因此，至相寺在隋唐时极盛，高僧辈出，其中最著名的则是华严宗二祖智俨大师。

据《续高僧传》与寺内遗碑载，至相寺僧静渊、普安、智正，隋唐京城高僧昙崇、通幽、慧欢、灵干、慧藏、道宗、慧因、静琳、慧海、德美、智该、三论宗之祖吉藏、三阶教初祖信行等，以及隋唐诸多在家居士、社会名流卒后均于至相寺附近凿龛、立塔或墓葬。如今，至相寺之右侧存有"曹洞正宗第三十世灵源紫毅大和尚涅槃塔"六棱石碑及底座与塔帽；寺之左侧有"大唐故二谛法师墓志"一方；寺之北崖有人工凿成遗洞四孔，名曰"莲花洞"，位置清静；寺内有唐宣宗丞相裴休静修之石洞，极为宏敞，曰"裴公洞"（已掩埋）。方丈室前有古井一口，名曰"法海井"。它们向世人昭示

① 冯建龙,王亚荣,释本如.长安古刹[M].西安：陕西师范大学出版社,2009：46.
② [唐]道宣.续高僧传·释普安传[M].上海：上海书店出版社,1989：354.
③ [唐]道宣.续高僧传·释静渊传[M].上海：上海书店出版社,1989：356.
④ [唐]道宣.续高僧传·唐终南山至相寺释智正传九(智现)[M].上海：上海书店出版社,1989.

着当年华严宗的兴盛及信众追随的热情。

至相寺也吸引了不少外国僧人，除上面说的义湘外，曾到至相寺求法的新罗僧还有孝忠、胜诠、道亮、宝壤等人。近年，韩国、日本和台湾地区的佛教人士、专家学者多次来寺参拜、考察，使至相寺成为中外佛教文化交流的重要场所。

唐武宗会昌灭佛后，华严宗势力急剧衰落。五代以后虽仍有传人，但社会影响力已经很小了。不少重要的宗教理论，被禅宗及宋明理学家所继承，成为中国哲学的重要组成部分。同样，在唐后期以后，至相寺也历经沧桑巨变。如今寺院建筑已经恢复，重修了大殿、新塑了佛像，还有韦驮殿以及方丈室各3间、僧房6间、厨房2间。加之寺后有大面积橡树林环抱寺院，古木参天，风景幽雅，僧众络绎不绝，香火甚旺。

四、香积寺、悟真寺与净土宗

秦岭可谓中国净土宗的真正发源地，与秦岭密切相关的净土思想，后世中国称念"阿弥陀佛"的普及以及净土往生法门的极度盛行，均与在秦岭山中修行的善导等人有直接关系，而善导活动的主要寺院是香积寺与悟真寺。所以，这两座寺院都被视为净土宗的祖庭。

香积寺位于终南山子午峪正北的神禾原西畔，是中国佛教净土宗创立后的第一个道场。据《隆禅法师碑》载，唐永隆二年(681)，净土宗的创始人善导和尚入寂，弟子怀恽为纪念善导功德，在西安城南约35里处修建了香积寺和善导大师的供养塔。其地"前终(南山)峰之南镇，后帝城之北里"，环境清幽，寺宇雅致。唐代诗人王维曾游过此寺，留有《过香积寺》五言律诗："不知香积寺，数里入云峰。古木无人径，深山何处钟。泉声咽危石，日色冷青松。薄暮空潭曲，安禅制毒龙。"[1]寺院建成后，不仅成了净土宗的祖庭，而且成了弘扬净土宗的中心道场，怀恽、净业相继充任寺主，弘扬净土教义。

图5-4 香积寺大雄宝殿与善导供养塔

① [唐]王维.过香积寺[M]//[清]彭定求等.全唐诗.中华书局,1999.卷126-50；1274.

净土宗，因专修往生阿弥陀佛净土法门得名；又因其始祖慧远曾在庐山建立莲社念佛，故又称莲宗。善导依据《无量寿经》、《观无量寿经》及《往生论》等佛教经典，倡导"乘佛愿力"，只念"阿弥陀佛"来超度生死这一法门，并长期在长安终南山修行，著有《观无量寿经疏》《往生礼赞》《观念法门》《法事赞》《般舟赞》等，开创了净土宗。所谓"净土"，是和娑婆世界的"秽土"相对而言的。"净土"是指没有恶行，没有烦恼，没有污垢，没有欲念，"无有众苦，但受诸乐"的极乐世界。我们生活的世界善少恶多、污垢不堪、业障蒙蔽、受苦无量，所以称作"秽土"。其教义宣扬人们只要念西方极乐世界的阿弥陀佛(也称无量寿佛)的名号，就可"往生极乐国土"。由于净土宗修行方法简便，人人都能做到，故白唐以后广泛流行。宋明以后与禅宗融合，其他如律宗、天台宗、华严宗等，也都兼修念佛法门。传说"香积"一词来源于佛教经书《维摩诘经》。《维摩诘经·香积佛品》云："有国名众香，佛号香积。"取名香积寺，意把善导比作香积佛。香积寺在唐代曾盛极一时，怀恽召集四方门众多次在寺内举行隆重祭祀。当年唐高宗、武则天和唐中宗都曾来此礼佛，唐高宗李治不仅亲自来此上香，亲赐舍利千余粒，还有百宝幡花，令其供养，而且"倾海国之名珍""舍河宫致密宝"。加之善导大师在长安拥有众多信徒，因此前来香积寺瞻仰、拜佛的信众络绎不绝，香火甚盛。

自唐宋以后，香积寺历尽沧桑，虽然"寺塔中裂，院宇荒凉"，但寺院朝昏钟梵，佛事依然，在明代时依然是"佛光天上转，僧影目中过"。清代以后，尤其是经过近几十年修葺，香积寺逐渐恢复。民国时期十三祖印光大师的出现，使净土宗成为与禅宗并立的现代中国佛教的两大宗派，从而得到了全国各地的善款资助与重修复兴。复修后的香积寺，建筑宏伟，古朴典雅。大雄宝殿内宽敞明亮，肃穆庄严，龛台上供奉着阿弥陀佛接引站像，顶上高悬金色宝盖；佛前安放着日本净土宗所赠善导大师彩绘坐像。善导安然端坐在莲花座上，双手合十，手挂念珠，专心念佛。耸立于大殿旁的善导供养塔，是香积寺的核心，也是净土二祖善导的精神象征，在净土宗中享有极高地位。该塔修建于调露二年（680），青砖砌成，塔顶因年久残毁，现存11级（据载原为13级），高33米。塔身周围保存有龛形的12尊半裸古佛，雕刻精巧，实为珍品。塔基层四面有门，南门楣额上嵌有砖刻的"涅槃盛事（时）"横额，是公元1768年修补时所作。塔身四面并刻有楷书，内容为《金刚经》，字迹雅秀，笔力遒劲，颇引人注目。

至今，善导大师圆寂已有1300多年，但他所创立的净土法门却在此后超度了无数的佛教徒，使他们能了然生死，往生西方极乐世界。他所推崇的无量寿佛以及西方三圣成为净土宗的主尊佛，阿弥陀佛更是成为中国大地上无人不知、无处不在的佛，引导着人们参透生死大限，去往西方净土。正如康寄遥居士一偈曰：

香积净宗古道场，善导大师有余光。

持名一法真殊胜，流风今尚遍扶桑。

香积寺不仅是中国佛教净土宗的祖庭，也是日本净土宗（日莲宗）的祖庭。唐朝时，来中国留学的日本僧人把中国佛教各教派的经、律、论典籍带回日本。公元8世纪中叶，善导阐述净土宗理论的著述《观无量寿经疏》等传入日本后，迅速受到重视，善导及净土宗在日本的影响逐步扩大。12世纪时，日本僧人法然上人(源空)受据善导《观无量寿经疏》启发，创立了日本净土宗，尊善导为高祖，视香积寺为祖庭，善导的《观无量寿经疏》逐渐成为日本净土宗的根本圣典。1980年善导大师圆寂1300周年，日本净土宗派遣2000余名高僧赴香积寺举行法会，向寺院赠送善导大师像等礼物。香积寺也成为中日两国悠久文化交流和友谊常存的历史见证地。①

另外，秦岭北坡口的蓝田悟真寺，也是净土宗的重要发祥地。悟真寺始建于隋开皇初年（581—589），唐代时扩建成规模宏大的上下两寺，上寺在王顺山巅，殿堂依山势而起伏，共4000余间，周围修竹成林，故上寺亦称竹林寺；下寺在王顺山脚，兴旺时，常住僧不下千人，游人香客云集。诗人白居易曾游王顺山5日，作《游悟真寺诗（一百三十韵）》，诗曰："我游悟真寺，寺在王顺山。去山四五里，先闻水潺湲……房廊与台殿，高下随峰峦……拂檐虹霏微，绕栋云回旋……六楹排玉镜，四座敷金钿。黑夜自光明，不待灯烛燃。"②详细地记述了悟真寺的胜景、古迹以及文物等。悟真寺与明代壁塑群之一的水陆庵罕见的彩色泥塑艺术交相辉映，成为陕西省宗教旅游的重要资源，吸引了不少日本以及东南亚佛教文化分布区的国际游客。

五、净业寺、丰德寺与南山律宗

沿终南山沣峪口上行2千米，有一座海拔700多米的山头，名曰凤凰山。远望山形如凤，地脉龙绵，山势奇古高峻，林壑幽深，在山腰处有一座幽静的寺院，它就是著名的中国佛教律宗祖庭净业寺。寺院坐北朝南，东对青华山，西临沣峪河，南面阔朗，可眺观音、九鼎诸峰，是净心清修的道场。唐初高僧道宣住此寺潜心著述，弘宣律学，开创了以研习和传授戒法的宗派——律宗，成为中国佛教律宗的发祥地。净业寺创建于隋开皇十年（590），盛于唐。武德七年（624），道宣结庐终南，栖居仿掌谷，修习定慧，居白泉寺、丰德寺。后得护法菩萨"彼清官村故净业寺，地当宝势，道可习成"之示，遂移居净业寺，精研律法，修习禅定。

① 王宏涛.西安佛教寺院[M].西安：西安出版社,2010：73.
② [唐]白居易.游悟真寺[M]//[清]彭定求等.全唐诗.北京：中华书局,1999.卷429-33:4744.

律宗是研习佛教戒律、研究佛教戒规的宗派。相传释迦牟尼在世时，为了约束僧众，就制定了各种戒律、戒规。律宗的"戒"作为佛教戒、定、慧三学之一，是指佛教为出家或居家信徒制定的戒规，目的是起到防非止恶、从是为善的作用。律宗的"律"，指佛教戒律，其本义有"调伏""善治"之意，起到制伏、灭除各种过恶，达到内调心念、外治身业的目的。第一次佛教结集时，由优婆离诵出律藏。其后因佛教各派对戒律的理解不尽一致，所传戒律也有所不同。据孙绰所撰《僧史》记载，中国汉地翻译戒律和实行受戒，始于曹魏嘉平时期（249—254），以来自中印度昙柯迦罗所译《摩诃僧祇部戒本》及印度僧立羯磨法（受戒规则）创行受戒为代表。正元年间（254—256），安息国的沙门昙谛在洛阳译出《法藏部羯磨》，中国僧众受戒基本以法藏部为依据。东晋时期又把《摩诃僧祇律》《十诵律》等广律译出。至此，中国佛教信徒就有了可依从的戒律。

北魏孝文帝时，法聪在平城讲《四分律》，到道覆及至慧光造《四分律疏》，并删定羯磨，始奠定该宗基础。弟子道云传道洪智首撰《五部区分钞》《四分律疏》。到道宣，专研律学。在终南山潜心述作，著《四分律比丘含注戒本》《四分律删补随机羯磨》《四分律删繁补阙行事钞》《四分律拾毗尼义钞》《四分比丘尼钞》，后被称为"五大部"。道宣在终南山创设戒坛，制定佛教受戒仪式，从而正式形成宗派。

因道宣长期居住终南山，尊称他所弘的《四分律》为"南山律宗"，亦尊称他为"南山律祖"。又因依据五部律中的《四分律》建宗，也称四分律宗。道宣弘传律学的道场净业寺也位居"各丛林之冠"，成为中国律宗的祖庭。

南山律宗的基本经典为《十诵律》《四分律》《摩诃僧祇律》《五分律》《毗尼母论》《摩得勒伽论》《善见律毗婆沙》《萨婆多论》《明了论》，通称"四律五论"。它以《四分律》为依据，规定了受戒、说戒、安居以及衣食坐卧的标准。至今中国僧尼出家受戒和日常生活，均按这一派行事，律宗因而通于各宗。律宗的教理分成戒法、戒体、戒行、戒相四科，主要学说是戒体论。戒体是受戒弟子从师时即发生领受的、在自心的法体，即由接受的作法在心理上构成一种防止作恶的功能。戒是用来节制人的行为和欲望的，而律则是一种佛教徒必须普遍遵守的行为规范，以使行为协调一致。

图5-5 净业寺律宗祖庭碑

贞观十六年至十九年（642—645），道宣曾于丰德寺弘扬律学。丰德寺位于秦岭北麓沣峪口东坡，始建于隋朝。史书记载，北周武帝灭法时，禅僧智藏隐居此地，开皇三年(583)正式定居于此。文帝以其道望隆广，多所施赐，并诏以所住寺为丰德寺。道宣于此撰成《比丘尼钞》3卷(今作6卷)，其间一度参与玄奘译场工作而离开终南山。贞观二十年(646)，又重返丰德寺，将已撰成的《四分律删补随机羯磨》1卷扩充为2卷，将《羯磨疏》2卷增为4卷。永徽二年(651)，又将《四分律比丘含注戒本》及此戒本《疏》进行增订。至此，南山律宗宗义大备，而丰德寺也成了道宣完善本宗理论的重要场所。因道宣住此弘法，故而丰德寺也被尊为律宗的祖庭。高宗永徽年间对寺院进行了重修扩建，香火一时很盛。据传当时寺内有道宣律师创建的戒坛，寺后东岭有圆测法师舍利塔。明清以来多次重修，现为尼寺，寺内存有大雄宝殿、韦驮殿、斋堂、廊房以及金刚经幢1座、清朝碑石2块。

乾封二年（667），道宣律师圆寂于净业寺，葬于坛谷石室，并于寺院后峰起舍利塔供养，今寺后石崖间仍有其静修时的遗址。唐时净业寺因道宣弘扬律宗而达极盛，后渐衰落。经历代修葺，尤其是近20年来修复了山门、天王殿、大雄宝殿、祖师殿、禅堂、客堂、僧寮，增建五观堂、厨房等，使这座千年古寺焕然一新。立足寺前，展望终南苍山云海，秀丽的风景，千年的古寺，吸引着众香客与旅游爱好者流连忘返。按照四分律宗的承传，道宣是第九祖。前面还有法正（昙无德尊者）、法时（昙柯迦罗）、法聪、道覆、慧光、道云、道洪、智首8人。道宣以后，依次传周秀、道恒、省躬、慧正等，至宋代允堪、元照而再盛。唐天宝十二载（753），道宣三传弟子鉴真东渡日本传法，在当时的都城奈良东大寺佛殿前筑坛传戒，又创建唐招提寺，成为日本宗律祖师。

诞生于秦岭山中的律宗，一直延续至今，成为中外僧尼出家生活的基本准则，影响至为深远。

六、百塔寺与三阶教

在秦岭的天子峪至鸟鸣坞途中，有一座寺院叫百塔寺，它始建于西晋太康二年（281），原名淳化寺。隋开皇十四年（594）复建，称至相道场，兴盛于隋唐，被视为第九宗三阶教的祖庭。

三阶教，又称三阶宗、第三阶宗、三阶佛法等，由隋代僧人信行创立于相州（今河南安阳）法藏寺。因为它把全部佛教依时、处、人分为3类，每类又各分为"正法""像法""末法"3个时间阶段，故名。此教的立教根本就是普佛普法，信仰世界众生无不为佛的普佛思想，提倡苦行忍辱，每天乞食一餐；修行方面推行"无尽藏行"，即倡导布施，将积聚的财物分为3份：一份修理寺塔，一份施舍给贫穷老病之人，一份自由支配。三阶教创立后信众不少。信行应隋文帝相召，在京师大兴城真寂寺建立别院。隋开皇十四年（594），信行圆寂于真寂寺，弟子净名、慧了等300余人，依嘱林葬信行法师，收其尸骨，建舍利塔于梫梓谷（今终南山天子峪），故又名信行禅师塔院。后来僧人慕其德行，效仿林葬法，"以身布施"，圆寂后皆葬于信行墓塔后或两侧，天长日久，便自然形成了以信行墓塔为中心的数百座塔。因石塔累累，故在唐大历六年（771），正式更名为百塔寺，并成为隋唐时期佛教三阶教的祖庭。

唐初，华严初祖杜顺、二祖智俨曾住百塔寺。唐时占地数顷，殿宇颇具规模，寺僧众多，大小塔有百余。但因三阶教教义与佛教其他各宗教义有抵牾，受到各宗的攻讦，加之隋唐统治者担心这种末世理论，以及其形成的庞大的财力和较为严格的组织规模会扰乱社会人心，一直视其为异端，先后于隋开皇末年、武后圣历二年(699)、玄宗开元十三年(725)进行限制或镇压。武宗灭佛时，三阶教又受到毁灭性打击。传播300余年后，到唐末湮没失传。百塔寺虽受其影响，但到宋时规模犹存，之后寺院不断衰败。清代诗人王弘度《游百塔寺》诗云："谷口逶迤百塔深，望中烟雾费招寻。荒芜蒙蔽千年迹，新碣又留一代新。僧老那知思往事，客来犹自续高吟。凭栏舒啸情何极，涧水苍茫隔暮阴。"清同治元年(1862)终南山一带诸多寺院均毁于战火，百塔寺也荒凉破败。寺内的一棵古银杏，相传为隋代栽植，距今有1700多年历史，被誉为"中国第一银杏树""千年活化石"。1999年日本三阶教研究专家西本照真大师参访百塔寺，称赞此千年银杏树是"三阶教兴衰的活见证"。除此之外，寺内现保存的《化度寺故僧邕禅师舍利塔铭》《道安禅师塔铭》《太常协律裴公妻墓志》等当年的墓塔碑铭，也极具历史价值。

如今，寺内有新建大雄宝殿一座，殿内塑有释迦牟尼佛像一尊，流光溢彩，栩栩如生。东为大慈大悲观世音菩萨，西为幽冥教主地藏王菩萨，两边墙壁上有十八罗汉拓版画像，姿态各异，肃穆庄严。宝殿前广植松柏棕榈，竹木花卉，郁郁葱葱，曲径通幽；殿后千年古树生机盎然，浓荫覆盖，庄严国土，利乐有情，晨钟暮鼓，淳朴典雅，再一次成为佛家弟子参禅礼佛的理想场所。

中国佛教有九宗，虽说七宗策源于秦岭，但从其发展看，天台宗、禅宗在其宗派成长发育的过程中，也与秦岭有或多或少的联系。此外，日本、韩国佛教的各宗也都与秦岭佛教有着深厚的渊源关系，其中日本净土宗创始人源空法然在创宗时曾提出了"偏依善导大师"的口号，重视称名念佛，依靠弥陀本愿力(他力)往生西方极乐世界，于是此宗信徒便追终南山北麓善导塔院所在地的香积寺为其祖庭。

第四节 大德弘法——汉传佛教的弘传与流变

洋洋秦岭，巍巍终南，层峦叠嶂，绵延百里，山清水秀，幽静爽馨，博大深远，素有"天下修道，终南为冠"之称。

佛教喜取自然环境的幽静深邃，以利于实现"远者尘世，念经静修"的宗教功能，选址较重视利用山岩、洞穴、溪涧、深潭、清泉、奇石、丛林、古树等自然要素。终南山群山巍巍，水草丰茂，四季分明，气宇爽朗，历来是僧人崇尚之地。故有"一片白云遮不住，满山红叶尽为僧"之称。比较有名的僧人有开创中国南山律宗的道宣律师，以及有"终南大师"之名的善导大师等。

终南山毗邻都城长安，长安自古以来屡为帝都所在，故终南山常与政治和文化中心若即若离。作为政治中心，中国佛教史上前3次法难直接导源于长安；作为文化中心，长安曾云集中国最多的僧人。每次法难期间，城中的僧人往往逃进山中隐藏躲避，因此，终南山实际上成了一处天然庇护所。例如至相道场就是因为北周法难僧人在这里避难而形成的。终南山养育了僧人、庇护了僧人，从而也成就了僧人。[①]

---

① 萨埵.李利安教授在香港宣讲终南山佛教的十大历史地位[J].中国佛教网.http：//www.china2551.org/Article/zbzl/xslw/201003/10869.html.]

一、满山红叶尽为僧——终南山僧宝群

终南山不仅寺观数量多、规格高，宗派策源地多，基础良好，而且山中的高僧大德多，国内外影响大，世称第一。据《高僧传》《续高僧传》及各种资料所载，自佛教传入到明清时期，终南高僧不计其数，最盛时期集中于魏晋南北朝和隋唐时期，既有中土高僧，又有来自印度、西域、海东、日本的传经、取经僧人。如魏晋时期就有西域的鸠摩罗什、昙摩流支、那崛多，他们主要在当时国立译经场——逍遥园大寺(即今之草堂寺)译经，并集结了一大批中土僧人，著名的有僧肇、道生、道融、僧睿、慧观、昙影、慧严、道恒、慧睿、僧弼、昙鉴、昙无成、僧导、僧因、僧苞、僧业、僧周、僧亮等，他们是这次译经活动的译主和骨干力量。北周以后的僧人有：昙相、僧照、静藏、法应、静霭、普济、慧安、静渊、法诚、慧超、善慧、法琳、道判、智藏、法喜、智正、慧远、灵润、会通、觉朗、智洗、弘智、杜顺、智俨、善导、法藏(唐华严三祖贤首国师)、道宣、澄观、怀恽、玄奘、飞锡等等。在紫阁峰山北，除昔日由"大寺"分出的4座寺外，还有高冠峪东圭峰山上的圭峰寺，宗密禅师寂后曾于此荼毗。高冠峪西侧岭上的青龙寺，隋大业末年，高僧慧颐由长安至此静修，并因岩构室而成寺。

除在终南山活动的僧人外，还有一批圆寂后葬于终南山的僧人，他们也是终南山佛教文化的重要资源。如隋代延兴寺之通幽祖师葬在至相寺南峰，禅定寺主昙迁葬于终南山北麓胜光寺山苑，清禅寺昙崇祖师葬于至相寺西，三阶教创始人信行禅师葬至鸟鸣阜山足，普旷葬龙池之峰，胜光寺的道宗法师葬至相寺南岩，三论宗实际创始人吉藏葬至相寺北岩，僧邕葬于终南山北，空观寺之慧藏葬于至相寺前峰，明瞻葬太乙山智炬寺，大禅定寺之灵干葬终南山北，慧君也葬丰德寺东岩，灵藏葬至相寺前峰，慧满葬龙池寺侧，慧乘葬南山谷口，空藏葬于龙池寺侧，德美葬于楩梓谷，道氤葬逍遥园侧，大庄严寺的慧因法师葬至相寺等。另外，还有智梵、昙伦、玄琬等也葬于终南山中。这些僧人有的是某宗派的创立者，有的在法难劫后振兴佛教中发挥过重要作用，有的以某一方面的学说见长，总之都在中国佛教发展史上起过重要作用，占有重要地位。此外，这些高僧大德活动和死后竖起的姿态各异的灵塔，也给峻秀的终南山增添了不少庄严与神圣的色彩。[①]著名的有长安兴教寺玄奘塔、窥基塔、圆测塔，香积寺善导塔，华严寺杜顺塔、澄观塔，圣寿寺隋塔，周至仙游寺法王塔，户县草堂寺鸠摩罗什舍利塔等等，成为众生朝拜的胜迹。

二、高僧大德：佛教弘传与流变

高僧大德是佛教传播的主力军，可以分为三类：一种是由西向东不断送经，一类是由东向西去取

① 大秦岭终南行修中心网.终南山佛教源流[J].http://blog.sina.com.cn/znyaji.

经，再有一种是将取回来、送过来的佛经翻译弘传。这三种力量，促成了两大文明之间的深度交流和广泛传播。不论是由东向西还是由西向东，终南山、长安都是取经送经的终点和中心，如鸠摩罗什、僧肇、善导、道宣、玄奘、智俨、法藏、义湘、圆测、窥基、澄观、宗密、虚云、印光等很多高僧均在终南山留下万世英名。那些孤独的脚印、殊死的攀越、奋力的译传，都被作为第一流的文化壮举而铭记。

（一）西域弘法高僧

由西向东送经弘传佛法的西域僧人很多，最著名的有鸠摩罗什、佛图澄等。

1. 鸠摩罗什（344—413）

鸠摩罗什是一位具有传奇色彩的高僧，也是佛教在中国传播初期最著名的高僧。他既晓梵语，又通汉语等多种语言，名传西域，声闻中原。据记载，鸠摩罗什7岁时与母亲一起出家研习佛经，他天资聪慧，加之学习勤奋，能日诵3万多字，十几岁时就在西域诸国声名鹊起。20岁受戒之前业已在西域沙勒、龟兹等国讲经，形成"四远学宗，莫之能抗"的局面，"听者莫不悲感追悼，恨悟之晚矣"，由此威名远播。据说，为了争夺鸠摩罗什，历史上爆发了两次战争。建元十八年(382)，前秦苻坚派大将吕光率领重兵长途跋涉去攻打龟兹，第二年果然攻克，抢得鸠摩罗什。吕光正准备带罗什回长安向苻坚复命，未料想淝水之战苻坚兵败后被姚苌所杀，吕光听到这一消息后，就半途停息在凉州姑臧（今甘肃武威）。失去了派他出来的主人，吕光便拥兵自重，公元386年在凉州自立，建立了后凉。鸠摩罗什便随吕氏在后凉弘法17年。在这段漫长的时间里，鸠摩罗什学会了汉语，为他后来翻译佛经奠定了基础。公元401年，后秦继位者姚兴遣硕德率军西伐后凉，夺来鸠摩罗什。鸠摩罗什就这样在一路战火中到了长安，开始了辉煌的佛经翻译历程。

鸠摩罗什在长安受到姚兴隆厚的礼遇，以国师之礼相待。史载，姚兴除处理政务外，几乎与鸠摩罗什形影不离，常在一起说法论经。鸠摩罗什深深感到，佛教虽然传入中国300多年，但这300多年中所翻译的佛教经典因为大多出自印度或西域人之手，或晦涩难懂，或词不达意，或错误百出，或与原义相悖。如果不改变这种现状，佛教在中原必然难以广泛传播。所以，

图5-6 鸠摩罗什大师像

在他努力下，姚兴同意并支持他的佛经翻译工作，于圭峰山下逍遥园中千亩竹林之心"茅茨筑屋，草苫屋顶"，名草堂寺。后经扩建，殿宇巍峨，鸠摩罗什率众僧住此译经。当时译经队伍非常庞大，译经场中有译主、度语、证梵本、笔受、润文、证义、校刊等传译岗位，分工精细，制度健全，集体合作。据说，协助鸠摩罗什译经的名僧有"八百余人"，求学的僧人三千之众，故有"三千弟子共翻经"之说。

罗什首次将印度大乘佛教的般若类经典完整地译出。这是中国历史上第一次由国家组织、大规模翻译外国经文的壮举，鸠摩罗什本人也成为中国佛经四大翻译家中最早的一人(其余3人为玄奘、不空、真谛)，秦岭草堂寺也成为我国最早的佛经翻译基地。

鸠摩罗什57岁来到长安，在长安12年，共译出经律论三藏经典35部425卷。诸经以大乘为主，间杂小乘，其中有《妙法莲华经》《中论》《百论》《十二门论》《大智度论》《观无量寿经》《禅法要》《禅要解》《菩萨戒本》《十诵律》等等。罗什盛倡龙树、提婆般若性空学说，其《中论》《十二门论》等，对后来的中国佛学发展奠定了牢固的理论基础。公元413年，"癸丑之年，年七十，四月十五日薨于大寺"(弟子僧肇所作《鸠摩罗什法师诔》)。罗什圆寂后火化，据说薪灭形碎，唯舌不烬。其弟子收其舍利，建造舍利塔以纪念之，这就是草堂寺中至今保存完好的"姚秦三藏法师鸠摩罗什舍利塔"。名僧使寺成为名刹，鸠摩罗什不仅使草堂寺成为三论宗的祖庭，而且成为享誉国内外的著名寺院。

鸠摩罗什弟子很多，著名者有蓝田人释道恒、京兆人释僧肇、京兆人释僧导、吴兴余杭(今浙江杭州)人释僧翼等，使佛法广传。

（二）中土高僧大德

2. 道安大师(312—385)

东晋高僧，常山扶柳（今河北冀州）人。18岁出家，貌丑聪颖，博闻强记，崭露峥嵘，受具足戒。后得梵僧佛图澄嫡传，代其讲法，有"漆道人，惊四邻"之誉。佛图澄圆寂后，先后于山西、河北、河南、湖北等地漂泊讲经说法。公元365年，道安编纂了《综理众经目录》，制定了僧尼规范，开启了出家人姓"释"的先声。前秦建元十五年（379），符坚遣符丕攻占襄阳，道安和习凿齿皆被胁迫入长安，住五重寺。从建元十五年至建元二十一年（379—385），道安一直在长安五重寺讲经译注，"僧众数千，大弘法化"。他先后主持译经10部180卷，100多万字，并注释佛典和注经作序，仅作序就有60多次，如《安般注序》《道行经序》等，成为中国历史上著名的译经大师。释道安在长安时，还协助当时的外籍译师审定其经论、译文。同时，释道安还总结出佛经翻译遵循"五失本、三不易"的理念及"格义""合本"的方法，为后世译经工作指明了方向，对终南山佛教的发展影响甚大，自古及今有很高评价。如晋孝武帝下诏赞称"安法师器识伦通，风韵标朗，居道训俗，征绩兼著。岂直规济当今，方乃陶津来世"；鸠摩罗什称他为"东方圣人"；近代梁启超评论其"使我佛教而失一道安，能否蔚为大国，吾盖不敢言"①。

3. 僧肇大师（384—414）

鸠摩罗什的高足，擅长般若学，兼通三藏。俗姓张，京兆（今陕西西安）人。原来崇奉老、庄，读《维摩经》后欣赏不已。鸠摩罗什至长安，僧肇便拜其为师，所悟更多。他喜欢般若学，曾和道融等讲习鸠摩罗什所译"三论"，是罗什门下有名的"四圣"及"十哲"之一，亦有华夏"解空第一"之称。他多次参与鸠罗摩什的译经活动，对三论宗有自己独到的理解，在他所撰述的《般若无知论》《不真空论》《物不迁论》《涅无名论》等著作中，阐明并确立了"诸法缘生性空"的三论宗义，成为罗什学说的正宗传人，亦被后世尊为三论宗的祖师之一。弘始十六年（414），僧肇病逝，世寿31岁。

4. 僧导大师（362—457）

鸠摩罗什门下高僧，最擅实论。僧导10岁出家，从师受业，"迄受具戒，识洽愈深，禅律经论，达自心抱"。鸠摩罗什在长安翻译经论时，僧导负责参议详定。适值佛法盛集关中，僧导"于是谋猷众典，博采真俗"。他在其著作《成实》、《三论义疏》及《空有二谛论》等中，阐述了关于三论宗的思想。

5. 信行法师（540—594）

南北朝末隋初僧人，三阶教创立者。据《续高僧传》卷一六、《大唐内典录》卷五等载，他俗姓王，魏郡（今河南安阳）人。少年出家，博涉经论，凡有塔像皆周行礼拜。后于相州（今河南安阳）法藏寺受具足戒。他认为佛教应趋时宜，实行济度，不应空讲理论，极力宣扬大乘利他精神，一切众生皆为真佛，发愿为众生施舍生命财物。亲执劳役，行头陀苦行，乞食且日止一食；在道路行，无问男女，率皆礼拜。四方僧俗登门闻信者，莫不敬受其言，执父师之礼。著有《对根起行杂录集》《三阶位别录集》《三阶佛法》等35部著作，共44卷。隋开皇七年（587），隋文帝诏信行入长安，并为

---

① 梁启超.佛教教理在中国之发展[M]//梁启超集.北京：中国社会科学出版社，1995：71.

其在真寂寺建立别院，推广他的教派。颇受众多僧俗的皈敬，并先后在真寂、光明、慈门、慧日、弘善等寺建立三道场，全盛时，在长安55寺内相继建立了别院。至此，三阶教正式创立，盛极一时，后相继传入朝鲜和日本。①隋开皇十四年（594）正月四日圆寂，世寿54岁，葬于终南山天子峪口，并树塔立碑。此后，许多僧人置灵塔于此，即隋唐三阶教祖庭百塔寺所在地。

6. 杜顺禅师（557—640）

华严宗初祖，又名法顺，俗家姓杜，故俗称杜顺，雍州万年县（今西安长安区）人。18岁出家，皈依因圣寺道珍禅师受禅法。杜顺一生中有不少为人治病、除害行善的事迹，受到当时僧俗的崇敬，这对他传法十分有利。唐太宗慕其盛名，引入内宫隆礼崇敬，后妃、王族、贵臣奉之如生佛。杜顺虽是禅师，但又以华严为业，住静终南山，开讲《华严经》，发挥义理，为后来法藏创立华严宗打下了基础。著《华严法界观门》《华严五教止观》，被尊为华严宗初祖。杜顺圆寂时，有两只鸟飞入房中，悲鸣哀切。杜顺尸身放置一月仍肉色不变，一直有异香飘出。僧人们怕吸引野兽等入侵，便起塔藏葬，如今华严寺杜顺灵骨塔依然耸立，吸引众生朝拜。

7. 道宣律师(596—667)

中国律宗实际创始人。道宣俗姓钱，吴兴(今浙江湖州)人，一说润州丹徒（今属江苏镇江）人。自幼聪慧，16岁落发出家，20岁受具足戒。隋炀帝大业年间，先后依止智頵、智首律师钻研律学，曾在大禅定寺听智首律师讲《四分律》40遍，历时10年。之后，道宣律师四方参学，唐武德七年（624），入终南山修习定慧，初期居白泉寺、丰德寺十几年，奠定了思想基础；后得护法菩萨"彼清官村，故净业寺，地当宝势，道可习成"之示，遂移居净业寺。其间，道宣于贞观四年(630)离开终南山，云游参学，广求诸律异传。贞观六年（632），到邺(今河北临漳西南)向法砺咨问律学。此后40余年间，道宣律师一直在净业寺驻修，除两次出山，被礼请参加玄奘法师在长安弘福寺、西明寺组织的译场外，其余时间均在净业寺潜心禅定，研究律学。因道宣长期居住终南山，后人尊称他为"南山律祖"，亦称其研究和弘扬的律宗为"南山宗"。

道宣律师以大乘教释《四分律》、广弘律学一脉，他的著述中有关《四分律》疏、钞极多，主要是在唐武德和贞观年间完成的。唐武德九年(626)，撰成《四分律删繁补阙行事钞》3卷(今作12卷)，阐述他为律学开宗的创见。贞观年间他先后撰成《四分律拾毗尼义钞》3卷(今作6卷)、《四分律删补

① 王宏涛.西安佛教寺庙[M].西安：西安出版社，2010：114.

随机羯磨疏》2卷、《四分律含注式戒本疏》3卷、《四分律拾毗尼义钞》3卷（今作6卷）以及《四分比丘尼钞》等著作，在中国佛教史上占有极其重要的地位。其中《四分律删繁补阙行事钞》《四分律删补随机羯磨疏》《四分律含注式戒本疏》被称为"南山三大部"。

道宣律师生平"三衣皆伫，一食为菽，行则仗策，座不倚床"，其道行盛名闻名于长安，甚至远播于西域和印度。据记载，开元三大士中的金刚智与善无畏都是慕名来长安皈依道宣的。不仅如此，还传说他在终南山修行，戒律精严，感动天人供养。他日中一食，毗沙门天王子每天中午为其送一钵饭供养。唐初著名人物玄奘、窥基、圆测法师、牛头祖师及孙思邈等与道宣交往颇多。唐高宗乾封二年（667），道宣在终南山清宫精舍创立戒坛，制定佛教受戒仪式，从而正式形成宗派，他所著的《关中创立戒坛图经》亦成为后世戒坛的模范。同年十月三日，道宣圆寂，葬于坛谷石室中。唐高宗诏令天下寺院奉供道宣律师画像，并令名匠韩伯通为其塑像。唐穆宗曾下诏赞曰："代有完人，为如来使。龙鬼归降，天神奉侍。声飞五天，辞惊万里。金乌西沉，佛日东举。稽首皈依，肇律宗主。"

道宣律师门下有受法传教弟子千人，著名的有大慈、文纲和文纲的弟子道岸、道宗等，后由道宗的再传弟子鉴真将律学传到日本，成为日本律宗祖师。终南山的华严寺、至相寺成为中日佛教交流的重要场所。

8. 玄奘大师(600—664)

中国佛教四大译师之一，唯识宗的创始人。虽然一生大多时间在大慈恩寺，但因初期在翠微宫翻译《心经》以及圆寂后归藏兴教寺，与终南山结下不解之缘。

玄奘俗姓陈，本名袆（一说祎），河南洛州缑氏县（今河南偃师）人。13岁出家，随其兄先后在洛阳、长安、汉川（今陕西汉中）、成都等地学习《摄大乘论》、《阿毗昙心论》及《迦严》等经论，并在成都受具足戒。隋唐之际正是中国佛教各宗师各执己见、众说纷纭的时期，其间，江南唯识和江北唯识争论尤烈，就是同一地区的唯识也有很大不同。尽管玄奘历游全国参学，"遍谒众师，备餐其说，详考其理，各擅宗途；验之圣典，亦隐显有异，莫知适从"[①]。后来，玄奘在长安听说印度有位高僧曰戒贤，主讲《瑜伽师地论》，决议西行去印度学习佛

图5-7 兴教寺玄奘法师坐像

---

① [唐]冥祥.大唐故三藏法师行状[M]//大正大藏经.卷50：214.

法。贞观三年（629），玄奘从长安出发，西经凉州，跨越大漠，万里孤征，历尽艰险，终达印度。玄奘在印度学习长达15年；其中在那烂陀寺戒贤门下5年，看到了印度瑜伽学说的全貌；又在杖林山胜军门下2年，学习唯识抉择论和五蕴论释，从而廓清了他对瑜伽学说的余疑，得到了护法论师的真传。回国后，玄奘将西域见闻口述由辩机执笔撰写成《大唐西域记》12卷，流传于欧美和世界各国，已成为专家学者研究7世纪中国西北地区以及印度、尼泊尔、巴基斯坦、孟加拉、中亚等地古代历史、地理、考古等方面的宝贵材料。玄奘辛苦译经17年所译经论凡75部、1335卷，对印度大小乘经典都依据一定的规模安排，有组织地进行翻译。印度佛学的全貌及真相至此才得为中土所窥，创立了唯识宗，受业弟子数千人。其间，译出了《解深密经》《瑜伽师地论》《唯识二十论》《唯识三十论》《成唯识论》《摄大乘论释》《辩中边论》《因明入正理论》等印度唯识宗祖师弥勒、无著、世亲、护法、戒贤等关于唯识的大部分著作。其中，《成唯识论》的翻译，是在窥基的建议下，以护法思想为中心，参酌调和其他9家之说，糅译成的，为中国唯识宗的根本圣典。

玄奘博学精湛，译著宏富，思想精粹。唐代僧众避其名号尊称玄奘为"大唐三藏"[①]，后世有关的民间文学称"唐三藏"[②]。麟德元年（664），玄奘圆寂于长安玉华宫道场，唐高宗哀恸伤痛，为之罢朝。其灵骨葬于白鹿原（后迁至兴教寺），送殡者京城500里内达百余万人，京师道塞，玄奘法师在中国佛教史、哲学史、文化史、中外交流史上都有十分重要的地位。

相传玄奘有弟子三千，高贤七十。其中最著名者有窥基、神昉、嘉尚、普光四高足，而窥基又是唯一能够继承奘师法系的得意门生。

9. 窥基法师（632—682）

唯识宗创始人之一。字洪道，俗姓尉迟，是唐朝开国元勋尉迟敬德的侄子。17岁出家师事玄奘，学梵文佛书。28岁参译《成唯识论》10卷，深达法相、因明之旨。著有《瑜伽师地论略纂》16卷、《成唯识论述记》20卷、《成唯识论掌中枢要》4卷、《唯识二十论述记》2卷、《唯识三十论略释》1卷、《大乘阿毗达磨杂集论》10卷、《辩中边论述记》3卷、《大乘法苑义林章》17卷、《因明入正理论疏》3卷以及《百法论述》、《金刚经论会译》、《法华玄赞》、《弥勒上生经疏》等几十部著作，阐述了唯识宗的万有论、缘起论、识体论、转生论、中道论和修道论等唯识理论，使之充实完备，盛极一时。

---

① [唐]圆测《解深密经疏》："大唐三藏。依《楞伽》等及护法宗。唯立八识。不说第九。"
② 元朝吴昌龄杂剧《唐三藏西天取经》即有"唐三藏"的称谓。

窥基"讲通大小乘教三十余本，创意留心勤勤著述，盖切问而近思，其则不远矣。造疏计可百本"，被称为"百部疏主"，是中国唯识宗的实际创始人。但众所周知，若没有玄奘的传译和对窥基的精心培养，窥基也不可能创立慈恩宗。反过来说，若无窥基的著述和传演，玄奘所传的唯识学也不会发扬光大。因此说："二师立功与言，俱不朽也！"所以，后人尊玄奘为唯识宗的初祖、唯识为慈恩宗的二祖。

窥基得玄奘唯识法相之学真传，与西明圆测对峙而天下分行。永淳元年（682），慈恩大师窥基圆寂，灵骨葬在玄奘之侧，受到众生膜拜。

10. 智俨法师（602—668）

华严二祖，甘肃天水人，俗姓赵，12岁时随杜顺到终南山至相寺出家，研习佛教典籍。他曾于《大藏经》前祈求得一专修法门，因抽得《华严经》首卷，从此专学《华严经》。他初受教于杜顺，又跟智正学《华严经》，再后探讨北魏慧光所撰《华严经疏》。他"虽阅旧闻，常怀新政"，不仅对前人的成果能够吸纳和融会贯通，而且能够推陈出新、阐发新意。他著有《华严经搜玄记》《华严十玄门》《华严孔目章》等著作20余部，并提出"十玄门"理论，从10个方面讲"法界"缘起的内容，阐述宇宙万有、"事事无碍"、本体的"理"与现象的"事"相互依存和融合的道理，基本完成了华严宗学说体系的整体框架，使华严一宗创具规模，宗风渐振，时人称他为"至相尊者"或至相大师。智俨在至相寺有两大高足：一为中国华严宗三祖法藏，创立了华严宗；一为海东华严初祖义湘，使华严宗在新罗弘传光大。

11. 善导法师（613—681）

净土宗的实际创始人。俗姓朱，安徽泗州（今安徽泗县）人，幼年从密州（今山东境内）明胜法师处出家为僧，贞观五年（631）受具足戒。他读了《观无量寿经》后，被净土法门所打动，觉得这种修持方法最易解脱。为了广深博求，跑到东晋慧远创建的江西庐山东林寺访求道律。贞观十五年（641），又到山西石壁山（今山西交城县境内）玄中寺拜访高僧道绰，归为门下。经过5年的学习，于贞观十九年(645)到了长安。他初住终南山悟真寺弘法，也曾在长安城中的光明寺广传净土宗的教义。

善导法师持戒极严，他平时除研读教义、劝化他人外，总是合掌长跪，一心念佛，非力竭不休。传说他念佛一声，即有一道红光从其口中出，十声百声光明如前，故又被称为"光明和尚"。又传善导法师系弥陀化身，有大神通，有大智慧。其弘阐净土，不尚玄妙，唯在真切平实处教人修持。善导大师修行方式常坐不卧，艰苦自励。他用所得供养书写了《阿弥陀佛经》数万卷，书净土变相三百于壁，把净土宗中经典的人物故事用图画描绘出来。近代新疆吐峪沟高昌故址出土的许多古代写经中，也有善导的作品。享誉海内外的洛阳龙门石窟以卢舍那佛像为主的群雕，就是以善导大师为检校僧主建的。在善导大师的思想当中，《无量寿经》、《观无量寿经》和《阿弥陀经》这3部经是一体性的。所以，在解释《观无量寿经》的时候，往往会把三经的教理融在一起。为了进一步弘扬净土法门，他著《观无量寿佛经疏》（即《观经四贴疏》），教人专称弥陀名号为正行。目前现存善导大师的著述一共5部29卷，即《观无量寿佛经疏》4卷、《往生礼赞偈》1卷、《净土法事赞》22卷、《般舟赞》1卷、《观念法门》1卷。这些净土宗典籍，系统地阐述了净土的教相教义及其礼仪规则，建立了较为完备的净土思想体系，集大成于前，开先河于后，创立净土宗。其中《观无量寿佛经疏》主要阐述净土法门的教相教义，于8世纪传往日本，日本僧人源空即据此创立日本净土宗。

因善导宣传的净土宗的修行方法简单易行，修学此宗不一定要通达佛经、广研教乘，也不一定要静坐专修；只需住行坐卧皆可称念"南无阿弥陀佛"，只要信愿具足，一心念佛，就可往西方净土极乐世界，对士大夫和老百姓都很有吸引力。经过善导的弘传，"三年后满长安城内皆受化"。唐高宗永隆二年（681）善导大师病逝，世寿69岁。他的弟子怀恽等人，将善导的遗骨安葬在长安终南山麓的神禾原上，并建立砖塔以示纪念，会葬者倾城，盛极一时。后来他的弟子等人在塔周围建立了香积寺。寺建成后成为净土宗的活动中心，因此香积寺被视为净土宗发源地。

12. 法藏大师（643—712）

中国佛教华严宗三祖，也是华严宗实际的创立人。俗姓康，字贤首，祖籍中亚康居（今乌兹别克斯坦），15岁时在扶风法门寺阿育王塔前燃指供养，坚定佛教信念，17岁在云华寺学《华严经》，27岁从太原寺出家，67岁时受具足戒。历高宗、武周、中宗三朝，在荐福寺参加过义净的佛经译场。他一生著述很多，现存23部，主要有《华严经探玄记》、《华严经旨归》、《华严五教章》、《妄尽还源录》以及《华严金狮子章》等，系统地阐述了华严宗的思想体系，世称法藏为"华严三祖"。法藏对华严宗理论最大的发展就是提出判教理论，他将佛教分为小乘教、大乘始教、大乘终教、顿教及圆教等五教，为创立和弘扬华严宗做出了毕生的贡献。武则天将《华严经》中"贤首菩萨"的名字赐予他，故有"贤首大师"之称，亦称"康藏国师"。睿宗先天元年（712），法藏圆寂，世寿70岁。

13. 澄观大师（737—838）

中国佛教华严宗四祖，谥号清凉国师。澄观俗姓夏侯，越州山阴（今浙江绍兴）人，是华严宗实际创始人法藏圆寂后，中兴华严宗的著名思想家和学者。11岁出家，38岁之前在各地游学，遍寻名山，如他到过山西五台山、成都峨眉山。旁求秘藏，广学诸宗，如在杭州天竺寺学习华严，在苏州学习天台禅宗。贞元十二年（796），澄观奉诏入长安，参加"四十华严"的翻译，多次奉敕注疏佛经，并入殿讲经，深得皇室尊崇，被委任为天下大僧录，主持全国佛教。澄观一生以振兴华严为目标，著作颇丰，据说有400多卷，并有"华严疏主"之称号，还被朝廷授予"清凉国师"称号。他历时4年撰写《大方广佛华严经疏》20卷，后又作《大方广佛华严经随疏演义钞》数十卷，这两部书后合刊为《华严经疏钞》，是《华严经》注疏中最重要的著作，华严宗由此名声大震，在朝官吏纷纷皈依，华严宗的影响迅速扩大，澄观被后世尊为"华严四祖"。澄观弟子众多，其中圭峰宗密、东都僧睿、海外法宝及寂光，号为"门下四哲"，尤其是宗密，不仅继承澄观的学说，而且使其发扬光大，被称为"华严五祖"。由于澄观受禅宗思想的影响，从而极力将华严思想与禅宗融通，他的禅教一致、诸宗融通等思想，对中唐以后的中国佛教产生了很大的影响。唐文宗开成三年（838），澄观圆寂，世寿102岁，一生经历唐玄宗至文宗九朝皇帝。今华严寺保存有华严四祖清凉国师澄观塔，塔呈六角形，为7层6面砖塔，高约17米。塔上嵌有"大唐清凉国师妙觉之塔"刻石。因塔西临原畔，雨水冲刷，有倾覆之虞，1986年拆迁由原址向东南移动10米就地复原，朝圣者甚多。

14. 宗密大师（780—841）

中国佛教华严宗五祖，曾在草堂寺著书讲学，并以习禅称世，谥号定慧禅师。宗密是果州（今四川南充）人，俗姓何。早年学习了大量的儒家经典，立志建功立业，唐宪宗元和二年（807）赴京师应贡举，在遂州听闻道圆和尚说法后，随其出家，受具足戒，主要学习禅宗，研习《圆觉经》。元和五年（810），宗密游学到了湖北，在襄阳遇到了华严四祖澄观大师的弟子灵峰上人，研读《华严经》与澄观的《华严经疏》，又与华严结缘。次年，入澄观（清凉国师）座下，受持华严教学。元和十一年（816）正月，于终南山智炬寺（今寺已不存），自誓不下山，于此遍览藏经3年，撰写《圆觉经科文》和《圆觉经纂要》各1卷。后入终南山草堂寺，大振其宗风，使草堂寺中兴。在住持草堂寺期间，他潜心修学，著《圆觉经大疏》3卷。后再迁草堂寺南之圭峰兰若（兰若，即森林），诵经修禅。因此，人们亦称他为"圭峰禅师"。宗密一生著述颇丰，有《华严经行愿品疏钞》《注华严法界观门》《华严法界观科义》《圆觉经道场修证义》等64卷之多（不包括散佚的在内）。因他著疏讲论，广弘华严之教，所以，亦被称为"华严五祖"。宗密学说的最大特点就是援引禅宗的理论来解说华严，他倡导禅教合一，反对门派对立和相互非难。他都对华严的最大发展就是在澄观所论的"理"与"事"的基础上再提出"真心"学说，所谓"真心"乃是宇宙之心、宇宙之精神本体，它是万法之源。[1]这些理论都体现在

① 王宏涛.西安佛教寺庙[M].西安：西安出版社，2010：70.

他的著作之中，且使华严宗更加完善。

宗密大师虽修道终南，却与长安联系密切。太和二年（828），唐文宗将宗密征入宫中讲经，并赐紫方袍，敕号大德。皇帝的崇敬使朝臣名流皈依崇拜者甚多，如相国裴休与朝野之士多受其教。据记载，朝中受教于定慧禅师的人除裴休外，还有白居易、刘禹锡、韦应物等著名诗人。今存于三论宗祖庭草堂寺鸠摩罗什舍利塔院的《逍遥园大草堂栖禅寺宗派图》（元代岁壬辰正十二年四月望日草堂许村大觉寺在城狮子院住持沙门志通等承录上石）中，有始祖"姚秦三藏鸠摩罗什"、二祖"大唐圭峰定慧禅师"。右边四人是：玄温和尚、元德法师、裴休相、刘禹锡；左边四人是：玄稜法师、太恭法师、郑余庆、白居易。由此可知，裴休、白居易、刘禹锡都是皈依于定慧禅师的。白居易有一首《赠草堂宗密上人》诗曰："吾师道与佛相应，念念无为法法能。口藏宣传十二部，心台照耀百千灯。尽离文字非中道，长住虚空是小乘。少有人知菩萨行，世间只是重高僧。"[1]白居易诗中的"吾师"揭示了他和定慧禅师的关系。

唐武宗会昌元年（841）正月初六，定慧禅师坐化于兴福塔院，世寿62岁。7天后于圭峰山火化，得舍利数十粒于兴福院建塔藏之，宣宗追赠"定慧禅师青莲之塔"。唐朝宰相裴休撰并书有《圭峰禅师塔铭并序》，其中有言："遇穷子则叱而使归其家，见贫女则呵而使照其室。穷子不归，贫女不富，吾师耻之。"如今圭峰山下的草堂寺里，与钟亭相对之处，有唐宣宗大中九年（855）所刻的《唐故圭峰定慧禅师碑》。真可谓：圭峰山月，皓亮清高，普照草堂。

15. 虚云法师(1840—1959)

中国近代佛教大师。俗姓肖，名古岩，又名演初，字德清，自号虚云。世以虚云法师相称，虚云是大师在终南山修行期间的自号。从《虚云年谱》可知，虚云法师与秦岭渊源甚深。光绪初年，他到过圭峰山、秘魔岩、狮子窝、龙洞等处，这里山水奇踪，但因其拜香的原因，没有时间和机会领略这里的风景。拜香的大致经过为："五月底至五台山显通寺，渡黄河，越潼关，入陕西境。至华阴，登太华山。礼西岳华山庙。所经攀锁上千尺幢，百尺峡，及老君犁沟，名胜甚多。留八日，慕夷齐之圣。游首

图5-8 虚云法师

① [唐]白居易.赠草堂宗密上人[M]//[清]彭定求等.全唐诗.中华书局,1999.卷454-19: 5160.

阳山，至陕境西南香山观音寺……光绪十一年乙酉四十六岁春，离香山。西出大庆关，入陕境。经耀州三原，至咸阳，观召伯甘棠树。至长安，城垣雄伟，古迹甚多。城外东北慈恩寺内大雁塔，浮屠七级……至华严寺礼杜顺和尚塔、清凉国师塔。至牛头寺、兴教寺礼玄奘法师塔，到终南山东五台，响鼓坡、宝藏寺、白水浪，此处有两圣僧隐此。到嘉五台银洞子五祖窟。"光绪二十六年(1900)，虚云从普陀山步行北上，到达北京时，恰遇义和团运动爆发，八国联军进攻北京，他随西太后、光绪皇帝逃亡队伍西行，出长城，赴陕西，途中结识了许多王公大臣。抵西安后，转赴终南山，"觅得嘉五台后狮子岩，地幽僻，为杜外扰计，结庐狮子岩下，改号'虚云'自此始。山乏水，饮积雪。充饥恃自种野菜……万山积雪，严寒彻骨，予独居茅蓬中，身心清净"。虚云法师在终南山开始了他的修行生涯，最终在这座山的庇护和帮助下开悟。因虚云法师道行深、名声大，以至于远近僧人、百姓都来嘉午台向他请教，虚云因此不能修行，便离开终南山去云游四方。[①]

虚云以其禅功和苦行而备受赞誉，被认为是中国近代佛教的象征。他以一身而兼禅宗五宗法脉，整顿佛教丛林，兴建名刹，为禅宗杰出代表。

从秦岭大峪口走到十里庙，过终缘桥，山上就是虚云老和尚当年闭关的狮子茅蓬。后来，印光、妙阔、定慧长老都曾在这里修行。

16. 印光法师(1861—1940)

净土宗第十三代祖师。讳圣量，字印光，别号常惭愧僧，陕西合阳县人。小时学儒学，清光绪七年（1881）年21岁，投终南山南五台莲花洞寺出家，礼道纯和尚薙染。他自述其出家因缘："光本生处诸读书人，毕生不闻佛名，而只知韩欧程朱辟佛之说。群盲奉为圭臬，光更狂妄过彼百倍。幸十余岁厌厌多病，后方知前人所说，不足为法。（光未从师，始终由兄教之）先数年，吾兄在长安，不得其便。光绪七年吾兄在家，光在长安（家去长安四百二十里），遂于南五台山出家。"光绪八年（1882），到山西兴安双溪寺受戒，因擅长书法，戒期中缮写事务都由其承担。受戒期间由于写字多，眼病转重，为了不耽误工作，闲时专念佛号，夜里大众睡后，起坐念佛，求佛加被，写字时也心不离佛。受戒后，回终南山，潜居念佛。此后几年，住南五台大顶，亲侍观音大士香火。光绪十二年（1886）八月十五日辞别师父，离开南五台，此时26岁。先后游访过净土道场怀柔红螺山资福寺，文殊菩萨道场山西五台山，北京凤凰岭龙泉寺、圆光寺，观世音菩萨道场浙江普陀山法雨寺，上海太平禅寺以及苏州报国寺和灵岩寺等佛教名山寺院。之后又回到终南山结茅潜修，曾经在圣寿寺住过一段时间，专修净业。圣寿寺比较有名的是圣寿寺塔。圣寿寺有两座塔。其中一座是建于隋朝的圣寿寺

① 朱立挺.古都西安·长安胜迹[M].西安：西安出版社，2007：31.

塔，原名叫"应身大士塔"，来源于观音菩萨显化成和尚去斗毒龙的故事。另一个说法是隋朝时期放置了释迦牟尼的牙骨在里面。塔有7层，30多米，为仿木楼阁式砖塔。另一座比较矮小的砖塔，就是印光法师塔。民国二十九年（1940）冬，印光法师示寂归真于苏州灵岩寺，世寿80岁。印光法师塔就是为纪念印光法师而建造的。如今，圣寿寺仍存有《莲宗十三祖师印光大师塔铭遗像碑》。

印光法师一生注重儒佛融结合，主张学佛从学做人开始，因此，他平日善于用儒家伦理及念佛法门教人。他敬仰善导大师，赞赏他"乃大神通圣人""神妙不测者"，认为他的神通妙用、他的神通智慧是无法测度的。印光法师的著作《印光法师文钞》，风行海内外，对广大的信徒建立正信起了很大的作用。后人传他是大势至菩萨的化身，尊他为净土宗祖师。

（三）海东高僧

终南山不仅是中国佛教的名山，而且与朝鲜也有着密切的关系。自前秦迄于明初，朝鲜来华学僧至今尚能考知其名号者达200多人，其中唐代入学僧占总数的1/2以上，而这时曾经在终南山请益求法或做短时间活动知其名号者达数十人之多。据《海东高僧传》记载，唐新罗国在终南山学修佛法最有名的有圆测、义湘、慈藏等。[1]其中，义湘的《华严一乘法界图》、圆测的《解深密经疏》等著作，为创立具有民族特色的朝鲜华严宗、涅盘宗和唯识宗奠定了理论基础。

17. 圆测（613—696）

海东法将。新罗国人，玄奘弟子。他原系新罗王室子弟，10岁出家，贞观二年（628）入大唐求法，时值15岁，比慈藏早入华10年。在长安从法常、僧辩学佛教经论，其所学的唯识为真谛所传的摄论系，故也被认为属于摄论师，在玄奘取经未回长安前就很有名气。23岁受太宗皇帝得度，住元法寺研究经论和外国语文。玄奘回国后，他敬仰玄奘法师之名，欲拜其为师，其间虽受窥基阻挠，但终随从玄奘学《瑜伽师地论》《成唯识论》等经论，并终生留居中国。46岁任西明寺大德，专心于著作，在唯识学研究上很有成就。

图5-9 圆测灵骨塔

圆测一生的著述甚多，现知名者有14部，但流传于世的甚少。代表作《成唯识论疏》10卷已失传，现只留存有《解深密经疏》10卷、《仁王经疏》6卷、《般若心经赞》1卷等，共3部17卷。从圆测的著作

① 中华电子佛典协会CBETA编.大正新修大藏经·海东高僧传[M].电子佛典 Big5 App版.

中可以看出，在他的注疏中，所引玄奘的东西远没有真谛的多，可见，他虽入玄奘门下但并未亲得玄奘传授，而他在西明寺所讲的新唯识学却独具特色、自成系统，多为独学之说，被称作"西明系"。他的唯识学理论与玄奘高足窥基为代表的慈恩系学说颇有不同，因此，西明系与慈恩派一直诘抗争长。即使在他圆寂后，他的门下与窥基的门下仍然论战不休。据《大周西明寺故大德圆测法师舍利塔铭并序》记载，圆测法师性品素喜山水，在玄奘圆寂后、窥基势力鼎盛之时，圆测曾避之于终南山云际寺静志修行，之后又在距寺30里处结茅而居，前后达8年之久。圆测聪明又有才学，深得武则天赏识，自高宗咸亨年间至武后称帝期间，圆测即返回西明寺，重新开讲，势力达到鼎盛，而窥基此时却远走五台山。据记载，这个时期圆测亦曾以83岁高龄，与西天开士辩论，参与译场，十分活跃。崔致远在《故翻经证义大德圆测和尚讳日文》中称圆测法师为"海东法将"。武周万岁通天元年（696）七月二十二日，圆测圆寂于洛阳佛授记寺，世寿84岁，葬于洛阳龙门香山北谷。之后其弟子慈善和胜庄(亦新罗僧)将其部分遗骨带回长安，葬于终南山丰德寺东岭再次供养。这个地方是法师早年来往甚多之处，在其墓上立塔供养，塔基内有舍利49颗。然而此处奇岩绝壁，法师的学德不易为世所知，至宋代政和五年（1115），同州龙兴寺仁王院广越法师又将部分舍利移葬于樊川兴教寺，立于玄奘法师塔左侧，与玄奘法师塔右侧的窥基之塔共同接受瞻仰。

虽说圆测法师的经典翻译有很多不见文字流传，但其弟子中却人才辈出。如弟子道证法师学成归国，再传于韩国青丘沙门太贤，使圆测之学回播新罗，最终成就了新罗唯识学的兴盛局面。

18. 义湘（625—702）

海东华严初祖。新罗鸡林府人，天资英迈，弱冠出家。据《法界宗五祖碑》（又名《海东初祖碑》）记载，唐高宗永徽元年(650)义湘来华学习，龙朔二年（662）住终南山至相寺，以华严宗二祖智俨为导师，与华严宗三祖贤首国师法藏为同学，与同住山中的道宣律师亦有交往。在至相寺钻研学习《华严》经义达10年之久，唐咸亨元年(670)返回新罗。归国后于新罗太白山创建浮石寺，弘扬华严教义，学徒云集，被推尊为海东华严初祖。后来，法藏托归国的新罗僧胜诠法师将自己的新作《华严探玄记》等多部著作送给义湘法师。书中曾写道："是知如来灭后，光辉佛日，再转法轮，令法久住者，其唯法师矣！"其赞誉可谓倍至。义湘得书后，再创10寺以弘扬其教。此前义湘法师亦曾托入华的孝忠法师送给法藏金九分。法藏与义湘的同窗友谊，传为至相之佳话。

19. 慈藏（生卒年不详）

唐贞观十二年(638)，慈藏与门人僧实等10余人入唐学习，经五台山到达长安，唐太宗给予隆重的接待。之后不久，至终南山云际寺东崖架室静修达3年之久。贞观十七年（643）归国，随身带走了一部佛教藏经和佛像、幡花及盖具等。回国后慈藏被新罗国王任用为大国统，主持新罗一切僧尼规猷，以"定律"称著本国。

除以上几位高僧之外，与终南山有关的海东僧人还有不少，其中可以找出名姓的有圆安、智仁、慧超、慧昭等。

圆安，唐武德、贞观之际入唐学习经论。据《续高僧传》卷十三载，他是新罗皇隆寺高僧圆光（亦曾入华求法）的弟子，初学佛法，晚归心学，名望逐渐显露。后来应特进萧瑀之邀请，为蓝田津梁寺寺主，并受其四事供养。

智仁，来大唐求法年代不详。根据《瑜伽师地论新译序》及其卷末附记，智仁曾从长安弘福寺抽调参与玄奘的译经场工作，在贞观二十三年（649）五月二十四日在终南山翠微宫协助玄奘翻译《般若波罗密多心经》1卷，担任笔受。

慧超，唐开元初入唐，然后经海路到印度求佛法，开元十五年(727)返还至长安，撰有《往五天竺国传》。之后在长安随从"开元三大士"之一的金刚智及其弟子不空学习密法，是不空的六大弟子之一。据其行踪推测，在代宗时期比较活跃，如大历九年(774)二月，慧超曾奉敕至周至境终南山的仙游寺玉女潭祈雨，返回后曾向代宗上表汇报祈雨工作的完成情况。慧超何时回国，回国后如何传法？史料不详。

慧昭，唐贞元二十年(804)入唐，初投沧州神鉴大师研习曹溪禅法，后西游至长安，在终南山紫阁峰"饵松实而止观"3年；然后出山，在山下四达之路编织芒鞋，施予路人，历时3年。大和四年(830)还归故国，受到新罗兴德大王、愍哀大王的优厚待遇。

终南山有些僧人除了在山中修道、译经、弘法外，还游走于长安城与终南山的寺观之间，虽然在某种程度上，两地空间距离上具有一体性，但却体现了他们跟朝廷与外世的接触态度及深度。同时，许多终南山的僧人往往被朝廷召用。另外，长安城中许多官员、文人与终南的僧侣也有往来，不仅诗书往还，还经常造访面谒。僧人在长安与终南之间的进退，官员、文人在长安与终南之间的往来，使得两者之间形成密切的关系。①

---

① 荣新江主编.唐研究[M].北京：北京大学出版社，2003：29-168.

第五节　佛光普照——秦岭佛教的当代价值

　　就华夏历史的文明而言，秦岭就是一座中国文明的金字塔，秦岭佛教就成为朝圣金字塔现代境遇下的心灵诉求。终南山在佛教信徒的心目中具有的神圣性自不必多说，从更广的层面上讲，在强调寻找中华民族共有精神家园的今天，终南山也具有独特的地位，因为它是中国传统文化三大支柱的儒、释、道的共同圣地。

一、佛教生命信仰价值

佛教主要思想为慈悲为怀，主张"众生平等""不杀生""三世轮回"等，劝化人行善积德，只要修行就会有正果，只要努力就会有收获。佛、菩萨都是救人于苦海，为人除魔降福。佛教的教化作用不只体现在教义中，佛寺中坐在天王殿中的大肚弥勒，就是告诫进入寺院的众生：学佛者要有平等心，要充满喜悦，对任何人、任何事物都要欢欢喜喜、平平静静，不跟任何人计较，具备这样的条件，才有资格入佛门；阎王殿的功用是警示人们做人要孝顺父母、友爱兄弟、和睦邻里、正直诚信等。佛教的这种教化功能也是吸引善男信女的一个原因。

佛教教义的主要内容有"三学""四谛""十二因缘""八正道"，特别是三学和八正道，给人们提供了战胜困难的积极正向途径。三学即戒、定、慧，是学佛者必须修持的三种基本学业，其中以慧最重要，戒和定都是获得慧的手段，只有获得慧，才能达到最终的涅槃境界，也就是说，只有获得智慧的方法，才能达到期望的目的。八正道即正见解、正思想、正语言、正行为、正职业、正精进、正意念、正禅定，是获得最终解脱的八种正确方法和途径。用我们现在的话来说，佛教的八正道就是提供给人们一种正能量。不仅求法修行，在日常行事中，要有正确的见解、正向的思维、不虚妄的语言、合法度的行为、正当的职业、专精进取的行动、正向的意念和寂静的身心，只有这样，才能防非止恶、崇德向善。终南山不仅仅体现出了深刻的佛教义理，更重要的是其能引发修道者入山研修义学或践履修行的愿望，唤起文人雅士的情趣，吸引世人的崇信景仰。在当今这个物欲横流的时代，有些人的心灵失去了归宿，而佛教视逆为顺的人生态度，对于饱受生活艰难以及病魔苦痛的人来讲，终南山可以为人们提供心灵栖息的清净场所。此外，佛教追求清静恬淡、根绝欲念、随缘而安、忘却今世、求得解脱，也不失为一种超脱、潇洒、自由的风度。

二、生态人文和谐价值

佛教讲究寂静、清净，因此，佛教寺院往往修建在僻静、清幽且远离喧嚣尘世的山林怀抱之中。终南山景色旖旎、钟灵毓秀，自古以来吸引了许多僧人来此习定修行。1000多年前的唐代，这里就已成为佛教丛林最为集中的地区。僧人依山林而生活，同时又保护、养育了山林，寺院与山林相益，自然与人文双美，被认为是"神人共居"之境。终南山寺院布局上采用曲径通幽的设计方法；如三门，起承转合；主体殿堂以中轴线的二翼对称展开，随着阶梯层层登高，着意创造佛国神秘气氛，引人入胜。佛教文化占领了名山秀水，又不断地开拓和渲染，使终南山的自然景观更有灵韵和神采，形成不同于世俗的佛教山林氛围。这种利用山林自然净化心灵、制造人间净域的文化环境，对于宗教信仰者和一般旅游者极具吸引力。如今，国内外游人无不以游历名山古寺为快：在万木掩映之中饱览布局井然、古色古香的梵宫宝殿和端庄慈祥、栩栩如生的佛教塑像，领略"佛国净土"的清净庄严、超尘脱俗的意境，佛教寺庙已成为人们了解中国传统文化、陶冶情操的重要场所。

三、历史文化研学价值

终南山也是中国最早的观音应化显现之地，保存有最早的观音菩萨信仰道场。终南山上的圣寿寺建于隋仁寿年间的观音大士应身塔，不仅是目前陕西唯一的一座隋塔，更是观音菩萨信仰在终南山最早的见证，比普陀山的观音道场更早300余年。概括而言，终南山是中国乃至世界少有的历史文化名山，其浑厚深沉的历史文化价值为世人所敬仰。

佛教的古刹名寺是秦岭佛教的缩影，尤其是佛殿建筑和佛塔建筑，不仅凝聚着历代能工巧匠的聪明与智慧，而且其建筑规模、屋面形制、佛塔类型、佛塔结构、建筑装饰等，体现了每个时代政治经济及建筑文化的特征，反映了佛教在不同时期兴衰荣辱的变化，印刻着佛教文化发展的轨迹，是中国宗教史和古代文化史的重要组成部分。

秦岭佛教保留了丰富的文化遗存，主要包括寺院布局、建筑特色、雕刻艺术、书法绘画、楹联牌匾、摩崖碑刻，以及各时期帝王臣子、文人墨客留下的大量诗作、碑记，这些遗存是我们研究整个终南山佛教文化发展史以及中国建筑史、科技史、艺术史与宗教史的重要历史资料。

四、佛教生态旅游价值

佛教名山，顾名思义是因为有了佛教才成为名山的；因为是佛教名山，才有成千上万的人慕名游访。而佛教圣境终南山自古有"终南神秀""终南百万玉楼台"的美誉，有着山清水秀、风景优美的良好生态环境。据统计，终南山中寺院成百上千，散布于太白、眉县至华县方圆200多千米的深山幽谷之中。历史上，仅户县境内的山中便"无地不寺，无寺不奇"，而南五台塔寺沟的寺院就多达四五十座。

至今存在的寺院从西向东有黑水峪的仙游寺，皂峪、潭峪的九华山寺、弥陀寺，栗峪的大悲寺，直峪的新兴寺，紫阁峪口的草堂寺、宝林寺，太平峪口的金峰寺、云际寺，沣峪口的净业寺、丰德寺、观音禅院，太和峪的石佛寺，南五台的圣寿寺、西林禅寺、弥陀寺、圆光寺、大茅蓬、竹林寺，嘉午台的天池寺、破山寺、新安寺，天子峪的至相寺、百塔寺，子午峪口的香积寺，高冠峪的圭峰寺，蓝田的水陆庵、悟真寺、玉泉寺，骊山的石瓮寺，迷虎峪的潜龙寺、永山寺、永庆禅院等等。古代许多高僧大德曾居于这些寺院中译经、弘法，寂后又葬身岩壑，与青松翠柏共眠。这些事实说明，终南山的确有着很深的文化积淀。天成的自然风景与特殊的人文名胜，使其成为古今人们寻幽觅古、游览娱乐的好去处。[1]尤其是蓝田的王顺山，长安的嘉午台、天子峪、沣峪口，户县的紫阁峪、太平峪，周至的黑河峪，铜川的玉华山等地，既是风景名胜之区，又有丰富的文化内涵，是非常理想的旅游胜地。此外，位于岚皋县城东南33千米处的南宫山，也是一座佛教名山，因有百年不腐的高僧真身和佯死复活的千年古栎而受人关注。南宫山大鲵漫溪间，角雉飞行其中，金顶隐于云海，石林沉浮雾间。南宫山因有世界少有的火山熔岩地貌和大片原始森林，而被人们称为中国最神奇的国家森林公园和中国最神奇的佛教圣地。

五、佛教艺术欣赏价值

宗教文化对政治、经济、社会生活、文学、音乐、舞蹈、绘画、建筑、哲学会产生巨大影响。终南山寺庙众多，不仅是各宗派信众活动的场所，也是历代书法、建筑、雕刻、园林等艺术荟萃之地。佛教自公元前后传入关中，经过漫长的发展，在关中风景优美的名山大川及城镇修建了大量的佛寺、佛塔、佛窟，留下了大量碑记、古建筑、匾额以及令人叹为观止的壁画、摩崖艺术珍品。如圣寿寺有近代大书法家于右任先生所书"印光大师影堂"石铭，走蛇飞龙，自然天成；雕塑方面，南五台兜率台中的弥勒佛站立法身像，睡佛殿前站立的4尊铁铸神像，弥勒寺的佛像，西林寺的佛雕像，弥陀寺的五百罗汉等，造型各异，工艺精湛；壁塑方面，蓝田的水陆庵，有"第二敦煌"之称。

这些遗迹蕴涵着深厚的佛教文化底蕴，对游客具有极大吸引力，尤其是佛教景观建筑风格及外在文化艺术形式，吸引力更为突出。如佛寺建筑由山门殿—天王殿—大雄宝殿—法堂—藏经楼这条南北纵深轴线所组织的空间，对称稳重且整饬严谨，体现了佛教以理智的入世精神排斥了非理性的迷狂。不只是建筑，佛教殿堂供奉的佛、菩萨、罗汉等雕塑以及大量壁画，极具艺术欣赏价值，对游客了解中国北方汉传佛教的信仰有着巨大帮助。现代寺庙中，从各种中国古代遗留下来的佛教石窟、绘画、壁画到近代宗教题材的雕塑，从原始祭祀音乐到现代佛教寺庙的佛教音乐等，也都成为人们了解当地宗教文化的重要环节。

六、佛教文化交流价值

秦岭终南山不少寺院具有国际文化交流的悠久历史，不仅誉满神州，而且称誉海外。[2]秦岭中西域及韩国、日本的僧人最多，前后相踵，东来西往，或传法，或求法，时间经历千余年，堪称世界文

---

① 陈景福.论陕西佛教文化及其旅游资源的开发利用[J].陕西省经济管理干部学院学报，2000（2）.
② 陈景福.诸宗竟演终南山[J].佛教与山：中国佛教十大名山.学佛网.http://www.xuefo.net/nr/article5/46976.html.

化史上的一大奇观。

佛教的兴盛，吸引了一大批外国僧人来中国长安学习佛法和中国文化。如"开元三大士"的善无畏、金刚智、不空来自印度；空海等"入唐八大家"来自日本；圆测、慈藏和义湘来自朝鲜半岛；他们回国后都成了本国佛教宗派的开山之祖。不仅如此，中国僧人也前往国外弘传佛法，最为著名的就是东渡日本的鉴真和尚。佛教文化的传播，也深深影响了以日本、朝鲜为代表的东亚各国的社会文化，如今在这些国家仍可以看到中国佛教文化的影子。

古代长安佛教对日本、朝鲜及东南亚国家的佛教都有重大影响，许多国家的僧人和佛教徒经常来长安的佛教寺院朝拜和交流。自汉唐始，从印度等西域各国前来长安弘法的高僧可考者总数就达40余人。著名的印度僧人鸠摩罗什曾于户县草堂寺译经传法，至今寺里仍保存有鸠摩罗什舍利塔及定慧禅师传法碑。经长安赴印度求法的中国及朝鲜僧人也有30余人。这些人回来后多留居长安弘法，其中做出重大贡献的有竺法护、玄奘、义净等，他们对丝绸之路的开辟、中西文化的交流有着杰出的贡献。古代朝鲜、日本前来长安求法的僧人计有六七十人之多，足迹北及今铜川，南至汉水、商山，其中又以长安及终南山为多。这些僧人有的学成回国，有的终生留居中国。日本佛教史上有名的"入唐八大家"中的空海、圆仁、圆珍等都来长安学佛，并在回国时带走大量经文，是中日民间交往的友好使者。他们求学的寺院已成为韩、日两国僧俗向往、寻根、巡礼、旅游的圣地。如大兴善寺是中印文化交流的重要见证，青龙寺被日本真言宗奉为"祖庭"。秦岭许多著名的寺观（包括各宗派祖庭）至今仍保存完好，拥有大批虔诚信徒和仰慕者，并与世界各地有密切联系，一如既往地承担着文化传播和交流的重任。

日本佛教的净土宗创始人源空法然在创宗时曾提出了"偏依善导大师"的口号，此宗信徒便追终南山的善导塔院香积寺为其祖庭。日本日莲宗依据《妙法莲华经》创立宗派，《妙法莲华经》于后秦弘始年间(399—415)在终南山圭峰大寺（草堂寺）由鸠摩罗什译出，因此，日莲宗便以草堂寺为其祖庭。可见，终南山地带对东方佛教有着深远的影响。

附录:

秦岭主要佛寺空间分布、代表人物、宗派简表

一、秦岭西段:

区域	寺名	空间分布	创建/重修时代	代表人物	宗派
秦岭西段	铁佛寺	太白山中	隋朝建		
	上板寺	太白山中	隋朝建		
	下板寺	太白山中	隋朝建		
	平安寺	太白山中	隋朝建		
	骆峪寺	太白山	隋炀帝大业年间(605—617)建	道哲	
	仙游寺	1998年由黑水峪后迁至金盆北梁	隋开皇十八年（599）建		
	清凉寺	广济乡曹家滩村的黑风嘴上	创建于唐贞观年间，多次重建。20世纪60年代毁坏殆尽，1995年于原址复建		

二、秦岭中段:

区域	寺名	空间分布	创建/重修时代	代表人物	宗派
户县段	涌泉寺	终南山麓周至县马召镇涌泉村	据寺内明代碑石记载：涌泉寺因泉而得名，主殿修建于元至正三年（1343）。一说唐天宝年间涌泉寺便为尼姑庵		
	圆觉寺	终南山麓周至县马召镇	始建年代不详		
	大悲寺	栗峪慈云山下上庄村南侧	始建于隋唐，明清重修		
	新兴寺	直峪口云台山下石井镇	明洪武年间始建，清重修		
	弥陀寺	九华山下石井镇阿姑泉村	始建于隋朝，以阿弥陀佛圣号取名曰"弥陀寺"		

	寺名	地点	始建/重修	高僧	宗派
户县段	草堂寺	草堂镇草堂营村	后秦弘始三年（401）建	鸠摩罗什、宗密、澄观	三论宗
	圭峰寺	祥峪西圭峰山南	唐代建	宗密	禅宗
	重云寺（长兴寺）	圭峰山北	五代后梁开平五年(911)建	智晖	
	金峰寺	牛头山下庞光镇化丰村	始建于隋，盛于唐，复兴于明	一行和尚	
	云际寺	牛头山下庞光镇西焦将村	始建于北魏，清重修	法澄上人、释慈藏、法藏	
	大圆寺	紫阁峪口草堂镇杜家庄	明嘉靖34年(1555)重建	大圆	
	宝林寺（紫阁寺）	紫阁峪内	唐贞观时建，同治年间被毁		
	石门寺	化羊峪西庞光镇化丰村	不详		
	胜光寺	苍游乡什王村北鄠坞岭上	始建于唐朝，1991年重修		
	净居寺（原名净居禅院）	潭峪口石井镇土门村	明代建，2003年重修		
	宝泉寺	潭峪口石井镇	唐代之前建		
	龙泉寺	涝峪口天桥乡西	1987年由本普尼师重建	本普尼师	
	福慧寺（庵）	烧柴峪口	1949年重建		
	西明寺	庞光镇炉西村村北	始建于唐代，1996年重建		唯识宗
	园通寺	石井镇全夏村南侧约500米处	始建于唐高宗永徽三年(652)，1988年重建		
	雷音寺	皂峪河沟口西，距环山旅游路500余米	始建于唐贞观年间，早年毁；2001年重建		
	白云寺	石井镇白云村西侧	始建于1500多年前，1998年重建		
	圆胜寺	草堂镇宋东村东端	清代该遗址曾建柿圆寺，1994年重建		
	白马招觉院	秦镇南、北庞村之间	始建于东汉永平十一年（68），民国时改为学校，2002年恢复宗教活动		
长安段	净业寺	终南山沣峪路口	始建于隋末，1998年重建	道宣	律宗
	丰德寺（沣德寺）	沣峪口滦镇街道	建于隋，盛于唐；明永乐年间整修	释善静、道宣、智藏	律宗
	兴教寺	长安区杜曲镇西纬村	建于唐总章二年（669），1982年全面修缮、增建	常明法师	唯识宗
	华严寺	长安区东少陵原半坡	始建于唐贞元十九年（803）	释法藏、澄观、宗密	华严宗
	至相寺	终南山天子峪内	始建于隋开皇年间；清康熙年间，僧人紫谷居至相寺后，始改名"国清寺"	慧藏、释道宗、吉藏、释慧因、释静琳、释弘智、释智严	华严宗

长安段	香积寺	终南山北子午峪口外	始建于唐永隆二年(681)	昙鸾、道绰、善导、怀感	净土宗
	观音禅院	滦镇街道二道桥	建于1999年，2003年辟为寺院		禅宗
	翠微寺	太和峪	唐高宗永徽二年（651）改翠微宫为翠微寺	道朗	
	龙田寺	太和峪	贞元年间并入翠微寺	沙门法琳	
	卧佛寺（睡佛寺）	滦镇青华山	始建于唐代		
	西林禅寺（大茅蓬）	南五台观音台南坡	光绪十六年(1890)觉郎和尚建	印光法师	禅宗
	弥陀寺	五台乡星火村五台山口	始建于隋代，1984年重建		
	圣寿寺	五台乡南五台塔寺沟内	始建于隋仁寿年间（601—604）	惟政禅师、印光法师	净土宗
	净土茅蓬(小茅蓬)	五台乡南五台	民国之前建，1954年改称此名		净土宗
	竹林寺	长安区五台乡南五台	始建于唐贞观年间，尉迟敬德监修		
	狮子茅蓬	大峪十里庙进山半山	民国时期建	虚云、印光、妙阔、定慧	
	天池寺（龙池寺）	嘉午台蛟峪	始建于隋唐	智积、释慧满	三阶教
	百塔寺	长安区王庄乡子午天子口村	始建于隋开皇十四年(594)，唐大历六年（771）改建为百塔寺，宋太平兴国三年（978）改为兴教院		
	观音寺	杜曲镇南樊村	始建于唐代，现已重建		
	宝庵寺	引镇街道高村	始建于明，清咸丰年间（1851—1861）焚毁。20世纪90年代重建		
	密严寺	滦镇街道上王村	20世纪80年代重建		
	莲池寺	子午街道天子口村	始建年代无考		
	南峰禅寺	子午街道小五台山顶	始建年代无考		禅宗
	归元寺	王寺街道许村	始建于唐贞观年间（627—649），1985年后重建		
	华光寺	王寺街道北陶村	始建于明中期，1989年重建		
	青音寺	五台乡大瓢沟村	近代常通法师建	常通法师	

	兴庆寺	嘉午台山巅	始建年代无考，明代至民国重修		
长安段	法音寺	鸣犊镇鸣犊镇村	始建于明中期		
	极乐庵	太乙宫街道黑沟	新建		
	净居寺	滦镇街道东佛沟村	20世纪90年代重建		
	观音禅寺	东大街道罗汉洞村	始建于唐贞观年间（627—649），1998年重建		
	法华寺	滦镇街道观音山	隋建，毁于战乱；1991年重建		
	西观音寺	滦镇二道桥	20世纪50年代重建		
	清净寺	滦镇街道摩天岭	始建年代不详	徹慧尼师	
	亮碑寺	鸣犊街办黎明村	始建于明永乐22年（1424）		
	洗心茅蓬	滦镇街道白石峪村	始建年代不详	光谱法师	
	延福寺	滦镇街道白石峪村	始建于唐代，20世纪80年代后将寺庙迁于此		
	天池寺	鸣犊镇马嘶坡村	隋代初建，宋及明、清曾重修过。明洪武初，秦愍王朱樉亲临督工，整修寺院，开拓御道，分为上下两寺		
	兴国寺	兴隆乡西甘河村	始建于唐代		
	龙泉寺	王莽乡王家村	始建年代不详		
	摩诃慈恩寺	杨庄乡太兴山南寺岭	始建于唐代		
	牛角寺	子午街道子午村	相传建于隋朝，2003年重建		
	灵感寺	五星乡太原庄村	始建于唐，明万历年间(1573—1620)重修	道宣	
	洪福寺（弘福寺）	樊村乡西樊村南神禾原北崖	始建于唐代，明代重修		
	大佛寺	杨庄乡佛庄村	始建于唐代，后重修		
	红云寺石佛寺	杨庄乡石佛庄	始建于宋代，2003年重修		
	普贤寺	义井乡普贤寺村东	始建于唐代，清同治年初遭焚。清光绪十七年（1891）秋至光绪二十二年（1896）四月重修		

三、秦岭东段：

	水陆庵（蓝渚庵）	蓝田峪口普化镇杨斜村	始建于唐代，明代为秦藩王家佛堂		
秦岭东段	上悟真寺	在王顺山腰	始建于隋开皇初年		净土宗
	悟真西寺	王顺山口杨斜村，与水陆庵相对	2000年迁建于此	净业、释慧超、法诚	净土宗
	玉泉寺	蓝田散谷	始建于隋，兴于唐	释静藏	
	空寂寺	蓝田东咀村沟道中	始建于唐	大福和尚	
	西峰寺	蓝田汤峪西峰山顶	始建年代不详		
	东峰寺	蓝田汤峪东峰山腰	始建年代不详，重建		
	香云寺	蓝田汤峪镇上峙峪	始建年代不详，重建		
	佛山寺	汤峪镇上峙峪村	始建年代不详，重建		
	华严堂	蓝谷南横岭	始建年代不详，重建	法诚	华严宗
	凉泉精舍	临潼骊山	始建年代不详，重建	慧善	
	福缘寺	临潼新丰	始建年代不详，重建	道休	
	石瓮寺	临潼骊山	开元年间建		
	潜龙寺	华县莲花寺乡少华蟠龙山巅迷虎峪	始建于东汉明帝时		
	宁山寺	华山小夫峪口东侧柏树坡山脚下	始建于东汉明帝时		
	永庆禅院	华县柳枝镇上安村南凤凰山	始建于东汉永平十二年(69)，兴于唐	明代禅宗长老二法师	
	佛崖寺	潼关安乐乡的松果山上	始建于唐贞观十年(636)		

　　此表根据孙昌武《唐长安佛寺考》[①]、詹宗佑博士论文《隋唐时期终南山区研究》120～123页表2-3《隋唐时期终南山区佛寺表》、王静《终南山与唐代长安社会》附表一：终南山寺院[②]以及贾俊侠《终南山宗教旅游资源保护利用》[③]等制作。

① 荣新江主编.唐研究(第二卷)[M].北京：北京大学出版社，1996：15-19.
② 荣新江主编.唐研究(第九卷)[M].北京：北京大学出版社，2003.
③ 长安历史文化研究中心主编.长安历史文化研究(第四辑)[M].西安：陕西人民出版社，2011.

秦岭四库全书·智库

第六章

秦岭
——中国道教文化的诞生、演变之地

文明春秋

道教是中国土生土长的宗教。研究道教发展的历史，秦岭始终是一个不可忽视的地理概念。道教产生于东汉末期，自汉魏隋唐至宋元明清，秦岭山中的道教香火绵延不绝。专门研究西北特别是长安地区和秦岭道教的樊光春先生认为：道教始于汉代，黄老道是道教的最早组织形态，《天官历包元太平经》是道教最早的经典，长安地区是道教形成和传播的主要地区。

　　秦岭是道教的祖庭文化区。道教的一些主要派别如楼观派、全真派、龙门派的祖庭均在秦岭山中。历代于秦岭山中所建道观可考或现存者尚有楼观台、通道观、仙游观、金台观、重阳宫、清凉山、望仙宫、丹阳观、长春观、太一观、四皓庙、玉真观、金仙观、开元观、灵泉观(原华清宫)、白鹿观、太元观、萯黎观(原萯阳宫)、化羊宫(亦称化羊庙)、太平观(原太平宫)等数十座。因此，秦岭可以说是我国道教名副其实的发源地之一。

第一节　中国道教文化溯源

秦岭是道教的祖庭所在地，是我国道教名副其实的发源地之一。道教建立的最早的政教合一的封建割据政权就产生在秦巴山区，道教的主要派别如楼观派、全真派、华山派、龙门派均以秦岭为起源地。据史料记载，散布于秦岭山间的道观数量达数十座，有些仍保留至今，有些有遗迹可寻，它们均已成为珍贵的历史文化遗产，同时也为秦岭的自然山水之美增添了一抹神奇的色彩。

一、老子、尹喜与《道德经》

鲁迅曾说："中国根柢全在道教。"①英国著名学者李约瑟也曾说："中国人性格中有许多最吸引人的因素都来源于道家思想。"所以谈中国道教，首先要提到的就是老子与《道德经》。老子是春秋末期楚国人，姓李，名耳，字聃，故又称老聃。他曾做过西周"守藏室之吏"，即管理政府藏书的官员。《史记》记载孔子曾问礼于老子，对老子十分敬佩，称其为龙："鸟，吾知其能飞；鱼，吾知其能游；兽，吾知其能走。走者可以为罔，游者可以为纶，飞者可以为矰。至于龙，吾不能知，其乘风而上天。吾今见老子，其犹龙邪！"老子思想的核心是"道"，他认为，"道"是世界的本源，即所谓"道生一，一生二，二生三，三生万物"。此外，老子还提倡万事万物相互依存、相互转化的朴素辩证法思想。老子的思想保存在《道德经》一书中，该书由《道经》与《德经》两部分组成，故也称《道德经》。1973年，湖南长沙马王堆三号汉墓出土了帛书《道德经》甲、乙本，编次与今本《道德经》中《道经》在前、《德经》在后不同，而是《德经》在前，《道经》在后，学者们认为其成书早于今本《道德经》。1993年，湖北荆门郭店楚墓又出土了竹简《道德经》甲、乙、丙本，其成书年代更早于帛书本《道德经》。

《道德经》是怎样成书的呢？这就要谈到尹喜了。虽然有人认为，《道德经》是后世老子弟子记录其言行的书，但也有学者认为《道德经》成书于尹喜之手。尹喜，字公文，又字公度，甘肃天水人。据西汉刘向的《列仙传》记载，尹喜曾做过西周的大夫，由于周室衰微、时局动荡，他决定远离政治中心，主动要求去做函谷关令。尹喜善观天文星象，老子西游，他先见紫气东来，知有真人经过，遂恭迎老子，请老子著书。《史记》卷六三《老子韩非列传》也记载，老子目睹西周的衰败，乃离京西行，"至（函谷）关，关令尹喜曰：'子将隐矣，强为我著书。'于是老子乃著书上、下篇，言道德之意五千余言而去"。

其实老子并未亲笔著述《道德经》，在《论语·述而》篇中有这样的记载："子曰：'述而不作，信而好古，窃比我于老彭。'"一方面，可见在当时，"述而不作"是一种社会风尚；另一方面，经清代史学名家王夫之、赵翼等人的考据，基本可以认定老彭即老子。

《道德经》虽非老子所著，但确实是老子所述，记录、整理者可能是尹喜。庄子将老子与尹喜并称为"古之博大真人"，西汉刘向《列仙传》记载尹喜与老子俱游流沙之西，化胡。东汉班固《汉书·艺文志》也记载尹喜"为关吏。老子过关，喜去吏而从之"。在老子与尹喜共同西游入

① 鲁迅.鲁迅全集[M].北京：人民文学出版社，1981：285.

秦、陇乃至流沙的过程中，老子将《道德经》的思想授予尹喜，尹喜将其记录下来，使老子的思想得以传播、保存，功莫大焉。尹喜本人也有著述，刘向称其"亦著书九篇，号曰《关尹子》"，可惜均已失传。

二、张鲁政权及五斗米道

老子是道家学说的代表人物，《道德经》起初也只是道家学派的代表作，与道教并无关联。道教产生后，以老子为教主，《道德经》为基本经典，这二者才与道教发生了联系。

而说到道教的创立，则首先要回顾一下当时的社会形势。东汉末年，外戚与宦官交替专权，党锢之祸接连发生，民不聊生，于是，在关中、汉中乃至河北等地，人们纷纷借助鬼神发动反抗斗争，在某种程度上可以说是黑暗的社会现实加速了道教的诞生。

各处借助宗教所进行的反抗东汉政权的斗争先后失败，唯有五斗米道影响最大，坚持时间也最长。其创始人张陵，相传是西汉留侯张良的八世孙，道教徒也称之为"张道陵"。青年时期，他学习儒学，曾为东汉的地方官员。后来他学习了长生之术，遂辞官至洛阳北邙山、江西龙虎山（今江西鹰潭市西南）修炼，又与弟子入蜀川，在鹤鸣山（今四川大邑西北）传道，时当东汉顺帝（126—144）时，如今鹤鸣山被公认为是五斗米教起源地。据东晋葛洪《神仙传》卷四记载，张道陵自称天师，并假托这一称号是老子所任命，故五斗米道也叫"天师道"。张道陵尊奉老子为教主，以《道德经》为道徒必修的经典，他撰写了《老子想尔注》，从宗教角度神话老子及《道德经》，称老子为"道"的象征，是具有神秘创造力与无上权威性的"太上老君"，并造作符书，发展了许多信徒。因接受其宣传的人都要缴纳5斗米，故其创立的教派也被称为"五斗米道"。

张道陵死后，其子张衡继承其业，陈寿写《三国志》记为张修，但裴松之在为《三国志》作注时认为张修应为张衡。不过，张修也确有其人，是继张道陵之后，五斗米道的一位重要领导人物，他完善了五斗米道内部的组织管理制度，为五斗米道的发展、壮大做出了很大贡献。但一山难容二虎，张衡之子张鲁袭杀张修，统一了五斗米道，将祖、父所开创的事业进一步发扬光大，他自号"师君"，来学习五斗米道者初名为"鬼卒"，后号"祭酒"。"祭酒"各领部众，部众多的祭酒名叫"理头"；提倡诚信，反对欺妄；信徒有错，就让其坦白自己的过错，给犯错的人3次改正的机会。各个"祭酒"都在道路旁建立起"义舍"，在舍内放置米、肉，以供应行旅之人食用。行人可按需取用，不得过量，否则会招鬼致病。由于其政策符合下层民众的需求，故得到了广泛拥护，加之东汉末期社会动荡，流民纷纷前来入道。张鲁先依附东汉益州牧刘焉、刘璋父子，后与之决裂而自立，雄踞巴山汉水一带达30年之久。①东汉朝廷无奈，只好封张鲁为镇夷中郎将，领汉宁太守。就这样，以五斗米教为依托，张鲁实际上在汉中建立起了政教合一的封建割据政权。

建安二十年（215），张鲁降服于曹操，张鲁政权宣告结束，但五斗米道却并未消亡，史载曹操曾征调汉中民数万户以实长安及三辅，五斗米道因此而得到了更广泛的传播，由汉中一隅之地向北方扩展开来，随着东晋南迁，天师道进一步传播到江南，并逐渐被上层社会接受，许多世家大族都以天师道为家族信仰。五斗米道从原始的民间道教逐渐转变为官方认可的天师道。

① [晋]陈寿.三国志[M].北京：中华书局，1959：867.

第二节　汉唐秦岭道教文化的繁荣

　　汉唐之际，秦岭道教文化进入繁荣时代。自老子在楼观台传道以后，以终南山为中心的道教文化便迅速传播开来。终南山楼观台道教与汉唐帝王也产生了千丝万缕的联系，尤其是唐代君主，奉老子为始祖，立道教为"儒释道"之首，促进了道教迅速走向繁盛。

一、终南山道教

终南山的含义有广义、中义与狭义之分。广义的终南山即为秦岭山脉的中段，也就是秦岭在陕西境内的部分，自西向东包括太白山、终南山、骊山、蓝田山等；中义的终南山绵亘关中地区数县，西始周至，东经户县至长安，以现代行政区划而言，位于周至、户县、西安市长安区境内；狭义的终南山则专指正对长安城的山体。

因关中西部眉县、太白境内的太白山与东部临潼的骊山、华阴的华山、蓝田的王顺山等都比较有名，常自成体系，与终南山并称，故常用的是其中义。

（一）楼观道教

古人云："天下形势之伟岸者，在郡曰长安；长安形胜之巨者，在山曰终南；终南名胜之最者，在宫曰楼观。……自古登仙得道之士，出乎其间，无世无之。"这段话为我们道出了楼观道教在终南山道教乃至秦岭道教发展史上的至高地位。

1.楼观道教的诞生

楼观道教以楼观台（今陕西周至东南）为中心，这里产生的第一位道教名人就是尹喜。相传尹喜来到终南山周至境内，发现这里北临渭河，南靠秦岭，山水相依，古树参天，是一个适合潜心修道的清幽之境，遂结草为楼，观星望气，后人因此称其修道之处为楼观。

图6-1 老子像

继尹喜而来的第二位名人是老子。尹喜善于观测天文星象，担任函谷关令后，他预知圣人将自东方西行，遂亲自迎接老子，执弟子礼，并伴随老子西游秦陇。他们到达楼观台后，老子在说经台为尹喜讲经，尹喜记录、整理后便成为今日之《道德经》。而后他又根据自己的理解加以发挥，著成《关尹子》9篇，被历世楼观道派奉为经典，从此奠定了中国道教的基础，这里也就成为了中国道教重要的发源地之一。因为楼观与说经台紧密相连，楼观台之称随之产生了。

在《楼观传》中，"楼观"之称首次见诸史籍，书中记载曹魏元帝咸熙元年（264），"道士梁谌事郑法师于楼观"。晋惠帝永兴二年(305)，太和真人尹轨降临楼观，向梁谌传授《日月黄华上经》《水石丹法》等，故梁谌声称所学出自尹喜正宗嫡传，撰写了《楼观先生本起内传》。当时北方道教高士多信服之，纷纷赴楼观学道，楼观道派势力大振。《楼观传》是十分珍贵的道教史料，今已失传，仅零星保存在五代宋初天台山道士王松年所撰的《仙苑编珠》中。据《楼观传》所记，楼观道派真正出现的时间应是魏晋时期，开创者是梁谌，尹喜、老子都是托名而已。

魏晋南北朝时期，是张陵创立的天师道从民间宗教向世家大族信奉的神仙道教演变的重要阶段。在这一过程中，东晋中后期的江南，经葛洪到陶弘景等人的努力，出现了道教上清派和灵宝派。上清派和灵宝派都与天师道关系密切，是南方士族对天师道改造的产物。而北朝的中原、关陇地区则先后出现了新天师道和楼观道派。北魏时期，寇谦之改造五斗米道为新天师道，使之成为适应北魏鲜卑统治者和汉族门阀地主阶级联合统治的工具；楼观道派则融合南北道教，既继承了北方道教神话老子的传统，奉尹喜为教主，以其为老子的弟子；又吸纳了上清派道教经典的内容，成为继寇谦之新天师道之后，北方最具影响的道教派别。

楼观台历史悠久，古迹众多，据《关中胜迹图志》记载："观前为四子堂及文史三清二殿，再进为望气楼；右殿曰景阳，有丹井；左殿曰宝章。后为宗圣宫，宫后林木翠绕。有台踞高冈之上，曰说经台。楼殿凌空，金碧溢目。"留存至今的古建筑遗址主要有说经台、炼丹炉、栖真亭、始皇清庙、汉武仙台、宗圣宫、延生观（唐玉真公主别馆）等。此外还有蕴含道教意义的自然景观如上善池、仰天池、古银杏树、系牛柏、化女泉等。据说还有老子与尹喜的古墓葬，北魏郦道元《水经注·渭水》写道："水出南山就谷，北迳大陵西，世谓之老子陵。昔李耳为周柱下史，以世衰入戎，于此有冢。"据此，现在有学者研究认为老子卒葬之地就是楼观台。《周至县志》记载："县东南三十五里有五老洞，相传即老子葬处。"将老子卒地说得更为具体。今日这里的老子墓旁还有尹喜墓及碑，相传他先葬老子于此，后卒葬老子之侧。

2.帝王与楼观台

历代帝王均对楼观台青睐有加，先后在这里建立祠庙或修建道观。相传最早在此修建道观的是周穆王，据《楼观本记》记载，自昭王时尹喜遇老君，得道而仙游后，"穆王乃钦尚遗尘，为建祠修观，召幽逸之人，置为道士。自尔相承，于今不绝"。

南宋谢守灏所编的《混元圣纪》记载，秦朝时，始皇在楼观之南建清庙祭祀老子，并亲自祭拜。

汉武帝也曾在说经台的北边建造老子祠，名曰"望仙宫"。秦始皇、汉武帝敬奉老子是因为《道德经》中有养生的内容，相传老子寿200余岁，而这两位帝王都热衷于追求长生，他们为老子建祠，向老子祈福，使得老子被神化、权威化，楼观台由道家学说的诞生地同时变成了道教楼观派的发祥地。

据清雍正十三年（1735）立于楼观台的《重修古楼观说经台记》碑记载，西晋惠帝时，下令对楼观"重更修葺，莳木万株，南北连亘七里，给户三百，供洒扫"。即在楼观扩建秦汉以来的祠庙，将前代对老子的崇奉延续下来。楼观道教的盛况由此可见，楼观道教的地位也更加稳固。

此后，北朝历代帝王都优礼楼观道教。北魏太武帝拓跋焘喜好道教，对楼观道士马俭、尹通等颇加礼遇，"常遣使致香烛，俾之建斋行道"。他还派人刻写道教经书送到楼观，又在楼观修建殿宇，供道士居住，使得高逸之士、朝野缙绅都对楼观产生了浓厚的兴趣，自是四方请谒不绝，以致"车骑填门，冠盖溢路"。嗣后，道士牛文侯、尹法兴等接踵而至，楼观道士人数增至40余人。在帝王的扶持下，楼观道教的影响和规模日益扩大。西魏文帝甚至招楼观道士陈宝炽入京城，在延英殿上，帝王与王公大臣们或拜师或问道，楼观道派的影响从远离尘世的终南山中扩展到了国家政治权力的中心。北周武帝时，在田谷为楼观道士严达建通道观，又选王延、苏道标等9人同入此观，修行道法，合称"田谷十老"。王延还奉命修《三洞经图》（即《三洞珠囊》），整理校订道教典籍。

隋文帝、隋炀帝父子对道教也加以利用。《隋书》记载，北周末，道教徒曾预言杨坚有王者之相："时高祖作辅，方行禅代之事，欲以符命曜于天下。道士张宾揣知上意，自云玄相，洞晓星历，因盛言有代谢之征，又称上仪表非人臣相。由是大被知遇，恒在幕府。"[1]杨坚称帝后，对张宾等人回馈丰厚，"道士张宾、焦子顺、雁门人董子华，此三人，当高祖龙潜时，并私谓高祖曰：'公当为天子，善自爱。'及践祚，以宾为华州刺史，子顺为开府，子华为上仪同"[2]。隋文帝还在大兴城设置玄都观，以楼观道士王延为观主，并令之统领天下道门事务，显示出对楼观道派的尊崇。炀帝则明确规定道教讲经以《道德

图6-2 楼观台宗圣宫

① [唐]魏徵.隋书[M].北京：中华书局,1973：420.
② [唐]魏徵.隋书[M].北京：中华书局,1973：1774.

经》为本，明确了老子及《道德经》在道教中的地位，对以老子为教祖的楼观道教进行大力扶植。楼观道教继续沿着上升轨迹运行，严达在楼观台整修宫观殿宇，楼观道士人数多达120人。

唐代是楼观道教发展的鼎盛期。首先，楼观道士拥护李唐政权，如隋末李渊晋阳起兵后，屯于宜寿宫，楼观道士岐晖以观中资粮给其军，及李渊至蒲津关，晖喜曰："此真君来也，必平定四方矣。"乃改名为平定以应之，又发道士80余人至蒲津观接应。高祖即位，诏曰："平定宜受紫金光禄大夫，已下并节级授银青光禄大夫，以酬其义。"①其次，李唐王室为抬高身份，自称为老子李耳的后代，对道教自然也极力推崇。高祖数次亲自拜谒楼观台老子庙，又令修葺楼观各处宫观，并命改说经台为老子祠，改楼观为宗圣观，以示尊祖敬宗之意。武德八年（625），大书法家欧阳询亲笔隶书的《大唐宗圣观记》碑，竖立在宗圣观前，现仍存于说经台山门西碑厅中。

宋朝仍崇奉道教，尤其是宋太宗赵光义的登基深得楼观道士的帮助。他是宋太祖赵匡胤之弟，本无继位可能，但终南楼观道士张守真为他量身打造了"君权神授"的神话，又经过"斧光烛影"的宫廷政变，成为北宋第2代君主。为表明自己帝位的合法性，他命正奉大夫徐铉撰《重刊终南山上清太平宫碑铭并序》，讲述修建上清太平宫的缘由，将神灵对自己的眷顾通告天下。因此，宋太宗对楼观道派格外关照，先后改宗圣观为兴国观、顺天兴国观，并亲赐匾额，楼观台并未因曾是李唐王室的皇家道观而受到排斥，反而成为了新王朝顺应天地民心的象征而得到了保存与发展。

元世祖忽必烈出身蒙古族，为显示其政权的合法性，更好地统治华夏大地，他对道教这一中国传统文化的代表颇为重视，楼观台作为道教圣地自然也受到关照，忽必烈曾3次下诏修葺楼观台，并在唐代"宗圣观"之名的基础上，将其改为"宗圣宫"。至今，元朝《终南山古楼观宗圣宫图》碑仍存于楼观台。应指出的是，元代楼观道派趋于衰落，元朝建国之初，当时的全真派掌门尹志平筹划修复了已经破败不堪的楼观宗圣观，楼观道派遂逐渐并入全真道派。

3.财神赵公明的传说

中国民间信仰认为，天界有各种神灵管理相应的人间事务，在尘世间，要想生活富裕，离不开天上财神的护佑。我国传统文化中的财神名目繁多，有"正财神"赵公明、"文财神"范蠡或比干、"武财神"关羽、"偏财神"五路神或利市仙官、"准财神"刘海蟾等，但最为人熟知且最受尊敬的，首推"正财神"赵公明。

---

① [宋]谢守灏编.道藏·混元圣纪 [M]//.上海：上海书店,1988：854.

正财神赵公明故里就是终南山楼观台。元代成书的《绘图三教源流搜神大全》记载了赵公明的来源及神威、执掌。赵公明被描绘得法力无边且公平正义，自然深受人民欢迎。不过，赵公明最初的形象并非财神，在东晋干宝《搜神记》里，他被描绘为令人畏惧的冥界之神，受上帝之命，率鬼兵至人间征召兵将，夺人性命。时代相近的《太上洞渊神咒经》记载赵公明等率领众多鬼精，"行瘟疫病"。据说他专掌秋瘟，致人患痢疾。南朝陶弘景作《真诰》时，也视其为"温（瘟）鬼之名"，不过对善者，他会令其"子孙昌炽，文咏九功，武备七德，世世贵王，与天地无穷"。

从令人闻名色变的冥病瘟神变为百姓喜闻乐见的福喜财神，赵公明经历了怎样的造神过程？赵公明的籍贯又为何被确定为终南山？

笔者认为，元代《绘图三教源流搜神大全》是在宋朝道教蓬勃发展的基础上成书的，目前学界已公认财神产生的年代可以追溯到两宋时期，这与宋朝商品经济的发达是一致的，而宋朝皇室为赵氏，故赵姓被列为天下百家姓中的第一大姓，前文已述，在宋太宗以非正常手段夺取帝位的过程中，楼观台道士为他进行了天命所归的舆论宣传，为本教派争取到了在宋朝生存发展的有利空间。因此，宋朝楼观道士也有可能顺应当时社会商品经济迅速发展的时代潮流，选择与当时帝王同姓的赵公明作为公平正义之神，执掌包括"驱雷役电、唤雨呼风、除瘟剪疟、保病禳灾、公讼冤抑、公平买卖"等多种事务，并将其籍贯设定为终南楼观，来进一步扩大楼观道派在社会上的影响，使之由统治阶级上层进一步深入民间社会。至元明之世，他的权限被缩小，限定为专掌经济，成为财神之首。

《周至县志》记载："邑东南乡有赵大村（即今赵代村），相传为玄坛赵元帅故里。志载神为周时人，姓赵名公明，居是村瓦子岗。时有黑虎为民害，神入黑水峪（今黑河）采木，遂生擒之。后为神，今村中有庙。"这是民间对赵公明来历的又一种解释，与有文化的道士塑造的赵公明形象相比，显得朴素多了。赵代村距楼观台不远，明代万历九年（1581）所刻的《重修玄坛赵公元帅庙碑记》曰："说经台东北焉，尚曰赵大村，旧有玄坛神庙，财神生于斯也。"今日，周至集贤镇赵代村及楼观台附近村庄仍保留着祭拜、崇祀赵公明的习俗。据说赵公明的生日为三月十五，忌日为六月初六，在这两个日子，当地都会举行规模盛大的庙会。

如今，源于楼观的对财神赵公明的崇敬已遍及中华大地，甚至被海外华侨传播至世界各地，产生了深远的影响。

（二）太兴山道教

太兴山又叫大兴山，是终南山的组成部分，位于西安市长安区东南库峪乡。太兴山风景独特，群峰挺拔有华山之险，其最高峰岱顶有铁庙一座，近一吨重，高耸入云，可与武当金顶媲美，有"不摸铁顶非好汉"之说，故太兴山又被称为"铁顶武当太兴山"。

太兴山宗教文化资源丰富，可游览和开发的景观达百处。有学者统计，在20世纪末，其宗教活动中心区分布在约长20千米的山地，共有寺宇庙观35处。近年来，随着国家宗教政策的宽松，这里的庙宇还有增加，号称"一寺二庙三座庵，四座楼台五座殿，六观七宫八洞"。经过南天门，道观、庙宇常常一座连着一座，如灵官殿、雷神洞、药王古洞、八仙宫、安养宫等，基本达到一步一寺、一里一观的繁盛局面。2008年底，长安区太兴山宗教场所管理委员会正式成立，目前，一些资源已经得到开发利用。在这些宗教资源中，道教资源占据了很大比重，这与太兴山的宗教信仰历史有关，太兴山自隋唐以来就是道教圣地，山上留存不少文物古迹与神话传说，如隋末唐初所建金殿一间，明朝所建铁庙两座及清朝的碑刻四通。至今，山上的庙宇多冠以宫、观、殿、洞、庵等称呼，体现出比较浓厚的道教色彩。

但有学者研究认为："太兴山的寺庙和宗教活动具有明显的个性特征，它既不同于其他地区正规的佛教名山或道教名山，也不同于某些地区的三教合一、三教混杂，这里是以民间宗教为主体，杂糅佛教、道教和儒教。所以，所信奉的神灵是以无生老母和无量祖师为核心，旁及民间宗教中的各种大小神灵。佛教、道教的神灵不是处于从属的地位，就是根据民间宗教神灵信仰体系而受到重大的改造。"[1]这里涉及民间宗教与道教的关系问题。道教起自民间，最初也是作为民间宗教而存在的，如东汉末张角创立的太平道和张陵创立的五斗米道最初都是作为民间宗教在社会上秘密流传的，魏晋时期，葛洪等道教上层人物为迎合封建统治阶级，对道教理论进行了改造，突出了其长生成仙的方面，使之成为封建统治的辅助思想，得到了统治阶级的认可，发展为官方宗教。但由于道教有这样的出身，它始终与民间宗教有不可分割的关系，民间宗教常常取道教的神灵加以改造后，作为信仰对象，道

图6-3 太兴山

① 李利安.长安太兴山：一处罕见的民间宗教活化石[J].世界宗教研究,2003(3)：129.

教也不断吸纳新产生的民间信仰的神灵进入道教的万神殿。在一定意义上，道教源于民间宗教，又成为新的民间宗教诞生的源头。太兴山民间宗教的活跃，与这里深厚的道教土壤有密切联系，山间散落分布的自发的民间宗教信仰形式多以宫观的形象出现，虽也夹杂着佛教与儒教的色彩，但主要还是以道教为载体，故这里仍不失为一座道教名山。

太兴山的各种宗教场所，平日多不开放，但在每年农历六月二十三到七月初一，这里会举行古庙会，无论佛寺、道观都热闹非凡，届时，附近百姓会在各个寺庙宫观开展宗教、文化活动，丰富了人们的精神生活。

（三）唐代终南山中外道教文化交流

金可记为唐代新罗留学生，隐居于终南山修道，《太平广记》卷五三引南唐沈汾《续仙传》曰：

> 金可记，新罗人也，宾贡进士。性沉静好道，不尚华侈，或服气炼形，自以为乐。博学强记，属文清丽，美姿容，举动言谈，迥有中华之风，俄擢第。于终南山子午谷茸居，怀隐逸之趣，手植奇花异果极多，常焚香静坐，若有思念，又诵《道德》及诸仙经不辍。后三年，思归本国，航海而去。复来，衣道服，却入终南。务行阴德，人有所求，初无阻拒，精勤为事，人不可偕也。唐大中十一年十二月，忽上表言："臣奉玉皇诏，为英文台侍郎，明年二月二十五日当上升。"时宣宗极以为异，遣中使征入内，固辞不就。又求玉皇诏，辞以为别仙所掌，不留人间。遂赐宫女四人、香药金彩，又遣中使二人，专伏侍者。可记独居静室，宫女中使，多不接近。每夜，闻室内常有客谈笑声。中使窃窥之，但见仙官仙女，各坐龙凤之上，俨然相对，复有侍卫非少，而宫女中使，不敢辄惊。二月二十五日，春景妍媚，花卉烂漫，果有五云唳鹤、翔鸾白鹄、笙箫金石、羽盖琼轮、幡幢满空、仙仗极众，升天而去。朝列士庶，观者填隘山谷，莫不瞻礼叹异。[①]

从最后关于金可记升天的记载看，至迟在五代十国时期，金可记已经进入了中国道教的神仙谱系，而且是一位来自外国的神仙。《云笈七签》卷一一三有相似的记载。

除了有文献记载，20世纪80年代，有学者在终南山子午道北口拐儿崖的溪边，发现了关于终南山子午谷金可记的摩崖石刻，可作为金可记入终南修道的实证资料。石刻上有楷体字15行，每行约20字，另有小字和其他石刻文字。楷体字先抄录杜甫诗作《玄坛歌赠元逸人》，继之刻写的内容题为《金可记记》，与《续仙传》对比，可发现实乃《续仙传》中相关文字的缩写，诗文前下方刻有"转

---

① [宋]李昉.太平广记[M].北京：中华书局，1961：329.

写刘礼”，可能摩崖上的文字是北宋刘礼转写的。

17世纪的朝鲜道士韩无畏在《海东传道录》一书中这样记载新罗道教与中国道教的关系：

> 唐文宗开成中，新罗崔承祐、金可记、僧慈惠，游学入唐，俱与终南天师申元之结交，元之绍介于仙人钟离将军……授三人道法……崔孤云亦入唐，得还反之学以传，并为东方丹学之鼻祖……新罗玄俊入唐学其法，著步舍游引之术，崔孤云亦游学中原得其法，东来遗忘，得学于玄俊……其舅也……溯其传道之原委，则钟离权授新罗人崔承祐、金可记、僧慈惠，承祐授崔孤云、李清。

由于文献关于新罗道教传承的记载缺失，故韩无畏的说法被许多中外学者所采信。但这种将新罗道教发展史与中国唐代著名道士和新罗名学者挂钩的做法显然牵强而不足征信。钟离权、吕洞宾均为唐末五代时人，吕洞宾于咸通年间（860—873）曾举进士不第。而申元之"游历名山，博采方术，有修真度世之志，开元中，徵至，止开元观，恩渥愈厚"，则申元之为唐玄宗时的道士。崔孤云即崔致远，他乾符元年（874）在唐朝中进士第，光启元年（885），新罗王遣使将诏书来聘其归国。崔承祐则在唐昭宗龙纪二年（890）入唐，金可记约会昌年间（841—846）入唐，大中十二年（858）卒于唐。以上诸人，只有金可记、钟离权、吕洞宾、崔致远、崔承祐生活时代稍微接近，虽都在9世纪下半叶，但均不是文宗开成年间。而金可记卒于大中十二年，崔致远在光启元年离开唐土，慈惠早在7世纪入唐，申元之是8世纪人，因此，这些人不可能同时在唐学道。这条史料虽有明显的细节错讹，但它反映出了新罗道教信仰受唐朝道教影响这一基本历史事实，而且，这条史料中的唐五代道士申元之、钟离权、吕洞宾均在终南山修道，加之前述金可记入终南山修道的史实，显然，终南山道教对朝鲜半岛道教发展产生了重要的影响。

二、太白山道教

终南山向西，与太白山相接。太白山分处周至县、眉县与太白县境内，位于秦岭中段，是秦岭的主峰，海拔3767米，地势险峻，原始森林茂密，气候垂直差异较大，气象多变，古代社会人们缺乏相关的科学知识，这样的自然条件使太白山充满了神秘感，尤其是山顶终年积雪，"太白积雪六月天"成为著名

图6-4 太白山天池

的关中八景之一。这里不仅风景秀丽，而且物产丰富，先秦时期，被称为"惇物山"，意即上天所赐的宝藏，故很适合道家高士作为修炼之地。汉代，此山被称为太乙山，具有了明确的道教意蕴，道教认为二十八宿围绕北斗运转，北斗则以天极为中心，太乙是天极星中最亮的一颗星，也叫帝星、太极，故太乙是天宫之中心。从天人合一的角度看，在汉代，太白山具有至尊的地位，《水经注》记载，早在汉成帝时，就已在太白山建立神祠。魏晋时，太白山之名最终定型，在太乙的概念之上，又加入了其积雪不化的自然风光特点。道教将全国山水胜境列为"三十六洞天""七十二福地"，太白山名列前茅，被封为第十一洞天。太白山东北为楼观台，这一时期有不少楼观派道士隐居太白山修道或传教，故太白山道教归属于楼观道派。

唐代是楼观道派发展的鼎盛期，此时的太白山道教活动也进入了活跃期，许多著名道士入太白山修道。如药王孙思邈隐居太白山十余年，利用这里丰富的自然资源，潜心钻研医学及养生之术，他医术精湛、医德高尚，受到百姓爱戴，为纪念他，人们在太白山上建起了药王庙。玄宗时，太白山道士李浑向玄宗上言，称见到太上老君，老君指示说金星洞内有玉版石，记有玄宗福寿之符，玄宗悦其言，令官员入太白山寻找到此符瑞，爱屋及乌，太白山也相应地成为道教圣山，玄宗令在山中造灵符观，太白山神被封为神应公。后来，太白道士王元翼又上言称太上老君显灵，指示宝仙洞中有妙宝真符，让玄宗去取，玄宗又派官员入太白山找到此妙宝真符，同时在山中造真灵观。在浓厚的崇道氛围中，唐代的文人墨客也留下了许多歌咏太白山道教的诗文。

宋元明清时期，太白山道教仍有一定影响。宋代，太白山神的封号一度受到贬抑，曾被降为济民侯，好在因求雨屡应，故宋代皇帝又下令恢复其在唐代的爵位，只是改称济远公，后加封明应公，元丰年间（1078—1085）又封为福应公。元代太白山道教在终南山全真道教影响下，一度比较兴盛。明代弘治、正德年间，士人崇道风气盛行，其中著名隐士孙一元自号太白山人。他自称："我秦人也。尝栖太白之巅，于是称太白山人。"至今山上仍有不少明代道教遗迹，可与之相佐证。清朝，这里的道教活动一度比较活跃，嘉庆年间，一度由地方政府出面，在春秋两季举行对太白山神的祭祀活动。据《太白山全图》石碑记载，太白山道教兴盛时，曾一度建有宫观殿宇上百座，八国联军侵华时，慈禧太后与光绪皇帝仓皇逃至陕西，曾在太白山脚下的道观保安宫驻跸一宿。民国时期由于战乱频仍，太白山道教逐渐走向衰落。新中国成立后，宗教一度被视为封建迷信而遭到打击，太白山道教更趋萧条。20世纪80年代，随着国家宗教政策的放宽，太白山道教再次依托于楼观道教，呈现出复苏态势。

如今每年农历六月中旬，太白山上会举行太白古庙会，祭祀太白山神，并开展各种宗教与经济活动。

三、骊山道教

骊山位于今西安市临潼区城南，是秦岭山脉的一个组成部分，海拔最高处为1302米的仁宗庙。骊山之得名，据说是源于其秀丽的自然风光，从远古以来，这里满山苍松翠柏，郁郁葱葱，远远望去，恰似一匹卧伏着的骊骥宝马，故而得名。在夏日的傍晚，骤雨初歇，夕阳映照下的骊山更似一匹正欲奋蹄奔跑的火龙驹，而这也是著名的关中八景之一——骊山晚照。在诗人的笔下，因繁花遍野、灿烂锦绣，骊山又被称为绣岭，以石瓮谷为界，骊山可分为东、西绣岭。

骊山是一处宗教名山，在骊山上有多处道观，历史最悠久的要属骊山西绣岭第二峰之巅的老母殿，始建于商朝，唐玄宗时再次重建。老母殿原称"女娲祠""女娲宫"，供奉的是传说中的华夏民族创世神和始祖神女娲。女娲本是母系氏族社会时期一位杰出的氏族部落女首领，中国《道教大词典》记载，相传女娲曾在骊山炼五色石补天，又抟黄土造人，因为她造福人民，因此也为人民长久怀念。她死后，人们在骊山上修造了祠庙来纪念她，尊称她为"骊山老母"。相传唐玄宗时骊山老母显灵，曾在骊山下向李筌传授《阴符经》秘义，此事记载于今老母殿内所存唐代宗广德元年（763）所立的《骊山老母授经碑》上。《阴符经》又称《黄帝阴符经》，乃后人假托黄帝所撰，从内容看主要是讲道教养生修炼之术。相传农历六月十三日是骊山老母的诞辰，现在每年农历六月十一至六月十五日是骊山老母殿古庙会，骊山周边地区的群众会携带干粮上山祭祀朝拜，祈求平安。他们通常夜宿骊山，故需携带床单等物，因此，骊山老母会也被称为"单子会"。

李唐王室以老君子孙自居，玄宗更是著名的崇道皇帝，他下令在长安、洛阳两京及各地广泛修建祭祀老子的玄元皇帝庙，并自称"吾奉上帝所命，为元始孔升真人"，俨然以道教神仙自命。同时，他又非常喜欢巡幸骊山，故这一时期的骊山，道教非常兴盛。骊山上本有著名的道观朝元阁，唐高祖追封太上老君为"圣祖"，高宗加封他为"大圣祖玄元皇帝"，朝元阁顾名思义即李唐皇帝朝拜、祭祀皇室圣祖玄元皇帝老子的处所。《旧唐书》记载它建立的年代为唐高宗麟德三年（666）。天宝初，唐玄宗将其改名为降圣阁。《临潼县志·古迹》记载朝元阁在西绣岭第三峰，1989年唐华清宫考古队发现，朝元阁坐落在骊山西绣岭第三峰之巅。1963年，作为唐代道教石雕造像珍品入藏西安碑林博物馆的骊山汉白玉制老君像，原为唐玄宗天宝年间华清宫朝元阁内的遗物，此像据说是安禄山

图6-5 老子雕像

给玄宗的贡物，老君石像身着宽大的道袍，丰须长髯，一派仙风道骨。朝元阁之南建有老君殿，二者构成玄宗巡幸骊山时的皇家内道场。

唐玄宗为何要为朝元阁改名？据杜光庭《历代崇道记》记载，天宝五载（746）冬，玄宗巡幸华清宫，忽见骊山上云雾异样，不久，云散雾开，混元圣祖即玄元皇帝老子显现于朝元阁上，玄宗遂下令将朝元阁改名为降圣阁，并绘制老君像，颁示天下。《旧唐书》也记载，天宝七载（748）十二月，"以玄元皇帝见于朝元阁，改为降圣阁"[①]。并塑老子玉像于阁内，供百官朝拜。但有学者另据唐人郑嵎《津阳门诗》中"朝元阁成老君见，会昌县以新丰移"的记载，认为"老君见于朝元阁南，而于其处置降圣观"，即朝元阁建成后，玄宗梦见老君降临朝元阁南，故在老君显灵处修建老君殿，即降圣观。这两种说法对朝元阁与老君殿是两处不同的建筑没有异议，只是在降圣观是指朝元阁还是老君殿的问题上出现了分歧。杜光庭与郑嵎均为唐后期人，距玄宗时期不远，但郑嵎所言只说"朝元阁成老君见"，并不能得出因此建造老君殿的结论，且杜光庭为著名道士、郑嵎为诗人，杜光庭记载的可信度似应更高一些。1986—1988年，唐华清宫考古队对位于骊山西绣岭第三峰、朝元阁西南300米处的老君殿遗址进行了探测、发掘，发现有天宝二载（743）字样的建筑材料，说明老君殿早在朝元阁改名降圣阁之前就已建成，并非因老子显圣于朝元阁后才开始建造。考古还发现朝元阁与老君殿由南北长约300多米的回廊连接，整体上是一组道教建筑。由此推测，杜光庭所记改朝元阁为降圣阁之事，只是笼统记载，因为此时的朝元阁与老君殿已是一个整体，故人们也以降圣观称呼老君殿。

在华清宫中，还建有三清殿、玉女阁、长生殿等道教场所，三清殿、玉女阁供奉道教神仙，长生殿位于朝元阁左侧下方，是皇帝进入朝元阁祭拜前的斋殿，皇帝先在此斋戒、沐浴后，方可入朝元阁祭祀玄元皇帝。这些道教建筑，共同构筑了玄宗时期骊山上的道教世界。

骊山上的皇家行宫华清宫之名，也蕴含着道教意蕴。北周王褒崇信道教，他曾写道："挺此温谷，骊岳之阴。白矾上彻，丹砂下沉。华清驻老，飞流莹心。谷神不死，川德愈深。"将"华清"二字与长生不老联系在一起。且道教神话中传说"华青宫"乃仙界宫殿。还有学者研究认为，"华"代表华山，符合唐玄宗对自己"膺少昊之盛德，协太华之本命"的期许，"清"字则代表道教最高神界"三清"仙境，一语双关，既表达了唐玄宗希望长生永年的愿望，也对天下宣告了他的皇权来自神授，这可以说是玄宗时代尊老崇道大背景下的一个小插曲。

安史之乱毁坏了华清宫中的皇家道场，但此后的朝代又有修复。不过，唐代以后的朝元阁不再是

---

① [后晋]刘昫.旧唐书[M].北京：中华书局,1975：927.

皇帝家庙，而是广大百姓可以参拜的民间道观。宋元明清文献中都可见到有关朝元阁的记载。今日，朝元阁中仍存清咸丰五年（1855）所立《重修朝元阁碑》，此碑对朝元阁变迁有详细记载。不过，当时朝元阁与老君殿已经合为一处，故人们有时也以老君庙来称呼朝元阁。新中国成立后，政府又多次对其进行整修。

骊山上还有一些民间所建的道教宫观，如东绣岭上有唐代天宝元载（742）所建的王母祠，西绣岭上老母殿南侧原有明清时期修建的明圣宫，20世纪末台湾道教信徒又捐资重新修建，如今是西北地区最大的全木结构道观建筑，也是西安临潼区一处重要的道教活动场所。

作为一座道教名山，如今每年农历正月十三至十六，骊山会举行老君古会，纪念这位道家学说的创始人及道教尊奉的教祖。

四、蓝田道教

经过终南山，秦岭向东延伸，进入蓝田县境内。这一段秦岭山区的道教文化比较丰富，唐道士司马承祯所编《天地宫府图》中记录了道教72处福地，其中，第54、55两处都在蓝田境内，即高溪蓝水山和蓝水，分别为太上所游处和地仙张兆其所治之处。如今，秦岭蓝田段的道教圣地首推锡水洞与蓝田山、王顺山。

锡水洞是辋川溶洞的一个组成部分，辋川位于蓝田城南20千米的秦岭峣山山口，溶洞据说有13处之多，现在已经开发的只有凌云洞与锡水洞。凌云洞钟乳林立，千姿百态。锡水洞被道教奉为第55福地，其得名很有神异色彩，相传是一位神通广大的高僧用锡杖所通[1]，故古称锡水洞，因有清泉细流从洞内流出，当地百姓又称其为细水洞。此洞高大宽阔，高6米、宽12米、长100余米，可同时容纳上千人。进入洞中，迎面可见韩湘子的供像。右侧为瑶池宫，塑有八仙形象，相传八仙之一的韩湘子曾在这里潜心修道，最终羽化成仙。清嘉靖年间在锡水洞侧曾建有道教通真观。[2]如今每年农历二月初四到二月初七，在锡水洞还会举行古会，方圆百里的香客汇聚于此，车水马龙、人山人海，煞是热闹。

蓝田山位于县城东南30里，山势雄伟险峻，景色清幽美丽。蓝田山这一称呼由来已久，早在《汉

---

① [清]牛兆濂纂.郝兆先修.民国续修蓝田县志[M]//中国地方志集成·陕西府县志辑.南京：凤凰出版社,上海：上海书店,成都：巴蜀书社，2007：536.
② [清]牛兆濂纂.郝兆先修.民国续修蓝田县志[M]//中国地方志集成·陕西府县志辑.南京：凤凰出版社,上海：上海书店,成都：巴蜀书社，2007：182.

图6-6 蓝田锡水洞

书·地理志》中就记载："天下美玉者，惟京北蓝田山。"故蓝田山也叫玉山。唐人诗歌中常出现"蓝田山"之名称，如杜甫写过"未试囊中餐玉法，明朝且入蓝田山"的诗句，王维留下了《别弟缙后登青龙寺望蓝田山》的思绪，白居易也曾抒发《游蓝田山卜居》的感慨。可见这里山清水秀，吸引着众多文人雅士。这样的山水胜境，自然也吸引着追求超凡脱俗境界的宗教信徒，从杜甫"蓝水远从千涧落，玉山高并两峰寒"的描述看，这里就应是高溪蓝水山，即道教第54福地。《蓝田县志》记载，"山有唐公主洞，青葱绮丽，俗传唐时公主好道，辟此居之"[①]。

王顺山位于蓝田城东南25里，与蓝田山相接，人们也常合称这两个高大的山峰为广义的蓝田山。相传有道士王顺在此修道，因而得名。也有传说王顺是一个大孝子，他担土葬母于此，并结草为庐，守孝3年，之后又学道修行，最后羽化升天，如今王顺孝母祠遗迹犹存。王顺山主峰玉皇顶，主要景点成仙岭、舍身岩、玉皇坪、醉仙台等，也都有浓厚的道教色彩。王顺山对面的山上还有碧天洞，民间相传是八仙共同修道之所，太上老君也常下凡至此与八仙相会。洞内现有老君堂与八仙堂、东华帝君与八仙雕像、"湘子爷"灵骨等。

① [清]牛兆濂纂.郝兆先修.民国续修蓝田县志[M]//中国地方志集成·陕西府县志辑.南京：凤凰出版社,上海：上海书店,成都：巴蜀书社,2007：10.

第三节　宋代华山道教的崛起

　　华山位于秦岭东段的支脉，在今陕西华阴境内，北瞰渭河、黄河。关于其得名，《水经注》认为："西方为华山，少阴用事，万物生华，故曰华山。"而唐代《初学记》认为是因山顶有千叶莲花而得名。因其西边有少华山，故华山又叫太华山。

　　《水经注》记载："华山广十里，高五千仞，一石也。"现代科学研究表明，华山由一块长20千米，宽7.5千米，地面以上2100多米的花岗岩巨石构成。华山以奇、险、雄、秀著称于世，堪称"势飞白云外，奇险冠天下"，最高峰落雁峰海拔为2610.5米，居五岳之首。宋代寇准《华山》诗中写道："只有天在上，更无山与齐。举头红日近，回首白云低。"同时，华山又不失秀美，郦道元称其"远而望之若花状"，山间泉水、溪流、瀑布的柔美与山石的刚硬挺拔相互映衬、相得益彰。站在拔地而起、高耸入云的华山主峰上，似乎与天界很近，加之四季景色变幻多姿，充满了神仙境界的神秘气息。这使得华山与崇奉神仙思想的道教结下了不解之缘。

一、华山西岳庙

远古时代，人们出于对山川的自然崇拜，想象华山是神仙之居所，如《华山志》曰："莲花峰上有三峰，上接三光，中有石池二十八所，上应二十八宿。怀蕴金玉，蓄藏风雷，为大帝之别宫，乃神仙之窟宅也。"既然神仙众多，故《华山志》又载："黄帝之所常游与神会。"相传黄帝之子为少昊，《华山经》记载："华山，白帝少昊司之，百神之所也。盘古死，委厥足巨灵掌以通河曲。轩辕氏莅止，乃会神祇。"《洞天记》也称："华山太极总仙之天，即少嗥为白帝，治西岳。"

华山自古以来就受到历代帝王的敬仰。至春秋战国，山川崇拜已被列入国家祀典，享受国家祭祀。而据《史记》记载，中国封建帝王中，最早明确规定祭祀、拜谒华山的是秦始皇。汉武帝时，开始祭祀国中五方山岳，其中以华山为西岳，祭祀黄帝之子少昊和西方之神蓐收，少昊为主神，蓐收为辅佐神。又《汉书》记载武帝亲自前往华山祭祀。东汉桓帝延熹四年（161）刻写的《西岳华山庙碑》也对此事有明确记载。至唐代，华岳祭祀正式进入国家祀典，并为历朝所沿袭，《旧唐书》记载唐代礼制规定："五岳、四镇、四海、四渎，年别一祭，各以五郊迎气日祭之。"这种祭祀多由本州都督、刺史担任主祭官，西岳华山祭于华州，应由华州刺史主持祭祀，但李唐王朝常派中央官员乃至宰相前往主持，唐代帝王中也有多人亲自前往华山祭祀，如高祖、玄宗等。

历代封建王朝祭祀华山的地点多为西岳庙（又称华岳庙）。汉武帝最初下令在华山皇甫峪设立集灵宫祭祀华山神灵，因华山险峻陡峭，故建于华山脚下，以便皇帝与政府官员祭祀。北魏时集灵宫被重建于华山脚下岳庙镇（今华阴城东3里），并被改名为西岳庙，坐北向南，与华山主峰相对。经过历代20余次的整修与扩建，西岳庙现占地近200亩，规模宏大的重城式建筑群沿南北中轴线垂直分布，分外城、月城、内城、宫城等，有殿、寝、亭、廊、楼、阁等建筑近300间，整体建筑巍峨壮丽，故有"五岳第一庙"之美誉。其核心建筑灏灵殿，是历代帝王进行国家祭祀之所，殿内现存清代慈禧太后与同治、光绪皇帝的御笔匾额。西岳庙在北周、唐、宋、明、清历代都有修葺，现在的西岳庙是在明清建筑的基础上整修的，因其宫殿式建筑类似北京紫禁城，故被称为"陕西故宫""小故宫"，庙内存有东汉以来众多的碑刻资料，如唐玄宗御制碑、清乾隆皇帝御碑、清左宗棠撰并书的《敕修西岳庙记》碑等，对研究西岳庙乃至华山的历史沿革均具有珍贵的历史价值。若从汉代算起，西岳庙距今已有2100多年，是中国古代历史最悠久、体系最完备、保存最完好的祭祀文化与皇权文化的载体，其历代建筑遗存一方面体现了封建宗法礼制下的等级制度色彩，另一方面也为我们留下了宝贵的建筑、书法艺术文化遗产。

历代帝王为抬高自己，还对华山山神屡有册封，唐玄宗封之为金天王，宋真宗更以帝号加之，称西岳金天顺圣帝，元世祖忽必烈加之为金天大利顺圣帝，明太祖时又去除世俗称呼，仅称为西岳华山之神。不过，华山道路险峻，攀登困难，杜甫《登西岳赋》云："太华最为难上，故封禅之事，郁没罕闻。"帝王们都并未登上华山，只是在山下西岳庙封禅祭祀。更有意思的是，明太祖从未到过华山设坛祭祀，但却也为华山的仙灵之气所吸引，梦游华山，醒后写下了《梦游西岳文》，文中以华山为神境，称自己的祈愿得到了山神、玉帝的认可，自己乃"感天之造化，必民获年丰"。

西岳庙不但是历代帝王祭祀华山神、显示君权神授的场所，它还因百姓祈求灵验而香火旺盛，被称为"华山神庙"，民间有一个不成文的规矩："登山先祭庙，祈愿享平安。"每年民间三月三朝华山，人们还会在西岳庙举行农历古庙会，这里既是百姓寄托平安吉祥、幸福安康的人生希望之地，也是开展文化娱乐、经济交流活动的场所。

1986年，西岳庙被列为国家级重点文物保护单位。1996—2001年，陕西考古研究所对西岳庙进行了考古发掘，通过对出土的两汉至明清文物的分析，认为：今之西岳庙，始建于南北朝时期，西汉武帝创建的西岳庙当另有其址。古庙址可能在今庙附近。西岳庙自南北朝时期更址重建以来，建筑规模不断扩大，但是正殿的位置没有变更。考古还发现了《西岳庙全图》碑残块，说明今庙内保存的《西岳庙全图碑》并非是西岳庙最早的全图碑。

二、华山道教宫观

华山是道教名山，唐末杜光庭将华山列为道教三十六小洞天之一，"第四，西岳华山洞，周回三百里，名曰'总仙洞天'，在华州华阴县"[1]。历史上，山中道观密布，但由于战乱、火灾等原因，现存20余座道观，多为清代建筑。其中，玉泉院、东道院、镇岳宫1983年被列为全国重点道教宫观，由华山道教协会管理。

玉泉院位于华山北麓谷口，乃入山必经之地，相传唐金仙公主在华山修道，曾不慎将玉簪掉入西峰镇岳宫的井中，等她回到居住的仙姑观，在西边的泉水中洗手时，出乎意料地发现了掉落的玉簪，这才发现镇岳宫井水与泉水相通，于是，泉水被称为"玉泉"，人们遂在此建道观，称玉泉院。玉泉院实际敬奉的神仙是希夷先生，即陈抟老祖，因为据《华岳志》所记，这里曾是陈抟修道之处。早在宋仁宗皇

图6-7 华山玉泉院

① [宋]张君房.云笈七签[M].北京：华夏出版社,1996：153.

祐年间（1049—1054），陈抟弟子贾得升就在此建立希夷祠来纪念其师。如今的玉泉院是在清代建筑的基础上维修、扩建的。与陈抟相关的有希夷祠、山荪亭、希夷洞、希夷冢等，希夷祠供奉陈抟老祖之塑像，是全院的中心，其他建筑均围绕它而建造。山荪亭据说是陈抟自云台观移居玉泉院后亲自建造的，希夷洞中有雕刻精美的石刻陈抟卧像，石像下的地面上镌刻有"崇宁癸未三月"的题记，告诉我们这是宋崇宁二年（1103)的文物。

东道院也称九天宫，宫内供奉的主神是九天玄女。位于青柯坪之东，青柯坪距华山谷口约10千米，处于登山路程的中点，又称"小蓬莱"，登临至此，华山胜景已览一半。东道院屡经毁建，如今的东道院乃清代康熙五十三年（1714)所建，1983年修葺一新。

镇岳宫坐落在西峰、南峰与中峰之间的山谷上部，倚崖而建，四周松柏环绕，流水清澈，颇有道家仙界之神韵。宫内有一石洞，洞外崖壁刻有"华岳观上院镇岳宫"，故镇岳宫也叫上宫，洞内供奉的是"玉皇大天尊玄穹高上帝"，从名称上看，镇岳宫即镇守西岳华山的道观，显然，这位"玉皇大天尊玄穹高上帝"就是镇守华山之神。据《大元己亥韩道善重修玉井庵》残碑记载，元代这里称玉井庵，因上文所述与玉泉院相通的井而得名。镇岳宫屡经战乱火灾，现在的镇岳宫是清末民初的建筑，1983年重新翻建修整。

明代起，华山道教庙会逐渐成型，延续至今。每年农历三月，华山附近晋、陕、豫三省的百姓都会登华山，祭拜山神、烧香祈愿，称为朝山会，所谓"每年有个三月天，各州府县朝华山"。《华阴县志》记载，每年庙会期间，商贾云集，又有四方香客结社而来，喧闹之声响彻数十里之外。

三、华山道教石窟

我国道教徒自古以来就有隐居山洞修炼的传统。道教追求长生不老、得道成仙，而一座座高可入云的崇山峻岭，恰似天界与人间联系的纽带，但在未成仙之前，道士们仍是凡胎肉身，而山间的洞穴浑然天成，夏可避暑、冬可御寒，是难得的清修之地，因此道教人士常常选择石窟崖穴隐居修炼。

道教石窟众多是华山道教的一大特色，据说华山道教洞窟共有72个半。华山以遍布隧洞著称，如水帘洞、西元洞、正阳洞、昭阳洞、朝元洞、莲花洞、玉皇洞、希夷洞、金天洞、寥阳洞、八仙洞、老君洞等，故唐玄宗时期的著名道士司马承祯在《洞天福地·天地宫府图》中列举中国境内修道仙境时，列举了36处洞天，其中华山被列为第四洞天，称总仙洞天。

入峪口不久，至五里关，有三关洞、好汉洞、玉皇洞等洞窟。行至大上方，这里有老爷洞、金仙洞、三官洞、好汉洞、玉皇洞、祖师洞、四方洞、八仙洞、丹阳洞、伯温洞等众多洞窟。"上方"是道教用语，意思是"天界"，这里的道教石窟显著增多，历代道士之所以纷纷选择这里作为修真成仙之地；可能是由于一方面这里离华山峪口不算太远，方便生活补给；另一方面因道路难行而人迹罕至，可以潜心修炼。由此再南行可至药王洞，据说是唐代药王孙思邈修道之处。再经十八盘，便来到了毛女洞，登山至青柯坪九天宫的南面，有几孔石洞，其中以梅花洞、雪花洞最为有名，其得名源于洞内的石纹斑点酷似梅花和雪花的形状。华山的石窟多为明朝开凿，但据说梅花洞的历史早至元朝。之所以道士会选择此处的洞穴作为修道之处，是因为这里松竹相映、清雅宜人，过去民间传说登上青柯坪，太华胜境就已览大半，在这样的仙境，成仙得道的机会似乎也就大大增加了。如今许多石窟内已毁坏无物，最多留下了一些石刻题记，但在雪花洞内，有学者考察发现，这里有明代留存下来的神龛，龛内供奉有铁牌，铁牌上刻有当时崇奉的多位道教神仙，如三清神、五岳神、十帝阎君、三官、八仙等。

来到北峰云台峰，有一孔石洞，上书"武帝问道处"，据说北周武帝宇文邕曾在此向著名道士焦道广问道。

从北峰至苍龙岭间的擦耳崖山脊西侧、北峰西南侧，有一处人工开凿拓宽的突出绝壁的石台，称为聚仙台。站在台上，下为深达千尺的青柯坪，抬眼南望则正对壁立千仞的西峰，因人迹罕至而显得十分幽静，是学道修炼的绝佳环境。聚仙台洞壁石崖称窝风崖，台下有窝风洞，也称王子求仙洞，内有数处石窟，形成了一个石窟群。再向南至"上天梯"，这里有日月崖，崖中部有元代道士贺志真开凿的金天洞，金天洞附近有三元洞，供奉尧、舜、禹，他们分别被称为天官、地官、水官，合称为"三官大帝"。

过了金锁关，进入华山主峰区域。在东、西、南峰这3座主峰间的玉女峰上有玉女洞，在南峰的峰顶仰天池下东侧崖壁上有一小洞，据说叫老君洞，顾名思义是说太上老君曾在这里修道。南峰的东面有一洞，大小仅可容一人，上书"避诏崖"3个字，相传为陈抟所题，此后历代不愿入仕的隐士多避居此处，崖东北有东华洞，崖南则有雷神洞。南峰的南面，长空栈道附近，可以见到贺志真开凿的朝元洞，栈道尽头的石室，则是他静修的贺老洞，俗称"避静岩"，现内供贺志真像。《华岳志》载："洞深四丈，广倍之，高又倍焉。纯白如雪，贺老营此四十年。"因他在华山开山路、凿石窟的时间长达40年，故已被人们视为华山群仙谱中的一位神仙了。据说贺志真带着两个徒弟共凿了72洞，贺老洞是最后一洞，洞凿成后，师徒三人全都得道成仙了。西峰的绝壁上还有西玄洞，《华阴县志》载此洞为道教十大洞天之第四洞天，称为"三元极真之天"，乃"长春之境"。西峰翠云宫外西侧还有莲花洞，因石上覆盖一状似莲瓣的巨型石叶而得名。

四、华山著名道士

"山之名，以人著。山无名人，山不名矣。"华山是道教徒们修炼养生的上佳之处，据《华岳志》记载，被列入史书、道藏的曾居于华山的"仙真"共计近百人之多。相传在此修道成仙者有冯夷、青鸟公、毛女、修羊公、赤斧、古丈夫、萧史、弄玉、三茅真人、茅濛等。当然，这些都是道教产生前的传说人物。东汉末年道教产生后，有确切记载的在此修道的历史人物也为数众多。北峰之北相传是西汉末南阳公主隐居华山修道处；东汉张楷曾在华山修道，据说他能制造五里雾，因他字公超，故他曾经修道传法的桃林坪一带被称为张超谷，也叫张超雾市。前秦苻坚的宰相王猛年少时也曾隐居华山读书，入华山峪口不远有王猛台遗址。又如新天师道的创始人，北魏著名道士寇谦之年少好道，修张鲁五斗米之教，后得仙人成公兴的指点，与其同入华山石室修炼。北周武帝时的道士焦旷，法号道广，据记载他曾独居华山云台峰，修炼出"避粒餐霞"之术，天下之事，无不知晓，武帝宇文邕亲至他隐居处，向其问道，因山路陡峭，帝王往来不易，故武帝下令在山麓辟地500亩，为之造云台观，"以便延问其仙术之异"，"武帝问道处"山洞遗址现尚存。唐末云台观曾遭毁坏，五代、宋初得以修复，并因陈抟在此修道而盛极一时。元末再遭毁坏，明朝再次修复。

不过，因道路难行，南北朝前入华山修道者不多。秦朝时，秦昭王的工匠"施钩搭梯"，才得以登上华山。北周保定三年（563），同州刺史率众上华山祈雨，他们"攀藤援枝，然后得上"，却又"晚不得还，即于岳上藉草而宿"，可见山上道观无几，缺少可居之处。郦道元《水经注》也说当时登山"升降皆须板绳挽葛而行"。唐代以后，华山真正成为道教重镇。盛唐时，金仙、玉真公主曾在华山修道，李白《玉真仙人词》诗云："玉真之仙人，时往太华峰。"玄宗为两个妹妹修建了仙姑观、金仙观（白云宫），《华岳志》记载："金仙公主，唐睿宗女，明皇妹也。景云元年与玉真公主皆度为道士，筑观京师，后入华山，于上方白云峰构舍修道，骑鹤上升。后人名其地为驾鹤岭。"《陕西通志》卷八也记载："西玄门上方峰攀镶尽处有石罅，号西玄门，此峰唐金仙公主驾鹤升仙处，门则玄宗觅金仙而凿者也。"中唐，华山道风仍炽，韩愈《华山女》诗云："华山女儿家奉道……遂来升座演真诀。"唐末五代时的著名道士钟离权、吕洞宾、刘操先后入华山游历、隐居修道。

宋代著名道士陈抟（871—989），又称清虚处士、白云先生、希夷先生，曾隐居华山40多年，是华山道教发展史上划时代的人

图6-8 陈抟像

物。《宋史·陈抟传》记载他字图南，自号扶摇子，亳州真源(今安徽亳州)人。据元代赵道一《历世真仙体道通鉴》记载，他卒于宋太宗端拱二年(989)，享年119岁，则他应生于唐懿宗咸通十二年(871)。陈抟隐居华山修道，得到宋太宗的赏识，华山在道教界的地位也得以提升。

陈抟本为儒生，以科举功名为业，名落孙山后，他的思想开始倾向于道教，入武当山九室岩隐居学道，"服气辟谷"达20余年。后周显德年间（954—960），陈抟"移居西岳华山云台观"，其间周世宗曾请他出山辅政，但他到了当时的京城汴梁（今河南开封）后，却蒙头就睡，长达数月，表明不求闻达的态度，世宗只好放他归山，华山道教之所以在五代、宋初迅速崛起，与他有很大关系。

今东峰南侧有"下棋台"，传说五代时，赵匡胤尚未称帝，他与陈抟下棋，将华山输给了陈抟。[①]后来赵匡胤成为大宋开国皇帝，华山便不给朝廷缴纳租税，因而有"华山自古不纳粮，皇帝老子管不住"之说。这当然是杜撰，但却反映了宋代华山道教昌炽的史实，华山也的确不交租赋，不过是始于宋真宗，"大中祥符四年，真宗幸华阴，至云台观，阅抟画像，除其观田租"[②]。

宋太宗赵光义曾屡次请他入京讲道，以高官厚禄相诱惑，陈抟却推辞说："山野之人，于时无用，亦不知神仙黄白之事，吐纳养生之理，非有法术可传。"[③]并且赋诗《答使者辞不赴诏》以明志，诗曰："山色满庭供画幛，松声万壑即琴弦。无心享禄登台鼎，有意学仙到洞天。轩冕浮云绝念虑，三峰只乞睡千年。"[④]太平兴国年间（976—984），他最终被宋太宗强行征召入京，临别前，他写下了"留连华岳伤心别，回顾云台望眼穿"的诗句，表达了自己对华山的留恋。

金元时期，全真派大盛，原来曾先后属于楼观道派、太华道派的华山成为了全真道场。金代时，全真七子中的王处一居华山，撰写了《华山志》，郝大通更开创了全真教华山派。元代有全真派道士贺志真在华山建全真观而居。

五、华山道教传说

华山至今流传着许多道教神话传说，其中最有名的如巨灵劈山、观棋烂柯、吹箫引凤、沉香劈山救母等。

① [清]吴璿著.孟庆锡校订.飞龙全传[M].北京：人民文学出版社,1981：140-141.
② [元]脱脱.宋史·隐逸传[M].北京：中华书局,1985：13421.
③ [元]脱脱.宋史·隐逸传[M].北京：中华书局,1985：13421.
④ [元]张辂.道藏·太华希夷志[M].北京：文物出版社,上海：上海书店,天津：天津古籍出版社,1988：736.

"巨灵开山"是关于华山形成的神话传说。东晋干宝的《搜神记》说："二华之山，本一山也。当河，河水过之而曲行。河神巨灵，以手擘开其上，以足蹋离其下，中分为两，以利河流。今观手迹于华岳上，指掌之形具在。脚迹在首阳山下，至今犹存。"今天，华山与山西境内的中条山隔黄河相望，但相传二者本为一体，阻挡了黄河前进的脚步，于是，黄河之神运用神力，手脚并用掰开了大山，汉武帝因此在山下立巨灵神庙，唐代甚至因此改华阴县名为灵掌县，当时诗人崔颢《行经华阴》诗中曾说："武帝祠前云欲散，仙人掌上雨初晴。"今天，黄河南边的华山东峰东北的仙掌崖上还留着巨灵的左手掌印，"华岳仙掌"成为著名的关中八景之一。

华山十八盘尽头有毛女峰，峰下有毛女洞。《华岳志》记载："毛女名玉姜，字正美，秦始皇宫人也。秦将亡，负琴入华山。……遇道士谷春，教食松叶，饮泉水，体生绿毛，身轻如飞。遂不饥寒，常夜拜北斗。后人名其地为北斗坪，坪北有毛女峰。"据说，"毛女洞中有鼓琴声，猎师世世见之"。还有传言说，直到宋代，毛女仍生活在华山，陈抟曾与她一起游历华山诸峰，还写诗赠毛女，诗云："曾折松枝为宝栉，又编栗叶作罗襦。有时问着秦宫事，笑捻山花望太虚。"毛女凭借道士所教的养生方法生存，从秦到宋长达1200年，似乎不太现实，所以，人们最终给毛女安排了成仙的结局，据说宋初吕洞宾居于华山，他同情毛女的身世，凭借自己高超的法力度毛女为仙，使其飞升天界。故事虽旨在宣传道教修炼可带来延年益寿乃至飞升成仙的益处，但同时也反映了秦朝的社会现实，故清朝诗人颜光敏写道："人传毛女峰，时闻毛女琴。欲写秦宫怨，空山多从音。"为纪念毛女，后人在道旁修建了毛女祠。

行至北峰西的聚仙台，著名的"观棋烂柯"的神话传说就发生在这里。据南北朝时期任昉《述异记》记载，故事的主人公王柯本是晋代华山脚下的农民，一日，他进山打柴，行至青柯坪，听闻仙乐声声，又见仙雾缭绕，以为是从哪里的道场传来的，他想到家中年迈多病的母亲，遂决定去烧炷香，求神仙保佑母亲。他循着声音来到聚仙台前，见有两位须发皆白的道长正坐在松下石桌前对弈，他看了片刻，竟沉迷而不可自拔，全然忘记了身边的四季转换。不知过了多久，其中一位道长注意到棋盘前的王柯，便询问其来历，王柯据实以对，道长听完后挥手示意他离去。王柯拿起砍柴斧，却发现斧柄已烂，仅铁斧头尚存，但已锈迹斑斑，正疑惑间，眼前的一切都消失了，这时他才恍然大悟，知道遇见的乃是天上的仙人。他下山回到村中，却找不到旧居，村中无一相识之人。他向一位白发苍苍的老者询问母亲的下落，老人听后痛哭说："我祖父曾言，我的高祖入山打柴而再未归来，可能是不慎坠入山谷。今天看来，你应该就是我的高祖了。"照此推算，这位白发老者应是王柯的五世孙，以古代男子20岁加冠为成年的习俗看，这时距王柯观棋时已有百年，故有"山中方一日，世上已百年"的谚语传世，表达了人类对有限生命的无限感慨，聚仙台的石窟因此称"王子求仙洞"。

行至华山中峰玉女峰，传说曾有一位女子名为弄玉，她居于此地，不食人间烟火，只饮玉液琼浆，某一日，忽乘一匹骏马凌空而起，升天成仙而去。而据《东周列国志》记载，弄玉是秦穆公幼女，她天资聪颖，喜好音律，且能无师自通，穆公就用碧玉制成一管玉笙，弄玉每次吹奏起来，声如凤鸣。时光荏苒，转眼弄玉已到及笄之年，一夜，她梦见一位青年男子，他自称为太华山之主，还说奉上天之命，将于中秋时与弄玉相见，并结为夫妻。弄玉将梦境所见告诉父亲，穆公忙派大臣入太华山寻找女儿梦中的青年，在明星崖下，找到颇具仙风道骨的英俊青年萧史，遂带其回宫。见到穆公后，萧史拿出赤玉箫吹奏起来；直吹得清风拂面，彩云四合，白鹤翱翔，百鸟合鸣。穆公大悦，为两人举办了婚礼。一夜，两人在月下笙箫合奏，忽见眼前出现了一对龙凤，龙为赤龙，凤是紫凤。萧史这才告诉弄玉自己本是天界仙人，与弄玉有缘，故来到人间，以箫声来配合玉笙之音。如今龙凤来迎，已到归去的时候了。他们二人分别跨上龙凤，腾空而去。穆公思女心切，在当初大臣找到萧史的明星崖下建造玉女祠纪念弄玉。

华山西峰又叫莲花峰，峰顶翠云宫旁有一巨石，长10余米，但断为三截。石下有一洞，据说这是当年关押三圣母的地方。石旁插有一把长2米，重达300多斤的铁质月牙斧，斧柄上题有诗文曰："仙家宝斧，七尺有五。赐予沉香，劈山救母。"据说巨石是被沉香用铁斧劈成这样的，故二者分别被称为"斧劈石"和"开山斧"。三圣母的儿子沉香劈山救母，演绎出可歌可泣的人间佳话。

传说三圣母年少时被许配给一位公子，但她却喜好神仙之术，出家修道，成仙后被称为元真夫人。多情公子抑郁成疾，呕血而终，三圣母闻听此讯也心生愧疚。死去的公子转世投胎在山西阳曲县刘家，取名刘彦昌，一年，他进京赶考路过华山，遂拜谒圣母祠，并在三圣母的纱巾上题诗留念，三圣母不觉动了凡心，在月老帮助下，二人结为了夫妻。三圣母之兄二郎神闻听此事大怒，亲自前往圣母祠，举剑欲杀刘彦昌，三圣母举起宝莲灯逼退二郎神，并下至人间，与刘彦昌过起了男耕女织的生活，并生下了儿子沉香。面对三圣母的叛逆之举，二郎神岂肯善罢甘休？他派哮天犬幻化为人形盗走了宝莲灯，三圣母终于被二郎神打败，并被关押在华山巨石之下。15年后，沉香长大，他得知身世后，决定去华山救母。在仙人帮助下，他潜入天庭，夺回宝莲灯，又凭借仙人赠送的开山神斧，救出了被压在石洞中的母亲，从此一家团圆。这虽是一个道教神话传说，但却了包含着人间真情，反映了人民对爱情、亲情、正义、勇气的赞美与追求。

图6-9 沉香劈山救母处

第四节 金元全真教的兴盛

　　金元时期全真道教走向鼎盛。王重阳在终南山下今西安户县祖庵镇南时村掘"活死人墓"，悟道3年，然后创立全真教，去山东传教，收"全真七子"，功德圆满，归途中羽化登仙，归葬终南山下祖庵镇。

　　王重阳出身儒门，创立全真教，却以佛教寺院制度管理，主张"儒门释户道相通，三教从来一祖风"。这是自唐宋以来三教合一思潮的集中反映，也为全真教的发展拓宽了道路。

　　王重阳仙逝后，全真七子在终南山下建大重阳万寿宫。全真七子之一长春子丘处机曾随成吉思汗远征，被尊为"丘神仙"，元朝初年被封为国师，总管天下七十二道教。全真教在元朝走向全盛。

一、王重阳与全真教

位于户县境内的终南山，风景秀丽。李白在《望终南山寄紫阁隐者》诗中写道："出门见南山，引领意无限。秀色难为名，苍翠日在眼。有时白云起，天际自舒卷。心中与之然，托兴每不浅。何当造幽人，灭迹栖绝巘。"为我们描绘了一幅色彩清幽、意境开阔的山水画卷。这里自古以来就是高道名僧隐居修行的好去处。在唐宋以前，这里佛教兴盛，寺院林立，道教虽然也有一席之地，但比起佛教，势力就逊色多了。相传唐宋两代，先后有玉蟾、刘海曾修道于户县曲抱村玉蟾台。金元时期，由于王重阳与全真教的出现，终南山户县段的道教得到了蓬勃发展。

王重阳（1113—1170），金代道士，全真道的创立者，原名中孚，字允卿，后改名喆，字知明，一字德成，号重阳子，宋政和三年（1113）出生于咸阳大魏村（今咸阳秦都区双照乡）一个家业丰厚的富裕家庭，此时，距离北宋灭亡仅有短短的13年。宋钦宗靖康二年（1127），金兵攻入北宋都城汴京，徽、钦二宗被俘，同年，宋室南迁，黄河流域为金政权占据，青壮年时期的王重阳，生活在少数民族政权的统治之下，深感大宋沦亡之痛、民生多艰之哀。他偏偏又是一个胸怀大志之人，以国家兴亡、天下道义为己任，为改变现状，他"捐文场应武举"，希望报效国家。但在科举考试中，他却名落孙山，最后因军功而担任过金朝终南县（今陕西户县）甘河镇酒监，乃最低级的官吏。他曾感慨说："孔子四十而不惑，孟子四十而不动心，吾今已过之矣，尚且吞腥啄腐，纡紫怀金，不亦大愚之甚乎！"由于生逢乱世，仕途不顺，壮志难酬，他开始留心道教，寻求精神寄托。

据《终南山神仙重阳子王真人全真教祖碑》《终南山重阳祖师仙迹记》等道教资料的记载，金海陵王完颜亮正隆五年（1160），王重阳已经48岁，但仍无从施展儒家学子"齐家、治国、平天下"的抱负，此时，他的志趣逐渐转向了道教。相传他在终南县甘河镇和醴泉县三次遇仙，清《陕西通志》卷二八载："遇仙观在（周至）县甘河镇，王重阳于此监酒税，有二人时来饮酒。一日二人亦邀重阳饮于甘河，以瓢酌甘水，即良酒也，遂醉饮而别。重阳由是弃家而学老子之道，门人于此建观，曰'遇仙'。"当地老百姓传说王重阳所遇的仙人就是吕洞宾和钟离权，此处所说的"遇仙观"也称遇仙宫，乃元太宗时全真弟子洞真人于庆善在甘河镇所建，今已无存。不过，今户县甘河镇甘河村还有一座"遇仙桥"。所谓仙人吕洞宾指点当然只是传说，但应确有得道高士向王重阳传授丹道口诀，他遂"辞官解印，黜妻屏子，拂衣尘外"，进入终南山中修道，《中国道教史》认为与王重阳同时入终南修炼，而且师资渊源相同者，还有李灵阳和玉蟾二人。全真道的产生不是王重阳心血来潮的发明，而是秦岭地区道教长期发展的产物，国师尹《重阳教化集序》曰："自太上出关之后，有关令尹喜传袭其道。下逮钟离权、处士吕洞宾、陈图南者，皆相继而出。于今得重阳真人及丹阳先生，亦接踵于世。"①为我们清晰地勾画出了自春秋战国至金元时期秦岭道教传承的脉络。

修道不是王重阳的最终目的，他的目标是建立新的道教派别，并将之推广普及，他曾说："吾将来使四海教风为一家耳。"王重阳在刘蒋村传道，最早向他学道的弟子有醴泉人史处厚、栎阳人严处常，不久，延安人赵抱渊也来终南山参拜王重阳，向他学习玄机密旨。这一时期，王重阳以终南山为基地，周游关中府县，四处传道，逐渐有了一定影响，登门求仙问道者有所增加。不过，总的来说，王重阳在关中传道的影响并未如他所愿，脱俗入道者仍不是很多，他在《见董知县，会客坐上叹落花》诗中云："化道王三已弃家，豕羊滋味久相趑。坐中贵胄皆春寐，未肯将心悟落花。"②抒发了志向未酬的失落之情。于是，金大定七年（1167）四月，王重阳亲手焚毁了自己在刘蒋村的居处，离开终南山，只身一人东行，沿途乞化，矢志前往仙人所居的蓬莱仙境。仲夏，他到达山东莱州，遇刘通微并点化他入道，刘通微开悟后，遂西行入陕，至终南山，与史处厚、严处常等共同修道，王重阳的这3位弟子为早期全真道在陕西的传播做出了重要贡献。王重阳继续前行，到达宁海（今山东牟平），他还是将传教作为人生目标。听闻当地巨富马从义慕仙好道，就决定以其为传道对象。王重阳通晓儒道，马从义也出身儒学世家，又兼修老庄之学，两人一见如故，马从义夫妇以师礼待重阳，并为他筑庵修道，两人在侧服侍，重阳题庵名为"全真"，遂在此聚徒讲道，其所宣讲的教义因此被称为"全真道"。元至元二十三年（1286）徐琰撰《广宁通玄太古真人郝宗师道行碑》，碑文称："迨乎金季，重阳真君不阶师友，一悟绝人，殆若天授。起于终南，达于昆嵛，招其同类而开导之、锻炼之，创立一家之教曰全真。"金大定八年（1168），经王重阳的点拨，马从义决定舍家入道，"执弟子礼，从真人游"，王重阳为其改名马钰，号丹阳子。师徒二人来到昆嵛山（今山东牟平县东南），开烟霞洞修道，这期间，马钰进步很快，王重阳遂传给他《二十四诀》，以之为上足弟子，作为自己的接班人。几年后，马钰之妻也拜王重阳为师。王重阳仙逝后，马钰入终南山传道，没有辜负师父的厚望。

马钰本为宁海名人，他舍弃家业入道之事在当地很有名，加之传道过程中，王重阳撰写朗朗上口的诗词宣传全真道教义，以长生得道为宣传目标，以灵验神异之行为吸引信徒的手段，并组织起了全真道的基层教团组织——会社，以团结信众，于是"远近风动，与会者千余人"，全真道很快就在山东东部沿海的文登、宁海等地得到推广，并向整个山东半岛扩展。

金大定八年至九年间（1168—1169），王重阳在山东境内先后创立了一系列群众性的修道组织，分别是："三教七宝会""三教金莲会""三教三光会""三教玉华会""三教平等会"等，每个会

① [金]王重阳著.白如祥辑校.王重阳集[M].济南：齐鲁书社,2005：215.
② [金]王重阳著.白如祥辑校.王重阳集[M].济南：齐鲁书社,2005：48

员须缴纳一定数量的份子钱，即会费。面对徒众阶级身份、文化层次参差不齐的问题，全真道宣扬只要诚心向道、苦心修道，则人人可以成道，这一主张为其吸引了各阶层信众。同时，面对日益壮大的信徒队伍，全真道建立了严密的组织体系。首先，在三教五会中均设立会首，会首是公众推举产生的，乃一会之中最德高望重者，其任期随实际情况而定，并无明确限制。会首负责传达全真教主的教导、接收欲入会的信徒、接待来访的各派道士、组织本会的会众修道及处理其他事务。其次，全真道三教五会有严格的修道清规。5个会社各有自己的规章制度，如《三光疏》《平等会规矩》等，惜均已无存。现传世的全真道教规有《重阳祖师论打坐》《重阳立教十五论》等。《重阳立教十五论》是王重阳在全真教创立初期，从15个方面为徒众们确立的规矩，其内容具体涉及住庵、云游、学书、合药、盖造、合道伴、打坐、降心、炼性、匹配五气、混性命、圣道、超三界、养身之法、离凡世等15个方面。[①]以往千年来，道教徒可以居家修炼，与之不同，全真道要求道徒离家修道，改变了以往的道派对此问题的宽泛态度，这应是受到佛教主张僧侣出家修行的影响。

更难能可贵的是，王重阳宣传的全真道超越了汉唐以来以服食仙丹、追求长生不老为目标的道教，与宋代插手政治、谋求世俗利益的恶道更不可同日而语。在教义、教规、教团组织各方面，全真道都以一种全面革新的姿态出现在金元时期的历史舞台上。全真教主张"三教同源""三教圆融""三教平等""三教合一"，在全真道中兼融儒、释，全真道每个会社都冠以"三教"之名，合称为"三教五会"。这名称绝非随意而起，金源璹在《全真教祖碑》中早已一语道破："凡立会，必以三教名之者，厥有旨哉！"在唐代以来三教合一的历史大背景下，王重阳做出了顺应历史的明智选择，他主张"儒门释户道相通，三教从来一祖风"，这种思想认识，既使全真道避免与生存环境中可能存在的各种阻碍发生冲突，又赢得了广大儒释信仰者的认可，起到了借儒释影响力弘扬全真道的良好效果，为其拓宽了发展道路。因此，全真派道士必读的经典为《道德经》《孝经》《金刚般若心经》等。在儒道关系上，因早年深受儒学熏染，故王重阳创立的道教全真派虽以道教为主，但也极力调和道教的超凡脱俗的宗教信仰与儒家积极入世、建功立业的人生理念之间的差异，将道教注重个人"真功"的内修与儒家讲求匡世济民的"真行"结合在一起，故称"全真"。在佛道关系上，王重阳宣称"释道从来是一家，两般形貌理无差"[②]，因此，全真道的修炼原则上主张性命双修，先修心性，再修性命。在道教内部派别问题上，鉴于传统道教服食外丹造成伤身害命的恶果，全真道修炼方式则注重内丹心性的修炼，不重服食外丹延寿续命之说。早在五代宋初，吕洞宾、陈抟、刘海蟾、张伯端等内丹派大师就创立了内丹学理论，但影响尚未普及，经全真教以教团组织的力量传播后，内丹学才得以发扬光大。

① [金]王重阳著.白如祥辑校.王重阳集[M].济南：齐鲁书社,2005：275-279.
② [金]王重阳著.白如祥辑校.王重阳集[M].济南：齐鲁书社,2005：4.

后世学者对王重阳均有很高评价，元代虞集在《道园学古录》曰："涧饮谷食，耐辛苦寒暑，坚忍人之所不能堪，力行人之所不能守，以自致于道，亦颇有所述于世。"更可贵的是，全真道为金、元等少数民族政权统治下的中国保存了中华民族的传统文化。现代著名历史学家陈垣曾说："全真王重阳本士流，其弟子谭、马、丘、刘、王、郝，又皆读书种子，故能结纳士类，而士类亦乐就之。况其创教在靖康之后，河北之士正欲避金，不数十年又遭贞祐之变，燕都亡覆，河北之士又欲避元，全真遂为遗老之逋逃薮。"

王重阳著有《重阳全真集》《重阳教化集》《金关玉锁诀》《立教十五论》等。

二、全真七子

在山东传教过程中，王重阳先后收徒多人，其中以马钰、谭处端、丘处机、刘处玄、王处一、郝大通、孙不二等7人最为突出，合称"七朵金莲"。前6人分别得号丹阳子、长真子、长春子、长生子、玉阳子（伞阳子）、广宁子，而孙不二是一位女道士，被称为清静散人。后人合称他们为"全真七子"，也称"北七真"。收得这7位弟子，王重阳感到自己的传道事业前途光明，他高兴地写下了《结物外亲》一诗："一侄二子一山侗，连余五个一心雄。六明齐伴天边月，七爽俱邀海上风。真妙里头拈密妙，晴空上面蹴虚空。东西南北皆圆转，到此方知处处通。"[1]开怀抒发了自己找到了志同道合的物外真亲眷之喜悦之情。

马钰，号丹阳子。据《历世真仙体道通鉴》记载，至元六年（1269），元世祖封马钰号"丹阳抱一无为真人"，武宗皇帝又加封"丹阳抱一无为善化真君"。在王重阳离世后，他在刘蒋村结庐闭关，清心修炼6年。他曾对王重阳许下"劝十方父母舍俗修仙"的誓愿，为实现诺言，他开始在关陇一带传教，广收门徒，他弟子中比较有名的有10人，称为"玄门十解元"，在他们的宣传影响下，"远近趋风，士大夫争钦慕而师友之"，更多仰慕马钰声望者纷纷来到终南山下，投入全真道门，他终于建立全真道遇仙派，这一派别一直流传至民国时期。金大定二十一年（1181），金政权为稳定社会秩序，下令道人各归原籍，马钰被迫东归，自金大定十二年入陕，至此

图6-10 全真七子图

---

① [金]王重阳著.白如祥辑校.王重阳集[M].济南：齐鲁书社,2005：3.

时，马钰以终南山为基地，在关陇传教已达10个年头，为全真道在这一区域的发展做出了巨大的贡献。

谭处端在全真七子中排名第2，称长真子。他本名谭玉，宁海人，因患病而求医于王重阳，病愈后拜师学道[1]，重阳为之改名处端，号长真子。他后来主要在洛阳朝元宫附近结庐居住，行乞传道，创全真道南无派，影响及于河南、河北两地，元世祖皇帝封他为"长真云水蕴德真人"，武宗加封他为"长真凝神玄静蕴德真君"。他留下的诗词汇编成《水云集》，已收入《道藏》之中。

在全真诸派中，影响最为广泛的当属丘处机创建的龙门派。丘处机（1148—1227）原名丘哥，乃山东栖霞农家子弟，他是全真七子中最早投入王重阳师门者，王重阳为之改名处机，字通密，道号长春子。在金大定十四年（1174），为王重阳守灵3年后，他西入磻溪（今陕西宝鸡南）修道，元朝初年，主持关陇全真道事务的于庆善在这里修建了磻溪观，后升格为"长春成道宫"。丘处机后移住陇州（今陕西陇县）龙门山长达7年，是全真教龙门派的创立者。元朝皇帝先后封他为"长春演道主教真人""长春全德神化明应主教真君"。金大定二十一年（1181），马钰东归时将关陇全真道事务托付给丘处机，丘处机说："吾道东矣，余虽在牒发中，不能出关。余若出关，则秦中教风扫地无余矣。"他为了保留全真道在关中地区的火种，毅然冒着违反朝廷禁令的危险，利用10年来在陕结交的各种关系，经过努力，终于获得了留在龙门山修道的许可，在秦岭这一全真道发源地扛起了坚守的大旗。大定二十五至二十六年（1185—1186），王重阳大弟子马钰、二弟子谭处端相继升霞，全国范围内能扛起全真教大旗的已非丘处机莫属。大定二十六年，他应地方官员的邀请，由龙门山迁居终南山重阳宫。在他的努力下，以终南山为中心的全真道继续发展，重阳宫规模进一步扩大，"构祖堂轮奂，余悉称是，诸方谓之祖庵，玄风愈振"。在这一时期，全真道在陕、豫、鲁等地发展迅速。

丘处机因为诗文俱佳、医术精湛、道术高超，受到宋、金、元历朝多位统治者的重视，他很善于处理与统治者的关系，竭力为全真道的发展营造良好的外部环境。大定二十八年（1188），他应诏赴京，为金世宗主持生日斋醮法会。他善于审时度势，明昌元年（1190），排斥道教的金章宗登基后，他便将教务交给弟子打理，自己东归山东，隐居修道，静观天下形势达30年之久。丘处机逐渐对宋、金、元三国逐鹿的结局有了准确的预测，于是，他先后谢绝了宋、金王廷的征召，在元太祖十五年（1220），远赴西域昆都斯（今阿富汗境内）面见成吉思汗，来回历时三载，这时，他已是古稀高龄的老人了，临行前，他说："我之帝所临河上，欲罢干戈致太平。"行至燕京，又赋诗曰："十年兵火万民愁，万千中无一二留。去岁幸逢慈诏下，今春须合冒寒游。不辞岭北三千里，仍念山东二百州。穷急漏诛残喘在，早教身命得消忧。"显然，他清醒地认识到蒙古军队统一中原已成为不可阻挡

---

① [元]李道谦.道藏·甘水仙源录[M].北京：文物出版社，上海：上海书店，天津：天津古籍出版，1988：724.

的历史趋势，决定为天下的黎民百姓做一点力所能及的事情。成吉思汗当时年事已高，召见丘处机的目的当然是想向这位道教高人求教长生延年之术，而丘处机却回答说："有卫生之道而无长生之药。"他还进一步劝诫成吉思汗"敬天爱民""清心寡欲"①，建议成吉思汗选贤任能、体恤百姓、安定社会秩序。这些话都得到了成吉思汗的认可，起到了"一言止杀"的良好效果，造福国家与人民。丘处机东归时，成吉思汗为他加号神仙，封他为"大宗师"，并赐给他虎符玺书，令其掌天下道门，免除了全真道所有宫观的租税、赋税及劳役差科，这样的优遇使得全真道的地位愈加稳固。丘处机回到中原，让其徒弟们持成吉思汗所赐的符玺，"招求于战伐之余，由是为人奴者复为良与濒死而得更生者，毋虑二三万人，中州人至今称道之"。其弟子李志常撰写了《长春真人西游记》一书，对其经历有详细记载。因为丘处机被任命为天下道教总教主，重阳宫也被立为全国"督道院"，管辖天下七十二道，重阳宫的全真道祖庭地位升格为了"天下祖庭"。

由于丘处机具有洞察世事的战略眼光，因此，随着元统一全国，南方的许多道派也皈依全真道门下，至此，兴起于金朝的全真道，在元朝时达到了鼎盛。丘处机逝于元太祖二十二年（1227），为纪念他，尹志平倡议并主持在燕京修建了处顺堂，明代改称白云观，至今仍是我国道教重要活动中心，全真道的三大祖庭之一。

刘处玄，山东东莱（今山东龙口）人，号长生子。处玄非本名，乃王重阳为其所起之名，他入道较晚，但也颇受王重阳器重。金大定十四年（1174），他离开长安，独自来到洛阳，居土地庙中，行乞为生，近3年不语，后居洛阳城北云溪洞7年，终于悟道。大定二十一年（1181），也是因为度牒问题，他回到山东东莱，开始传教，四方慕道而来者甚众，他的声望甚至传到了京城。承安二年（1197），金章宗征他入京求教问道。大元至元六年（1269），元世祖封他为"长生辅化明德真人"，武宗皇帝加封为"长生辅化宗玄明德真君"。他是全真道随山派的创立者。他著述丰富，如《长生真人至真语录》《黄帝阴符经注》《黄庭内景玉经注》《仙乐集》等，均收入《道藏》，而主持编修《道藏》者，正是他的高足宋披云。

图6-11 户县重阳宫

牟平人郝深在入道前就已精通《周易》，以算卦为生，后拜王重阳学道，王重阳为之改名郝

① [明]宋濂.元史·释老志[M].北京：中华书局，1976：4525.

璘，号恬然子，大定十二年（1172），闻听王重阳将归葬终南，他便西行入陕，会葬祖师。后在秦岭遇异人，又为郝深改名大通，赠号广宁子。次年，他东出关至河北，在赵州桥上、桥下共坐9年，始终默然不语，一日，恍然悟道。离赵州，至滦州，遇异人指点，道术精进。自此开始传道，声望日隆，信众日增，建立了全真道华山派。

东牟隐士王某也拜王重阳学道，王重阳为他改名王处一，字玉阳，赠号伞阳子，他隐居山洞，潜心修道9年而开悟，据说他修炼了灵异神通的道术。王处一因身怀神异道术而深受金朝皇帝青睐，先后被金世宗征召2次、金章宗征召3次。他还活动于山东民间，广度徒众，深受敬信，建立起了全真道嵛山派。

孙不二则成为全真道清静派的掌门，她原名孙富春，也出身宁海名门，在马钰出家修道后，她经过几年的思想斗争，终于放下凡俗之念，成为道门弟子。王重阳为她训名孙不二，号清静散人。

全真七子中，马钰、谭处端、丘处机、刘处玄4人最得王重阳器重，金大定九年（1169），王重阳就是带着这4人离开山东，前往开封传教，在病重之际，王重阳留下遗言说："丹阳已得道，长真已知道，吾无虑矣。处机所学，一听丹阳；处玄、长真当领管之。吾今赴真师之约耳。"金大定十二年（1172），马钰等将王重阳归葬户县刘蒋村，并在此结庐守服3年，3年后，4人分别传道。

王重阳死后，全真七子在北方大力传播全真教。他们在全真教这一总教门之下各立门户，丰富发展了全真教，使之得以延续和发展。

三、道教祖庭重阳宫

王重阳先住在户县境内南时村，掘地为穴，封土数尺，隐居其中修道，称居处为"活死人墓"[①]；他又以疯子自称，在居处悬挂方牌，上书"王害疯灵位"。元太宗七年（1235），在王重阳曾修道的南时村活死人墓遗址上，全真道掌门尹志平命人建起了成道观，10余年后，改称成道宫，并刻石树碑，即《活死人墓》碑和《重阳成道宫记》，前者石碑佚失，仅有拓本存世，后者已移入重阳宫碑林保存。现建筑为民国所建，现代修缮，已被列为全国重点文物保护单位。王重阳后来迁往刘蒋村，在他死后，这里发展成为道教全真派祖庭，道教著名宫观重阳宫就坐落在这里。

大定九年（1169），山东的全真道发展轰轰烈烈，但王重阳的视线投向了更广阔的北方中原地区，

---

① [元]李道谦.道藏·甘水仙源录[M].北京：文物出版社,上海：上海书店,天津：天津古籍出版,1988：722.

他首先安排郝大通与王处一两位弟子留守山东，巩固全真道已经建立的基地，然后亲自偕马钰、谭处端、丘处机、刘处玄4人抵汴梁（今河南开封），欲在陕、豫等地推广全真道，但次年却身染沉疴，乃至驾鹤西游。之后，王重阳的灵柩被弟子运回户县，葬于终南山下刘蒋村附近，墓址在户县祖庵镇重阳宫外西北角银杏树北侧，"文化大革命"中，墓被全部毁坏。墓中曾出土方砖两块，上刻"重阳祖师压骨在此"，现也遗失无存。[①]为纪念师父，其大弟子马钰还在王重阳刘蒋村故居上重新修建起房舍，房前有宽广的庭院，马钰在正房的匾额上题写了"祖庭心死"四字。祖庭之名从此载入了史册，但当地的老百姓却俗称其为"祖庵"，这一称呼延续至今，甚至当地的地名"祖庵镇"也是因此而产生的。

从祖庵到重阳宫又经历了几十年的发展历程，中间也有不少风雨波折。祖庵初建后，经马钰、丘处机两位宗师苦心经营20年，已颇具规模，但此二人先后受金世宗统治中期、章宗登基之初出现的反道潮流影响，被迫离开祖庭，回到山东修道。到了金朝统治后期，朝廷要应对与宋、元的军事冲突，财政支出庞大，入不敷出，开始出售道观名额和道士出家的度牒等，全真教此时已有许多信众，其中有些人有一定经济实力，在他们的支持下，全真教遂购买了不少道观名额和度牒，从而既获得了金政权的认可，又进一步扩大了社会影响，吸引了不少民众入教以寻求庇佑。金承安四年（1199），王处一出资购买道观名额，奏请政府在祖庭建立灵虚观。但随着金元争夺中原战争的加剧，战火蔓延到了清静的终南山区，金哀宗正大三年（1226），灵虚观观主宋明一为守护全真道祖庭，挺身护道，殒身火海，据《终南山祖庭仙真内传》记载："正大丙戌，北兵下秦川。民庶惊扰，避地南山。道众俱入涝谷，先生独不肯往。……不数日，逻兵卒至，灵虚殿宇悉为灰烬，先生亦被害。"

元世祖忽必烈敬信全真道士丘处机，封他为"长春演道主教真人"，作为丘处机的师父，王重阳也因此被追封为"全真开化真君"，于是元代道教全真派得到了良好的发展契机。但丘处机年事已高，未能再回祖庭，元太祖二十二年（1227），丘处机仙逝，其弟子尹志平接掌教位，成为继王重阳、马钰、丘处机之后，全真道的第4位祖师。当时全真道的诸路宫观渐具规模，唯独终南祖庭荒废已久，他因而深感忧虑，开始筹划终南山祖庭的修葺工作。元太宗六年（1234），自金末灵虚观毁于战火8年后，尹志平终于派李志常自山东西行入关主持修复，同时还计划修复一系列秦岭地区的道观以拱卫祖庭，如楼观台宗圣宫、终南山太平

图6-12 户县重阳宫碑林

① 户县志编纂委员会.户县志[M].内部发行,1987：631.

宫与太乙宫、骊山华清宫、华山云台宫等。这样，又经10余年经营，祖庭方才初复旧观。元太宗十年（1238），李志常接掌教位，奏请元朝廷将灵虚观改名为重阳宫。太宗死后，乃马真皇后临朝称制，在她统治的第4年（1245），加封重阳宫为重阳万寿宫。元朝皇帝崇道，对全真道发展除予以政策支持，还给予经济协助。元宪宗即位之初，赐李志常黄金数千，令其祭祀天下山川岳渎，借此良机，李志常开始再次修葺终南祖庭。经广大道众30余年的努力，极盛时期的重阳宫，占地数百亩，有48处宫观，殿堂共计5048间，宫中常住的道士近万人，元政府还派驻了数千道兵护卫重阳宫。此时，重阳宫的势力范围超出户县终南山区，达到陕西周边多个省份，元延祐七年（1320）《玄通弘教披云真人道行碑》记载，道教全真派鼎盛时期，"燕赵秦晋间，凡四十余区，门下传道者不啻千百数，抑所谓光明气焰大且弘者此也"。《户县志》称当时川、陕、甘、豫、晋、冀、鄂等省的道教庙观222座，均归属重阳宫披云真人掌管，披云真人本名宋德方，字广道，是丘处机衣钵的继承者，这时的重阳宫成为名副其实的全真派祖庭，时人赞叹说："关中以山水甲天下，终南以明秀甲关中，重阳宫之胜绝，尤终南之冠也。"

到了明代永乐、宣德、正统年间，先后修葺重阳宫多达近10次。而至清乾隆、同治年间，也曾经先后两次重修重阳宫。

但在长期的历史发展中，随着道教自身的衰落，重阳宫也屡遭破坏，其规模逐渐缩小，尤其是民国时期，由于战火连年，至新中国成立初，只剩下老君殿、灵官殿、祖师殿3座建筑。

重阳宫碑林（也称祖庵碑林），很值得一提，是陕西省级重点文物保护单位。1962年，建于重阳宫内原玉皇殿旧址上，1973年，政府又建房11间，使重阳宫碑林得到了更妥善的保护。碑林今保存石碑31通，许多都是研究全真教历史不可或缺的重要资料。其中，《终南山重阳祖师仙迹记》碑、重阳子书《无梦令碑》、《重阳宫》（《重阳成道宫记》）碑3通石碑，原在王重阳墓旁，现都已移入重阳宫碑林保存。[①]《无梦令》乃王重阳亲笔所书，是谈论气功养生修炼方法的文章，石碑刻写于金章宗完颜璟承安五年（1200），距今已有800多年。除了纯汉文碑刻，重阳宫还有蒙汉文字同石的碑刻5通，此处的蒙文是蒙古古文字，叫作八思巴文，乃忽必烈令西藏喇嘛八思巴创制的蒙古拼音文字，不同于今日的蒙文，因此具有极高的研究价值。

重阳宫碑林石刻现已汇集成书，书中有图版及录文，收碑49通（含佚碑存拓3，佚碑存文1）[②]，主要分为以下几类：

---

① 户县志编纂委员会.户县志[M].内部发行,1987：631.
② 刘兆鹤,王西平.重阳宫道教碑石[M].西安：三秦出版社,1998：3-141.

表6-1 圣（令）旨碑

序号	名称	时间
1	《大蒙古国累朝崇道恩命之碑》	元宪宗元年（1251）
2	《大元崇道圣训王言碑》	元世祖至元十七年（1280）
3	《蒙汉文合刻皇帝玺书碑》	元仁宗延祐元年（1314）
4	《大元敕藏御服之碑》	元仁宗延祐二年（1315）
5	《褒封五祖七真制辞》	元仁宗延祐四年（1317）
6	《宸命王文碑》	元仁宗延祐五年（1318）
7	《蒙汉文合刻大元宸命碑》	元顺帝至正十八年（1358）
8	《皇帝圣旨碑》	元顺帝至正二十三年（1363）
9	《蒙汉文合刻皇帝令旨碑》	元顺帝至正二十四年（1364）

表6-2 真迹碑

序号	名称	时间
1	王重阳书《无梦令碑》	金承安五年（1200）
2	《清和真常二大宗师仙翰》	元宪宗元年（1251）

表6-3 仙真传记碑

序号	名称	时间
1	《洞真于真人道行碑并序》	元宪宗二至五年（1252—1255）
2	《李无欲本行碑》	元宪宗五年（1255）
3	《碧虚杨真人碑》	元中统三年（1262）
4	《尹宗师碑铭》	元至元元年（1264）

5	《诚明真人道行碑》	元至元九年（1272）
6	《全真教祖碑》	元至元十二年（1275）
7	《全阳周尊师碑》	元至元十二年（1275）
8	《终南山重阳祖师仙迹记》	元至元十三年（1276）
9	《圆明真人高公碑铭》	元顺帝至正十五年（1355）
10	《栖云王真人开涝水记》	元顺帝至正十六年（1356）
11	《弘玄真人赵公道行碑》	元顺帝至正十七年（1357）
12	《马真人道行碑》	元顺帝至正二十年（1360）
13	《綦公本行碑》	元顺帝至正二十五年（1365）
14	《清阳宫孙公道行碑》	元顺帝至正二十五年（1365）
15	《天乐真人李公道行碑》	元大德十年（1306）
16	《披云宋真人道行碑》	元延祐七年（1320）
17	《皇元孙真人道行碑》	元元统三年（1335）
18	《白云真人玄阙铭并序》	元宪宗七年（1257）

表6-4 宫观修造碑

序号	名称	时间
1	《十方重阳万寿宫记》	蒙古海迷失后元年（1249）
2	《重阳成道宫记》	元宪宗四年（1254）
3	《大元创建清阳宫记》	元顺帝至正十八年（1358）
4	《重修祖庭碑》	明正统十年（1445）
5	《重阳宫庙产碑》	明弘治五年（1492）
6	《重修大重阳万寿宫文》	清乾隆四十七年（1782）

表6-5 诗词碑

序号	名称	时间
1	《杨奐等挽李无欲诗》	元宪宗五年（1255）
2	《摹刻商挺等诗词碑》	元顺帝至正二十五年（1365）
3	《王重阳诗歌碑》	元大德十年（1306）
4	《刘海蟾诗碑》	元大德十年（1306）前后

表6-6 图像碑

序号	名称	时间
1	《重阳祖师之图》	元初
2	《玄门七真之像》	元初
3	《重阳万寿宫图》	元中期

表6-7 其他著名碑石

序号	名称	时间
1	《王重阳开教秘语之碑》	元大德三至十年（1299—1306）
2	《真元会题名记》	元顺帝至正十八年（1358）
3	《溥光书"敕赐大重阳万寿宫"碑》	元中期
4	《真元会题名记碑阴》	元延祐四年（1317）前后
5	《孙潜书"天下祖庭"碑》	明正统二年（1437）
6	《丘长春祝延圣寿疏》	金末
7	《活死人墓碑》（佚碑存文）	元宪宗二年（1252）

　　总之，全真道初创于金，鼎盛于元中期，但由于过于受到元统治者的敬奉，全真道上层逐渐脱离了早期追求真道的向上精神，生活趋于奢侈腐化，同时，道徒队伍不断壮大，却良莠不齐，故元末全真道已呈现颓势。明初建都江南，崇奉正一道，全真道受到压制。[①]不过，明代曾出现过一位全真道的著名人物——张三丰，他创立的武当派，主张三教合一、内丹修炼，都符合全真道的基本思想。据《明史》卷二九九《张三丰传》记载，明太祖听闻其名，于洪武二十四年(1391)，"遣使觅之，不得。后居宝鸡之金台观"。金台观是张三丰修道处，创建于元末明初，由于张三丰崇高的声望，使金台观在中国道教史上具有了重要地位，且进一步丰富了秦岭道教文化的内容。如今每年农历三月初三、十月初十，香客信众、普通百姓纷纷来金台观参加庙会，盛况非凡。

　　清初，由于顺治、雍正、乾隆等几位帝王的关照，全真道出现了复兴之势。但清中后期，中国面临着西方列强入侵的危机，在这一危机面前，全真道并无应对良策，失去了统治者的支持，清末逐渐趋于沉寂。

图6-13 宝鸡金台观

① [金]王志忠.明清全真教论稿[M].成都：巴蜀书社,2000：23-24.

第五节　秦岭道教文化的特点

　　秦岭道教文化源远流长，它伴随着远古先民的图腾崇拜而生，与黄帝养生理论密切相关。自老子在楼观传经布道以来就有了"黄老之学"，并成为西汉初年的治国理论。从此，道教文化便在秦岭的崇山峻岭中生根、开花、漫延、发展。

　　秦岭道教宫观数量众多，数不胜数。秦岭在中国道教发展史上地位重要，是楼观道派、全真道派的发源地。

　　秦岭道教还有一个特点，就是在漫长的历史进程中不断推陈出新。诸如黄帝治国思想与老子学说的结合，成为汉初的治国思想；再如唐宋之际内丹派的出现，改变了以往传统养生方法；还有王重阳创立全真教，主张"三教合一"等，都反映了秦岭道教在历史发展过程中的新气象。

一、秦岭道教历史悠久

秦岭宗教历史悠久，源远流长。自人类诞生之日起，自然崇拜、图腾崇拜等原始的宗教观念就随之产生。随着时间的推移，中国的远古先民进入了氏族社会，当时人们寿命短促、生产力低下，于是人们对世界与生命产生了浓厚的兴趣，我国最早的治国与养生理论和方法相传源自黄帝，而黄帝的活动地区就在今陕西境内。春秋战国时期，道家学说传播，其关注的焦点仍在天道与生命本身，随着老子西出函谷关传播道家思想，黄老之学在陕西出现了融合的景象。东汉末黄老之学开始宗教化，出现了对黄帝、老子的神话与崇拜祭祀，并掺杂进来民间的方术巫鬼信仰，于是，道教文化在这里开始萌芽。秦岭作为陕西乃至全国的重要山脉，也就成为了道教人士修炼的上选之地。起源于黄老道的秦岭道教文化自诞生之日起，经历了波澜起伏，但却始终绵延不绝，显示了顽强的生命力。形成于魏晋时期的终南山楼观道派曾一度兴盛于南北朝至隋唐时期，并辐射到整个秦岭地区的道教；北宋，秦岭道教中心由西向东迁移，这与封建统治中心转向河南境内有关，尽管如此，秦岭仍为中国道教根基所在；金元时期，王重阳在终南山创立全真道，延续至明清，直到民国时期，秦岭地区仍有全真道观存在，并有道士在此活动。

二、秦岭道观数量众多

秦岭是众多仙真高道隐居修仙之地，道观数量众多，还是几大道派祖庭所在地，在中国道教发展史上占据着重要地位。从传说中的尹喜结草楼观、老子讲经于说经台，到张良隐居紫柏山、孙思邈采药太白山、陈抟修道于华山，更至王重阳结庐终南山，丘处机隐居龙门洞，秦岭山中曾隐藏着无数的世外高人。与他们的修行活动相伴，一座座道教宫观也随之诞生了，如草楼观、宗圣观、张良庙、朝元阁、老君殿、玉泉院、云台观、太平宫、成道宫、遇仙宫、重阳宫、长春宫等。历朝历代，秦岭山中仙家真人的姓名不可一一胜数，道教宫院也难以穷尽，这里只是举其概要而言。更值得一提的是，秦岭道教发展史上，曾诞生了中国道教历史上两个重要的派别：楼观道派、全真道派。作为发源地，周至楼观台成为了楼观道派的祖庭，全真派的祖庭则在终南山户县段的重阳宫。祖庭地位具有不可替代性，因此，秦岭道教的重要性也就不言而喻了。

三、秦岭道教推陈出新

秦岭道教历史悠久却绝不陈旧僵化。在漫长的历史岁月里，秦岭道教不断改革变化、推陈出新。楼观道派的出现就是黄帝思想与老子学说的有机结合；宋代华山道教的兴盛，吕洞宾、陈抟等人倡导的内丹学派的出现，是对隋唐服食外丹的传统养生方法的重大变革，纠正了长期以来人们为了求仙问道而伤害身体的无知做法，显示了秦岭道教随着社会条件的变化而与时俱进的灵活性；宋代一些道士涉身官场，造成政治腐败，令道教声誉受损，北宋南迁，金人统治北方，中华民族传统文化受到冲击。在这样的历史背景下，王重阳胸怀济世利民的儒家理想，实施隐居精修的道教实践，融合儒、释、道三教，建立全真道，创设三教五会，制定日常行为和修道规范，为处于乱世的社会开出了一剂良方，为困苦的黎民百姓带来了一线光明。为促进道教的发展，历代道士都注意处理好与封建统治阶级的关系；楼观道派在隋、唐的兴盛，全真道在金、元的崛起也都表明了它们非常灵活而不僵化的特点。

四、秦岭道教兼容并包

秦岭是中国南北地理分界线，秦岭道教也杂糅南北道教的特点。上文已述，楼观道派诞生后，正值南北朝时期，南北方道教文化有所差异，东晋时南方的上清派、灵宝派很有影响力。地处秦岭这一南北分水岭地区的楼观道派，融合南北道教特点；既继承了北方道教神话老子的传统，奉尹喜为教主，以其为老子的弟子；又吸纳了上清派道教经典的内容；成为继寇谦之新天师道之后，北方最具影响力的道教派别。金元时期，全真道盛极一时，但明初，由于朱元璋建都南京，敬奉南方的正一道，致使原本与元统治者关系密切、在北方势力很大的全真道受到冷落。在这种情况下，全真道并不自视清高，而是主动接近正一道，取其之长以为己用，同时也积极将全真道向南方传播，形成了以紧邻秦岭的武当山为基地向南传道的态势，武当山道教大师张三丰就深受全真道的影响。

总之，秦岭道教文化历史悠久，高道众多，道观林立，影响深远，是先贤留给我们的值得自豪的珍贵历史遗产。

表6-8 秦岭历代重要道观简表

道观名称	空间分布	兴盛时代	代表人物	宗派
磻溪观	磻溪、龙门山	金元	丘处机	全真道派
金台观	宝鸡市	明	张三丰	全真道派
药王庙、灵符观、真灵观	太白山	唐	孙思邈等	楼观道派
楼观台	终南山	汉唐间	老子、尹喜、梁谌	楼观道派
重阳宫		金元	王重阳及全真七子	全真道派
朝元阁、老君殿、骊山老母殿	骊山	唐	太上老君、骊山老母	楼观道派
锡水洞、王顺孝母祠、碧天洞	辋川、蓝田山	唐	八仙	楼观道派

		汉唐间	寇谦之、焦道广、金仙、玉真公主、钟离权、吕洞宾、刘操	楼观道派
玉泉院、东道院、镇岳宫	华山	宋	陈抟	太华道派
		金元	王处一、郝大通	全真道派

备注：本表格内容取秦岭陕西段，按照自西向东的顺序排列。

秦岭四库全书·智库

第七章

秦岭——『终南捷径』的隐士通途

从古至今，秦岭都是隐士的天堂。由上古时期"许由浮瓢，巢父洗耳"的隐士传说，到现代社会的秦岭隐士，都说明秦岭的隐士文化源远流长。

　　秦岭是中国传统隐士文化的符号，也是传统归隐文化的发祥地。古人云："自古神仙出终南。"说明了古代隐士与秦岭的不解之缘。名人志士、文人雅客经由终南山或隐或仕，使终南山隐士文化大放异彩。从姜子牙入朝前在终南山下磻溪之畔隐居、开隐士文化之先河，到唐朝进士卢藏用隐居在终南山以扩大影响，后来终于做了高官，留下了"终南捷径"的千古之说。

　　在历史长河中，中国隐士创造出了世界上独特、个性、多样的隐士文化，他们构成了中国传统文化不可或缺的组成部分，而秦岭、终南山隐士及其形成的独特隐士文化更是中国隐士文化的代表。

第一节　姜子牙与商山四皓

　　姜子牙在秦岭终南山下磻溪谷隐居长达10年之久，以背水垂钓，赢得了周文王垂青，做了相国，成就了周王朝约800年基业，也开创了中国隐士文化的先河。

　　商山四皓，是秦末汉初的4名隐士。秦亡后，因高祖刘邦是个粗人，经常轻慢读书人，故四皓不愿接受高祖的邀请到长安做官而隐居商山。后因高祖有更换太子的动意，吕后担心皇后位置不保，请张良献计，请出商山四皓出山辅佐太子刘盈，使刘邦打消更换太子的念头。商山四皓有安刘之功，备受后世推崇。

一、广张三千六百钓，风期暗与文王亲——姜子牙隐居磻溪谷

　　姜子牙在中国家喻户晓，历史上也确有其人。姜子牙，姓姜，名尚，字子牙，号飞熊，又称姜太公。据《史记》记载，他博闻强识、经纶满腹、韬略过人。姜尚祖先辅佐大禹治水有功，封于吕，所以又称吕尚。姜子牙是西周初年著名的军事家、政治家、辅佐西周王朝的三朝功勋重臣，据说他活了100多岁。

　　商朝末期，姜尚为东夷部落吕姓部族族长。当时商朝不断派兵征讨东夷，姜太公作为部族首领，曾多次与前来征战的商军作战。虽然他足智多谋、勇猛非凡，但因强弱悬殊，终于兵败。之后，他便流落到商朝国都朝歌（今河南淇县）、盟津（今河南孟县）宰牛卖肉，开店肆做小生意，过着十分清贫的生活。不过，这些人生经历，使太公有了经商的体验，为他后来制订齐国独特的经济方略提供了实战经验。太公大半生怀才不遇，到了老年还期望有机会施展自己的才能。据古代兵书《尉缭子》说："太公望年七十，屠牛朝歌，卖食盟津。过七十余而主不听，人人谓之狂夫也。"[①]

　　在商朝西方的岐山一带，有个叫周的方国，日渐强大。岐山在陕西渭水以北的黄土高原上，古称周原。这一带，土地肥沃，适宜农业发展，加之周人历代首领的苦心经营，划田畴，设官吏，筑城

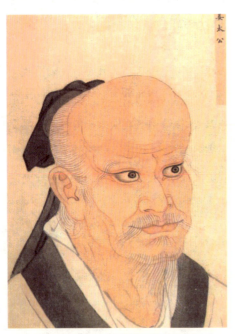

图7-1 姜子牙像（选自《南薰殿历代圣贤名人像》）

邑，营宫室，逐渐强大起来。而这个时期，商纣王却沉迷酒色、残暴无理。在这种形势下，怀才不遇的姜子牙，便把希望寄托在岐周。于是他离开朝歌，西行到位于今天陕西宝鸡市的磻溪谷隐居起来，以钓鱼为生，等待时机。

　　传说姜子牙垂钓有四绝：一是鱼钩直而不曲；二是鱼钩上没有香饵；三是离水三尺；四是背对水面，闭目凝神。樵夫武吉看到他垂钓的样子，笑他痴愚。姜子牙却说："吾宁在直中取，不向曲中求。不为锦鳞设，只钓王与侯。"据宋元讲史话本《武王伐纣平话》记载，他在渭滨钓鱼时，还自言自语地说："负命者上钩来！"后世遂有"姜太公钓鱼，愿者上钩"的成语。传说姜太公钓得玉璜，上面刻着"周受命，吕佐昌。德合于今，昌来提"[②]。又稗史传，姜尚钓于

① 上海师范学院古籍整理研究室.尉缭子注释[M].上海：上海古籍出版社，1978：46.
② [宋]李昉等.太平御览[M].北京：中华书局，1960：3721.

磻溪，三年不获鱼，乡邻都说："钓鱼不得，可以停止了。"姜尚说："这不是你们所能理解的。"后果然钓得大鲤鱼，并从鱼腹中得到兵书《玉钤篇》……

而这个时候，周文王正在四处寻访贤达，他到达磻溪不久后遇到了姜子牙，于是拜为太师，尊为"太公望"，意即西周族之祖太公所盼望辅佐子孙成就大业的圣贤之人，这便是俗称子牙为姜太公的由来。司马迁《史记·齐太公世家》记载："吕尚盖尝穷困，年老矣，以渔钓奸周西伯（即周文王）。西伯将出猎，卜之，曰：'所获非龙非螭，非虎非罴；所获霸王之辅。'于是周西伯猎，果遇太公于渭之阳，与语大说（悦），曰：'自吾先君太公曰：当有圣人适周，周以兴。子真是邪？吾太公望子久矣！'故号之曰'太公望'，载与俱归，立为师。"李白曾诗赞曰："广张三千六百钓，风期暗与文王亲。"

图7-2 磻溪谷太公钓鱼"磻石" 王建国 摄

文王死后，武王姬发继位，尊子牙为"师尚父"。子牙又辅佐武王率兵伐纣灭商一统天下。武王封姜子牙于齐（今山东省中南部），他就成为后来齐国的始祖。姜子牙治理齐国，确立了"因其俗，简其礼，通商工之业，便鱼盐之利"[1]的治国方针，在齐国数百年的发展史上，代代相传，产生了巨大的影响，因此他也成为齐文化的创始人。据《古本竹书纪年》记载："周康王六年（前1015），齐太公望卒。"后世人们为了歌颂他的丰功伟绩逐渐把他神话了，这在《太平御览》和《封神记》等书上就能看出，到了明代许仲琳编写《封神演义》时，更把他说成是管理众神的神仙，因此也才有了姜子牙封神之说。

今天，在陕西省宝鸡市陈仓区天王镇磻溪河畔立有一巨石，高6.6米，上部直径11.2米，下部直径4米，称为"丢石"，石上有双膝跪坐痕迹，传说为姜太公钓鱼处，石上还留有清乾隆五十九年（1794）三月宝鸡知县徐文博书写的4个1米见方的苍劲大字——

图7-3 明 戴进 渭滨垂钓图

① [汉]司马迁.史记·齐太公世家[M].北京：中华书局，1959：1480.

"孕璜遗璞"，石西不远处有姜太公庙。

1400多年前我国北魏地理学家郦道元的《水经注》中"两膝遗迹犹存"即指此而言。唐代著名诗人白居易也曾在磻溪垂钩，有感于太公直钩垂钓之事，吟成《渭上偶钓》诗："昔有白发人，亦钓此渭阳。钓人不钓鱼，七十得文王。"①史料记载唐贞观年间"太公兵家者流，始令磻溪立庙"，并植柏4株，至今犹存。至清乾隆年间有庙宇17处，著名的有太公庙、文王庙、山门口、三清庙等。北宋苏东坡游钓鱼台就留下了"安知渭上叟，跪石留双骭"的诗句。南宋叶颙有诗："白发苍苍钓渭滨，宅心非是为金鳞。丝纶昔日长多少，牵制周家八百春。"明朝著名文学家许仲琳的《姜太公直钓赞》："渭水溪斜一钓竿，鬓霜皎皎两云幡。胸横星斗冲霄汉，气壮虹霓扫日寒。养老来归西伯下，避危拚弃旧王冠。自从梦入飞熊后，八百余年享奠安。"

司马迁在《史记·齐太公世家》中，曾对姜子牙的谋略及其历史地位有一段概括性的评价："……其事多兵权与奇计，故后世之言兵及周之阴权，皆宗太公为本谋。"姜尚一生足智多谋、善于用兵、工于奇计，被尊为"百家宗师"。后世典籍都公认他的历史地位，儒、法、兵、纵横诸家皆追他为本家人物。《诗经·大雅·大明》歌颂太公的功德道："牧野洋洋，檀车煌煌。驷騵彭彭，维师尚父。时维鹰扬，凉彼武王。肆伐大商，会朝清明。"②姜太公的精神、智慧、德业、品格、思想，不仅为后世史家所服膺和称赞，而且为民众所崇敬及歌颂，以至于被神圣化，由人成为至尊至贵的"神"。

二、白发四老人，昂藏南山侧——隐居商山的商山四皓

"商山四皓"是秦末汉初著名的四隐士。即东园公唐秉、甪里先生周术、绮里季吴实、夏黄公崔广。据《史记》载："园公，姓庾，字宣明，居园中，因以为号。夏黄公，姓崔，名广，字少通，齐人，隐居夏里修道，故号曰夏黄公。甪里先生，河内轵人，太伯之后，姓周名术，字元道，京师号曰霸上先生，一曰甪里先生。"此外，绮里季，姓吴名实，字子景。

图7-4 明 张路 商山四皓图

① [清]彭定求等.全唐诗[M].北京：中华书局,1999：4736.
② 周振甫.诗经译注[M].北京：中华书局，2002：401.

四人修道洁己，非义不动。隐居商山，须眉皓白，人称"商山四皓"。

在秦朝时期，因秦始皇实行"焚书坑儒"等一系列残暴的政策，他们不愿意为官，便长期隐居在商山(今陕西丹凤县境内)。在山中，他们的生活十分简单朴素，但却怡然自乐。一壶酒、一局棋就会令他们得意忘形。

汉朝建立后，四皓也曾复萌出仕的念头，但又听说汉高祖刘邦是个大老粗，很瞧不起读书人。当他看到读书人戴着很端正的帽子，就叫人取下来往里撒尿。如此这般动辄以戏侮知识分子为乐的做法，使他们非常鄙视汉高祖。因此他们又打消出山的念头，继续在商山过着隐居的生活，做清高的隐士。

据说四皓曾登上商山，看到千山苍苍、四野茫茫、泉石清幽、草木含情，比起嘤嘤嗡嗡的帝都咸阳，真是人间一方净土。这儿听不到刀枪鼙鼓的惊鸣，看不见残暴无道的杀戮，见不到争宠斗势的恶棍，觉不到尔虞我诈的惨烈，更没有卖官鬻爵的小人，遂决心"岩居穴处""紫芝疗饥"，在商山隐居下来。

汉高祖刘邦也久闻四皓的大名，为了笼络更多的仁人志士前来为汉王朝效忠，也曾想请他们出山为官，可惜天不遂人愿，好几年过去了，竟连四皓的踪影也没见。史载："高帝拨乱诛暴，庶事草创，日不暇给，然犹修祀六国，求聘四皓。"[1]四皓"征之不至，乃深自匿终南山"[2]。他们宁愿过清贫安乐的生活。也不愿进朝做官，而且还写了一首《紫芝歌》以明志向，歌曰："莫莫高山，深谷透迤。晔晔紫芝，可以疗饥。唐虞世远，吾将何归？驷马高盖，其忧甚大。富贵之畏人兮，不若贫贱之肆志。"

高祖刘邦和皇后吕雉所生的刘盈，早已被立为太子。但在刘邦还是汉王的时候，得到一个戚姓的定陶女子，十分宠爱，还经常让戚姬陪自己出征。刘邦让吕后留守，两人见面的次数少了，自然感情就疏远了，加之他感觉吕后已经擅权，非常担心刘盈"仁柔"而皇权旁落，而戚姬无过问朝政的能力，因此，刘邦有更立戚姬的儿子赵王如意为太子的打算，还说如意更像他，刘盈不像他，甚至说出"终不使不肖子居爱子之上"的话。

对于这件事，虽然很多大臣反对，但收效甚微。后来，因御史大夫周昌反对，他才打消念头。但是，吕后仍不放心，就派弟弟也就是汉惠帝的舅舅建成侯吕泽去向张良请教对策。张良一开始还不答

---

① [汉]班固.汉书[M].北京：中华书局，1962：677.
② [宋]李昉等.太平御览[M].北京：中华书局，1960：184.

应，认为这是帝王家事，外人不好插嘴，遂对吕泽说："皇上的心已经变了，就是我们一百多个臣子一起说又有什么用呢？"但吕泽一再请求，他只好出主意，让刘盈去请刘邦最想见到的当时隐居商山的四个名士——商山四皓，事情也许会有转机。刘盈听从了张良的计策，写了封态度谦卑、言辞恳切的信，派吕泽前往苦苦恳求，终于将商山四皓请下山来。

一天晚上，刘邦摆下酒席，邀请吕后、戚姬、刘如意以及其他大臣等参加。太子刘盈作陪，商山四皓跟在太子身后。刘邦看到这四个鹤发童颜的老人，感到十分惊奇，便问他们是谁。四人上前自报家门。刘邦一听，感到十分惊奇，说道："我请你们请了好几年了，你们躲着不见，现在为何却跟在太子身后？"四人说："当初陛下轻慢待人，言辞之间对读书人充满侮辱和轻视。我们难以忍受，只好躲起来了。太子则与您不同，待人诚恳，讲究礼数，为人仁孝，恭敬爱士，现在天下人无不愿意为太子赴汤蹈火，因此我们就来了。"刘邦听完后只是说："希望你们今后多多教导太子。"

图7-5 黄山寿 商山四皓

商山四皓敬完酒之后就告辞了。刘邦目送他们离去，把戚姬叫来，指着四人的背影对戚姬说："我虽然想更换太子，只是有这四个人辅佐，太子已经羽翼丰满，难以换掉了。"

听到刘邦无能为力的哀叹，戚姬悲从中来，哭了起来。刘邦说："你给我表演一段楚舞，我给你和楚歌。"于是唱道："鸿鹄高飞，一举千里。羽翼已就，横绝四海。横绝四海，当可奈何！虽有矰缴，尚安所施！"唱了几遍，戚姬泣不成声。刘邦心里也是十分难过，起身回宫，一场酒席不欢而散。这之后，刘邦直到去世也没再提过更换太子之事。

商山四皓死后葬于商山，南北朝时已为四皓立祠，据《魏书·地形志》载：洛州上洛郡和上洛县"有丹水、南秦水、汉高祖祠、四皓祠"[1]。可见，他们高尚的道德品质已为后世敬仰，历史上许多文人雅士通过撰文、树碑、

① [北齐]魏收.魏书[M].北京：中华书局，1974：2632.

修庙、赋诗等形式颂扬商山四皓的功德，因此逐步形成一种独特的文化现象——四皓文化。

三国时著名诗人曹植曾写过一首《商山四皓赞》，其诗曰："嗟尔四皓，避秦隐形。刘项之争，养志弗营。不应朝聘，保节全贞。应命太子，汉嗣以宁。"宋代王禹偁在《四皓庙碑》中对其评价为："《易》称：'知进退存亡而不失其正者，其唯圣人乎！'先生避秦，知亡也；安刘，知存也；应孝惠之聘，知进也；拒高祖之命，知退也。四者备矣，而正在其中，先生非圣而孰为圣乎？"[①]唐代大诗人李白曾亲自拜谒过四皓墓并留下诗句："白发四老人，昂藏南山侧。偃卧松雪间，冥翳不可识。云窗拂青霭，石壁横翠色。龙虎方战争，于焉自休息。秦人失金镜，汉祖升紫极。阴虹浊太阳，前星遂沦匿。一行佐明圣，倏起生羽翼。功成身不居，舒卷在胸臆。窅冥合元化，茫昧信难测。飞声塞天衢，万古仰遗则。"[②]杜牧在《题商山四皓庙一绝》中写道："吕氏强梁嗣子柔，我欲天性岂恩仇？南军不袒左边袖，四老安刘是灭刘。"清康熙元年（1662），商州知州王廷伊对四皓既赞又嘲，他在《赞四皓》一诗中写道："避乱远离秦世网，立功不绾汉王纶。向来屈指行藏事，羞杀呈身识面人。"称颂四皓有功不居的高节，但他又赋诗《嘲四皓》："须似霜花鬓似银，采芝商岭合终身。一朝羽翼汉皇祚，终是留侯门下人。"日本汉学爱好者亦有《四皓》诗："紫芝产商山，四皓采而餐。自上刘家屋，入诗入画卷。"晋代陶渊明的《桃花源记》，正是取材于商山四皓的故事。四皓并不是商山人，却住在商山、葬在商山，唐代诗人蒋吉曾以"自省此身非达者，今朝羞拜四先生"来赞美四皓的高风亮节。

据《续修商志》《陕西通志》载：惠帝亲为四皓树碑于隐处，并立刻有"文官下轿，武将下马"的碑石以示尊崇。园内巨冢罗列、古柏环绕、碑石林立。今天在商洛市丹凤县城西7.5千米的商镇新街西段，有2003年11月建成的商山四皓碑林园，属省级重点文物保护单位。

图7-6 商洛广场四皓雕像 王建国 摄

图7-7 四皓碑林园 王建国 摄

① 曾枣庄,刘琳编.全宋文[M].上海：上海辞书出版社,合肥：安徽教育出版社,2006：123.
② [清]彭定求等.全唐诗[M].北京：中华书局,1999：1852.

第二节 "汉初三杰"之首——张良

　　张良是"汉初三杰"之一。在楚汉战争中为刘邦屡出奇谋，为西汉王朝的建立功勋卓著，名列功臣之首。但张良非常明智地在功成名就后急流勇退，归隐秦岭山中的紫柏山，成为隐士之典范，被誉为"英雄神仙"。

一、张良与西汉建立

张良（？—前189），字子房，生于战国末年韩国城父（今河南郏县东；也有今安徽亳州市东南之说，应以前者为是）。他经历了由战国末年到秦汉之际激烈的社会矛盾斗争，由六国旧贵族转变为维护统一集权的新兴地主阶级，后运筹策佐高祖平天下，成为西汉开国皇帝刘邦的重要谋臣。张良与萧何、韩信一起被称为"汉初三杰"，而他居于首位，是千古名相。

张良先辈曾"五世相韩"；祖父开地连任战国时韩国三朝宰相；父亲张平，亦继任韩国二朝宰相。但是到了张良所处的时代，韩国逐渐走下坡路，国势衰落，公元前230年，被秦王政派内史腾一举覆灭，将其置为颖川郡。韩国的灭亡，使张良失去了继承父业的机会，丧失了唾手可得的显赫地位。他胸怀亡国亡家之恨，并把这种仇恨集中于一点——反秦复韩。

其实，尽管国家没有了，但是张家仍十分富裕，只家里奴仆就有300多人，仍不失为势族。这时的张良不满足于过眼云烟的荣华富贵，他深怀国亡家败之悲愤，弟死而不葬，悉散家财，访求刺客。终于发生了历史上著名的博浪沙袭击秦始皇事件。

事先，张良访得一力士，并制成120斤重铁椎，趁始皇东游（前218）之际，埋伏于阳武博浪沙（今河南原阳县城东郊）进行狙击。结果，误中副车而未果。为此秦始皇十分气愤，"乃令天下大索十日"，张良只得更名改姓，流落下邳（今江苏睢宁北）。

诚然，张良"以匹夫之力而逞于一击之间"[1]，未免莽撞大意，但是作为一个年轻的落魄贵族，这种心态还是可以理解的。刺杀秦始皇的失败经历，也是他走上政治舞台的一个序曲。

张良隐匿于下邳。一日，到沂水坯（桥）上闲走，见桥墩上坐着一位老翁，须眉皆白，身着短袍。突然，老翁故意将自己的鞋子甩到桥下，对张良喊道："孺子，把鞋给我捡上来！"张良是饱读诗书的贵族公子出身，知道"孺子"是对小孩子或妇女、卑贱奴隶等的蔑视称呼，而且自己与他素不相识，却要去给他捡臭鞋，这明明是在侮辱他，非常生气。但碍于长者之故，又于心不忍，只好违心地下去把鞋捡了上来。不

图7-8 张良像

---

[1] [宋]苏轼撰.缪荃孙批校.留侯论[M]//东坡应诏集.明成化吉州刻.

料老翁又叫张良给他把鞋穿上。饱经沧桑、心怀大志的张良，对这带有侮辱性的命令强忍不满，膝跪于前，擦干净鞋上的泥，小心翼翼地帮老人穿好鞋。老人非但不谢，反而仰面长笑而去。张良惊奇这老翁好生无礼，看着他走了很远，呆视良久。过了一会，老翁又折返回来，赞叹说："孺子可教也！"还对张良说："5天以后天明来此桥相会。"说罢又走了。张良疑惑不解，但反应仍然相当迅捷，跪地应诺。

5天后，天刚刚亮之时，张良便急匆匆赶到桥上，不料老人却早已经到了，他生气地对张良说："为什么迟到？再过5天早点来！"说罢就走了。第二个5天后，鸡一叫，张良就去了。老人又先在那里，又生气地说："又来晚了，这是为什么？"老人便又走了，走时他还说："5天后再早点儿来。"第三个5天后，张良半夜就去桥上等候。老翁来后，见张良早已坐在桥上，就对张良说："应当这样。"又称赞他"孺子可教矣"，然后取出一编竹简送给张良，叮嘱道："读此书，将来可做帝王的老师，10年后可以兴天下。13年后，到济北谷城山下见我，看到黄石一块，那就是你的老师。"老翁说完后，扬长而去。

张良惊喜异常，天亮翻开一看，原来是一部《太公兵法》！传说《太公兵法》是姜子牙辅佐周武王消灭商纣时所著的兵书。在秦始皇并吞六国时，有人将此书带至深山隐藏起来，从此杳无音信。据《汉书·艺文志》记载，此书共237篇，包括：谋81篇，言71篇，兵85篇。它的要义是"绝去礼学，兼弃仁义"，可知这是一部道学之书。如今得此书，张良如获至宝。从此，他日夜诵读，刻苦钻研兵法，俯仰天下大事，终于成为一个深明韬略、文武兼备、足智多谋的"智囊"。

图7-9 张良拾履图

唐代大诗人李白曾游历下邳，目睹张良受书的圯桥，心中顿生敬佩怀念之情，奋笔写下《经下邳圯桥怀张子房》一诗："子房未虎啸，破产不为家。沧海得壮士，椎秦博浪沙。报韩虽不成，天地皆振动。潜匿游下邳，岂曰非智勇。我来圯桥上，怀古钦英风。惟见碧流水，曾无黄石公。叹息此人去，萧条徐泗空。"[1]北宋大文豪苏轼也写有《留侯论》一文，对张良面对黄石公的突然凌辱不惊不怒，为其捡鞋、穿鞋，最终得到《太公兵法》之事大为赞赏。

① [清]彭定求等.全唐诗[M].北京：中华书局，1999：1853.

公元前210年，秦始皇病死于沙丘，之后紧接着爆发了陈胜、吴广为首的秦末农民大起义。这时项羽和刘邦响应陈胜起义，张良也聚众数百，扯旗反秦。后刘邦略地下邳，两人初遇，一见倾心，刘邦遂拜张良为厩将（管理军马的将官）。张良以《太公兵法》进说刘邦，刘邦每每心领神会，多用他的计策，张良喟然感叹道："沛公似是天授之英主，天成其聪颖！"从此，君臣相得，如鱼得水。公元前208年9月，楚怀王命令项羽、刘邦分兵西进，攻打秦都咸阳（今陕西咸阳市东北），并与诸将军约定，谁先攻下咸阳，谁为关中王。刘邦当时兵力仅2万，但一路并未遇到秦军的主力，比较顺利地到达峣关（今陕西蓝田县东南）。后刘邦采纳张良建议，避开秦军主力，趁秦军懈怠之际向秦军发起进攻，秦军大败。公元前206年元月刘邦抵达霸上（今陕西西安市东12.5千米）。秦王子婴投降，秦朝灭亡。

刘邦进入咸阳秦宫，见宫室豪华，珍宝财物众多，美貌宫女如云，便想留居宫中，贪图富贵。张良和大将樊哙提醒他："秦王多做不义的事，所以您才有可能推翻他，您刚灭秦即贪图享受，势必重蹈秦王覆辙，失去人心，影响大业的完成。"刘邦顿悟，下令查封宫室府库，率军在咸阳东南霸上扎营，并与老百姓约定3条：废除秦的严刑苛法，杀人者死，伤人及盗抵罪。这就是历史上有名的"约法三章"。刘邦此举赢得了关中地区老百姓的一致拥护，这为他后来从汉中回师关中、平定三秦，打下坚实的政治基础和群众基础。

项羽入关后，驻军鸿门，打算发兵攻打刘邦，张良劝刘邦在鸿门宴上卑辞言和，保存实力，并疏通项羽的叔父项伯，使刘邦得以脱身。项羽封王时，张良厚结项伯，使刘邦得到汉中。入川后又劝刘邦烧绝栈道，以麻痹项羽。汉高帝二年（前205），刘邦出兵平定三秦，封张良为成信侯，东击楚。彭城战败后，张良建议刘邦争取英布、彭越和韩信起兵反楚，从而奠定了日后对项羽实行战略包围的基础。楚汉相持于荥阳、成皋时，刘邦为了摆脱困境，曾一度想采纳郦食其的建议，复立六国之后，以牵制项羽。张良极力反对，并道出了其中的利弊，使刘邦改变了主意，这对楚汉战争以及此后的形势有重大影响。汉高帝四年（前203）楚汉议和，以鸿沟为界东楚西汉，项羽率军东归彭城，张良与陈平劝刘邦复追楚军，约与韩信、彭越合击项羽，韩、彭不至，使汉军大败。张良建议刘邦许二人封地，两军始至灭项羽于垓下。刘邦登上皇帝位后，评判张良的功劳时说："运筹策帷帐中，决胜千里外，子房功也。"于是封赏张良为留侯。

司马迁对张良评价说："运筹帷幄之中，制胜于无形，子房计谋其事，无知名，无勇功，图难于易，为大于细。"[1]后世对张良有一句概括性的总结定论，说他是掷地有声的"帝王师"。

---

① [汉]司马迁.史记[M].北京：中华书局,1959：3312.

二、张良功退紫柏山

紫柏山位于秦岭以南的陕西省留坝县。留坝县地处秦岭南麓，汉江上游，"面巴蜀而背秦川"，属亚热带湿润季风气候区，夏无酷暑，冬无严寒，生态环境优越，地质地貌特征独具特色，历史文化积淀丰厚，自然景观与人文景观交相辉映，蕴藏着极其丰富的旅游资源，这其中以紫柏山最有代表性。紫柏山，地处留坝县城西北15千米处，海拔1300～2600米，年平均气温6～12℃，最高气温21℃，该区雨量充沛、气候爽朗、松柏密布、修篁蔽日、溪水淙淙、草木葱茏。山巅云雾缭绕，山下深青如屏、青山绿水、风景如画，古有"五百里云栈第一名山"之称。紫柏山气势磅礴，从远处看，犹如龙腾虎跃，因此又名"如龙山"。

《留坝厅志》记载："紫柏山有七十二洞、八十二坦……五云洞、存真洞、赤松洞等处均有古寺遗址。"[1]紫柏山集名胜古迹、秀丽风光、珍奇动物、稀有植物、瀑布温泉、矿产资源、原始森林于一体，成为历代隐士出没、真人坐禅、游客云集之地，有"世外桃源""人间仙境"之誉，特别是宏大的洞廊、石柱、石笋、清泉、暗流……极富诗情画意。据《太平寰宇记》载：东周地图记云，其山两头高，状如龙形，一名龙如山，山多紫柏。传说远古的九天玄女就在此隐居修炼。《关中胜迹图志》说："仙人多隐于此。"《陇蜀余闻》记载："紫柏山在紫柏岭南，相传留侯辟谷于此，下有留侯祠。"[2]唐僖宗光启二年（886），李儇南巡，途中到紫柏山游览，曾将山取名"御爱山"。紫柏山的独特地貌和生物群落，以及奇风异俗等，构成"紫柏山奇观"。在这里可欣赏到奇景——紫柏晴岚。紫柏山四季云遮雾罩，难窥其容。逢霏霏霪雨初霁之时，山中云蒸霞蔚、金光万道，山峦丘壑游动于云海之间。当四周云雾不断从林间、谷底簇拥升起，飘向顶峰，沐后新日冲开重重迷雾，但见巍巍紫柏，遍披"龙鳞"，万顷松针之上，雾珠晶莹闪烁；其九十二峰如朵朵盛开的莲花，令人惊叹不已。这一奇观就是"紫柏晴岚"，今又名"紫柏云海"。清人陈庆怡题诗赞曰："晴色排空际，岚光拂石堆。奇峰九十二，面面白莲开。仙子何年隐，而今安在哉？苍苍岭上松，时有鹤归来。"

刘邦定都关中后，张良的身体越来越差。所以刘邦没有让张良担任具体官职，只是仍

图7-10 紫柏山

① [清]贺仲瑊等纂修.留坝厅志[M].台北：成文出版社，1969：60.
② [清]毕沅撰.张沛点校.关中胜迹图志[M].西安：三秦出版社，2004：584.

图7-11 张良庙 王建国 摄
图7-12 张良庙山门 王建国 摄

然让他充任顾问和参谋。张良虽仍为刘邦出计献策，但他也知道刘邦的为人。在面临困境时，刘邦定会认真听取并采纳他的计策，一旦天下大定，国泰民安，就会是另一个样子。加之刘邦生性疑忌心较强，要想与这样的君主共享安乐和荣华富贵是很困难的。从这样的实际认识出发，张良谢绝了刘邦的三万户封赏，仅仅选择了留地万户为封邑，并且在家养颐身体，修仙学道。他常对身边的人说："我家世代在韩国做宰相，韩国被秦灭掉后，我不惜花费万金家财为韩国报仇，刺杀秦始皇这件事使天下震动。现如今我凭着自己的三寸不烂之舌，当上了皇帝的老师，封为万户侯，对一个平头老百姓来说，这已经是登峰造极了，我张良已经深感满足了。我现在的心愿就是摒弃人间一切繁琐事务，跟着仙人赤松子（传说中的仙人）去云游天下。"

张良身体不好，这是事实，但他闭门不出，整天在家修炼道家养生之术的真正原因是要明哲保身。这一点，北宋史学家司马光看得非常清楚，他曾指出，人有生就有死，这就像自然界有黑夜就有白昼一样，是不可改变的规律，自古以来，还没有人能不受这一规律的约束，做到长生不死。张良如此明辨达理，他绝对知道所谓求仙学道、长生不死只不过是虚妄诡诈的骗人伎俩。但张良却表示要与赤松子云游天下，不难看出他此举的原由，那就是功成名就之后，很难做到君臣相容相安。如被刘邦所称道的汉初三杰中的其他两位：淮阴侯韩信被诛杀掉，萧何也曾被打入大狱。他们难道不是因为功劳太高而又不能适可而止吗？所以张良假托求仙学道，不愿过问人世间的一切事务，把功名看作是身外之物，把荣华利禄弃置一旁。人们常说"明哲保身"，张良是真正地做到了。

张良在家专心学道，最后还不食五谷，想通过辟谷的办法达到祛病延年的目的。张良一连多次辟谷，使得身体状况十分不好。不久，刘邦病死，吕后掌握朝廷大权。为了感谢张良，吕后要求张良放弃辟谷的做法，对他说："人活在世间，就如同白驹过隙，你何必自讨苦吃呢！"张良在吕后的逼迫下，不得不重新吃起五谷。汉惠帝六年（前189），张良病逝，被谥为文成侯，埋葬在谷城山下

321

的黄石岗。

张良虽然不曾亲自统兵冲锋陷阵，但他的军事才干也是超凡脱众的，后人一直将他看作是优秀的军事谋略家。西汉建国后，他曾与韩信一起将汉初流传的各类兵书精心进行整理、编排，对研究仅存的一大批军事著述做出了贡献。唐玄宗开元十九年（731），为了兼尚武功，专门给吕尚立庙，以留侯张良配祭；唐肃宗时，又追谥姜太公(即吕尚)为武成王，并选历代良将10人，称为"十哲"，配享太公庙，张良位居其中。

作为汉初三杰之一，张良不仅以自己的聪明才智为汉王朝建立立下了不可磨灭的功勋，也为自己赢得了爵位功名、富贵利禄；同时，更以洞若观火的明哲，在汉初统治集团的矛盾中急流勇退，在人们的崇敬和哀惋中得以寿终。张良以自己的一生树立了封建社会中帝王之师的一种典型，将超人的智慧和明哲结合在一起，既能建功立业，又能避祸防患，因而对后世产生了很大影响，深得后人称赞。

现今，在陕西省留坝县的紫柏山建有张良庙，又名留侯祠，是陕西省第一批省级重点文物保护单位之一，也是全国最大的祭祀张良的祠庙。它位于留坝县西北17千米处的庙台子。据说，最早的张良庙是由张良的十世玄孙汉中王张鲁所建。东汉末年，宦官专权，各地纷纷独立。张鲁在汉中自立为汉中王，创五斗米道，尊张良为祖，于留坝紫柏山中建留侯祠，春秋祭祀。历经1700年，原址已无从考察。此后各朝代屡有增建修葺，并从紫柏山巅将祠宇迁至山麓，并发展到现在规模宏大的建筑群。

第三节 终南捷径，王维与辋川

　　"终南捷径"出自《大唐新语》一书，指那些以退为进、以隐求显的士人，借归隐山林以达到提升名誉和地位的方法或路径。

　　"终南捷径"的成语是以卢藏用的故事演变而来的。后来人们就用"终南捷径"来形容谋取官职、寻求门路的便捷方法。

　　然而，在唐代走"终南捷径"成功者有之，失败者也有之，自取其辱者亦不乏其人。

　　王维是唐代第一大诗人，也是隐居终南最有名的诗人。其名气之大远在当时的李白、杜甫之上。早期的边塞诗就很有名，晚期的田园诗开一代诗风。王维晚年在辋川过着半官半隐的生活，其田园诗与辋川的自然环境密不可分。

一、终南捷径

　　隐士文化在我国古代社会影响很大。隐士们的社会名声与社会地位不仅没有因为他们逃名避世而湮没无闻，反而越隐越大。无论封建帝王还是公侯大臣，都把隐士当作有德行的君子加以敬重。由于隐士具有一定的社会声望，许多士人便利用这一点，从中渔利。"终南捷径"成为一些人以隐求显，获得名誉与地位的法门。《旧唐书·隐逸传》对这类人有所概括，其说："即有身在江湖之上，心游魏阙之下。托薜萝以射利，假岩壑以钓名，退无肥遁之贞，进乏济时之具，山移见诮，海鸟兴讥，无足多也。"①

　　这种身在江湖而心游魏阙的隐士，以唐代最为著名。刘肃的《大唐新语》中记载了有关卢藏用的故事：

　　唐朝时，幽州范阳（今河北涿州）有个读书人叫卢藏用，字子潜，年轻时就有点名气，写得一手好文章，书法也很好，还喜欢弹琴下棋，可以说是多才多艺，有"多能之士"称号，但是他中了进士之后却被朝廷闲置了很长时间。卢藏用认为自己满腹经纶却得不到朝廷的重用，实在是一件让人头疼的事情。怎么办呢？卢藏用绞尽脑汁，终于想出了一条以退为进的办法，他效仿古人跑到终南山做起了隐士。

　　他是幽州范阳人，为什么要选终南山做隐居地呢？因终南山靠近京城，离长安只有几十里，在这里便于结交官员，从而窥伺做官的机会，也容易引起朝廷的注意。加之当时人们有一种奇怪的想法，总认为大凡隐居的人一定是不求名不求利的世外高人，这种人一旦出山，必然会做出一番轰轰烈烈的大事业，既利于国又利于民。后来，卢藏用发现唐高宗时常驾临东都洛阳，于是，他又急忙在靠近洛阳的少室山找了个隐居地。这样，当高宗在长安时，他就隐居在终南山；当高宗移驾到洛阳时，他就隐居到少室山，随着高宗车驾的往返而变动自己的隐居地。几十年间，卢藏用时隐时出，人们戏称他为"随驾隐士"。

　　不过，最终这位"随驾隐士"还真的因隐士闻名，被征召出山

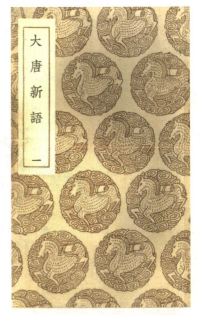

图7-13 大唐新语

① [后晋]刘昫.旧唐书[M].北京：中华书局，1975：5115-5116.

做了大官。

据说卢藏用到终南山隐居后不久，便引起了人们的注意。朝廷派卢藏用的好友陈子昂、赵贞固等人力请卢藏用出山。武则天长安年间，卢藏用被任命为"左拾遗"，后为"济阳令"；中宗神龙年间，又升任中书舍人，后历任吏部侍郎、修文馆学士等职；玄宗时迁尚书右丞（宰相）。

其后，河内温县（今河南温县）又有一个名叫司马承祯的隐士，是当时道教上清派的重要人物，自号白云子，寓意自己像白云一样飘逸、自在和高洁。司马承祯自小就笃学好道，无心仕宦之途。后来他遍游天下，隐居在浙江天台山，武则天闻其名，召至京都，亲降手敕，赞美他道行高操，想委以重任，但他坚辞不允。

唐睿宗登基后，改变了武则天崇尚佛教的政策，开始尊崇道教，道教的地位大大提升。唐睿宗拨款给司马承祯在天台山修建道观，多次派人到天台山请司马承祯入宫，言辞诚恳、态度虔诚。司马承祯推托不过，只好随使者来到京师。

唐睿宗厚礼相待，向他请教治国之道："修身和治国，是不是具有相同的道理呢？按照无为的方法修身养性，人品可以变得清高；可是如何运用无为的方法，来治理国家呢？"

司马承祯说道："治理国家，要坚持顺应天道、顺应民意，选贤任能、远离贪吏。做到顺应万物、没有私利，天下就能治理得好。这就是无为的原则。"唐睿宗听罢，感到受益匪浅，赞不绝口。他极力挽留司马承祯留居京师，入朝做官，司马承祯却极力拒绝，恳请皇帝放他回去。唐睿宗见他如此坚决，就只好准其所求。

公元712年，玄宗即位。他听说有一位名叫司马承祯的隐士，此人有经天纬地之才，早在睿宗时期就被征召过，可惜不久便又归山了。唐玄宗求贤若渴，多次派人征召。司马承祯无奈，只得随使者来到京都长安。住了几天，决计隐居终南山。唐玄宗再三挽留，司马承祯不为名利所动，向其表明心志，决心终生与青山绿水为伴。唐玄宗此时才明白，原来司马承祯是

图7-14 司马承祯像（源自《中国历代名人图典》）

个真正不慕功名的隐士。于是，在王屋山为他盖了一座道观，让他住在里面抄写、校正《道德经》一书。

司马承祯处理完这件事情后，便到长安拜见唐明皇，他谢过明皇的挽留，执意再回天台山隐居。司马承祯启程时，已任尚书右丞的卢藏用将他送到郊外。卢藏用关切地问起司马承祯今后的打算，司马承祯说："天台山是不能再回去了，人都说天柱山天高云清，是个隐居的好地方。"卢藏用长叹一声，指着远处的终南山对司马承祯说："这山中大有胜迹，你又何必千里迢迢地跑到那么远的地方去呢？"司马承祯沉吟半晌，手捋长髯，缓缓答道："依我看来，隐居终南山不过是做官的捷径罢了。"卢藏用听了，知道司马承祯是在讽刺自己，脸上不禁露出羞愧之色。

卢藏用当官之后，专门趋奉权贵，毫无政绩，最后因依附邪恶势力被流放至死。现在回过头来看，卢藏用的行为，倒是正符合他的名字，藏用者，藏用结合也，以藏为用，因藏而得用。

实际上，在卢藏用之前，利用此法以求仕途已有先例，发明权不能归于藏用。隋朝的隐士杜淹，就曾用过这一招法。《旧唐书·杜淹传》载："淹才辩多闻，有美名。隋开皇中，与其友韦福嗣谋曰：'上好用隐民，苏威以隐者召，得美官。'乃共入太白山，为不仕者。文帝恶之，谪戍江表。"杜淹聪明过人，发现由隐入仕是一条捷径，便想效仿，不料隋文帝眼中不揉沙子，看透了杜淹的把戏，官没当成，却当个囚徒，实在是自取其辱！

"终南捷径"这个成语就是从卢藏用的故事演变而来的，后来人们就用"终南捷径"一词来形容谋官职、求门路的最便捷的方法，也比喻达到目的的便捷途径。其实，今天人们对"终南捷径"的解释颇有贬义，但终南山却是无辜的。难道终南山有选择让谁来不让谁的权力吗？而且，终南山早在唐朝之前已经是一座名满天下的高道隐修之山了。

二、辋川地理概貌及历史变迁

辋川，位于蓝田县城西南约5千米的尧山间，这里是骊山与秦岭主脉间的山前断陷盆地，属于渭南地堑的一部分，新生代以来，由于秦岭上升侧向挤压，形成了宽缓曲折的河谷。而骊山南侧和秦岭北麓断层为长期活动性大断裂，构成了蓝田盆地的边界。这里青山逶迤、峰峦叠嶂，奇花野藤遍布幽谷，瀑布溪流随处可见，是秦岭北麓一条风光秀丽的川道。川水自尧关口流出后，蜿蜒流入灞河。古时候，川水流过川内的欹湖①，两岸山间也有几条小河同时流向欹湖，由高山俯视下去，川流环凑沦

---

① 欹湖在南垞与北垞之间。

涟，《蓝田县志》说："县南峣山之口，水沦涟如车辋故名。"因此得名"辋川"。辋川在我国历史上不仅有"秦楚之要冲，三辅之屏障"之称，而且是将相贤达、文人骚客十分向往的游赏隐居之地，素有"终南之秀钟蓝田，茁其英者为辋川"之誉。

《文献通考》载："辋川本宋之问别墅。"《陕西通志》又载："川口为两山之峡，随山凿石，计五里许，路甚险狭。过此豁然开朗，村墅相望，蔚然桑麻肥饶之地。四顾山峦掩映，似若无路，环绕而南，凡十三区，其美愈奇。王摩诘别业在焉。有孟城坳、华子冈、文杏馆、斤竹岭二十景。"王维每天与裴迪游咏其间。旧有《辋川图》4幅，明代蓝田知县沈国华摹12幅，成为后世无价之宝。《通考》又载："维后表（辋川）为清源寺，终墓其西。"《辋川志》也说："辋川形胜之妙，天造地设，前古籍无载，无所于考。至唐宋之问侨寓于斯，辋川之名始闻；继而王维作别业于斯，辋川之名始胜。"

辋川原来是初唐诗人宋之问的别墅，后来王维为其母亲奉佛而置。辋川是灞河的一条支流，在唐代是可以行船的，当年王维就是从辋川乘船，经灞河进入渭河，悠然往来于别墅与长安之间。今天我们仍然可以想见，当他初得辋川时感受到的那份愉悦与舒畅，想到几十年前诗人宋之问曾在这里优游吟咏，他苍凉的心一定有过些许平实、温暖的感觉，平抚着他疲惫、抑郁的身心。辋川，不啻为王维的"桃花源"！当他初涉世事时，也曾满怀青年人的美好理想，意气风发地歌咏过《桃源行》，陶渊明笔下的"桃花源"，在20岁的王维心中，就是理想、追寻与未来。20年的坎坷人生，朝政的严酷现实，使他的理想破灭了，但是他不失正直文人的良心与本色，在他的内心深处，仍然涌动着对生活、对大自然的热爱之情，且时有不平与愤懑。尽管官场失意、丧偶孤居，但精通佛理的他始终向往美好的人生，欣然忘情于山水之间。

王维晚年也笃信佛教，其母死后，他改辋川别墅为鹿慈寺。在寺前有王右丞祠，供奉有王维像，明人陈文烛《辋川游记》写道："行至飞云山，山前数里，为清凉寺，后改鹿苑寺，有右丞像，即故宅也，振衣拜焉。"①道光十五年（1835）秋，该寺曾劝捐重修。寺经历代多次重修，已非原貌，只尚可辨识出一些遗迹。寺前有银杏树一株，树高20米，冠15米，直径1.8米，粗约五抱，亭亭如盖，传为王维手植。距寺500米左右的白家坪，有王维和他

图7-15 唐 王维 辋川图

① 蓝田县地方志编纂委员会编.蓝田县志[M].西安：陕西人民出版社,1994：678.

母亲的坟墓。现在，该寺为省级重点文物保护单位。

三、辋川与王维的诗画创作

王维，字摩诘，祖籍太原祁州（今山西祁县）。生于武后长安元年（701），卒于肃宗上元二年（761）①。他出身世家，其高祖、曾祖、父辈三代都做过州司马。高祖儒贤为赵州司马，曾祖知节为扬州司马，父亲处廉为汾州司马。自其父亲开始，全家迁于蒲（今山西永济），遂为蒲人。比王维小1岁的弟弟王缙，后来官至代宗的宰相。

王维自幼资质聪颖，15岁即去京师准备应试。他写得一手好诗，又工于书画，兼有音乐天赋，年少英俊，风流倜傥，所以少年王维一到京师，立即成为王公贵族的宠儿。仅以诗论，有文字记载的，他15岁就有诗作《过始皇墓》和《题友人云母障子》，16岁（一作18岁）有《洛阳女儿行》，17岁有《九月九日忆山东兄弟》，19岁有《赋得清如玉壶冰》《李陵咏》《桃源行》，20岁有《息夫人》。在这一时期，他的诗歌很有朝气，充满着锐意进取的精神，亦开始显现艺术的价值。特别是他创作的《九月九日忆山东兄弟》《桃源行》《洛阳女儿行》等名篇，广为流传，为世人所重。

开元九年（721），王维21岁，以进士擢第。由于精通音律，他被任命为大乐丞，但不久即因伶人舞黄狮子的事（黄狮子舞独为皇帝享宴之乐），受到牵连，贬官司库参军。几年后，在他30岁时，妻子崔氏去世。王维中年丧妻，经此人生之大不幸，终生未再娶，孤居30年，身后无子嗣。开元二十一年（733），张九龄为相。次年，王维擢为右拾遗，重回长安做京官。但是，张九龄却很快被李林甫所排挤，约在开元二十五年（737）被贬为荆州长史。这在王维的一生中是一个大的转折点。张九龄被罢政事，标志着贞观以来开明政治的结束。由于王维不满当时的朝政，因此踏上归隐之路，其半官半隐的生活自此开始。

图7-16 王维像

但是他没能马上隐退，就在张九龄被贬至荆州的那年秋天，王维因监察御使之职，奉命"使至塞上"；开元二十八年（740）又"知南选"至襄阳，其间画了那幅著名的《孟浩然像》。这以后，他一度隐居在长安附近的终南山。稍后，王维为其母奉佛，在长安东南的蓝田辋川买了一座庄园——辋川别墅。这里风景绝佳，王维经常与友人往来其间，啸咏终日，留

---

① 生卒时间尚有699—761年之说。

下了一段诗坛佳话。

安史之乱以后，王维为安禄山所拘。于是"服药取痢，伪称瘖病"①，被拘禁在菩提寺，裴迪去探望，王维作七绝："万户伤心生野烟，百官何日再朝天。秋槐花落空宫里，凝碧池头奏管弦。"②其后以这首《凝碧池》得肃宗嘉许，免罪复官，仅降为太子中允，后迁太子中庶子、中书舍人、给事中，乾元二年（759）再转尚书右丞。不久，王维上表乞归田里。上元二年（761）的一天，王维突然作书数纸，别弟弟缙及亲朋好友，舍笔而卒，后葬于辋川别业清源寺西。

王维去世后，当时的代宗皇帝曾亲自向王缙过问王维的诗文，并在《批答王缙进集表手敕》中写道："卿之伯氏，天下文宗，位历先朝，名高希代……时论归美，诵于人口。"于是有《王右丞集》28卷、附卷2卷传世。

王维40岁得辋川，可谓如鱼得水。辋川给他的生活带来新境界，也给他的诗歌创作带来新的灵感。

据《旧唐书·王维传》载："辋水周于舍下，别涨竹洲花坞，与道友裴迪浮舟往来，弹琴赋诗，啸咏终日。"③对这一时期的生活，王维自己在《山中与裴秀才迪书》中写道："近腊月下，景气和畅，故山殊可过。足下方温经，猥不敢相烦。辄便往山中，憩感配寺，与山僧饭讫而去。北涉玄灞，清月映郭。夜登华子冈，辋水沦涟，与月上下，寒山远火，明灭林外。深巷寒犬，吠声如豹；村墟夜舂，复与疏钟相间。此时独坐，僮仆静默，多思曩昔，携手赋诗，步仄径，临清流也。当待春中，草木蔓发，春山可望，轻鲦出水，白鸥矫翼；露湿青皋，麦陇朝雊。斯之不远，倘能从我游乎？"字里行间可见王维对辋川的生活充满喜悦，极为适意。这极大地激发了他的创作冲动，这一时期他的诗歌，许多都是围绕着辋川写的，如《辋川别业》《辋川闲居》《积雨辋川庄作》《别辋川别业》《归辋川作》等等。辋川显然成了诗人一切生活的中心。诗人如果偶尔要离开几天，就显出依依不舍之情："依迟车马动，惆怅出松萝。忍别青山去，其如绿水何？"④归来时，人未到，就远远地先听到谷口传出的声音了："谷口疏钟动，渔樵稍欲稀。悠然远山暮，独向白云归。"⑤偶一兴起，又有《戏题辋川别业》："柳条拂地不须折，松树披云从更长。藤花欲暗藏猱子，柏叶初齐养麝香。"⑥诗人对于辋川之深情，溢于言表。

① [后晋]刘昫.旧唐书[M].北京：中华书局,1975：5052.
② [后晋]刘昫.旧唐书[M].北京：中华书局,1975：5052.
③ [后晋]刘昫.旧唐书[M].北京：中华书局,1975：5052.
④ [清]彭定求等.全唐诗[M].北京：中华书局,1999：1302.
⑤ [清]彭定求等.全唐诗[M].北京：中华书局,1999：1276.
⑥ [清]彭定求等.全唐诗[M].北京：中华书局,1999：1307.

图7-17 辋川图（局部，选自《仇英辋川十景图卷》）

　　然而，所有这些仍然不足以表达诗人对辋川的情感，他一定要正式地歌咏一回，将辋川的无尽美妙与自己的幽然情思永留人间。于是，王维与裴迪互相唱和，为辋川二十景各作五言绝句1首，共计40首，王维亲自结集并序，这便是千古绝唱《辋川集》。

　　除诗文之外，王维在绘画上也有较高的造诣，中国绘画史上称王维是唐代杰出的画家。《宣和画谱》评价其"尤精山水……后世称重，亦云维所画不下吴道玄也"。《封氏闻见记》说他"特妙山水，幽深之致，近古未有"。他开创了南派水墨画法，世称"文人画"。正是以此为开端，中国画发展到宋元以后盛行的文人写意画，至今以其独有的艺术魅力享誉画坛。《旧唐书·王维传》言王维的山水画"笔踪措思，参于造化，而创意经图，即有所缺，如山水平远，云峰石色，绝迹天机，非绘者之所及也"[1]。王维作为这样一个画派的开创者，正说明了他所具有的深刻的文化与思想内涵。王维还常在辋川临摹写生，绘成了多幅辋川山水图。辋川从此成为闻名遐迩的游览胜地。

　　王维在辋川留下的最为珍贵的历史资料是《辋川图》。据说此图"长二三丈"，"江乡风物，靡

① [后晋]刘昫.旧唐书[M].北京：中华书局,1975：5052.

不毕备，精妙罕见"①。其间"山峰盘回，竹木
潇洒"，"笔力清劲，曲尽精致"。据周焕寓
《游辋川记》所言，鹿苑寺寺壁上原有王维所画
《辋川图》，后佚。现在所见《辋川图》是北
宋著名画家郭忠恕的临摹之作。今存有王维的
辋川图石刻共计13块，包括《辋川真迹》6块、
《王摩诘辋川图》总图1块、《王摩诘辋川春、
夏、秋、冬四季图》4块、《辋川集》石刻2块。
其中《辋川真迹》每幅长1.02米，宽0.36米，厚
0.07米，均为横幅单线阴刻，以线雕的形式表现
出王维辋川别业的"孟城坳""华子冈""文
杏馆""竹里馆"等20个景观，由明代郭漱六
刻镌。《王摩诘辋川图》高1.73米，宽1米，厚
0.15米，分上下两层，上层为辋川总图，下层为
明万历年间蓝田县令王邦才所作《辋川赋》，有
"横图以考古，总图以正今"之称。《王摩诘

图7-18 辋川图（局部，选自《光绪蓝田县志》）

辋川四季图》，是明嘉靖年间蓝田县令韩瓒临王维为薛元隐所绘的四季图而成。图高0.6米，宽0.51
米，厚0.18米，为平面阴刻，下部刻有《辋川集》25首五言绝句，为明代监察御史李公题。元代人贡
师泰《题王维辋川图诗》云："开图纵奇观，江山郁相缪。两坨矗苍苍。重湖渺潋潋。遝宇抗疏岭，
危亭俯圆流。春坞辛夷发，夏陌高槐稠。竹馆翠阴晚，茰泘红实秋，远墅漆未割，近园椒欲收。惊鸟
避溪泉，野鹿逐岩幽。日暮川上归，凉飚荡孤舟。霭霭云气合，漠漠烟光浮。"将《辋川图》纵横开
合的气势、细致入微的景物、清幽雅致的气韵以诗的语言一一呈现于读者面前，令人完全沉醉于诗情
画意的优美境界中，同时也叹服于《辋川图》的高妙。《辋川图》着实堪称我国美术史上的经典之
作，代表着唐代山水画的卓越成就。上述《王摩诘辋川图》石刻现藏于蓝田县文物管理所。

四、归隐辋川，王维思想及其影响

　　王维归隐辋川是将山水情怀和佛法禅意融汇贯通的一种隐逸。王维这种隐居习尚极大程度上影响
了山水田园诗的发展。

① 张彦远.历代名画记[M].北京：人民美术出版社,2004.

王维的隐居习尚是将归隐视为傲世独立的表现，以人于山林、纵情山水显示人品的高洁，进而把返归自然作为精神的慰藉和享受，寻求人与自然融为一体的纯美天地。辋川的山水之美，的确具有某种净化心灵的作用，能涤尘去浊，使王维暂且忘却尘世的纷纷扰扰，产生忘情于山水而自甘寂寞的高逸情怀。这种山水情怀对于明秀诗境的创造十分重要。因唯有甘于寂寞，才能对自然有细致的观察和敏锐的感觉，才能以一种虚灵的胸襟去体悟山水，由实入虚，进入一片空明之境，向外发现山水的美，向内发现自己的真性情。王维晚年的归隐，确已达到了他在《裴右丞写真赞》里说的"气和容众，心静如空"的"无我"境界。王维《山居即事》说："寂寞掩柴扉，苍茫对落晖。"这是他独自隐居山中时的心态写照。由于生性好静而自甘寂寞，他把独来独往的归隐生活写得极美，如《酬张少府》诗中透露出无心于世事而归隐山林的闲适自得，以及与松风山月相伴却不感孤独的悠然情怀。

正如《辋川集》20首中表现出的空灵澄澈，非有王维这种自甘寂寞的山水情怀不能体现。在明秀的诗境中，一切情绪的波动和思虑都被净化，只有通感的直觉印象和难以言说的自然之美。无论是空山青苔上的夕阳复照、深林静夜的月色相照，还是自开自落的芙蓉花，所展示的无一不是自然造物生生不息的状态，不为人扰，没有孤独，也不见惆怅，只有一片空灵的寂静，而美的意境就产生于对这自然永恒的空静美的感悟之中。在王维的隐逸心态里，有一种脱情志于俗谛桎梏的意味；其心无滞碍、天机清妙的灵悟境界，比前人单纯心系归隐的山林歌咏要高一个层次。这也使王维的隐居习尚和心态，超出了一般意义上苟全性命的避世隐居，具有更为丰富的思想文化内涵。

王维的仕隐生涯同他的奉佛关系很深，从《新唐书》和《旧唐书》记载中都可以看出他的隐居习尚："维弟兄俱奉佛，居常蔬食，不茹荤血，晚年长斋，不衣文彩……在京师，长斋，不衣文采，日饭十数名僧，以玄谈为乐。斋中无所有，惟茶铛、药臼、经案、绳床而已。退朝之后，焚香独坐，以禅诵为事。妻亡不再娶，三十年孤居一室，屏绝尘累……"从王维生活中可以看出王维的隐居方式是将佛教禅徒的生活方式与中国传统的隐士生活相结合的。因此，王维的诗歌创作从观物方式到感情格调，都带有受禅宗思想影响的文化意蕴，饶有禅意和禅趣。

王维在《秋夜独坐》中说："欲知除老病，惟有学无生。"可见"学无生"是王维隐居生活的主要部分。"无生"之说，出于佛典里的大乘般若空观，是"寂灭"和"涅槃"的另一种表述方式，"学无生"所要达到的是一切皆空的"无我"之境，也就是王维诗歌中禅意所出之源。王维隐居习尚中的山水情怀和参禅静修都对山水诗空灵境界的开创有很大影响，同样，在对田园诗的意境开拓方面，王维的这种隐居习尚也有着重要的影响。

无论是悠然自得的清静独居，还是与同道偕隐田园，都充满着对美的认可和体验。王维的隐居生活中，一度和储光羲、裴迪、崔兴宗等人偕隐。他们将潜居田园的自得之趣和虚淡之意发之于诗酒唱和之中，相互启发和深化对自然的会心。如王维《戏赠张五弟諲三首》中写道："一知与物平，自顾为人浅。对君忽自得，浮念不烦遣。"他们既能获得领悟自然的美感，又能享受到自己解悟力被人欣赏的相知心境，进一步提升了田园生活的乐趣，也使诗境拓宽。

王维的辋川诗作代表了王维山水田园诗的主体风格，充分展现了王维的艺术个性，是中国山水田园诗成熟的标志，也为整个唐代山水诗派的形成奠定了基础。王维在辋川隐居时，从辋川的山水灵秀中得以妙悟，开创其诗作中空灵冲淡的神韵禅理，也对后世山水田园诗创作产生了深远的影响。

第四节　唐代秦岭隐者——孙思邈、金可记

　　唐代，孙思邈为了采药和丰富自己的医学实践，在秦岭的太白山间隐居过很长一段时间，留下了许多美丽的传说。当然，秦岭也成就了他"药王"的千古圣名，其医德医术为后世称道。大唐进士、新罗人金可记为求道来到终南山子午谷中隐居，其传说让人赞叹和唏嘘。

一、孙思邈隐居太白山

太白山，一称太乙山或太一山，据传说为太乙真人修炼之地。《录异记》载："金星之精，坠于终南圭峰之西，其精化白石若美玉，时有紫气复之，故名太白山。"大抵是取太白金星之意称为太白山的，《古今图书集成》《关中胜迹图志》《眉县志》等均有记载，而"太白山"之名最早见于《魏书·地理志》，隋、唐后一直沿用至今。

太白山位于陕西省宝鸡市眉县、太白县和西安市周至县境内，是秦岭山脉主峰，也是中国大陆青藏高原以东第一高峰。自古以来，太白山就以高、寒、险、奇、秀、秘的特点闻名于世，被誉为中国人的中央国家公园和亚洲的天然博物馆。由于太白山高差大，自下而上有春、夏、秋、冬四季明显垂直分布，呈现出不同的森林景观，"太白积雪六月天"为古代"关中八景"之一。神奇莫测的气象自古就为中外科学家及文人学士所向往。唐代诗人岑参在《宿太白诗》中云："天晴诸山出，太白峰最高。"李白在《登太白峰》中写道："西上太白峰，夕阳穷登攀。太白与我语，为我开天关。愿乘冷风去，直出浮云间。举手可近月，前行若无山。一别武功去，何时复更还？"太白山动植物资源非常丰富，山上林木茂盛，是个取之不尽、用之不竭的中草药天然宝库，中草药资源丰富、种类繁多。山上鸟类动物有330多种，兽类动物有230多种，珍贵稀有的奇禽异兽，如金丝猴、大熊猫、金毛扭角羚等。太白山的动物浑身都是宝，它们身体的很多部分是难得的名贵中药。

太白山大约有中草药千余种，素有"草药王国"之称，独有的药材就有数百种。在这些药中，以"太白"命名的中草药，就有50多种，所以，当地有歌谣唱道："太白山上无闲草，满山遍野都是宝，看你识宝不识宝，认得宝来做药用，不识宝物当柴烧。""太乙山，遍地宝。有病不用愁，上山扯把草。"

孙思邈，京兆华原(今陕西铜川耀州区)孙家原人，生于隋文帝开皇元年（581），卒于唐高宗永淳元年（682），享年102岁。是隋唐时著名的医学家，以《千金方》闻名后世。被西方称为"医学论之父"，是与希腊希波克拉底齐名的世界三大医德名人之一。

图7-19 孙思邈像

孙思邈小时候体弱多病，"汤药之资，罄尽家产"，吃尽了生病的苦头，这时他就产生了将来要治病救人的想法。他7岁时开始读书，每天颂读千余字，博闻强记，不到20岁，就已经通晓诸子百家著作，还熟读了佛家经典，当时洛州（今河南洛阳）总管独孤信曾见到孙思邈，认为他博学多闻、才华横溢，赞赏他为"圣童"，对他十分器重。他通数术，熟悉各种掌故，当唐代名臣魏徵受诏撰写齐、梁、陈、周、隋五代史时，曾多次造访他，他口授史实，让人有如目睹。

图7-20 孙思邈隐居地

他孜孜不倦地钻研医书，总结历代的医学理论和临床经验，并经过大量的临床诊治的实践，终于成为一位医德高尚、医术精湛的名医。他曾说："读书三年，便谓天下无病可治；治病三年，便谓天下无方可用。"这一方面说明他理论联系实际，学而为用；另一方面说明他认识到实践的内容比理论更丰富，学无止境。

唐太宗即位后，召他入京，见到50多岁的他竟能容貌气色、身形步态皆如同少年一般，大为惊讶，十分感叹，对左右说："有道之人真是值得人尊敬呀！像羡门、广成子这样的神仙人物原来世上竟是有的，怎么会是虚言呢？"

据说唐太宗时期，长孙皇后怀胎十月而不见临盆，卧床不起，虽然经很多名医治疗，但都不见好转。唐太宗心神不宁，就找来大臣徐茂公商议。徐茂公听说后，便向太宗推荐孙思邈。他说："华原县有位民间医生孙思邈，常到各地采药为群众治病，对妇儿科尤其擅长，经他诊治的病人无不药到病除。"太宗听后，就赶紧派人去请。孙思邈来到宫中认真问询了皇后的饮食起居和病症特点，并拿出太医们做的病历查看。很快，他就对皇后的病情有了大概了解。当时封建礼教甚严，讲究"男女授受不亲"，皇后的凤体不是一般人可以触碰的。孙思邈只好在她手上系上丝线，自帘后拉出，算是"引线诊脉"了。孙思邈再次见到太宗，就说："万岁，皇后的病是胎位不顺，民间又叫小儿扳心。只须在中指上扎一针就可治愈。"于是，侍女将皇后左手扶出，孙思邈看准穴位猛扎了一针，皇后疼痛，浑身一阵颤抖。不一会儿，就顺利产下了皇子。

孙思邈为了采集药物，丰富自己的医学实践，曾经在太白山隐居过很长一段时间。据《旧唐书·孙思邈传》载："周宣帝时，思邈以朝廷多故，遂隐于太白山中。"[①]《本草纲目·序例》：

① [后晋]刘昫.旧唐书[M].北京：中华书局,1975：5094.

"孙思邈隐于太白山，隋唐征拜皆不就，年百余岁卒。"明《耀州志》载："太白、终南、峨嵋、五台山，皆真人隐居处，而在太白最久，故史称隐于太白山。"《旧唐书》传说他长期隐居太白山，不仅在隋朝时称疾不赴征召，而且入唐以后还多次拒绝做官。唐太宗知道孙思邈在医学界久负盛名，乃"召诣京师，嗟其容色甚少……将授以爵位，固辞不受"。显庆四年（659），"高宗召见，拜谏议大夫，又固辞不受。"可见他淡于功名利禄，专以治病救人为己任。他毕生隐迹于民间，被人们称为"孙处士"。太白山自古以来就是著名的药材产地，每年春、夏、秋三季，各地来这里采药的人络绎不绝。孙思邈为了采药，几乎跑遍整座太白山，他一方面指点和帮助药工们采药，另一方面又从药工们那里学到了许多闻所未闻的新鲜知识。山上寺庙宫观林立，有不少炼丹的道士云集于此，孙思邈与道士们互相切磋，并且虚怀若谷地向他们学习炼丹制药的方法。

唐代精通医术的佛教南山律创始人宣律法师（又称释道宣），曾在太白山下的西铭寺（遗址在今眉县齐镇下西铭村）做住持。史料记载，孙思邈30岁时，在太白山曾与宣律交游，虚心探求医学奥秘。当时孙氏经常登山考察，向药农学习，下山为当地患者诊治疾病，积累临床经验。因此可以说药王孙思邈立志学医，晚年编辑《千金方》是在耀县故居；而探求医典奥秘，丰富药物知识，积累临床经验主要是在太白山。《眉县志》说："唐显庆三年，在南山下（即太白山）为玄奘法师建西铭寺，此时孙思邈隐居太白山中，常来西铭寺与宣律往来谈论。"《宋高僧传·释道宣传》记："有处士孙思邈尝隐终南山，与宣相接，结林下之交，每一往来，议论终夕。"由于孙氏能博采百家之长，后来竟然成为炼丹制药的高手。孙氏在太白山居住的时间很长，到处采药、炼丹、行医，影响很大。故今山上各寺庙宫观，大多供奉着药王孙思邈的神位，有的地方还留有一些纪念性的文物。

太白山上可入药的植物很多，重要植物也很多。当地有这样一句谚语："太白山七十二样七。""七"是当地百姓对重要药物的总称。例如具有清热解毒作用的大血藤、大叶堇菜、流苏虾脊兰，被分别叫作五花七、寸节七、马牙七。一次，孙思邈在深山采药，发现一条六尺来长的乌梢大毒蛇正在跟一只黄鼠狼模样的红脸小动物恶斗。那红脸小动物个

图7-21 鹿衔草 王建国 摄

337

头虽小，却灵活机敏，勇猛凶狠。孙思邈认出了它是獴，是毒蛇的天敌。最后獴咬死了蛇，但獴的腿部也被蛇咬得鲜血直流。孙思邈心想这下獴也完蛋了，毕竟它中毒了！可是它爬进草丛，嚼吃一种野草，用舌头舔了舔受伤的腿，然后跑走了。孙思邈终于明白，原来受了致命咬伤的小獴被那种不显眼的小叶子草治好了！孙思邈采集这种草，救治了不少被毒蛇咬伤的人，后来，在总结医案、著书立说时，他想起当时这种草是在毒蛇尾部的草丛中发现的，于是就给这种草起名叫"蛇根草"。

此外，还有一则关于鹿衔草的故事。据说有一天孙思邈上山采药，发现一个猎人在打猎的过程中被一头金钱豹所伤，尽管金钱豹被打死了，但猎人由于伤势太重，多次昏迷。这时，猎人又发现了一头鹿，于是打算开弓射鹿，用鹿血来挽救自己的生命，但是只射中了鹿的腿。鹿腿鲜血直流，它挣扎着在附近咬断了几枝开着黄色小花的野草，放到腿边，再用嘴咬住箭杆狠命地往出拔，箭被它从腿上拔出来了！它嚼碎了那几株开着黄色小花的野草敷在自己的伤口上，伤口上的血被止住了。由于用力，猎人又昏迷了，醒来后，发现鹿没死，打算再次射箭，却被身后一人制止了。猎人回头一看，见是一位面容清瘦的采药老人，不由得发怒了："你、你为什么拦我射鹿？""我要及时抢救你的命。"采药老人和蔼地说。"你是谁？""我是孙思邈。""你是药王？！可草药已治不了我身上的伤了！你为啥拦阻我杀鹿喝血治伤？你不是说救人一命等于施舍千金，为什么为救一鹿而要我丧命？"猎人气冲冲地问了一连串的问题，孙思邈却不作解释，他迅速跑到鹿的附近，照着鹿嚼的草的样子，找了一些，在口中嚼成糊状，敷在猎人的伤口上，不一会儿，猎人觉得伤口不痛了！孙思邈又让猎人吃了一些撕碎的草，不一会儿，猎人自己能站起来了，伤痛几乎全好了！他向孙思邈深深作揖表示感谢，并要将金钱豹送给他。孙思邈说："救你命的不是我孙思邈！是那只你要射杀的母鹿，是它的草药救了你！"猎人闻言，十分不相信："没听说过鹿还认得草药！"孙思邈说："不少动物都认识一两种救己伤病的草药呢！比如地上的四脚蛇（蜥蜴）和毒蛇的天敌红脸獴，如被蛇咬伤了，就找一种名叫蛇根草的草药给自己解毒治伤。据说灵龟之所以长寿，是因为它吃了人参和灵芝。"孙思邈把一棵开黄色小花的草药递给猎人说：

图7-22 药王祠广场

"记住这种鹿衔过的草药吧，你做猎人，以后还能用上。"猎人接过草药，问道："这草药叫啥名字呢？"孙思邈沉思片刻说："就叫鹿衔草吧！"从此，这种治跌打损伤的草药就以鹿衔草的名字在民间传开了。

这当然只是个传说故事，但却反映了孙思邈对药物的重视和他采集药物的艰辛。今天，在宝鸡市太白县太白山脚下的鹦鸽镇柴胡山村还有药王谷。相传，此处便是药王孙思邈在太白山的隐居研修之地，这里还有药王石锅、药王洞、药王台等遗迹和景点。

孙思邈对中国传统医学有深入的研究，同时对民间的药方非常重视，并终生致力于临床研究。他不但精通内科，而且还擅长外科、妇科、儿科、五官科以及按摩推拿、卫生保健、饮食治疗、老年养生等等，其中有24项成果开创了中国医药学史的先河。

孙思邈死时，曾"遗令薄葬，不藏冥器，祭祀无牲牢"[1]。唐太宗曾称其为"凿开径路，名魁大医，巍巍堂堂，百代大师"，宋徽宗追封他为"妙应真人"，而广大人民则迳称为"药王"。范文澜在《中国通史简编》中说："他（孙思邈）一生拒绝了隋文帝、唐太宗、唐高宗所授予的官职，但从未拒绝过病人的求救。"这一点实在值得我们今人学习。

人们为了怀念"药王"孙思邈，在他的故里铜川市耀州区孙家原建立了孙家祠堂。如今耀州区城东的五台山，因孙思邈曾在这里隐居改名为药王山，山上建有药王祠。药王祠始建于宋代，历代重修达4次之多。祠内有药王殿飞檐凌空，供奉着药王孙思邈；祠外有拜真台；祠西有洗药池，相传是孙思邈洗药的地方。祠后有太玄洞，是当年孙思邈居住的地方。洞旁有一亭子，亭中有石碑8座，名《千金宝要碑》，刻有《千金方》中的部分药方。每年农历"二月二"古庙会，方圆百里，以至省内外的人们纷纷来到这里赶庙会，祭拜药王，盛况空前。

二、隐居在终南山的古代外国人——金可记

金可记，新罗人，大唐进士。沉静好道，生活朴素，不喜豪华奢靡。据《太平广记》卷五三云：可记"博学强记，属文清丽，美姿容，举动言谈，迥有中华之风，俄擢第"。考取进士不久，金可记便辞官，来到终南山子午谷中隐居，享受田园情趣。他在住的地方种植了大量的奇异花草和珍贵果木。平时则在屋中焚香打坐，入静沉思，并常常诵读《道德经》和其他仙经。过了3年，他想回本国，于是带着行装向山下走去，在下山的路上，忽见眼前飞来道服，可记知道这是仙真不让他下山，所以马上打道回到山上，继续修道。自此以后，他的修炼更加刻苦勤勉，而且还广行布施，大积阴德。

几年后，他上表唐宣宗，说自己奉玉皇大帝之命为英文台侍郎，将于第二年的二月十五日飞升上天。当时的宣宗皇帝极为惊异，派遣使者召可记回朝廷，但可记委婉地拒绝了。于是宣宗又向玉

① [后晋]刘昫.旧唐书·孙思邈[M].北京：中华书局,1975：5096.

皇报告，请求委派可记为别的仙官，而且不要管辖人间的事务，玉皇准允。宣宗遂送给可记宫女4人，珍贵药物和上等衣料若干，并派遣两位使者专门看护。可记只是一人独居静室，并不接近宫女和使者，然而每天晚上，宫女和使者却都可以听见屋里传出人的谈笑声。众人感到非常奇怪，偷偷向屋里一看，但见屋里仙官、仙女各自坐在龙凤之上，面对着面，旁边还有侍卫。众人不敢惊动，悄悄退下。

到了二月十五日那天，春光明媚，百花争艳，果然见到有五彩云飘然而至，伴随着仙乐声声、仙鸟飞舞，随后仙车来到可记的面前，可记登上车随着彩云冉冉升空而去。前来观看的官员和百姓不计其数，大家都发出无比的赞叹，并向可记招手致意，祝其升天。唐宣宗大中十二年（858）二月十五日，金可记死于长安大明宫内。现子午谷存有金可记摩崖碑，记其事。

第五节　宋代秦岭隐者——王重阳、种放

　　宋代关中人王重阳辞官隐居在秦岭脚下，结庐立庵，创立全真道，糅合儒、道、释思想，主张三教平等、三教合一，对后世产生了深远的影响。北宋著名隐士种放隐居终南山，不游城市，寄情山水，吟诗作画，弹琴下棋，以讲习为业，终成一介名士，被誉为"一流高士，有诗名"。

一、王重阳云游终南山

王重阳，原名中孚，字允卿。入道后改名为喆，字知明，号重阳子。咸阳（今陕西咸阳）人，全真道创始人。据《七真年谱》记载，他"自稚不群，既长，美须眉，躯干雄伟，志倜傥，不拘小节"。幼学儒术，长入学府，善于属文，颇喜弓马。《金莲正宗记》载，他"才名拔俗，早通经史"①。20岁时，怀揣兴汉复宋的希望，去京兆府学求学。可惜腐败的宋室不争气，很快向金称臣议和。金熙宗完颜亶天眷初（1138—1140），陕西成为金人统治下的刘豫政权的管辖范围。王重阳改应武举，"遂中甲科"。但因金王朝实行民族歧视政策，对汉族仕人既利用又防范，王重阳事朝多年，仍然只是一个征收酒税的小吏。仕途失意，郁郁不得志，有了出世的念头，于是，隐居终南刘蒋村，终日饮酒，郁郁寡欢。

图7-23 王重阳画像

金完颜亮正隆四年（1159），他在甘河镇酒醉，遇见二人被发衣毡，形状如一，甚惊异，拜求指教。王重阳在《遇仙记》一词中写道："四十八上得遭逢，口诀传来便有功，一粒丹砂色愈好，王华山上现殷红。"传说他所见的人乃钟离权和吕洞宾，从此他"慨然入道"，更名王喆，号重阳子，"重阳"意为去掉一切阴气而免于生死之轮回，开始了他的宗教生涯，以追求个人的精神解脱。

他内则潜修金丹，外则佯狂装疯。"箕子狂，九畴叙；接舆狂，凤歌出；权智倒，横直竖，均于扶世立教，良有以也。"亲戚朋友乡邻讨厌他，称之为"害风"。翌年又遇钟离权和吕洞宾，两人留给他《颂》5篇，令其读完即毁。自此以后，王重阳在户、杜（今陕西户县、长安县）之间行乞，又在南时村（今属户县祖庵镇）挖掘深达丈余的墓穴，名"活死人墓"，并立碑曰"王害风之灵位"，表示做了"害风"的王氏已死，作为重阳子的真人新生。

图7-24 活死人墓

后来他又见到吕洞宾，吕洞宾对他说："你

---

① 道藏[M].北京：文物出版社，上海：上海书店，天津：天津古籍出版，1988：348.

马上到东海去投谭捉马。"金世宗完颜雍大定七年（1167）四月的一天，王重阳自焚所居住所，群众急忙来救，他却在一旁载歌载舞。第二天只身东行，行约七月，到了山东宁海州（今山东牟平）。遇到了有百万家财的马宜甫，马宜甫告诉他梦见一只仙鹤从家中南园地中飞出，王重阳便在该地立庵，取名"全真"，全真教的名称由此而始。庵成，王重阳书歌云："堂名名号号全真，寂正逍遥子（仔）细陈。岂用草茅遮雨露，亦非瓦屋度秋春。"

之后，王重阳将自己反锁在内百日，"出神入梦"，感化信徒。他将儒教之忠孝、佛教之戒律与道教之丹鼎融冶于一炉。凡宗其道者，皆号"全真道士"。至此，道教才开始兴旺发达起来。马宜甫与妻孙不二，同时受道。马改名曰钰，号丹阳子。有一个叫谭玉的人，患大疯疾，垂死，乞为弟子，王重阳用涤面冰让玉洗手，马上痊愈，玉乃改名处端。这时王重阳才明白先前吕洞宾所说"投谭捉马"的含义。

此时，栖霞（今山东栖霞）人丘处机也来尊礼王重阳。重阳命其掌管文书，赐名长春子。莱州（今山东莱州）刘处玄亦以重阳为师。从此，社会上将丘处机、刘处玄、谭处端、马钰称"全真四哲"，再加海宁人王处一、郝大通、马钰妻孙不二，合称为"全真七子"。王重阳在山东逗留3年后，带着马钰、谭处端、丘处机、刘处玄到河南开封。

金大定九年(1169)十月，王重阳率弟子返归故乡陕西，行至河南开封，即染重病，于次年四月逝世于岳台坊王氏旅邸。马钰继为全真教主，奉王重阳灵柩归葬于刘蒋村北旧居，即今之陕西户县祖庵镇。

在元代，祖庵成为全国七十二路道教的总集合点，成为全真教的著名圣地。王重阳死后100年，被元世祖追封为"重阳全真开化真君"。武宗至大三年(1310)再封"重阳全真开化辅极帝君"。

王重阳的全真教，汲取佛家和儒家思想，主张三教平等、三教合一。他说："儒门释户道相通，三教从来一祖风。"全真教以道教《道德经》、佛教《般若波罗蜜多心经》和儒家的《孝经》为必修经典。王重阳不提倡符箓和炼丹那一套，也不相信白日飞升之说，认为修道根本在于修心，清心寡欲，做到心地清静，主张身在凡尘而心在圣境。他亲撰《重阳立教十五论》制定教义教规15章，要求道徒修绝世欲、不娶妻室、打坐炼性，方能超三界、离凡尘。王重阳把儒家的心性学说、佛教的寺院制度巧

图7-25 王重阳像

妙地吸收到全真道内。像道教发展到全真，佛教发展到禅宗，儒学发展到理学，这些都是中国多元思想文化逐渐趋于一元化的标志。^①

王重阳卒后27年，谭处端、丘处机、刘处玄继主宗风，全真教始大行于世。尤其是丘处机在元初受到太祖成吉思汗的礼遇，拜国师，命其掌管天下道教，全国各地大建宫观，全真教达到鼎盛。自王重阳至丘处机、刘处玄等人皆有集传世。王重阳著《全真集》13卷、《教化集》3卷、《分梨十化集》2卷。其事见《重修咸阳县志》卷七《仙释》。

二、种放隐居终南山

种放（955—1015），字名逸，陕西（一说河南洛阳）人，北宋著名隐士。种放小时候十分好学，7岁时便能写出精美的文章。长大后，父亲曾让他参加进士考试，他却以"业末成，不可妄动"^②为由拒绝了。他经常云游于嵩山、华山等名山胜水，有着做一名隐士的志向。父亲去世后，种放和母亲隐居在终南山豹林谷中，以讲学为业近30年。前来跟从他学习的弟子很多。种放以讲学所得薪酬奉养老母，母子俩虽然生活清贫，但也过得愉悦。他的母亲也爱好道学，饮食素淡，能辟谷。

《神相秘密全编》记载种放相貌："骨秀如龟鹤，神清如岩电，腰背丰满，鼻准直齐。"种放嗜好饮酒，自称"云溪醉侯"。他在居住地的附近种植了许多高粱用以酿酒自给。他着幅巾，穿粗布短衫，背琴提壶，坐于磐石之上，在长溪里濯足，采山药助饮，欣赏大自然的壮美，过着隐逸的生活。

淳化二年（991），陕西转运使宋惟千上奏种放有学识德行，太宗诏令征他入朝。他母亲生气地说："我时常劝你不要聚众讲学，你总不听；现在竟搞得无法过安闲日子了，我要抛弃你，自己到穷山深处度日去！"年少丧父的种放，不敢有悖母意，便称病不起。母亲又把他的笔墨等统统烧了，带他移居到更偏僻的地方去。太宗听说后，很赞赏他母子的清高操守，赐钱3万，并诏令京兆官员府每年按时节慰问他们。

种放隐居终南山，不游城市，寄情山水之间，吟诗作画，弹琴下棋，学道练习，成为一介名士。翰林学士宋混，集贤院学士钱若水，知制诰王禹偁都与他交往很深。他的住处有林泉之胜，风景优美。真宗得知后曾派中使携带着画工前去写生，将此图挂在龙图阁，并召集辅佐大臣前来一起观赏。

母亲去世后，种放曾3日不进米水，并守墓3年。兵部尚书张齐贤上言说，种放隐居30年，不游城

① 陈正奇.全真教始祖、哲学思想家、乱世诗人——王重阳[J].西安教育学院学报,1999（4）.
② [元]脱脱.宋史·隐逸上[M].北京：中华书局,1977：13422.

市15年，举荐他为"贤良方正"。宋真宗命京兆府派官员去请他赴京，他辞谢了。第二年张齐贤又奏请表彰赏赐种放，真宗派人带诏书及钱10万、绢100匹到终南山去请他。种放九月赴朝，真宗召见，询问他治国之道，他说："圣明的君主治理天下，爱民就可以了，至于教化，得徐徐地进行。"

景德二年(1005)，宋真宗任命他为谏议大夫。不久，改任为工部侍郎，种放以处士的身份被真宗召见。皇帝以特殊的礼遇接待，使种放一时名动海内。

当时朝廷有一位名叫杨亿的官员听说种放一介布衣却备受皇帝恩宠，十分不满，便写诗嘲讽种放："不把一言裨万乘，只叉双手揖三公。"宋真宗听到此事，便单独召见杨亿说："你怎么知道种放说的话没有一句对朕有用？"于是拿出一黑皮囊，内有10轴种放致献国策的奏疏，名为"十议"，即议"道、德、仁、义、兵、刑、政、赋、安、危"。杨亿看后，从容地对真宗说："我当别日向种放负荆请罪。"①

作为朝廷谏臣，种放敢于直言进谏，大中祥符四年(1011)，真宗西祀至河中府(今山西永济西)，长安父老请皇上临幸。真宗意犹未决，便召来种放商量。"种奏大驾此幸，有不便者三。上玉色悚然曰：'臣僚无一语及此者。'放曰：'近臣但愿扈清跸，行旷典，文颂声。陛下当自悟于清衷也。'"次日，真宗便传诏起驾返京。于是，劳民伤财的长安临幸被种放的直言进谏终止了。

种放晚年不够注意名节，生活过度奢侈，产业遍布丰、镐之间。门人亲戚也横行霸道，仗势欺人，强取豪夺，富甲一方。种放因此丧失清节高名。《宋史·本传》记载："颇饰盥服"，"于长安广制良田，岁利甚博"。谏官王嗣宗参奏他"侵渔众民，凌暴孤寡"。种放主动辞别朝廷归隐终南山。

大中祥符八年(1015)十一月的一天，种放取出他的章书草稿，一把火全部烧掉，又换上了道士服，并邀请一些读书人来家里豪饮，酒过几巡而卒。死后归葬终南山，赠工部尚书。种放性喜幽静，自号退士，终身未娶，喜道厌佛，曾经把佛经撕裂了制成帷帐。种放好为诗歌，有集6卷，《时议》13篇，又有《蒙书》10卷及《太乙祠录》等。《宋史·隐逸传》以最长篇幅为这位北宋名隐立传。元代文学家辛文房所著《唐才子传·陈抟》中称种放为"一流高士，有诗名"。

种放年少时很崇拜在华山隐居的希夷先生（陈抟）。传说希夷先生一日让道童洒扫庭堂，说：

① [宋]江少虞.宋朝事实类苑[M].上海：上海古籍出版社，1981.

"今日堂中有佳客前来。"种放以樵夫的身份拜在庭前，希夷先生扶起他并请上坐，说："您哪里是个樵夫呢？20年后当是一位显官，名闻天下。"种放说："我是来向您请教道义的，不问官禄之事。"希夷先生说："你命当如此，虽身在山林中，恐未来不能以此安身。"希夷还告诫种放说："你将来会遭逢明主，不经过科举考试就能列身朝廷，名驰海内。名誉是古今之美器，它深为造物者所忌。所以，天地间没有完名。你的名声将起，也一定会有物欲来毁败它，你千万要小心。"希夷以七绝赠他，诗曰："滥中有客白髭多，槛外先生识也麽。只少六年年六十，此中阴德莫蹉跎。"种放不明其意，希夷伸出手指以3句话告诉他说："子贵为帝友，而无科名，晚为权贵所隐。"种放又乞求学素履之术。陈抟说："你要寡欲，可满其数。"种放的后半生不幸为陈抟所言中。

第六节　清代秦岭隐者——李雪木、高鹤年

　　清代，"关中三李"之一的李雪木隐居秦岭，不畏权贵，避世求学，著书立说，对儒学包括理学、心学、关学诸方面都有自己的独特体悟和阐发，特别是他以儒为本、兼取佛道，对儒家的隐逸思想有诸多发挥，学术思想在明清之际的关中乃至全国都有极大的影响。

　　名士高鹤年在秦岭结茅庵潜修，顶风冒雨，露宿风餐，不避寒暑，忍受饥渴，历尽诸苦，皈依净土。这种坚韧的精神，使人倍受感动。

一、李雪木及《槲叶集》

李雪木（1630—1701），名柏，字雪木，自称白山逸人，号太白山人，与李颙、李因笃并称"关中三李"。原籍汉中府褒城(今陕西勉县)，其七世祖迁徙居住于眉县槐芽镇曾家寨，遂为眉县人。父李可教，母王氏，兄弟三人，柏居第二。

李雪木之父李可教，颇有文辞造诣，尤喜陶渊明之诗歌，一生未以举出仕，在眉县故里耕读传家。李雪木出生于明朝末年，从小受父亲的熏陶，喜读陶渊明的诗文，后来入塾读书，便在书斋前面栽了5棵柳树，并题诗道："茅屋果然如斗大，诗风酒月度年华。客来陋巷不知处，五柳柴门第一家。"小小年纪，便模仿起五柳先生来。

李雪木9岁时，父亲去世，家道逐渐衰落。母亲还是尽力付出一切供他读书，希望他获得功名，重振家业。但是他却多次烧毁案头的科举时文，发誓习古，"曰：'道在是矣。'遂尽焚帖括，而日诵古书"①。李雪木十分厌恶明朝八股取士的科举制度，对读书人为了达到"学而优则仕"的目标，不惜皓首穷经只背范文的行径嗤之以鼻。他"尝东登首阳，拜夷齐(伯夷、叔齐)墓，归而师扑之，曰：'汝欲学古人，吾必令汝学今人也。'则应曰：'必学古人。'师三扑之，应如前。"②《关中三李年谱》也记载："顺治三年丙戌，十七岁。偶阅《小学》，见古人嘉言善行，即取案头时文焚烧一空，塾师大怒，扑挞六七十，令从今人章句、诸生习帖括，取科第，但答以'愿学古人，虽死不悔'，一时同人闻之，以为病狂丧心。"李雪木所读之书都是经世之书，是陶冶性情之书，这些书和科举应试之书大相径庭。《太白山人雪木李先生墓碣》载："常日率置制举文于其案，而所私读，则

图7-26 太白山图

经世之书，与陶冶性情之诗。一日，负锄出耘，家人馈之食，则见其依陇树而诵《汉书》。又一日，驱羊出牧，则背日朗读《晋处士集》，亡羊而不知。"③他曾经3次不去参加童子试，后来迫于

①[清]赵尔巽.清史稿·儒林列传[M].北京：中华书局，1977：13109.
②王钟翰点校.清史列传[M].北京：中华书局，1987.
③[清]王心敬.太白山人雪木李先生墓碣.槲叶集附刊[M].鄠县李象先重刻本.

母亲的压力，举博士弟子。明朝灭亡后，他结交李二曲等志节之士，并以明遗民自居，立志"归老空林隐此身"。由于他自小很有名气，清康熙皇帝多次遣官礼聘，欲让他为官辖民，替朝廷效命，李雪木却每次都是婉言谢绝。

　　22岁时，李雪木首次登临太白山，自此每年夏天便进入太白深山中避暑读书。母亲去世后，他守墓3年，后携眷隐居太白山中，"力耕心田忙读书"[1]，后又几度归隐，避兵太白山中。《陕西通志》记载，雪木先生"九岁失怙，事母至孝，虽备历艰辛而色养不衰，初入邑庠食饩，后避荒居洋县，入太白山中屏迹读书者数十年……性恬淡，甘贫乐志，自制府以下咸慕其才，希一顾以为重"。其间遍访关中人文胜迹，与李二曲、李因笃等关学大儒和大兴善寺憨休禅师等相交往，"存铁心，养铁膝，蓄铁胆，坚铁骨，以铁汉老可也"[2]。48岁时曾被举贡太学，坚决不就。李雪木终生不仕，无奉无禄，"母寡兄幼，兵盗赋役旁舞，萧条四壁，饥寒四十余年"，但他却"自信性能安贫且好读书，好与客谈山林，好看剑，好吟诗作文，好蒲团静坐，好临水把钩，故终日罗勒有余而尚未有戚戚不足之意"。他在《山房咏怀》一诗中曾写道："贫贱休嗟隐者骨，山家富贵世无如；茹毛口御三皇膳，结草身安五帝居……客来如论玄薰事，笑指飞鸿过太虚。"李雪木61岁时，应调任湖南衡州的好友茹紫庭邀请，南游洞庭、衡山等地，"哀屈原于湘郢，哭贾谊于长沙，谒武侯于隆中"，这是平生唯一一次走出关中，也从此离开了晨昏相亲38年的太白山，李雪木回乡后，因西岐大旱，先举家迁至陕西凤翔、洋县等地，后又寓居樊川、耀县，前后近10年，病中才回返眉县故居，72岁卒。

　　关于李雪木与太白山，据说还有一段十分有趣的故事。由于李雪木少有名气，加之清朝初建，为拉拢人才，清朝康熙皇帝多次下诏派人招雪木入朝当官，他多次拒绝。后来迫于无奈，就从家里出走，躲进林海茫茫的太白山中，隐居大雪崖石洞，读书写文章，领略大山的风光。皇帝闻奏，龙颜大怒，严令陕西巡抚封锁太白山，不准片纸滴墨传入山中，以为李雪木没有文房四宝，就难写文章了，便会乖乖出山当官。若他还不愿进京，便给巡抚限期，一定要把这个胆敢欺君罔上、不讲君臣大礼的李雪木速解进京，从重治罪。

　　一天，一个搜山士兵在太白山密林中拾到一片宽阔嫩绿的槲叶[3]，见上面用血蘸写了密密麻麻的小字，仔细一看，上写着"作为明朝的遗民文

7-27 《槲叶集》

----

① [清]李雪木.槲叶集[M].民国二年（1913）郿县李象先重刻本.
② [清]李雪木.槲叶集[M].民国二年（1913）郿县李象先重刻本.
③ 槲树的叶子，形大如尚叶，《本草纲目》记载：槲叶，气味甘、苦、平，无毒，具有止血、止渴、利小便的功效。

人，绝不与满清贵族合作"的诗文，下署"太白山人李雪木"。陕西巡抚读了这片槲叶诗文后，认为缉拿李雪木有了重要线索，满腔的心事顿然冰开，命快马飞驰，把拾到的槲叶诗文呈送进京，皇帝下诏褒扬了陕西巡抚，巡抚衙门又重赏了拾槲叶诗片的士兵。

图7-28 槲叶 王建国 摄

谁知，偏在褒赏的第二天，又有个士兵在太白山中一道溪流旁拾到了一片写诗的槲叶，署名是"太白山人"。此后，包围搜山的士兵发现了越来越多用血写诗的槲叶，署名各不相同：笔洞生、野史氏、太白山人、太白山李生、李雪木、李柏……这下子，可忙坏了陕西巡抚，他将每天从太白山送回的槲叶诗篇；一面阅后清抄、欣赏赞叹，并珍藏起来；一面天天派专骑飞驰进京，向皇帝呈送槲叶诗篇。

康熙皇帝酷爱文字，他御览了李雪木用血写在槲叶上的诗文，见其有挖苦朝政、影射宫廷的恶意，勃然大怒，严令陕西巡抚无论如何也要速拿李雪木归案。但读着读着，康熙皇帝又发现其中有咏赞祖国山川美好的诗文，不禁连连叫好，又急令陕西巡抚要好好保护这位才子。时紧时松，又缉又保，陕西巡抚思量再三，便对此事不闻不问了。这样一来，李雪木便在太白山中安然隐居，继续写文章和诗篇。

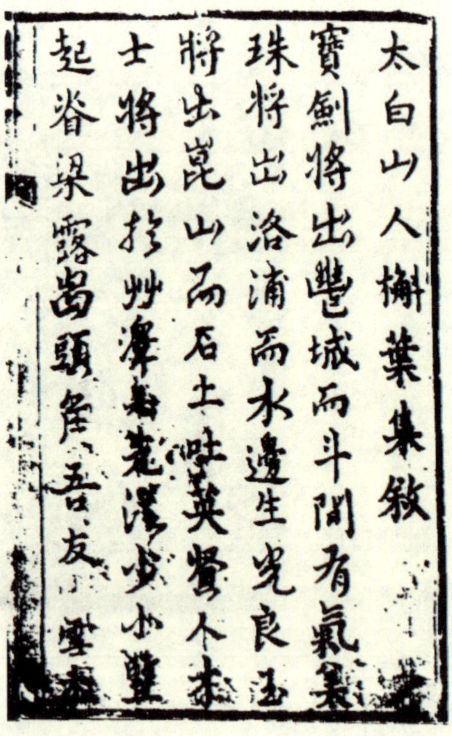

嗣后，康熙皇帝下诏，把陕西进呈的李雪木在槲叶上用血写的诗文，装订成册。并御笔亲题"槲叶集"3个字，以做书名，并将该书视为珍藏秘本，只供御览，不得外传。这样一来，除陕西关中外，全国其他地方就很少见到《槲叶集》这本书了。据传说，此后康熙皇帝微服陕西时，还特意游览了太白山。

康熙以后，天帝封李雪木为太白山神。如若不信，请细看刊行并流传于世的《槲叶集》扉页上"大白山人"4个字中的"人"字，比其余三字都大，传说后来的一天夜里乾隆皇帝梦见李雪木责备他，并给全国降下旱灾来。乾隆皇帝只好又御笔亲书了8句谢神诗，刻在石碑上，立于眉县清湫太白庙内，今移至新修太白殿前檐东侧。同时，

图7-29 《槲叶集》书影

还铸了不少铁碑，分别竖立于太白山上的各庙院，以歌颂太白山神，今太白山中大文公庙、大爷海、拔仙台、二爷海、三爷海、玉皇海、佛爷海、跑马梁等处的露天，矗立着不少大小不等的清代铁碑，成了太白山的文化珍宝。

李雪木著作有《一笑集》《勤学通录》《麟山十二诗》《可以集》《蕉窗墨战》《湘中草》《汉南草》等，可惜都佚失了。今存有《槲叶集》7卷，1至3卷收文266篇，4、5两卷收诗483首，按诗体分类。并附《南游草》1卷，文14篇；《南游草》1卷，诗45首。《槲叶集》中总计收诗528首，量虽不多，却首首凝聚了诗人的志节和悲愤。李雪木《槲叶集自叙》称："山中乏纸，采幽岩之肥绿，浥心血之余沥，积久盈箧，遂为集名。"《南游草序》更以"目击明末盗贼焚劫遗迹，满目伤心不能无言，或晓拾一句，或暮构一篇，墨以泪和，字以愁结，因成小草"，可见其成诗缘由。据说李雪木精于书道，其部分书法作品至清末民初还有收藏，但今日难以寻到。

《槲叶集》正式刊刻有两次。首次在康熙三十四年(1695)春夏，李雪木逝世前6年；二次在1911年辛亥革命时。另有稿本和抄本流传。今本《槲叶集》为1943年据辛亥版重印，共印500部。《槲叶集》曾被列为禁书，乾隆四十六年（1781）六月二十五日，陕西巡抚毕沅奏缴的4种书，其中就有《槲叶集》，禁毁理由是"诗文有悖谬处"[①]；在姚觐元、孙殿起所编《清代禁毁书目(补遗)、清代禁书知见录》一书中，"外省移咨应毁各种书目"所列也有《槲叶集》[②]。《槲叶集》中既有隐者的恬淡，又有儒家的悯世。赵舒翘曾说："雪木先生生当明季，抱草莽孤愤无所发抒，遂放浪山水间，其志亦大可悲矣。后人见其行文，云谲波诡，以为逍遥人间世耳，而讵知与屈大夫九歌同其凄怆耶。"[③]余堃在《学宪余公履邑候》中说"《槲叶集》逸情高韵，托旨遥深，不谓永嘉之末，复闻正始之音，关中元气醇厚，代有绝学，典型不坠，端在斯人"[④]；钮琇《觚剩》、邓之诚《清诗纪事初编》等说"雪木所著《槲叶集》，冷艳峭刻，如其为人"。袁行云《清人诗集叙录》将李雪木与顾炎武、黄宗羲等12家明遗民诗集列为"不废江河万古流"者。[⑤]

李雪木出生在明末清初，亲眼看到明王朝走向灭亡，满人入主中原，强烈的正统观念和夏夷意识使他像许多前朝遗民一样，不愿与满清王朝合作，便走上了放浪山水、隐居求志的道路。李雪木自称："柏也，山林而儒服者。"说自己是一个隐匿山林的儒者。作为关学名儒，其思想继承了关学创始人张

---

① 雷梦辰.清代各省禁书汇考[M].北京：书目文献出版社,1989：18.
② 姚数元,孙殿起.清代禁毁书目(补遗)、清代禁朽知见录[M].北京：商务印书馆,1957：70.
③ [清]赵舒翘.慎斋别集四卷·跋李雪木先生《淡园记》《亦山园记》[M].墨迹卷子.民国十三年（1924）酉山书局铅印本.
④ [清]李雪木.槲叶集[M].民国二年（1913）郿县李象先重刻本.
⑤ 袁行云.清人诗集叙录[M].香港：文化艺术出版社,1994.

载的节欲观点和朴素唯物主义学说，对儒学包括理学、心学、关学诸方面都有自己的独特体悟和阐发，特别是他以儒为本，兼取佛道，对儒家的隐逸思想有诸多发挥。[①]

李雪木非常喜爱太白山的雪和月，在他的诗歌文集中多次借此抒发自己的崇高志趣。王步瀛《重刻槲叶集序》中说：太白山"盛夏积雪，人踪罕至，清初李雪木先生尝往来山中数十年，卧明月，嚼冰雪，读书乐道，屏绝名利"。他的《自述》诗中写道："结发之年学隐客，爱看家山雪太白。一卧巉岩四十年，肩背峻嶒风霜迫。"《太白山雪月》云："我爱月下雪，我爱雪上月。月光荡雪花，乾坤胥白彻。高士怀素心，宁与雪月别。一滴饮贪泉，雪残月亦缺。"李雪木也非常喜欢梅花，他的诗有10多首以梅命名，长女亦取名寒梅，李雪木敬慕屈原的高洁，作有多首悼念屈原的诗歌。王仙洲《重刻<槲叶集>序》赞李雪木："先生抱不可一世之概，志洁行芳，皎然绝俗。"钱仪吉在《太白山人传》中说："吾郡乾隆间县志称李雪木先生奇服诡行，任情放诞……不肯随俗俯仰，宜人以为怪诞，然其皎然自立，志在圣贤，则人罕有识者。"

今天在眉县汤峪镇屯庄东有李雪木墓，墓冢高2米，直径3米，占地约200多平方米，墓前有石碑一块，上书"西州高士太白山雪木李先生之墓"，1956年被列为省级重点文物保护单位。距墓不远的槐芽镇曾家寨曾有李雪木祠堂，今原址尚存，院内立有石碑3通。

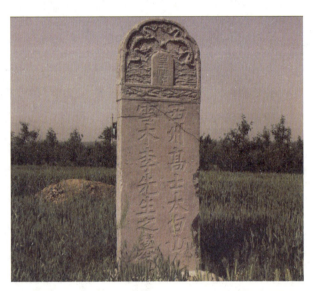

图7-30 李雪木墓

二、名士高鹤年隐居终南山

高鹤年（1872—1962），名恒松，字鹤年，号隐尘，别号终南侍者、云山道人、玄溪道人，晚年被世人尊称为高老居士。祖籍安徽贵池，后迁居江苏兴化，遂定居。终年91岁。曾任中国佛教协会理事、江苏省人大代表，有"徐霞客第二"之称。

高鹤年8岁入蒙馆。因同学陈氏夭折，悲感良伴骤失，遁入刘庄紫云山寺，白天买饼果腹，夜里藏在寺里的寿器中，3天后无钱果腹不得已回家。归家后被父亲斥责，便萌生出家之念。恰好此时一

① 韩星.儒家的隐者——李柏思想构成探析[J].人文杂志.2001(2).

邻居打算去苏州,高鹤年便潜相随行,辗转到苏州穹窿山,入道观拜师,意欲出家。时隔不久,贵池人刘芗林因扫墓至苏州,询问家世,得知高鹤年是其远房亲戚,因而携带到刘庄,教以经书佛理。光绪十六年(1890),18岁的高鹤年娶夫人智氏,婚后高鹤年因体弱多病四处求医。一次行至海州云台山,遇到的一位高僧送给了他几本佛经,带回家阅读后大有所悟,这些佛经对他的人生产生了重大影响,正如他后来所说:"披读之,如贫者获宝,似渴得泉,知三界无安,犹如火宅,人命危脆,不能偷安,始有忏悔访道朝礼名山之志。"[①]于是改信佛教。从此高鹤年成了一名在家带发修行的居士。

高鹤年信佛后,便从事学佛和佛教活动,为求正知正觉,苦于潜修。他曾在全国许多地方,"结茅于深谷之中,清风作伴;经行于云霞之间,松月为邻"[①]。种芋菜、觅野果而修真心,抛弃名闻利养,舍却贪嗔痴爱,成就善根因缘。清光绪年间,他在终南山嘉午后谷结茅,碎石砌床,石片为桌、石块为凳,小锅一只。山中泉水稀少,他就自围水塘,天旱无水,下山一二里,才能汲水于羊肠鸟道间,每日食用水两大碗。他曾在南五台结大茅篷,也无泉,用水池蓄水。山上无泥,遍山皆为碎石子,种芋菜也无法生存;加之山上野兽极多,非锹不能自卫。在深山穷谷中,无一家人,连修行者也很少,可谓人迹罕至。

高鹤年在一生修持之中,都亲自搬柴运水,烧菜熬粥,洗扫杂务;又每天二时功课,祈祷和平,时时检点,不敢贪图享受。他有时还要顶风冒雨,露宿风餐,受寒暑,忍饥渴,战病魔,驱野兽,承受千辛万难。艰苦的修炼,使他明心见性,心地豁达,反妄归真。因此能延年益寿,享年91岁。

印光法师曾在民国二十五年(1936)为高鹤年所作的《像赞》中说:"人言居士性甚偏,我谓所偏即是圆,由偏故不理家计,由偏故参同教禅,由偏故云游全国诸名胜,由偏故遍参宗教诸高贤,由

图7-31 高鹤年

图7-32 名山游访记(书影)

① 高鹤年.名山游访记[M].南京:江苏省佛教协会,1986:10.

偏故专修净土特别法，由偏故普令同仁结净缘，由偏故不立嗣续舍家为庵，安住贞节，俾全其天，今已将离此五浊恶世，直登西方极乐世界之九品莲花。"①这9个"偏"字，彰显出高鹤年慈悲利世、与众生平等、出世即入世的精神。

高鹤年一生发愿行脚，悟道名山，行脚时间前后达数十年之久。足迹遍及浙、闽、皖、冀、鲁、豫、鄂、湘、粤、晋、陕、甘、川。国内名山，几无不及者。在他几十年的行脚参访中，每到一处则详细记录，1912年起，他开始在上海《佛学丛报》上发表文章。他的文章简明精练、无一赘语，读过以后，如嚼橄榄，回味无穷。1935年，高鹤年在王一亭、聂云台、简玉阶等好友的催促下，将他的一系列文章取名《名山游访记》结集出版。

《名山游访记》共4部分。第一部分是序篇，主要是序文，收有《余了翁》《虚云》等序6篇、自序1篇以及来果法师所撰《名山参访事略》和陈樱宁的《告读者》。第二部分是正编，共53篇，是全书的主要部分，记载约122座名山大刹的情况（其中有的名山大刹他前后参访多次，均作游记）。第三部分是外编，收入《山中归来略记》、《行脚住山略记》、《兴化辛未水灾临时救命团日记》和《参加中国佛教协会成立会议附记》等4篇不属于具体的名山游访范围却又是作者相关事迹的记录，故作为"外编"。第四部分是附编。该书内容丰富，记载翔实。特别是作者那种顶风冒雨、露宿风餐、不避寒暑、忍受饥渴、历尽诸苦的精神，使人倍受感动。

① 黄常伦.方外来鸿[M].北京：宗教文化出版社,2002：16.

第七节　现代隐士与隐士文化

美国当代作家、翻译家和著名汉学家比尔·波特（Bill Porte）通过20世纪八九十年代亲身探访隐居在终南山等地的中国现代隐士，引出了中国隐逸文化及其传统的产生和发展的历史，并将其与他正在采访的现状相对照，表达了对中国传统文化的高度赞叹和向往、怀恋，并表达出了他所看到的中国未来发展的希望。一时间引起了人们对秦岭隐士，特别是现代秦岭隐士的关注。当然，由于现代社会中每个人的心中都有一种隐士情结，这使得现代隐士群体包罗万象，其所造茅棚，其归隐原因各不相同，但有一点是相通的，那就是秦岭及终南山是他们的心灵及精神的家园。

一、比尔·波特及其《空谷幽兰》

比尔·波特（Bill Porte），别号赤松居士(Red Pine)，是美国当代作家、翻译家和著名汉学家。从1972年起，他一直生活在中国台湾和香港地区，并常在中国大陆旅行。他把中国古代大量的佛教典籍翻译成英文，如《六祖坛经》（*The Platform Sutra*）、《心经》（*The Heart Sutra*）、《金刚经》（*The Diamond Sutra*），在欧美引起了极大的反响。

他曾经以"红松"的笔名翻译出版了《寒山诗集》（*The Collected Songs of Cold Mountain*）、《石屋山居诗集》（*The Zen Works of Stonehouse*）、《菩提达摩禅法》和《韦应物诗集》（*In Such Hard Times : The Poetry of Wei Ying-wu*）等英文著作。2006年他出版了探寻中国禅宗行迹的著作《禅的行囊》（*Zen Baggage : a Pilgrimage to China*）（2009年COUNTERPOINT出版，中文版由叶南译，南海出版公司2010年10月版）。这本书记载了比尔·波特2006年横穿从北京到香港的大半个中国，追寻6位禅宗祖师的足迹。内容包括他的整个旅程和与大师的访谈实录，并与相关历史背景、有关禅宗最早的记录结合起来，描述了中国宗教发生的各种变化以及在世事变迁中保留下来的宗教遗产。2012年他又出版了《黄河之旅》（曾少立译，南海出版公司2012年4月版），记载了他1991年的3月中旬至5月底的黄河之旅，他从上海启程，途经青岛、蓬莱、泰山、开封、嵩山、三门峡、延安、呼和浩特、青铜峡、日月山等地最后抵达黄河源头的60多个日日夜夜的所见所感，均呈现在此书中。他认为："5000年前，中华文明起源于黄河流域，此后一直到宋朝，那一带都是中国文化的中心地带，持续了4000

图7-33 比尔·波特　　　　　　　图7-34 《空谷幽兰》封面

年。"（《黄河之旅·缘起》）在完成旅行时，他又写道："这一天是公元1991年5月25日，是我成功到达黄河源头的日子，追随着这条黄色的巨龙，我历时两个多月，行程5000千米。在这条河边，中华文明从5000年前开始发轫；在这条河边，中华帝国创造了空前的辉煌。在这条河边，中国人形成了同一个国家同一个民族的心理和情感。"此外，比尔·波特还出版了一本《彩云之南》（曾少立译，南海出版公司2012年4月版），深度记录我国西南云贵黔地区民族、人文地理及风土人情。

比尔·波特曾在哥伦比亚大学攻读人类学博士，求学期间接触到中国的佛道经典，就像启动了某个程序，他的东方情结一发不可收拾。两年后，他中断了学业，在台湾的一座寺庙里过起了暮鼓晨钟的生活：一日三餐食素，一个房间、一张床、一顶蚊帐，没有钞票，这样的日子一过就是3年。此后，比尔萌生了到大陆寻访隐士的念头。于是就有了《空谷幽兰》。

《空谷幽兰》（*Road to Heave: Encounters with Chinese Hermits*）是美国汉学家比尔·波特写的一部关于中国的"寻隐之旅"。他通过20世纪八九十年代亲身探访隐居在终南山等地的中国现代隐士，引出了中国隐逸文化及其传统的产生和发展的历史，并将其与他正在采访的现状相对照，表达了对中国传统文化的高度赞叹和向往、怀恋，并写出了他所看到的中国未来发展的希望。

作者曾3次来到秦岭，走访了终南山、华山、太白山、嘉午台等100千米内的秦岭山脉。本书共刊发34幅珍贵照片，有的是美国著名摄影家斯蒂芬·R·约翰逊冒着生命危险拍摄的。其中，人物照片18幅，风景及史料照片16幅。如虚云法师的茅蓬、华严寺遗塔、印光塔、鸠摩罗什塔、道宣塔等。借助于这些图片，读者既对中国宗教的历史有了更加直观的了解，也对中国现代社会隐士们的生活和修炼情况有了更加清晰的把握。《空谷幽兰》一经出版，就在欧美各国掀起了一股学习中国传统文化的热潮。

隐士们都在山里。波特从《诗经》《楚辞》《山海经》等典籍中多方考证到，终南山是隐

图7-35　"终南隐士"居住地

士们最初始的隐居地，是他们的宗教起源所在。"终南"二字的词源是"月亮山"，人们希望在终南山，得以接近月亮的神德和它的力量根源，"于是这里就成为某些人前来试图接近月亮的神德和它的力量根源的地方，因而也就成了隐士的天堂"①。波特在终南山遇见很多隐士。他们中有佛教徒，也有道教徒；有和尚，有道士，也有尼姑和道姑。大部分上了年纪，也有很多年轻人。

> 有的人什么都不想要，而只想过一种简单的生活：在云中，在松下，在尘嚣外，靠着月光、芋头过活。除了山之外，他们所需不多：一些泥土，几把茅草，一块瓜田，数株茶树，一篱菊花，风雨晦冥之时的片刻小憩。他们都很清贫，但是他们的微笑，使我们觉得自己遇见了中国最幸福、最有智慧的人。……我很喜欢终南山的隐士们，他们是最好的人，很善良，很快乐，如果世界多一些这样的人，世界会很美丽。

值得注意的是作者解读中国文化的视角的独特性。他对自己所关注的众多的历史隐士，如许由、舜、善卷、伯夷、叔齐、张良、诸葛亮、陶渊明、老子、梁鸿、韩康、鬼谷子、孙思邈、谷春等人，提出了别具一格的隐士观。他以张良、诸葛亮为例，认为："对于一部分人来说，修道意味着孤独的生活；而对另外一部分人来说，则意味着从政生涯。"并且指出："不管隐士是否走出隐居生活去从政，他们对于整个文化都产生了巨大的影响。他们是一泓泓'纯粹的思考'和'纯粹的生活'的源泉，迟早会找到合适的渠道，流向城市的。""因为他们承载了中国文化最古老的价值观。"他认为"在美国，隐士只是那些喜欢自个儿待着的人，往往都有点神经质"；而在中国，隐士却是中国人普遍的道德标志与人格向往，往往是"社会精英"。"他们很像研究生，他们在攻读他们精神觉醒的博士。在中国，很多人在佛教寺庵、道观、儒家书院、大学乃至家里获得他们精神觉醒的'学士'，但不是所有的人都有欲望、有能力、有精力攻读'博士'。""隐士是中国保存最好的秘密之一，他们象征着这个国家很多最神秘的东西。"

二、隐士群体及居住场所②

终南山的隐修者中有为信仰而来的和尚、尼姑、道士、居士，也有为追寻清净、淡泊的生活而来的普通人；有商场大佬，有政界官员；有普通工人，有成功企业家；有上了年纪的老人，也有刚刚走出校园的年轻人；除中国人，还有来自日本、韩国、法国等国的"老外"。在某种意义上说，终南山的现代隐士群体是广泛的，包括了现代生活中的各个群体。

---

① [美]比尔·波特. 空谷幽兰[M].成都：四川文艺出版社,2014.
② 第2-5小节参考了耿显家.叩开终南山隐士的柴门[N].中国社会科学报,2011(5).

现代终南山隐士们的居住场所也情况不一。有依山而居，找到一个岩洞或者石洞就居住下来的；有搭建简单茅棚而居住的；有修建别墅而居住的；有租住当地村民房屋而居住的。总的来说，大多数隐士居住环境和条件较为简陋，他们认为这种随遇而安的生活方式，是符合隐士行为的。隐士们的生活方式较为简单，早起修炼、诵读、练拳，一天吃饭的次数不多，大多数一天吃一次饭。饭菜简单，一般吃的是自己种的或社会上爱心人士捐助的粮食和蔬菜，主要有萝卜、白菜、土豆等，有时挖野菜而食。还有的人饿了就摘野果吃，喝山泉水，因为这些都是自然天成的，食之对人体无害，反倒大有裨益。隐士们有时还会日出而作，日落而息。大多数隐者认为这样的生活对他们来说就足够了，因为"对我来说，有水喝，有地种，就足够了。内心的修行才是最重要的，如果心态不好，到哪里修行都不行"[①]。

图7-36 隐士居住地

三、隐修原因

在他们当中，信仰佛教、道教的隐修者占大多数。另外一部分，则是生活型隐士。他们隐居终南，是出于个人精神追求，或者个人对原有生活方式的放弃，自愿追逐安宁朴素的生活。他们选择隐修，有的是因为感情失意，有的是因为经济窘迫，有的则是因为个人对原有生活的深刻反思……

在王师忍道长看来，终南山上的修行人大抵有3类。第一类大多是避世者，这些人往往家庭无温暖，社会无地位，爱情受挫折，从而隐居山林。第二类是镀金者，外界有"终南捷径"一说，大意是一些人穿着宗教外衣却招摇撞骗，将混迹终南山视作今后发展的台阶，实则不学无术。第三类才是少数真正的修行隐士，他们心怀天下却淡泊名利，生活清苦单调却乐在其中，"像山中宰相鬼谷子才真正称得上是隐士"。

西安市长安终南山佛教协会副会长心一居士对此解释说："不破本参不住山，不破冲关不闭

---

① 肖欢欢.寻访当代"空谷幽兰" 探秘终南山真实隐士[N].广州日报,2012-3-14.

关。终南山之所以云集如此众多向道之士，主要有3个原因：首先是终南山的地理位置与山林环境独特。'天之中，都之南，故名中南，亦称终南'，长江黄河分水岭，是我国地理气候的南北分界线，山大沟深，水源充沛，林木茂密，野果满山，而且四季分明，气候干燥，为山居生活提供了理想的客观环境。第二，终南山住山的传统长期保持，未有间断。从隋末静蔼率领徒众入终南锡谷隐居并建七十二茅蓬至今，住山隐居修道之风从未间断，或为避嚣静志，或为躲法难，或闭关取证，或隐迹，林林总总，不一而足。茅蓬岩洞林立，承传未有间断，有利于修道者建立信心，也便于相互切磋学习。其三，终南山的山民有护持住山者的良好风气。在终南山搭建一处茅蓬，往往会得到当地山民的支持，因为，终南山住山的风气很盛，当地老百姓见怪不怪，林业部门也不会过度干涉。据一位参访过全国各地道场的法师讲，如今，像这样可以随意搭建茅蓬而无人干涉的现象，恐怕仅剩终南山了。可见，终南山的人文环境为住山者提供了基本保障。"

对于选择终南山隐居修行，国学大师南怀瑾先生的弟子、佛教律宗祖庭净业寺方丈本如法师也有自己的体会。在终南山修行了近20年的本如法师说："终南山北抵黄河，南依长江，西遥昆仑，东指大海，有王者之气。祖师大德，多聚于此。在这里修行的隐士规格都很高，一般都是国师级，出现过智正、静渊、普安、静蔼、灵裕、虚云等多位高僧大德。而且终南山有一种'气场'，能直通人心，在这里修道易成。正如高鹤年先生在《名山游访记》所写：'名山修道，终南为冠。'"

当然，现代社会中每个人的心中都有一种隐士情结。想想看，当我们被快节奏的现代生活逼得无路可退的时候，当我们面临种种诱惑而身心疲惫的时候，当我们左冲右突仍无法找到慰藉心灵的途径和出路的时候，我们是否萌生过退隐的想法？我们是否憧憬那种闲云野鹤、恬淡安静的隐士生活？其实，人人都可以做自己"心灵的隐士"。隐士是一种生活方式，即心灵的生活方式，活在自己的心灵世界里，做一个"心灵的隐士"。这也许就是已经步入现代社会的终南山竟涌现那么多隐士的原因所在吧。

四、现代隐士及其影响

据《中国社会科学报》2011年12月13日报道统计，现如今常年在终南山上隐居者大约有5000多人。实际上，这些数字里面，大多数不是真正意义上的隐士，只是现代生活的快节奏、高压力、大分化，造成了人们对都市生活的困倦。于是，在厌倦了城市的纸醉金迷之后，山中的宁静和自然反倒成为奢侈品，终南山也变成了富贵者的后花园。其实，隐士不分贵贱，他们的终极目标是追求一种解脱自在的精神状态，从这个角度看，身体远离城市喧嚣并不是一种隐士精神，而是一种生活方式。

终南山有无真正意义上的隐士，为何仍有数以千计的隐者涌入终南山呢？心一大师说，当代信息社会，人们早已摆脱与世隔绝的状态，虽然进入终南山并不能成为隐士，但也是人们追求淡泊名利、宁静致远的一种方式，更是对城市生活嘈杂喧嚣的一种反思，"从这个角度，终南山的确给都市人提供了一个暂时的栖息地"。他们中有的是来学佛问道，有的是为了练气养身，有的仅仅只是找一处清净的地方读书做学问。终南山的隐士与别的地方的隐士不同，是真正的隐士，他们隐居不是为了求官，不是为了发财。他们隐居是为了修身弘法，为了摆脱世俗的纠缠和污染，获得心灵的纯洁和宁静，为了领悟生命和自然的真谛，从而使灵魂得以净化和升华。因此，可以说隐居山中在某种程度上可以找回真正的自我，不受世间凡人俗事的纷扰，也找回了自己的精神家园。

史飞翔认为："与古代不同的是，今天居住在终南山的这些人，他们既不是'不事王侯，高尚其事'的政治坚守者，也不是'终南捷径'的投机者（'终南捷径'已不复存在），他们只是一群'隐迹山林的住山者'。出于一种对生命的参悟，他们来到终南山，或体证佛法，或研习学问，或健身养生，或调剂生活。隐士是农耕社会的产物，现代社会已不具备产生隐士的各种条件。从这个意义上说，如今已是终南山中无隐士。"[1]

不管怎样说，随着媒体多方面的报道及舆论的宣传，加速了人们对终南山这一特殊隐士群体及隐者现象的关注。当然，终南山独特的人文历史和绝佳的自然风光，也促使了人们对终南山及终南山归隐的向往，这不仅有利于旅游产业的发展，而且为现代都市生活的人们提供了心灵及精神的归宿地。相信终南山的隐者队伍会不断发展壮大，而其隐者精神和实质也会更为人们所了解。

---

[1] 史飞翔.终南山中无隐士[J].文史月刊,2012(5).

表7-1 秦岭历代隐士简表

朝代	姓名	隐居地	主要著作	其他
周	老 子	楼观台	《道德经》	
周	尹 喜	楼观台	《关尹子》	
周	姜子牙	磻溪谷		后世尊为"百家宗师"
秦	商山四皓	商山		
西汉	张 良	紫柏山		
东汉	挚 恂	终南山		
东汉	马 融	终南山	注有《孝经》《论语》《诗经》《周易》《三礼》《尚书》《列女传》《老子》《淮南子》《离骚》等	
东汉	郑 玄	终南山	《天文七政论》《中侯》	
东晋	王 嘉	终南山	《拾遗记》	
东晋	麻衣子	终南山		
北周	静 蔼	终南山	《三宝集》	
唐	卢藏用	终南山		"终南捷径"一词来自于他
唐	王 维	辋川	《王摩诘文集》《王右丞集》	后世称"诗佛"
唐	孙思邈	太白山	《千金方》	后世称"药王"
唐	金可记	终南山子午谷		新罗人

后晋	尹玉羽	终南山	《武库集》	
北宋	张 载	终南山	《正蒙》《横渠易说》《经学理窟》《张子语录》，后世编为《张载集》	关学创始人
北宋	钟师道	终南山		北宋著名将领
北宋	种 放	终南山	《时议》《蒙书》《太乙祠录》	
金	王重阳	终南山	《全真集》《重阳教化集》《重阳分梨十化集》	全真教创始人
金	杨 奂	鄠县柳塘	《还山集》《正统书》	
明	李雪木	太白山	《槲叶集》《一笑集》《麟山十二诗》	
清	高鹤年	终南山	《名山游访记》	

第八章

龙脉秦岭

秦岭位于中国版图的正中央，横贯中国中部，是自西向东最高的一座山脉，也是唯一一座东西走向的山脉。在我国素来就有"地质博物馆"的美誉。同时，秦岭生态系统的多样性、物种的多样性和遗传基因的多样性，形成了一个独特、丰富的生态系统。

秦岭对中华文明的发生、发展、流变，影响都是独一无二的。秦岭既孕育了中国的早期文明如蓝田猿人、半坡人等，也缔造了周秦汉唐的辉煌，更见证了中华民族艰难曲折的跋涉道路。同时，秦岭也是中国古代立儒、生道、融佛之地，正是儒道释这三维鼎立的坐标，构建了中国人的精神世界，铸造了中国人的核心价值观。从这个意义上说，秦岭既是中国人的灵魂家园，也是中华文明的龙脉之所在。

第一节　秦岭的地理位置与特点

秦岭是中国非常重要的生态系统之一。2005年，权威的《中国国家地理》杂志赋予了秦岭全新的意义，让更多的人明白：秦岭是名副其实的"中国人的中央国家公园"。事实上，把秦岭定义为"中国人的中央国家公园"，绝不是今人的一时心血来潮，而是由秦岭在中国的重要地理位置所决定的。

一、秦岭的地理位置

中国有许多名川大山，但以秦岭山脉最为独特。它位于中国版图的正中央，横贯中国中部，是自西向东最高的一座山脉，也是唯一一座东西走向的山脉。

秦岭大致位于北纬32°30′～35°、东经103°～113°，西起甘肃省南部临潭县北边的白石山，以临潭、迭部、舟曲境内的岷迭山系与昆仑山脉分界，然后一路向东，经过天水南部的麦积山进入陕西，逶迤在陕西关中南部，分别被称为太白山、翠华山、终南山等。它的主体向东延伸至陕西与河南交界处，分为3支；北支为崤山，余脉沿黄河南岸向东延伸，通称邙山；中支为熊耳山；南支为伏牛山。秦岭山脉北界西段自甘肃省临潭县北部的白石山（海拔3908米）起东延至天水东南的火炎山（海拔2559米），再往东以秦岭北麓的大断裂带为界；北界东段入河南境则以黄河南岸山地为界。秦岭山脉西南以甘、川省界为界；南临汉江与米仓、大巴山分界；东南直抵郧县。整座秦岭山脉横跨甘肃、陕西、河南、湖北等省，呈两端微向北翘的"一"字形。东西长约1600多千米，南北宽不等，窄处几十千米，宽处可达二三百千米，面积约12万平方千米，山势西高东低。整座秦岭山脉面积广大，气势磅礴，蔚为壮观。

秦岭是分隔陕西南北的一大山脉，陕西位于整座秦岭山系的中段。陕西境内的秦岭呈蜂腰状分布，中间较窄，东、西两翼较宽，各分出数支山脉。秦岭中段主体分别为：太白山，因山顶终年积雪，银光四射，故称太白，海拔3767米，为秦岭最高峰，横卧在陕西眉县、太白县、周至县3县境内；鳌山，古称垂山、武功山，又称西太白，海拔3476米，为太白境内第二高峰；首阳山，秦岭北坡

图8-1 秦岭地形图

著名山峰，海拔2720米；终南山，又名太乙山、中南山、简称南山，西起眉县、东至蓝田县，为我国西北地区首个地质公园，海拔2604米；草链岭，位于洛南县和华县的交界处，是秦岭东部最高峰，和西岳华山相望，海拔2645米。秦岭西翼的3个分支为：大散岭，位于宝鸡西南，海拔2819米；凤岭，位于宝鸡凤县境内，海拔2000米；紫柏山，位于留坝县境内，海拔2538米。秦岭东翼分支，自北向南依次是：华山，位于华阴市，海拔2154米；蟒岭山，位于洛南县正南部；流岭，位于山阳县与商州区境交界处，海拔1770米；新开岭，位于商南县境内。

二、秦岭的重要性

在地理上，秦岭主要表现出3个方面的重要性。

（一）地质方面的重要性——中国龙脉

秦岭处在中国地质图上中央造山带的一个重要部位，是不可缺少的枢纽地带，它是中央造山带和南北构造带交会的地方。所以，秦岭地区不仅地质期次多，而且岩浆活动、地质变形、岩石变质、新矿成形等地质现象在这里也比较多，在我国素来就有"地质博物馆"的美誉。

中国地质科学院姜春发研究员阐释秦岭在地质方面的重要性时，说道："秦岭处在中央造山带的一个重要部位，中央造山带和南北构造带交会的地方就是秦岭所处的位置，因此构造很复杂。我们可以打个比方说：中央造山带以北这块地盘，在2.6亿年以前被一种势力控制了；中央造山带以南这一块在2.6亿年以后被另外一种势力控制了；在南北构造带以东这一大片有另外一股势力，约1.8亿年前另外一股势力控制了这块地盘。秦岭恰好处于三种势力都起作用的地方，因此它看起来就很复杂。从这里也不难看出，三种力量共同在这儿起作用，就产生了多期次的构造运动。每一期的构造运动必然要有岩浆活动，要有地层变形、岩石变质，还有新的成矿。因为这里期次多，所以就比较复杂，各种地质现象在这里就比较多，所以说它是野外的天然地质博物馆，也是野外的地质实验室。"[①]这充分说明了秦岭地质构造的复杂性。

中央造山带由5部分组成：西昆仑造山带、东昆仑造山带、西秦岭造山带、东秦岭造山带和大别山造山带。位于中国的中部，将中国地质分割为南北两大块，就像一条长长的龙，因而人们把它看作龙脉。而秦岭在中央造山带之中又是一个很重要的部位，成为地质构造的一个枢纽地带，更是龙脉之精华所在。

---

① 《秦岭探访》第三十四集[J].CCTV西部频道.2004-8-9.http://www.cntv.cn/program/xbxw/topic/west/C12593/200408091101909.shtml.

秦岭造山带横亘我国中部,在我国大陆的形成和演化过程中占有重要而突出的地位。它是地学界所瞩目的典型区域性岩石圈解剖研究和创造新的造山带理论的良好天然实验室。秦岭是巨大的天然地质博物馆,也是一个野外地质实验室。例如,秦岭山脉西端的麦积山,就是一个很有趣的地质遗迹。麦积山山形奇特,在陇山层层苍松翠柏的包围之中拔地而起,形状如同农家积麦之垛,故名麦积山。从地质学角度来看,麦积山是由第三纪砂砾岩构成的,这种砂砾岩的形成标志着一个差异的升降运动。也就是说有的地方升起成山,相对的,缓慢攀升以后有的地方也会形成洼地。抬成山的地方经过风化剥蚀,垮落下来很多石头,石头被洪水或者河流搬运到低洼地方堆积起来,就形成了麦积山这种砂砾岩。这种砂砾岩在地质上看,标志一座山脉的急速升起,也就是说秦岭在第三纪急速上升,而且上升幅度很大,于是在第三纪砂砾岩崖面上构成一种雄伟壮观如同积麦之垛的奇绝景象。再如,秦岭东端一个武当隆起,即现在的武当山,这也是一个缓慢隆起的地质遗迹。地质表现为圈状岩石,里面一圈岩石最为古老,由里向外,岩石一圈一圈越来越新。陕西的佛坪也是一个隆起,它的产生可能与岩浆活动有关。[1]还需要特别强调的是,秦岭断裂和褶皱很强烈,产生块状升降,块状抬升成山以后就容易形成瀑布,一个一个台阶往上升,下面就形成一滩滩水,就这样逐渐形成了独特的地质景观,也就构成了一个地质公园,秦岭商南县金丝大峡谷就是一个明显的例子。

由于秦岭构造复杂,岩浆活动频繁,中国地质大学的姚书振等人根据秦岭的构造、建造、成矿作用及矿床组合特征等,将秦岭区域成矿划分为六大成矿系统[2],因此,可以说秦岭山脉蕴藏的矿产非常丰富。特别是小秦岭地区(位于陕西省东部和河南省西部,主要由小秦岭、崤山、熊耳山3个矿田组成,面积约1万平方千米)的金矿,在国内是很有名的,据不完全统计,区内已发现金矿床(点)163处,其中大型岩金矿床7处,中型岩金矿床20处,另外还有毛金矿床和伴生金矿床等[3]。南秦岭主要是大量的铅锌矿,2009年7月,陕西省地质专家在秦岭南麓发现一长达70千米的大型铅锌多金属矿田,探明5个大型铅锌银铜多金属矿床,其中一个储量高达1000万吨以上。[4]位于东秦岭钼矿带的陕西华县金堆城的钼矿是全球罕见的大型露天开采原生钼矿,为世界第二大露天钼矿,钼金属保有储量达到78.66万吨,平均品位为0.099%;河南省栾川县南泥湖钼矿也位于东秦岭钼矿带,也是国内有名的大型矿藏。

① 查显锋.南秦岭佛坪隆起的构造过程及成因机制[D].陕西:西北大学,2010.
② 姚书振,丁振举,周宗桂,陈守余.秦岭造山带金属成矿系统[J].地球科学,2002-9-5.
③ 彭大明.小秦岭黄金成矿规律[J].黄金科学技术,2000(3).
④ 陕西秦岭又发现70公里长的大型多金属矿田[N].新华网.2009-7-19.http://news.xinhuanet.com/fortune/2009-07/19/content_11732712.htm.

（二）生态方面的重要性——珍稀资源

秦岭山地沟壑纵横、峰峦叠嶂、植被繁茂、地形复杂，为多种生物的生存繁衍提供了得天独厚的自然条件，造就了东西承接、南北过渡、四方混杂、区系交错、相互渗透、种类繁多、别具特色的"生物多样性宝库"和"动植物王国"。绵延千余里的秦岭山脉是全球生物多样性的11个关键地区之一，有2600多种植物，300多种动物。千百年来，秦岭生态系统的多样性、物种的多样性和遗传基因的多样性，备受中外有关组织和学者的关注和青睐。动物种属成分与植物区系成分同样具有明显的过渡性、混杂性和复杂多样性。因此，秦岭山脉形成了一个独特、丰富的生态系统。

1.珍稀特有植物资源

秦岭复杂多变、富有特色的地质地貌孕育了丰富多样的植物资源，并以南北气候差异呈现出不同的物种。植被上，秦岭南坡以落叶阔叶林和常绿混交林为基带，自下而上有：常绿、落叶阔叶混交林，落叶阔叶林，针阔叶混交林；给南坡造就了一幅亚热带森林植被景观。北坡自下而上有暖温带、温带、寒温带、亚寒带4种气候，受海拔、气候、土壤等综合因素影响，植被景观呈垂直分布，自下而上的落叶栎林带、桦木林带、针叶林带和高山灌丛草甸带，构成了典型的暖温带山地森林植被景观。可见，秦岭庞大的山体之内，不论是亚热带植物还是寒带植物，也不论是水生植物还是旱生植物，应有尽有，呈现出明显的混杂性。区系成分上，秦岭的植物，除了自身特有种属外，还有华北、华中、西南和喜马拉雅的植物成分以及世界性单种属植物。据统计，秦岭山脉内，仅种子植物就有3400多种，加上蕨类、苔藓类等植物，总数达3800多种，其中国家一级保护植物5种、国家二级保护植物45种，还有不少国家重点保护的珍稀植物。

在秦岭珍稀植物中，秦岭冷杉、太白红杉等都是特有的植物类型。秦岭冷杉，属于松科，国家二级重点保护野生植物，常绿乔木，为中国特有珍稀濒危植物，有着"植物活化石"之称。因生于阴坡及山谷溪旁的密林中，多数植株常不结果，仅在光照较好处的成龄植株能正常结实，但有隔年结实现象，种子易遭鼠类啮食，天然更新较差，加上过度采伐，分布面积日益缩小，植株数量逐渐减少。太白红杉，也属于松科，是国家三级保护渐危种，为中国特有树种，还是

图8-2 秦岭冷杉

371

秦岭山区唯一生存的落叶松属植物。

2.珍稀特有动物资源

秦岭是动物区系古北界与东洋界的分界带，也是中国大陆动物分布的重要分界线。秦岭各种野生动物资源比较丰富，主要分为野生兽类、野生鸟类和两栖爬行类。野生兽类，目前已知秦岭地区的兽类约有140种，其中国家一类保护物种8种、二类保护物种11种。其中哺乳动物如大熊猫、羚牛、金丝猴、云豹、小灵猫、大灵猫、豺狼、金猫、林麝、班羚和猕猴等中国特有的珍稀物种均在这里栖息，它们中的许多都是国家重点保护动物。秦岭山区的鸟类资源也很丰富，据不完全统计，秦岭山脉共记录到鸟类338种。在这些鸟类中，国家保护鸟类、特有鸟类近20种，包括朱鹮、白鹮、苍鹰、赤腹鹰、雀鹰、松雀鹰、血雉、红腹角雉、白冠长尾雉、鹰鹃、领角鸮等等，其中朱鹮主要分布在陕西洋县，是一种十分珍贵的鸟类。此外，两栖爬行类动物也广泛分布于秦岭，两栖爬行类动物在秦岭共有77种，其中，最具代表性的就属大鲵，因其叫声似幼儿哭声，故俗称"娃娃鱼"。大鲵是世界上现存最大也最珍贵的有尾两栖动物，是中国特产，目前为国家二类保护水生野生动物。另外，还有虎纹蛙、细鳞鲑、哲罗鲑等也分布在秦岭地区。

在秦岭珍稀特有动物资源中，大熊猫、金丝猴、羚牛、朱鹮被称为"秦岭四宝"。大熊猫是国家一级保护动物，已经在地球上生存了至少800万年，数量十分稀少，被誉为"活化石"和"中国国宝"。金丝猴属于国家一级保护动物，是特有的珍贵动物和濒临灭绝的灵长类动物，与大熊猫齐名。羚牛，国家一级保护动物，它头如马、角似鹿、蹄如牛、尾似驴，体型介于牛和羊之间，但牙齿、角等更接近羊，可以说是超大型的野羊，活脱脱是个"六不像"。它也被列入濒危野生动植物种国际贸易公约，数量和大熊猫一样稀少，也被视为"国宝"。朱鹮是国家一级保护鸟类，数量稀少。目前，秦岭南麓的陕西洋县是世界上唯一的野生朱鹮保护地。

图8-3 秦岭四宝

（三）自然保护区

秦岭作为中国南北地理分界线，长江、黄河的分水岭，亚热带与暖温带交汇地带，在生物学界的地位可与欧洲的阿尔卑斯山、南美的亚马孙河以及非洲大草原等相媲美，属于全球生物多样性最为丰富的地区之一。而正因为有丰富的动植物物种，秦岭已成为中国非常重要的生态系统。除此之外，秦岭独特的地理位置和它所蕴藏的丰饶的珍稀动植物资源，使秦岭在我们国家乃至世界生态环境保护中占有重要地位。2001年国家环保总局将秦岭确定为国家十大生态功能保护区之一。

目前，秦岭地区设立了近30个不同层级、不同目的的自然保护区。这些自然保护区的设立对秦岭动植物资源的保护起到不可估量的作用。

1. 太白山国家级自然保护区

太白山国家级自然保护区位于陕西太白县、眉县、周至县三县交界处，东西长约45千米，南北宽约34.5千米，面积为56325公顷，于1986年设立，是中国第一批国家级自然保护区之一，这说明了太白山国家级自然保护区的重要性。这个保护区主要保护对象是森林生态系统和自然历史遗迹。因为保护区地处秦岭山脉中段，是华北、华中和青藏高原3个区域生物交汇过渡地带，区内动植物资源丰富，高等植物有2000余种，其中包括国家重点保护植物如连香树、水青树、星叶草、太白红杉等21种；高等动物有270多种，其中包括国家保护动物大熊猫、羚牛、豹等20多种。复杂的气候条件是太白山生物多样性产生的主要因素。由于受山地条件及大气环流的影响，保护区具有典型的亚高山气候特点。从气候垂直变化看，由低向高依次出现暖温带、温带、寒温带和亚寒带。此外，太白山保护区内保存有不少第四纪冰川地貌遗迹，对研究地质演化也具有重要价值。

2. 佛坪国家级自然保护区

佛坪国家级自然保护区位于陕西省佛坪县西北部，地处秦岭中段南坡，是观赏自然状态下大型野生动物生活状态的地区。保护区东西纵深约24.8千米，南北横延约22千米，规划面积为35000公顷，是以保护大熊猫为主的森林和野生动物类型的国家级自然保护区。保护区内有野生动物265种。其中，大熊猫、扭角羚、金丝猴和豹4种动物被列入国家一级重点保护动物，另外还有33种二级重点保护动物。据第三次大熊猫普查结果显示，2006年中国共有野生大熊猫1596只，其中陕西拥有273只，而佛坪，虽然占地面积并不算太大，竟然拥有野生大熊猫96只，在保护区核心区内平均2.5平方千米就有1只大熊猫，分布密度居全国之首。

图8-4 太白山国家级自然保护区　　　　　　　　　　　　　　　　　　　　图8-5 佛坪国家级自然保护区

3. 长青国家级自然保护区

　　长青国家级自然保护区位于秦岭中段南坡的洋县北部，毗邻佛坪国家级自然保护区，设立于1995年，是以保护大熊猫为主的森林和野生动物类型的自然保护区，总面积3万公顷。保护区是"秦岭四宝"——大熊猫、金丝猴、羚牛、朱鹮最为齐全的区域之一。尤其是秦岭大熊猫，在保护区内有着相当高的分布密度。此外，区内的植物种类也十分丰富，区内有种子植物约2039种，其中，列入国家重点保护的达31种。保护区不仅动植物资源丰富，而且山水景色优美。这里水量非常丰沛，且清澈透明，山涧沟谷中，到处都是瀑布深潭，每一个深潭的形状和颜色各不相同，景色宜人。

4. 汉中朱鹮国家级自然保护区

　　以鸟的名字命名国家级保护区，这在中国还是第一次，可见朱鹮之珍贵，且可以看出保护区的重要性。保护区位于陕西省汉水之滨的汉中市，跨越洋县和城固县，其主体在洋县境内。保护区总面积约37549公顷，其主要保护对象是朱鹮及其栖息地。1981年5月，中国科学家在秦岭南麓的陕西洋县境内找到被认为已经灭绝了的世界珍禽朱鹮。经过30多年坚持不懈的抢救性保护，目前，朱鹮野外种群数量已由原来的7只增加到现在的500多只，分布区域也从原来的一个小山村扩散到汉中市11个区县。同时，朱鹮人工种群也发展到了500多只，两者累加起来超过了1000只。

　　朱鹮对栖息地环境要求极高。它是一种生活在温带山地森林和丘陵地带的鸟类，栖息环境大多邻近水稻田、河滩、池塘、溪流和沼泽等湿地。朱鹮性情孤僻而沉静，胆怯怕人，平时成对或小群活动；喜欢在高大树木栖息和筑巢；经常在附近有水田、沼泽可供觅食，且天敌又相对较少的幽静的环境中活动。因此，为保护野生朱鹮栖息地，汉中朱鹮国家级自然保护区规定不准在巢区内使用农药化肥，限制在当地发展现代工业，以保证朱鹮的觅食环境的安全性。

5. 青木川国家级自然保护区

青木川国家级自然保护区坐落在秦岭南坡的陕西汉中市宁强县青木川镇，是以保护大熊猫、金丝猴、羚牛等珍稀野生动物及其栖息地为主的自然保护区。保护区南北宽15.5千米，东西长28千米，面积10200公顷。青木川最吸引人的地方，是金丝猴和猕猴这两种从不在同一地域内生存的灵长类动物，居然在青木川的山林里彼此紧邻，且相安无事。这可以说是野生动物界的一个不解之谜，引起了有关专家、学者的高度关注，被认为极具科研、保护价值。所以，青木川国家级自然保护区是开展生物生态学和野生动物系统研究的重要基地。

6. 周至国家级自然保护区

周至国家级自然保护区位于陕西省周至县境内，以保护金丝猴等珍稀动物及其生存环境为主要目标，面积56393公顷。区内山体高大，沟谷纵横，气势雄伟，森林茂密，拥有独特的自然景观。在这里，最引人注目的是野生金丝猴。在保护区内，金丝猴和人建立了和谐关系，人们可与金丝猴亲密接触、相互交流，在享受自然美景的同时，陶醉在与猴子逗玩的乐趣中。另一个亮点是区内有一片诱人的高山草甸，面积约15公顷，海拔2300米以上，地势开阔，四周高而中间低，羚牛、黑熊等兽类经常活动于此。这里的植被多样性更引人入胜，高大的乔木直指云端，低矮的藤灌缠绕附崖，郁郁葱葱，层峦叠嶂；秋季满山红叶，点点簇簇，奇珍野果比比皆是。保护区不但景观秀美壮丽，而且周边地区的玉皇庙、大蟒河、殷家坪、大树沟、黑河等森林公园都是秦岭林区颇负盛名的自然景观。

7. 牛背梁国家级自然保护区

牛背梁国家级自然保护区位于秦岭陕西东段的长安、柞水、宁陕三县交界处，是中国唯一的以保

图8-6 汉中朱鹮国家级自然保护区

图8-7 牛背梁国家级自然保护区

护羚牛（秦岭金毛扭角羚）及其栖息地为主的森林和野生动物的国家级自然保护区，也是西安市和陕南地区最重要的水源涵养地之一，总面积16520公顷。牛背梁因主峰状似牛背而得名，牛背梁是秦岭东段最高的山峰，海拔2802米。

8. 天华山国家级自然保护区

天华山国家级自然保护区位于秦岭中段南坡陕西宁陕县境内，东西宽17.3千米，南北长24.5千米，总面积25485公顷，园区森林覆盖率达93.7%，野生动植物资源丰富，已调查的植物种类700余种，野生动物260种，其中数十种是国家级重点保护动植物，尤其是天华山大熊猫种群的核心分布区。保护区森林生态系统结构复杂，生物群落典型，植被类型多样，垂直带谱明显，从山脚向山上依次为常绿落叶阔叶林、落叶阔叶林、针阔混交林、针叶林、灌丛和草甸。境内峰峦叠嶂，山体雄伟俊秀，有保存完整的第四纪冰川时期遗留的冰川遗迹，地质地貌景观奇特。

9. 桑园国家级自然保护区

桑园国家级自然保护区位于陕西省留坝县境内。2002年设立，2009年晋升为国家级自然保护区，主要保护对象为大熊猫及其栖息地。保护区东西长24千米，南北宽22千米，总面积13806公顷。保护区自然环境原始独特，物种古老珍稀，生物多样性典型丰富。区内植物资源丰富，有国家一级保护动物大熊猫、金雕、金丝猴、豹、林麝、羚牛；二级保护动物黑熊、豺、大灵猫、金猫、红腹角雉等；珍稀植物如红豆杉、秦岭冷杉、连香树、杜仲、水曲柳、延龄草、天麻等。同时，保护区内人文景观也独具特色。保护区植被垂直分布明显，森林覆盖率高达99.4%。竹类资源丰富，在不同海拔高度均有生长。主要是巴山木竹和秦岭箭竹，这些竹子生长和更新良好，为保护区栖息地的大熊猫提供了丰富的食物。

10. 秦岭细鳞鲑国家级自然保护区

秦岭细鳞鲑国家级自然保护区位于陕西陇县，2009年设立，是我国第一个以保护秦岭细鳞鲑及其生存环境为主的水生动物类型的自然保护区。保护区总面积约6559公顷，其中核心区面积1376公顷，缓冲区面积3197公顷，实验区面积1986公顷。保护区的设立，对促进我国生物多样性保护、维护渭河流域及黄土高原生态安

图8-8 秦岭细鳞鲑

全、推动区域经济的持续发展具有十分重要的战略意义。保护区内水生野生动植物资源十分丰富,脊椎动物有189种,其中鱼类多达18种。保护区内分布有国家二级重点保护水生野生动物秦岭细鳞鲑、水獭和陕西省重点保护水生野生动物多鳞白甲鱼、岷县高原鳅、中华鳖、中国林蛙及多种地方土著鱼类。保护区秦岭细鳞鲑资源最为丰富,已形成了稳定的种群结构,目前存量约3万尾,是国内目前发现的数量最大的地区。保护区位于陕西陇县西南部渭河支流的千河和长沟河水域,是气候、动植物的过渡地带。保护区的千河和长沟河水域海拔1100~2466米,河床比降大、河岸深切、弯曲狭窄、水质清,两岸森林茂密,保留了河流生态系统的自然生境,是我国乃至世界上重要的、处于自然状态的山涧溪流生态系统。

三、明显的南北分界线

秦岭山脉横亘于我国中部,是中国大陆南方和北方最重要的地理分界线。此线南北两侧,无论气候、水文、土壤、景观等地理要素都有显著不同。

(一)重要的气候分界线

秦岭是中国气候上的南北分界线,是温带季风气候和亚热带季风气候的分水岭。作为一条东西向的大山脉,秦岭南坡相对平缓,南方温暖湿润的气流在这里缓慢上升,形成降雨。在它的另一面,陡峭的北坡则使每年南下的寒流在此止步,秦岭也因此成为了中国南北方气候带的分界线。

从气温方面来看,秦岭是北方暖温带与南方亚热带的分界线。秦岭及其以东的淮河一线,是我国1月份0℃等温线。气候学规定,最冷月温度在0℃以下的地区,称为暖温带;反之,称亚热带。秦岭是冬夏季风的巨大屏障,秦岭以北温带季风气候的最冷月气温低于0℃,而秦岭以南亚热带季风气候的最冷月气温高于0℃。如冬季,关中地区的宝鸡气温与汉中相比,低3~16℃,西安的气温比安康低4~7℃。冷空气过境时,秦岭南北之间的温差甚至可达6~7℃。同时,秦岭-淮河一线也是中国日均温≥10℃积温4500℃的等值线。[①]

从降水方面来看,秦岭是北方干旱、半湿润气候和南方湿润气候的分界线,还是我国年降水量800毫米等降水量线。从降水的季节分布来看,秦岭以北温带季风气候地区,年降水量不均匀,夏季降水较多,冬季降水少,雨季短,总降水量少,年降水量在400~800毫米之间;秦岭以南亚热带季风气候地区,年降水量均匀,夏季降水偏多,冬季降水也较多,雨季长,年降水量高于800毫米。秦岭

① 鲁峰.浅谈秦岭-淮河分界线[J].治淮,2000(8):37-38.

以北是春旱、夏雨气候，以南是春雨、梅雨及伏旱气候。根据年降水量的不同及降水量的季节状类型变化，可以看出，秦岭是明显的北方干旱、半湿润气候和南方湿润气候的分界线。

表8-1 秦岭南北气候比较表

项 目	秦岭以北	秦岭以南
气候带	暖温带季风气候	亚热带季风气候
1月平均气温	0℃以下	0℃以上
年降水量	400~800毫米之间，夏季降水较多，冬季降水少，雨季短	高于800毫米，雨季长，降水多，季节变化小
干湿状况	干旱、半湿润地区	湿润地区

（二）重要的水文分界线

由于大多河流水量是由降水补给的，所以，河川径流受气候影响较为明显。秦岭既是气候的分界线，也是重要的水文分界线。从水文情况来看，秦岭以北的河流位于暖温带半湿润地区，流量小、汛期短，水位的季节变化大，含沙量大，冬季有结冰期，并且越靠北冰期越长，航运灌溉条件越差；秦岭以南的河流位于亚热带湿润地区，流量大、汛期长，水位的季节变化小，含沙量小，冬季没有结冰期，航运条件较好。[①]

秦岭是我国黄河、长江两大水系的分水岭。秦岭的山脉腹地，不仅是黄河支流渭河的发源地，而且是长江的支流嘉陵江和汉水的源头。秦岭北麓的渭河，是黄河最大的一级支流；秦岭南麓的汉江是长江最长的一级支流，嘉陵江则是长江流域面积最大的一级支流。渭河流淌在秦岭以北数十千米，与秦岭几乎平行走向，呈弓形；汉江和嘉陵江蜿蜒在秦岭以南，汉江呈倒"S"形，它们分别汇聚了秦岭北麓和南麓的数十条小河流，滋养着秦岭以北和以南的平原与盆地，成就了秦岭南北的美丽与富饶。从某种意义上说，是秦岭这座博大精深的山脉养育出黄河、长江这两条对中华民族具有非凡意义的河流。

秦岭是我国重要的地形分界线。秦岭以北地形完整，以高原和平原为主，即黄土高原和华北平原；秦岭以南地形破碎，以盆地和丘陵为主，为低山丘陵红层盆地和江汉平原。秦岭还是我国的土壤

① 程连生,冯嘉平.中国地理[M].北京：北京师范大学出版社，1988：2、84、122.

分界线。秦岭以北的土壤是在温带季风气候条件下发育的，以钙质土、黑土为主；秦岭以南的土壤是在亚热带季风气候条件下发育的，以红壤、水稻土为主。秦岭还是我国南北植被景观的分界线，秦岭北坡是暖温带针阔混交林与落叶阔叶林，南坡为亚热带常绿阔叶树种和落叶阔叶混交林。

秦岭北部与南部的农业生产特点有明显的不同。秦岭北部，农业耕作制度以一年一熟、两年三熟到一年两熟不等，耕地以旱地为主，粮食作物以小麦、杂粮为主，经济作物以棉花为主；秦岭以南，耕作制度为一年两熟到三熟不等，耕地以水田为主，粮食作物主要为水稻、小麦，经济作物有甘蔗、棉花、油菜、茶叶及热带、亚热带水果等。

表8-2　秦岭南北比较表

项　目	秦岭以北	秦岭以南
气候	暖温带季风气候	亚热带季风气候
水系	黄河流域	长江流域
地形	高原平原	丘陵盆地
土壤	钙质土、黑土	红土、水稻土
植被景观	暖温带针阔混交林与落叶阔叶林	亚热带北部含常绿阔叶树种的落叶阔叶混交林
农业	北方旱作农业	南方水田农业

第二节　秦岭的发展历史与文化位置

　　秦岭是我国非常重要的一个生态系统，不仅体现在生态环境上，而且体现在历史生态和文化生态上。可以毫不夸张地说，没有哪一座山脉能像秦岭这样哺育着中华文明的历史进程，也没有哪一座山脉像秦岭这样深刻地影响着中华文明的发展进程。王若冰在《走进大秦岭——中华民族父亲山探行》中曾经形象地说过一句话："如果把黄河比作中华民族的母亲河，秦岭就应该是中华民族的父亲山。"著名文化学者肖云儒认为："秦岭不仅有自然美的魅力，而且有文化美的魅力，甚至于文化美的魅力更勾引我们的魂魄。"

一、秦岭名称的由来

秦岭是一个巨大的山系，山岭很多，山岭的称谓也多种多样。如西安人称秦岭"终南山"，蓝田人称秦岭为"王顺山"，华阴人称秦岭为"华山"，眉县人称秦岭为"太白山"……秦岭中还有许多叫"岭"的山，如：华山南面的草链岭，宝鸡与凤县之间的凤岭。太白山的南面也分布着青杠岭、老君岭、卡峰岭、父子岭、财神岭等9道岭，秦岭的东部包括蟒岭、流岭、鹃岭、新丹岭等。

然而，"秦岭"这个名称在秦汉时期就出现了，此外还有"南山""终南山"等称谓。"秦岭"这一名称的由来，众说纷纭，莫衷一是。

（一）秦岭与古昆仑山

在"秦岭"这个称谓还没有出现之前，这座山被称为古昆仑。纪录片《大秦岭》中说："古老的地理学认为，中国大陆众多山脉的根是昆仑山。因此，在秦始皇统一中国之前，秦岭被称为昆仑。"

昆仑山，又称昆仑虚、中国第一神山、万祖之山、昆仑丘或玉山，其名不可胜数。昆仑之"昆"上为"日"，日为阳，为父；下为"比（妣）"，比为月，为阴，为母。阴阳为太极；昆仑之"仑"为神仙。昆仑山是三皇五帝等神仙的居住地，也是华夏先民的父母——伏羲女娲等父系、母系氏族的居住地。简言之，"昆仑"就是华夏民族最早的发源地，也是三皇五帝及夏代、商代初期建立皇都帝都的地方。

"昆仑"一词源于《山海经》，与上古流传下来的神话传说有关。古人尊昆仑山为"万山之宗""龙脉之祖""龙山"，并演绎出了许多美丽动人的神话传说。它是产生中华民族神话传说的摇篮。因此，昆仑山被认为是中华民族的发源地。远古时期的昆仑并不是现在的昆仑山，清人万斯同有《昆仑辨》[1]一文，认为昆仑的地理位置有10余种说法。近年来，有学者通过"以山证山""以水证山"的新思路，考察了古代典籍中的"昆仑"，包括《山海经》《穆天子传》《竹书纪年》《淮南子》《尔雅》等神话及辞赋中的对"昆仑"记载，最后认为：古昆仑就是秦岭。[2]

传说昆仑山多玉，这与秦岭的特征也是相符的。秦岭蓝田玉是我国开发利用最早的玉种，被誉为中国四大名玉之一，迄今至少有4000多年的历史。蓝田县位于西安市东南40千米。绕流长安的"八水"中的灞河和浐河即发源于此，著名的白鹿原便夹居于灞、浐之间。战国时期，秦置蓝田县，因为

---

① 谭其骧编.清人文集地理类汇编[M].杭州：浙江人民出版社,1988：560-561.
② 黄崇浩.昆仑即秦岭考[J].中国文化研究,2007(秋之卷)：105-119.

玉之美者曰蓝，县产美玉，故名蓝田。玉石产地在辋川内秦岭山中的核桃沟一带。也有人说著名的和氏璧即出产于秦岭中的蓝田荆山。①

（二）南山、终南山

秦岭还有两个重要名称——"南山"和"终南山"，这两个名称一直被沿用至今。纪录片《大秦岭》里曾说道："又因为秦岭矗立在秦国都城之南，所以，秦岭又被称为'终南山'或者'南山'。"

根据历史记载，此名由来已久。在先秦和秦汉文献记载中，多处提到"南山"或"终南山"。具体如下：

《诗经·小雅·节南山》：节彼南山，维石岩岩。赫赫师尹，民具尔瞻。忧心如惔，不敢戏谈。国既卒斩，何用不监！节彼南山，有实其猗。赫赫师尹，不平谓何？天方荐瘥，丧乱弘多。民言无嘉，憯莫惩嗟。②

《诗经·秦风·终南》：终南何有？有条有梅。君子至止，锦衣狐裘。颜如渥丹，其君也哉。终南何有？有纪有堂。君子至止，黻衣绣裳。佩玉将将，寿考不忘。③

《尚书·禹贡》：黑水、西河惟雍州。弱水既西，泾属渭汭，漆沮既从，沣水攸同。荆、岐既旅，终南惇物，至于鸟鼠。原隰底绩，至于猪野。三危既宅，三苗丕叙。厥土惟黄壤，厥田惟上上，厥赋中下。厥贡惟球、琳、琅玕。浮于积石，至于龙门、西河，会于渭汭。织皮昆仑、析支、渠搜，西戎即叙。

《汉书》卷六五《东方朔传》：夫南山，天下之阻也，南有江、淮，北有河、渭，其地从汧、陇以东，商、雒以西，厥壤肥饶。汉兴，去三河之地，止霸、产以西，都泾、渭之南，此所谓天下陆海之地，秦之所以虏西戎兼山东者也。其山出玉石，金、银、铜、铁，豫章、檀、柘，异类之物，不可胜原，此百工所取给，万民所印足也。又有粳稻、梨、栗、桑、麻、竹箭之饶，土宜姜芋，水多蛙鱼，贫者得以人给家足，无饥寒之忧。故丰、镐之间号为土膏，其贾亩一金。

---

① 曾宏根.蓝关古道[M].西安：西安出版社,2011：342-345.
② 意为：那嵯峨终南山上，巨石高峻而耸巅。权势显赫的太师史尹，民众都唯你俩是瞻。忧国之心如火炎炎，谁也不敢随口乱谈。国脉眼看已全然斩断，为何平时竟不予察监！那嵯峨终南山上，丘陵地多么广阔。权势显赫的太师史尹，执政不平究竟为何？苍天正又一次降下饥疫，死丧和祸乱实在太多。民众言论中不再有好话，你们竟还不惩戒自我！
③ 意为：终南山上有什么，既有山楸又有楠。君王受封来此山，锦衣狐裘裘身上穿。脸色红润像涂丹，君王气度真不凡。终南山上有什么，既有枸杞又有棠。君王受封来山上，礼服绣衣身上穿。身上佩玉声锵锵，祝君大寿万年长。

《西京赋》：于前终南太一，隆崛崔萃，隐辚郁律，连冈乎嶓冢，抱杜含户，欲沣吐镐，爰有蓝田珍玉，是之自出。

《雍记》：终南横亘关中南面，西起秦陇，东彻蓝田，相距且八百里。昔人言山之大者，太行而外，莫如终南。

《关中记》：终南，一名中南。言在天下之中，居都之南也。

汉唐时期，都城长安的居民、手工业者所用的薪炭、木材、石材、药材等大都取于终南山。同时，终南山的佛、道、隐等文化也影响着汉唐时人的文风与思想。唐文宗曾说："每闻京师旧说，以为终南兴云，即必有雨；若晴，虽密云他至，竟夕不沾濡。"[1]唐代李白曾写道："出门见南山，引领意无限。秀色难为名，苍翠日在眼。有时白云起，天际自舒卷。心中与之然，托兴每不浅。"唐代祖咏的《终南望余雪》有"终南阴岭秀，积雪浮云端，林表明霁色，城中增暮寒"的诗句。北宋宋敏求《长安县志》载："终南横亘关中南面，西起秦陇，东至蓝田，相距八百里，昔人言山之大者，太行而外，莫如终南。"清代顾祖禹《读史方舆纪要》则说："终南山，脉起昆仑，尾衔嵩岳，钟灵毓秀，宏丽瑰奇，作都邑之南屏，为雍梁之巨障。其中盘纡回远，深岩邃谷，不可殚究。关中有事，终南其必争之险也。"[2]

图8-9 终南积雪

（三）秦岭

"秦岭"一词，最早见于司马迁《史记》中的"秦岭，天下之大阻也"。班固《西都赋》有"前乘秦岭，后越九嵕"及"睎秦岭，睋北阜"的说法。《三秦记》曰："秦岭东起商洛，西尽汧陇，东西八百里。"唐代韩愈诗所云："云横秦岭家何在，雪拥蓝关马不前。"[3]之后，"秦岭"的名称随各种文献记载被人们沿用至今。

"秦岭"之由来一般认为有两种说法。

① [宋]李昉.太平御览[M].上海：上海古籍出版社,2008：458.
② [清]顾祖禹.读史方舆纪要[M].北京：中华书局,2005：2460.
③ 韩愈.左迁至蓝关示侄孙湘[M]//[清]彭定求等.全唐诗.北京：中华书局,1999：3867.

一种认为，"秦岭"这一称谓的出现与"秦人、秦国、秦王朝"有密切关系。秦岭北部被称为"八百里秦川"，是战国时期秦国的核心地区。秦岭横跨甘肃陇南山地、关中平原和川西北、鄂西、河南西部，是秦人最初的家园和最早建国立业之地。商朝灭亡后，作为殷商盟友的秦人先祖被剥夺嬴姓，成为周人的奴隶，被从山东半岛的泰安一带发配到汉水上游的西秦岭山地，开始了长达数百年忍辱负重、披荆斩棘、筚路蓝缕的创业生涯。秦人在戎狄横行的西陲之地艰难求生，因秦岭丰茂水草养育的战马，让他们重新赢得了周王室信任，获秦姓，并有了封邑。在与诸侯列强争霸的过程中，秦岭黄河之间退可守、进可攻的地理优势，成就了秦人从周王室一介马夫跃身为诸侯，并最终建立起横扫六合、独霸天下的霸业。从秦文公到秦始皇建立大秦帝国的500多年间，秦人先后5次迁都的地点，从来都没有离开过秦岭的怀抱。从秦穆公称霸西戎到战国七雄，以秦岭为轴心，西到天水，东到函谷关，南及汉中和湖北西部的秦岭山区，是秦国最初的国土范围。这之后，秦始皇修建的陵寝就在秦岭骊山脚下。当年秦始皇大兴土木，修建阿房宫需要大量木材和石材，但却明令禁止采伐秦岭一石一木。可见，在秦人眼里，秦岭是秦人兴衰存亡攸关的"龙脉"。在秦人看来，这座神奇的秦岭，见证了他们先祖求生、创业、奋斗、立国的全部历史，甚至秦岭山中的一草一木都渗透了秦人的鲜血、汗水和泪水，这才培养出秦人不屈不挠、开拓进取的性格。所以秦人就把秦岭推向了寄托自己民族精神和理想的高度，使之成为他们共同崇拜的精神图腾。这座横贯八百里的秦川，与秦人的崛起、兴盛息息相关。

另外一种说法认为"秦岭"一词是从西方传入中国的。地质学界的泰斗赵亚曾和黄汲青在《秦岭山及四川之地质研究》一书中说："秦岭之名乃外国学者所定，而并非吾人习用之名，此与外人呼大江为扬子江同一例。"据史书记载，西方世界最早知道的中国是秦国。春秋中后期，秦国在秦穆公时代成长为可以与黄河以东各诸侯国抗衡的春秋五霸之一，并开始着手处理与秦人结下恩怨数百年的西戎问题。包括后来匈奴在内的西戎，是对早年生活在西北游牧民族的泛称。公元前623年，秦穆公采用由余的作战方案，一举将盘踞在陇山以西和关中西北部的众多西戎部族击败。因此，史书称秦穆公"遂霸西戎"。西戎人一部分逃到了欧洲。他们对中国的所有认识，都来自秦人、秦国、秦岭。在他们遥远的记忆里只留下一个古老国度的名字："赛尼"。成书于公元前四五世纪的古波斯弗尔瓦丁神赞美诗称中国为"塞尼"（Sinoa），古希伯来称中国为"希尼"，后来印度史诗《摩诃婆罗多》《罗摩衍那》称中国为"支那"（Chini），这些都是"秦"的音译。

综上可见，无论是秦人与秦岭的经历，还是西方人对秦和秦的称谓，我们都可以断定："秦岭"一词的来源，与秦人从甘肃到陕西又走向全国，并最终建立统一帝国有密不可分的联系。

二、秦岭北麓的历史与人文

俗话说的"南船北马""南稻北麦"，都表达了秦岭南北的差异。秦岭北部的关中平原是我国古代历史与文化的核心区域。

（一）秦岭北麓的历史

远古时代，秦岭北麓就有原始人类居住，留下了诸多遗迹。《尚书·禹贡》说，禹封九州，关中属雍州，因富饶而得名。秦岭北麓的沃土孕育了在此建都的13个王朝，其中周、秦、汉、唐是我国历史上最为繁盛的4个大一统王朝。

周部落活动在渭水中游黄土高原上，隶属于商，早期在邰（今陕西武功县境内）从事农业生产。后迁到豳（今陕西彬县、旬邑一带），又迁往周原（今陕西岐山），开始筑城建室，这时在部落联盟的基础上出现了国家萌芽。传到周文王和周武王时，周的势力逐渐强大，甚至可以与商抗衡。武王即位第二年，率诸侯军旅东渡黄河向商朝进攻，在著名的"牧野之战"中大败商军，随之攻克朝歌，商王帝辛（纣）自焚而死，商亡。周武王灭商后，把都邑从文王时期的丰邑扩展到沣河东岸的镐（今陕西西安长安区境内），开始了中国历史上第三个奴隶制王朝的统治，这就是西周。西周以丰镐为都邑直至公元前770年平王东迁，时间长达350多年。自始至终，西周王朝以关中为据点，以秦岭为靠山，不断向外扩张。初时以武王伐殷、周公东征为代表，东出函谷关，向河洛，达东都，经营黄河下游；继而以平王伐楚为契机，越过秦岭南出武关，向江汉，经营南阳、南郡一带及淮河流域；然后以周穆王西征的行为昭示，全力经营西方。西周盛时，势力所及，南过长江，东北到今辽宁省，西至今甘肃，东到今山东。直至今天，秦岭脚下的周原上还有无数的青铜器等文物，昭示着周王朝灿烂的文明。

春秋战国至秦统一后，关中地区主要是在秦国的控制之下。秦的开国君主是秦庄公之子秦襄公，因护送周平王东迁有功，被东周政权封为诸侯。襄公的儿子文公击退犬戎，占有岐山以西之地。春秋时秦德公建都于雍城（今陕西凤翔东南），占有陕西关中中部和甘肃东南部。秦灵公时迁都泾阳（今陕西泾阳西北）。秦献公又迁都栎阳（今陕西西安临潼区北）。秦孝公任用商鞅进行变法，国力富强，再迁都咸阳（今陕西咸阳东北），成为战国七雄之一。秦惠文王夺回被魏占领的河西，攻灭巴蜀，夺取楚的汉中。秦昭王时不断夺取魏、韩、赵、楚等国的土地，至此，秦国的疆域，北有上郡

（今陕西北部），南有巴蜀，东有黄河与函谷关（今河南灵宝），基本上等同于项羽所谓广义的"关中"之地的区域，这里地势险固，被称为天府雄国。其后，秦逐渐统一全国。"秦为天下之脊，南山则秦之脊也。"①由此，南山不仅被称为"秦岭"，而且秦人倚靠矗立在身边的南山，一统山河。甚至，秦始皇为自己选定的坟墓，就是秦岭北侧的一个支脉——骊山。后人赋予秦始皇一个崇高的称谓，称其为"祖龙"②，又称"人祖"。

秦末天下大乱，公元前207年12月刘邦率先攻入关中，后被项羽封以"巴蜀汉中四十一县"，称"汉王"。刘邦凭借秦岭汉中之地，掀起楚汉之争，逐鹿天下，最终建立西汉政权。期间，产生了"三秦""明修栈道，暗度陈仓""成也萧何，败也萧何"等脍炙人口的历史典故。西汉都城为长安，这是秦岭北麓第三次成为全国统一王朝的政治中心，也首次点明中华民族的政治理想——长安，即长治久安。正如《汉书·贾谊传》所言："建久安之势，成长治之业。"这一时期的秦岭北麓，号称"陆海""天府"③，是"百工所取给，万民所仰足"的富饶之地。汉武帝不仅继承了秦的五畤④祭祀制度，还确立了五岳祭祀制度，并将秦岭东部的华山册为西岳，祭祀黄帝之子少昊，此后，华山成为中华民族的文化符号之一。而终南山也成为展现国家礼仪的主要场所，祈雨和祷雪活动常在这里举行。

隋唐时期，秦岭北麓的龙首原又一次成为全国统一政权的政治核心，也毫无争议地成为世界文化的核心区域。唐代柳宗元说："盖闻名山之列天下也，其有能奠方域，产财用，兴云雨，考于《祭法》，宜在祀典。惟终南据天之中，在都之南，西至于褒、斜，又西至陇首，以临于戎。东至于商颜，又东至于太华，以距于关。实能作固，以屏王室。"⑤终南山居天之中，在都之南。国都在名山之下，名山随国威而远扬，清晰地昭示了秦岭与国家政治中心相互依赖、相互衬托的密切联系。对当时的人们来说，不管是帝王、精英阶层，还是普通士庶百姓，终南山从来都不仅仅只是一处秀丽怡人的风景，而是人们心中的乐土，是"达则兼济天下，穷则独善其身"的精神归宿，是政治上的"终南捷径"。

周秦汉唐等朝代是古代中国最繁盛统一的4个王朝，它们的政治核心，不管是西周的丰镐，还是秦都咸阳及西汉长安和后来的唐长安城，都兴起于秦岭北麓的八百里秦川中部，即现在的西安及其附近一带，这绝不是历史的巧合。周秦汉唐时期的繁盛文明，无论是完善的政治制度还是璀璨的科技文化，可以说都是以秦岭为背景而展开并向四面八方逐步传播的。对于十三朝古都西安来说，秦岭这座山脉是不可或缺的天然依托，福荫着这一方富饶的土地和密集的人口。

---

① [清]毛凤枝撰.李之勤校注.南山谷口考校注[M].西安：三秦出版社，2006：1.
② [汉]司马迁.史记·秦始皇本纪[M].北京：中华书局，1959：259.
③ [汉]司马迁.史记·高祖本纪[M].北京：中华书局，1959：380-381.
④ 五畤：是秦汉时祭祀天帝的处所。
⑤ [唐]柳宗元.终南山祠堂碑[M]//柳宗元集.北京：中华书局，1979.

唐代之后，中国的政治核心不可避免地东移，随后北上，中国的经济文化中心也随政治核心东移，随后与政治中心分裂而南下至长江中下游地区。秦岭北麓虽然是周秦汉唐根基所在，但再也不是中国政治、经济、文化的核心区域了。然而，秦岭脚下的这块土地依然占据着地理方面的优势和文化传承上的制高点。赵匡胤建立宋王朝，就曾经希望定都长安，"据山河之胜而去冗兵，循周、汉故事，以安天下也"①，明太祖朱元璋也曾说过："天下山川，惟秦中号为险固。"②虽然，唐代之后由于各方面的原因，再没有王朝扎根在秦岭北麓，在这片区域建都立业；但是，历朝历代秦岭都是城池的巨大背景和有效依托，正如明代陕西巡按察使龚懋贤的《钟楼歌》所说："挹终南兮云为低，凭清渭兮衔朝曦。"③

表8-3 秦岭北麓关中地区的周、秦、汉、隋、唐都城概况

朝代	都名	与河流关系	相互距离和关系	城池形状	城池面积	迁、建都城时间
西周	丰镐	沣河两岸	丰、镐隔沣河相望	不详	不详	公元前11世纪中叶至前771年，约200多年
秦国—秦朝	咸阳	从渭河北岸扩展到南岸	渭河南岸宫殿区距离镐京甚近	不详	有宫城而无都城遗迹	前349—前207年，共143年
西汉	长安	渭河南岸支流汇流区	汉长安城西墙距咸阳宫遗址甚近	"斗城"形状	实测城墙周长为25.70千米，面积为36平方千米	前200—23年，共224年
隋朝	大兴	渭河南岸支流散流区	隋大兴城与汉长安城东南角相距6.5千米	长方形	实测城墙周长为36.70千米，面积为84.10平方千米	582—618年，共36年
唐朝	长安	渭河南岸支流散流区	在大兴城基础上改建而成	长方形	实测城墙周长为36千米，面积为83.42平方千米	618—903年，共286年

资料来源：（1）夏商周断代工程专家组：《夏商周断代工程1996—2000年阶段成果报告（简本）》，世界图书出版公司，2000年版；（2）史念海主编：《西安历史地图集》，西安地图出版社，1996年版；（3）王学理：《秦都咸阳》，陕西人民出版社，1985年版。

① [宋]李焘.续资治通鉴长编[M].北京：中华书局，2004.
② [清]张廷玉等.明史·兴宗孝康皇帝[M].北京：中华书局，1974：3550.
③ 《钟楼歌》刊石嵌于钟楼内。

（二）秦岭北麓的人文与风俗

元代元好问在《送秦中诸人引》中说："关中风土完厚，人质直而尚义，风声习气，歌谣慷慨，且有秦汉之旧，至于山川之胜，游观之富，天下莫与为比，故有四方之志者，多乐居焉。"确实如此，经历了5000多年悠久历史的积淀以及2000多年政治核心的风霜，秦岭北麓的生活与风俗是一种看破世事的沧桑与从容，其衣食住行、生活方式粗犷而古朴。

秦岭北麓的风俗中最有代表性的是所谓"陕西十大怪"，即："房子半边盖，姑娘不对外，面条像裤带，烙馍像锅盖，油泼辣子一道菜，泡馍大碗卖，帕帕头上带，唱戏吼起来，板凳不坐蹲起来，下雨下雪逢礼拜。"这段民谣从衣、食、住、行各方面对秦岭北麓的风俗作了形象概括，我们可举几例来感受一下秦岭北麓的风俗：

"帕帕头上带"。在关中农村时常看到一些老年妇女将手帕戴在头上，即"帕帕头上戴"。这种服饰习惯与这一地区的气候条件是相适应的。秦岭北麓的森林覆盖率低，植被破坏严重，每逢刮风，便会尘土飞扬，而这种"帕帕"恰可用来抵挡风沙灰尘，保持清洁，而且有实用性，集防风、防尘、防雨、防晒、擦汗、洁手和临时用来包东西等功用于一体。

"面条像裤带""烙馍像锅盖""油泼辣子一道菜""泡馍大碗卖"。"陕西十大怪"中这4项都与饮食有关。这种饮食习惯与秦岭北麓地区的农业紧密相关。秦岭北麓的农作物种植以粟、黍、麦为主。面食是关中人的主要食物。由于关中地区自然条件优越，适宜小麦生长；所以小麦含淀粉量高，面粉制作的面食韧性较大，很筋道，不易断。面条扯得又宽又长，好似裤腰带；锅盔烙得又厚又大，如同锅盖一般。秦岭北麓的关中人对食物的要求相对简单，日常饭菜多以面食为主，以咸菜、辣椒、浆水来佐食。"油泼辣子一道菜"，就是这种饮食习惯的反映。

"房子半边盖"。关中西部地区农村传统的房屋建筑形式多为厦房，这种房子从侧面看正好是两面人字形房屋的一半。房子后墙高5~6米，檐墙高约3米，后墙没有窗户，下雨时，雨水朝院子中间流。这就是关中人所说的"肥水不流外人田"。究其原因，"房子半边盖"主要是为了省木料、省人工，再加上砌墙用"胡基"（夯打成的土坯），取材方便。这与本地区森林覆盖率不高，缺乏木材，以及黄土土质易于取材打坯都有关系。同时，受季风气候影响，秦岭北麓地区到了冬季刮西北风，所以厦房通常是面南或面东，而这种没有窗户的后墙可抵挡寒风，起到御寒作用。面东或面南的厦房有窗户和门，可最大限度地接受日照，有保暖和光线充足的优点。这种特殊的关中民居，是老百姓在长期生活中为适应地理环境做出的选择。

图8-10 帕帕头上带　　图8-11 面条像裤带　　图8-12 房子半边盖　　图8-13 秦腔吼起来

"唱戏吼起来"。秦岭北麓民风淳朴，百姓声音多高亢，地方的戏剧和民歌也表现出这种特点。流行于关中地区的戏剧，最有地方特色的有秦腔、眉户、皮影戏等。秦腔又称乱弹，因其以梆子为击节乐器，所以又叫"梆子腔"，俗称"桄桄子"，因以梆击节时发出"恍恍"声而得名。秦腔的表演朴实、粗犷，但也不乏细腻、深刻，以情动人，富有夸张性。唱词多悲壮，以哭喊为主调，具有黄土高原的独特风格。"唱戏吼起来"很形象地说出了秦腔的特点。

"下雨下雪逢礼拜"。关中农事繁忙，老百姓一年四季难得有休闲之日，每遇下雨或者下雪天，人们无法外出劳作，便可以休息，如同城市上班的人们到了礼拜天一样。

关中区域内民间文化生态具有很强的一致性，与外部周边地区有较大的差异，形成了这一地区特有的地域文化，"陕西十大怪"正是这种特殊地域文化的具体表现。

三、秦岭南麓的历史与人文

秦岭南麓位于秦巴山区之间，跨越汉中、安康、商洛等市，向东一直延伸至河南省。

（一）秦岭南麓的历史

褒国是在秦岭南麓汉中地区最早建立的政权，是夏王朝所封的同姓诸侯国。《史记·夏本纪》中说禹"其后分封，用国为姓，故有夏后氏、有扈氏……褒氏……"。西周时，褒国雄居秦岭以南，号为"南国领袖"。这里土田肥美，气候温和，物产丰饶，是梁州之域最为膏腴的地区。其优美的民歌如"汉有游女，不可求思！汉之广矣，不可泳思"及"沔彼流水"等，早在周初已流行于岐周之地。西周末年，褒姒离开褒国，来到丰镐，酿成了"烽火戏诸侯"的惨剧。其后，褒人为秦人所灭。时至今日，在汉中市北一带有许多以"褒"字命名的地名，如褒河、褒河镇、褒姒铺等。

汉中，是汉王朝兴盛繁荣的摇篮。公元前206年，楚汉相争，刘邦被项羽分封至"巴蜀汉中四十一县"。刘邦在汉中称"汉王"①，广纳人才，"萧何月下追韩信"，拜韩信为大将，"明修栈道，暗度陈仓"，兵出大散关，占领关中，定略"三秦"；挥兵东出，逐鹿中原，扫除群雄，统一全国。史料记载，刘邦虽在汉中仅仅驻留数月，但这段岁月对刘邦一生的兴汉事业，对中国历史的发展进程，都产生了深远的影响。汉中是刘邦的"始封之地、兴王之所"，故他将新建立的王朝命名为"汉"，年号也是从汉中时算起。汉朝的兴盛，与当时的罗马帝国并列。随着战争与贸易，匈奴人称汉人士兵为"汉子"，称中原人为"汉人""汉民"，这个称呼后来被契丹人、蒙古人及边疆其他一些民族沿用，称中原民族为"汉族"，这就是"汉族"称谓的由来。后来又经过不断的发展，进而有了汉字、汉语等种种称谓。因此，《大不列颠百科全书》认为汉族的形成始于汉代。汉朝文化中展示出的统一、宽大、包容和开阔的心胸，使之成为后人向往的时代。汉朝、汉人、汉文化均与汉中、汉水密切相关。

东汉末年，社会动荡，群雄并起，张鲁于初平二年（191）在汉中建立起政教合一的政权。他以"五斗米道"教化人民，以政权、教权首领的双重身份统治汉中，采取宽惠政策，"民夷便乐之"②。因此，张鲁统治的汉中盆地经济发展，人民安居乐业，俨然一个世外桃源。张鲁雄据巴汉20多年，直至建安二十年（215）被曹操打败，政权随之消失。今勉县老城走马岭，存有张鲁城遗址。在10多千米外的温泉罐子山，有一座张鲁女墓，建有庙宇，人称娘娘庙，香火旺盛，每年农历三月，四面八方的人们前来祭祀进香，热闹非凡，已形成了固定的民间庙会。这或许表达了人们对1800多年前张鲁在汉中爱民统治的怀念之情。

三国时期，汉中地处魏蜀两国兵戎相见的前沿战场。蜀国老将黄忠在汉中定军山下刀劈夏侯渊；骁将赵云汉水之滨大败曹军；一代名相诸葛亮在汉中屯兵7年，"六出祁山"，北伐曹魏，"鞠躬尽瘁，死而后已"，归葬定军山下。今诸葛亮安息地武侯祠，被称为"天下第一武侯祠"。

唐代时，安史之乱，藩镇割据，黄巢起义，唐玄宗、德宗、僖宗等都是从汉中逃往蜀地，汉中成了这些大唐皇帝的避难所，并成为重新收拾破碎山河的力量蓄积地。

图8-14 勉县武侯祠 王建国 摄

① [汉]司马迁.史记·高祖本纪[M].北京：中华书局,1959：365.
② [晋]陈寿.三国志·张鲁传[M].北京：中华书局,1959：263.

（二）秦岭南麓风俗与人文

秦岭南麓的风俗文化融汇了巴蜀、荆楚、关陇文化等综合要素，呈现出南北荟萃、东西交融的地方色彩。春秋时期，陕南地区分属蜀、楚、秦；战国时期，秦灭蜀败楚，陕南的大部分地区为秦所有。商洛的丹凤县境内现存秦楚分界石长城遗址。由于地理位置原因，陕南历来同巴蜀、荆楚的关系更为密切，因而巴蜀、荆楚风俗在陕南十分流行。元代蒙军占领汉中后，元廷为切断其与成都地区的联系，重新划分行政区域，将陕南划归陕西版图。因此，陕南具有典型的行政区划（属于西北地区）和自然区划（属于西南地区）不一致的特征。

陕南地区民风淳朴，人们的传统着装风格相对简朴。无论是服装款式还是面料、配饰等，均因人们的社会地位、贫富差距而有所区别。就配饰而言，普通男子一般不戴帽，但有包裹头巾的习俗，也有少数人戴瓜皮帽，地位较高者，有佩戴礼帽的习俗。女子也有包裹头巾的习俗，因年龄不同包裹头巾的手法、颜色、面料都有所区别。鞋子多以布鞋、草鞋为主，女子鞋面多绣制装饰，手法比较精细、讲究。

秦岭南麓饮食习惯倾向于川味。因秦岭南麓地形复杂，"十里风土不一"，饮食习惯有所差异。大致可以归为两类：一是秦巴山区；二是汉中盆地及川道地区。山区因水土气候影响，一年四季多喜食腊肉，并备有干菜等，夏秋多食自产蔬菜，冬春以腌菜、泡菜、土豆及干菜为主。平川一年四季有新鲜蔬菜，习惯近似于城市居民。无论是山地还是平川居民都偏好酸味，家家都有浆水盆，户户皆有酸菜坛，尤其是宁强的川道还有"三天不吃酸，走路打偏偏"的谚语。

茶是陕南特产之一，尤以西乡、镇巴茶为佳。每逢宾客临门，主人沸水泡茶，以茶待客，喝茶叙情。陕南人无茶无酒不待客，进门茶、入席酒，逢过年节、喜庆吉事，以好茶佳酿，增欢乐气氛。

流行于秦岭南麓的传统歌舞戏曲，主要有陕南民歌、社火、焰火、汉调二簧、汉调桄桄等。这些歌舞戏曲幽默含蓄，情趣诙谐，生动逼真，委婉舒展，柔和细腻，多有川楚风格。社火一般于春节时在街镇村巡回表演，形式多样。有悬台芯子、高跷、地社火等，以各种脸谱、服装扮演戏剧人物，场面融音乐、舞蹈、美术、杂技于一体。焰火又称"放花"，一般于春节或元宵节等喜庆节日燃放。洋县磨子桥焰火自清代以来为最著名者，曾奉调入京参加国庆焰火晚会。汉调二簧是陕南地方戏剧，以文戏见长，具有巴山气息，音调幽雅，唱腔婉转，道白柔和，语言风趣，表演细腻，纯朴大方。汉调桄桄又称汉中梆子戏，被列入首批国家非物质文化遗产保护名录，是陕西九大剧种之一，也是陕南最大的剧种，属梆子腔戏。始于元代，既有秦腔的高亢激越，又融入川剧、汉调二簧柔和婉转之长，形成鲜明的地方特色和风格。

四、沟通南北的通道——秦岭古道

秦岭山间多横谷，为南北交通孔道。在关中一带流传着一首古老的三秦民谣："武功太白，去天三百。孤云两角，去天一握。山水险阻，黄金子午。蛇盘鸟栈，势与天通。"这描写的正是秦岭古道的曲折险峻。

秦岭是中国南北方的重要地理分界线。商周以前，就有了穿越秦岭通达陕南、四川的驿道。西起宝鸡，东至潼关，主要有陈仓、褒斜、傥骆、子午、库谷、武关6条道路，这些古道穿行于崇山峻岭之间，曲折迂回，道道艰险。"栈阁北来连陇蜀"真实地记录了古代秦岭陆路交通的景象。

陈仓道又称嘉陵道、陈仓故道。从陈仓向西南出大散关，沿嘉陵江上游谷道至今凤县，折西南沿故道水河谷，经今两当、徽县至今略阳接沮水道抵汉中，或经今略阳境内的陈平道至今宁强大安驿接金牛道入川，"计险四百八十里"[①]。刘邦出兵关中时，按照韩信提议"明修栈道，暗度陈仓"，平定"三秦"。这条道路虽长，但相对平坦，且有嘉陵江水运之便。汉末至南北朝分裂时期，汉中、关中、四川之间战争很多，军队多沿陈仓道行进。隋唐以长安为都，汉中及四川成为唐王朝的一个大后方，长期无战事。长安、南郑、成都间的交通十分频繁，秦岭陈仓道沿线驿站密集，仅大散关至宝鸡就有15处之多。明清之际，陈仓道是"商贩自秦州赴汉中之路"[②]，沿途居民住宅、庙宇、集市、客栈繁盛兴旺。

褒斜道北起斜谷口，越秦岭分水岭，顺红岩河谷，至留坝县江口镇，又沿着褒河下行经马道驿至褒谷口。因其贯穿褒斜二谷，故名"褒斜道"，是古代巴蜀通秦川的主干道路之一。褒斜道是中国历史上开凿时间较早、规模较大、沿用时间比较长的道路。褒斜道始于战国，《战国策·秦策》载："栈道千里，通于蜀汉。"《史记·货殖列传》曰："栈道千里，无所不通，唯褒斜绾毂其口。"东汉永平年间汉中郡守以"火焚水激"之法开凿石门隧道，建成世界上最早的人工隧道。两汉时期，驿路均设在褒斜道，说明这里来往运输及旅客繁盛。唐代褒斜道经多次修筑，政府定为驿道，设置馆驿。唐玄宗李隆基奔蜀，即取道褒斜。可见，褒斜栈道一直是南北兵争军行和经济、文化交流的必行之道。

傥骆道又名党骆道、骆谷道。北口从周至县入西骆谷，向西南，沿骆峪、厚畛子，越兴隆岭，沿酉水河、华阳至洋县，出傥谷到汉中。在穿越秦岭的诸条古栈道中，傥骆道最靠近秦岭主峰太白山，是最便捷和最艰险的一条。大诗人李白《蜀道难》曾感叹："西当太白有鸟道，可以横绝峨嵋颠。地崩山摧

---

① [清]潘树辰等纂.沔县新志·关隘[M]//中国地方志集成.南京：凤凰出版社,2011：254.
② 凤凰出版社编.凤县县志·道路[M]//中国地方志集成.南京：凤凰出版社,2011：259.

壮士死，然后天梯石栈相钩连……"①三国时期，正始五年（244），魏将曹爽曾出骆峪伐蜀；甘露二年（257），蜀将姜维出傥骆道伐魏。唐代，傥骆道曾一度繁荣，成为由长安入川最捷近的道路，沿途馆驿多达11处。建中四年（783），德宗避乱南郑；广明元年（880）僖宗去蜀，都取道傥骆。

子午道由长安沿沣河而上，越秦岭经宁陕、石泉达汉中。因穿越子午谷而得名。秦二世三年（前207）鸿门宴后，刘邦就汉王位时，走的就是子午道。东汉的摩崖石刻《石门颂》有"高祖受命，兴于汉中，道由子午"的记载。《水经注·沔水》亦把张良护送刘邦去汉中途中烧掉的栈道指为池水上源子午道上的《莲阁》。《汉书·王莽传》载："（元始五年）其秋，莽以皇后有子孙瑞，通子午道。子午道从杜陵直绝南山，径汉中。"唐代由涪州进贡的荔枝，就是取道西乡驿沿子午河入谷，走子午道，不过3日即可送达长安。

库谷道是唐代由长安去洵阳、金州的主要道路之一。北口置库谷关，南口设洵关，驻兵戍守。库谷口与义谷口、锡谷口有东、西大道相连通，唐昭宗曾由义谷口莎城镇东移石门。《旧唐书·吐蕃传上》记，唐代宗广德元年(763)，吐蕃兵攻长安，"郭子仪引三十骑自御宿川循山而东"，至于牛心谷，并东经蓝田、玉山入倒回谷，至商州。御宿川为今河，郭子仪所行路线与唐昭宗奔莎城镇所行路线完全一致，可见锡谷以东诸道均由山前大道东西相贯，沿河北通长安。

武关道也称丹霸道。武关道是连接关中地区与江汉地区的重要道路，由丹江河谷西北行越秦岭，转灞河河谷到长安；沿丹江河谷东南行，可到河南南阳和湖北襄阳。春秋战国时期，秦楚等国多次屯兵武关。秦穆公二十五年(前635)、二十八年(前632)，先后两次出兵武关攻打并占领秦楚邻界处的都国；战国时期，楚多次伐秦，与秦军战于蓝田；周报王十六年(前299)，楚怀王在武关被秦劫持，因于咸阳；秦昭襄王十五年(前292)、二十八年(前279)，秦将白起先后出兵武关道，夺取了楚国宛、郢、邓等5城；秦王政二十四年(前223)，大将王翦率兵60万，出武关道，攻灭楚国。秦始皇统一全国后，4次出巡东方，其中有2次都是通过武关道。刘邦走武关道，屯兵霸上，秦朝灭亡。魏晋南北朝，国家陷于分裂，武关道上的军事征战频繁。隋唐时，武关道为京城通往荆汉、江淮间的重要孔道，诸多文士、官吏经由此道游学取仕或赴任，故有人称武关道为"名利路"。白居易《登商山最高顶》："高高此山顶，四望惟烟云。下有一条路，通达楚与秦。或名诱其心，或利牵其身。乘者及负者，来去何云云。我亦斯人徒，未能出嚣尘。七年三往复，何得笑他人！"②武关道从五代至明清，在商、洛、宛、邓之间，发挥了交通防御和物资运输的重要作用，《读史方舆纪要》记载："今由河南南

---

① [唐]李白.蜀道难[M]// [清]彭定求等.全唐诗.北京：中华书局,1999：1683.
② [唐]白居易.登商山最高顶[M]//[清]彭定求等.全唐诗.北京：中华书局,1999：4767.

阳、湖广、襄、郧入秦者，必到武关。"

总之，秦岭古道，是我国古代沟通秦岭南北、商旅往来、文化交流的重要通道。

五、中华传统文化的张本之地

中国传统文化的根本在儒、释、道三家。这三家学说发扬光大，都在秦岭脚下。

（一）儒家文化

起源与繁荣于秦岭北麓的儒家文化，2000多年来一直是中国最具影响力的思想文化，是中华民族固有价值系统的体现。

儒家文化源于关中，脱胎于周文化。周人起于邰，兴于豳，发扬光大于周原。文王建丰，武王立镐。西周王朝从此建立。周公旦摄政时期的政治架构及管理思想是周文化的核心和精髓，周文化集中在周公的"制礼作乐"上。

周公的"礼、乐"，既包括周王朝的政治典章制度、王位世袭制度、宗法等级制度、分封世袭制度等，又体现在政治生活、经济生活、社会生活、家庭生活等方面，按尊卑等级观念确定下来的政治法律准则和思想道德规范，还包括同政治制度、伦理思想观念相配合的情感艺术系统。

周公所治的礼，既有内容方面的，又有形式方面的。从内容讲：一是"亲亲"，即贯彻血缘亲属宗族原则；二是"尊尊"，即贯彻公侯伯子男或天子诸侯卿大夫士的等级原则。从形式方面讲，就是"仪"，即各种礼节和仪式。周礼规定，各级贵族的祭祀、朝聘、用兵、婚丧嫁娶等，都要严格遵循合乎等级身份的礼仪，以体现君臣、父子、夫妇、兄弟、师友之间的上下尊卑等级。从观念形态方面说，周礼还包括一系列文化观念体系，如天命观念、德政观念、仁爱观念、伦理观念、道德观念等等。周人提出"天命靡常""以德配天""惟德是辅"等说法，既是明确王者应对天命所取的态度，同时又强调王者对庶民应该实行德政，应该"敬天保民""君天下者当奉天以爱民"，不能乱施淫威，不应该自专其利。这种观念还包含了仁爱和平的思想意识，如《尚书·无逸》记载："君子所其无逸，先知稼穑之艰难。"这是周公谆谆告诫成王，应该重农务稼，知稼穑之艰难，并强调只有注重农耕，亲耕"藉田"，为天下先，才能徽柔懿德，怀保小民，关护鳏寡，协和万邦。这也说明重农务稼是周人始祖一贯坚守的传统，它不仅是解决人们衣食生存的根本途径，而且是一种最基本的道德规范。

周公确立的宗法制度所体现的"亲亲、尊尊、男女有别"等原则；已经构成了君臣、父子、夫妇、兄弟等人伦关系；又建立了一种以礼乐为形式，以孝悌、恭敬、惠爱、畏惧、忧患、无逸、节性等为内容的道德规范体系。他强调孝友，反对子不孝父、父不爱子、弟不敬兄、兄不友弟。主张做事要小心谨慎、兢兢业业、忠于职守。提醒人们要有忧患意识，不敢自暇自逸。

就中华文化资源而言，周公的礼乐思想及实践活动，是儒家思想的重要源头，到春秋时期，孔子就认为周礼是理想的制度，发出"周鉴于二代，郁郁乎文哉！吾从周"[①]的呼吁，同时，孔子从周的物质文化当中也悟出许多道理。如孔子观察周庙的敧器，从中得出："聪明圣知，守之以愚；功被天下，守之以让；勇力抚世，守之以怯；富有四海，守之以谦。此所谓挹而损之之道也。"[②]因此，起源于秦岭脚下的周文化在齐鲁大地上通过齐鲁士人的演化和弘扬，构成了中国封建传统文化的核心——儒学。

儒家的振兴与繁荣是在秦岭北麓完成的。定都于秦岭脚下长安的西汉王朝经过60多年的休养生息，取得了政治上的稳定和经济上的繁荣，到汉武帝时期统一思想文化的任务再一次提上议事日程。被称为"汉代孔子"的今文经学家董仲舒在写给汉武帝的献策中说："臣愚以为诸不在六艺之科、孔子之术者，皆绝其道，勿使并进。邪僻之说灭息，然后统纪可一，而法度可明，民知所从矣。"[③]汉武帝接受了董仲舒的建议，下令表彰六经，崇奉孔子之术。儒学被定为一尊，经孔子删定整理的周文化史册的《诗》《书》《易》《礼》《乐》《春秋》，被钦定为"六经"，孔子被尊崇为"大成至圣先师"。汉武帝独尊的儒术，并非单纯的儒家思想，而且吸收了墨家的"兼爱"理论，还使阴阳五行思想成为儒家学说中的有机组成部分。

宋元明清时期，随着儒释道等各家学说的不断交锋与融汇，秦岭北麓的关中地区形成了儒家理学的重要派别——关学。"关学"在宋明理学中与河南"洛学"、福建"闽学"鼎足而立，影响全国，流传于后世。北宋时期，讲学于秦岭北麓横渠书院的张载，倡导"正学"，以礼为教，主张"学贵于有用"，注重实际，不尚空谈。张载的"为天地立心，为生民立命，为往圣继绝学，为万世开太平"这段震古烁今的名言，表达了儒者的襟怀、器识与宏愿，反映了儒家思想对人类教化最高的向往。明代，冯从吾在关中书院讲学，"从者如流，门下士多至千余人，一时称关西夫子"，使关中书院很快成为全国闻名的学府之一。明代著名学者王阳明曾说："关中自古多豪杰，其忠信沉毅之质，明达英伟之器，四方之士，吾见亦多矣，未有如关中之盛者也。"就是对秦岭北麓儒家文化的赞扬。

① 杨伯峻译注.论语[M].北京：中华书局,2006：83.
② 荀子[M].北京：中华书局,2006.
③ [汉]班固.汉书·董仲舒传[M].北京：中华书局,1962：2523.

（二）佛教文化

中国传统文化主流儒、释、道三家中，佛教是唯一的非本土产物。佛教传入中国后，在传播和发展的过程中，受到中国思想和文化的影响与改造，完成了"中国化"的改造过程，产生了不同于印度佛教精神的中国佛教。中国佛教在不同的社会历史时期具有不同的特点，成为中国文化思想不可分割的一部分。

秦岭北麓是佛教从亚洲宗教发展为世界宗教的策源地，也是推动中国佛教迈向繁荣鼎盛的重镇。佛教起源于古印度，张骞通西域之后，佛教沿着"丝绸之路"由西而东，由边疆而内地逐渐传入中国，公元前后传入长安。据《魏书》记载："汉哀帝元寿元年，博士弟子秦景宪受大月氏王使尹存口授《浮屠经》。"表明西汉末年，大月氏国使臣已在长安通过口授方式传播佛教。东汉时期，在长安建有三台寺、宝泉寺、福胜寺等寺院。

佛教是从秦岭北麓长安走向繁荣鼎盛的。西晋泰始二年（266）大月氏国僧人竺法护随师西游西域各国，搜得大量的佛教经典原本，带到长安，开始在长安翻译佛经。从晋武帝泰始二年到怀帝永嘉二年(266—308)，共译出经论150余部。一度隐居山中，随后在长安青门外立寺修行，声名远播，各地僧俗来从学的达千余人。从此，佛教从秦岭北麓的长安迈开繁荣鼎盛的脚步。后秦弘始三年（401），佛教大师鸠摩罗什几经周折从西域来到长安。鸠摩罗什的到来以及他后来的佛事活动，把秦岭北麓的佛经翻译事业逐步推向辉煌，出现了"十万流沙来振锡，三千弟子共译经"的空前盛况。8年之中，鸠摩罗什率领沙门3000余人校译梵文经典，共译出佛教经典74部384卷。其中《中论》《百论》《十二门论》成为佛教三论宗所依据的主要经典，《成实论》是成实宗的主要经典，《法华经》成为天台宗的主要经典，《阿弥陀经》成为净土宗的"三经"之一等。这是中国历史上第一次大规模的佛经翻译活动，对佛教在中国乃至亚洲东方的传播具有重要作用和影响，秦岭北麓的长安遂成为佛教的中心。

唐都长安作为政治文化中心，佛教由此进入了空前发展和鼎盛时代。佛教在中国化的过程中，形成各自独特的宗教理论体系、宗教戒规、寺院经济、势力范围、法嗣系统。三论宗、净土宗、华严宗、唯识宗、律宗、密宗等宗派都以秦岭北麓为其形成与发展的重要区域。

唐都长安佛寺多达百余座[1]，有名可考的僧寺122座，尼寺31座[2]，佛事活动频繁，如贞观五年

① [唐]韦述撰.辛德勇辑校.两京新记辑校[M].西安：三秦出版社,2006.
② [清]徐松.唐两京城坊考[M].北京：中华书局,1985.

（631），唐太宗批准开启位于周原的塔庙始祖法门寺地宫，请出佛骨舍利，就地顶礼膜拜，长安为之轰动。这一举措，拉开了唐代皇帝迎送佛骨供奉活动的序幕，其后"三十年一开"成为定制，逐渐升格为国家政治生活中的一项盛典。同时，从长安出发西行求法的僧人也络绎于途，其中首推独涉流沙而义无反顾的玄奘和尚。

唐都长安佛教文化兴盛，不远千里来长安求佛法的四方僧徒较多，他们来自印度、西域诸国和朝鲜、日本等地。这些僧人来到长安后，大都慕名住在秦岭脚下或秦岭山中的慈恩、荐福、西明、兴善、青龙等名刹之内。他们或传佛译经，讲经授徒；或拜谒名师，就学门下；或周资博访，礼拜胜迹。如日本学问僧，有的在长安学习、为官长达二三十年。学成返回时，带回大批佛教经典及大量文物、文化典籍，从而使佛教宗派、修持体系、佛教工艺等在日本广泛传播。空海和尚就是其中的佼佼者。为了透彻地索解艰深的佛教密宗教义，空海于唐德宗贞元二十年（804），作为学问僧随第17次遣唐使入唐交流佛法，几经曲折到达长安。在长安期间访各地高僧，交流《华严经》和悉昙梵语。翌年于青龙寺东塔院从惠果受献藏界和金刚界曼荼罗法，并受献法阿阇黎的灌顶，自号"遍照金刚"，由此获得了密教正宗嫡传名位和向后代传法的身份。惠果圆寂后，空海奉唐宪宗之命撰写了纪念碑文。806年空海携佛典经疏、法物等回国，创立佛教真言宗。后来，空海编纂了《篆隶万像名义》，是日本第一部汉文辞典，对唐朝文化在日本的传播起到了重要的作用。

（三）道教文化

道教是中国的本土宗教。老子在秦岭北麓楼观台讲授《道德经》，这是道家学派创立的渊薮。东汉末年五斗米道在秦岭南麓兴起并进行了政教合一的实践；唐代皇帝奉老子为其先祖，道教得以广泛传播；金元时期，全真道在秦岭北麓薪火相传，绵延至今。

楼观台是公认的道教祖庭，号称"天下第一福地"。它位于西安市周至县东南15千米的秦岭北麓，风景优美，依山傍水，茂林修竹，绿荫蔽天，关中有谚语云："关中河山百二，以终南为最胜；终南千峰耸翠，以楼观为最名。"

楼观台得名于西周，相传西周大夫函谷关令尹喜在此结草为楼，夜观天象，故称草楼观。一日见紫气东来，预感将有真人从此经过，尹喜便守候在函谷关。后来果然老子西游入秦，尹喜便迎请老子于草楼观，老子在楼观著授《道德经》五千言，并在草楼观楼南高岗筑台授经，称说经台。老子的《道德经》为道家经典，其思想与秦地流传的黄帝思想相结合，形成了黄老之学，成为汉代初年的治国方略。汉武帝器重方士，迷信神仙，求药不断，于元封二年（前109）在长安建成蛮康观、桂观，造成了社会上求仙修道的风气，并直接推动了道教丹鼎派的形成。

东汉汉安元年（142），张道陵在秦岭南麓鹤鸣山首创道教，凡入道者，须捐出五斗米，故称"五斗米道"，又称"天师道"。道教尊奉老子为教祖，称"太上老君"，以《道德经》为主要经典。张道陵四处传道，在24处名山福地广收信徒，势力扩展到咸阳一带。五斗米道传到第三代天师张鲁时，张鲁自称"师君"，在汉中建立了政教合一的政权，以五斗米道教化百姓。张鲁采取宽惠的政策统治汉中，"民夷便乐之"，"流移寄在其地者，不敢不奉"。建安二十年（215），曹操率兵攻汉中，张鲁投降。曹操将汉中10万户民众北迁，五斗米道随之传入秦岭北麓。

魏晋南北朝时期，道教成为形态完备的宗教。道徒梁谌、王嘉等以终南山楼观台为基地，大力传播道教，形成中国北方的道教大宗——楼观道。楼观道派创立以后，受到当时统治者的重视。楼观道士王嘉"至长安，潜隐于终南山"，曾受前秦苻坚、后秦姚苌的礼遇，问以政事；后秦姚苌也曾遣使征召楼观道士马俭，并赐以香烛，钦赏厚待；其他道士如尹通、陈宝炽、严达等，都曾闻达于北朝统治者。楼观道很快在北方地区发展壮大起来。由此，秦岭北麓的楼观道进入鼎盛时代。

唐代，李氏王朝尊崇老子为"圣祖"，楼观台被誉为道教圣地之一。唐朝统治者对楼观道格外扶持，除敕令整修殿宇、赠田赐产外，李渊还亲率百官两次临幸楼观台礼祀老君，并诏令改楼观为宗圣宫。武德八年(625)唐高祖提出以中华本土之道教为先，儒教居中，佛教为末的三教序位。贞观二十一年(647)，唐太宗祭祀老子，下诏重申："老君垂范，义在清虚……故能经邦致理，返朴还淳。"奉老子为"太上玄元皇帝"，下命百官研习《道德经》五千文，科举策试增加《道德经》条目。盛唐时期，玄宗始终崇奉道教，先加封老子为"大圣祖玄元皇帝"，又封老子为"圣祖大道玄元皇帝"，再进封老子为"大圣祖高上大道金阙玄元天皇大帝"。唐玄宗以道治天下，不仅使老子成为唐王朝的"圣祖"，也视其为大唐王朝护国、护教神，还认为"人君以道德清静为教"。这样，为臣者可以保身、兼济于人，百姓自然返璞归真、安分守己，这就是唐玄宗以清静无为之道治理国家的基本思想。

五代宋元时期，由于政治中心的东移，秦岭地区逐渐失去了全国道教的中心地位。但长安城在道教文化传播中继续发挥着作用。这一时期，秦岭地区在道教文化传播方面有影响的人物主要有钟离权、刘海蟾、吕洞宾及陈抟等。陈抟是道教史上的传奇人物，老华山派的创始人，精通三教，在内丹派中自成一家。王重阳创立的全真教派受到陈抟"佛道合一"的直接影响。

宋金时期，王重阳在秦岭北麓终南山下创立全真教。创教之初，王曾在终南山刘蒋村穴居，自题为"活死人墓",悟道3年后,赴山东传道。大定十年(1170)率诸弟子返回途中去世。王重阳主张儒释道三教合一,"儒门释户道相通,三教从来一祖风",提倡积德行善,拯难济贫,用佛教戒律管理道教。他去世后,尸骨归葬户县,弟子马丹阳等在户县祖庵修重阳宫。从此,该地成为全真道的祖庭,被视为全真道的发祥地。元世祖忽必烈至元年间奉全真教为国教,敕修"大重阳万寿宫",增建殿阁楼台。扩建后的重阳宫规模宏伟,殿阁林立,成为全国七十二路道教的总汇之处,秦岭北麓再次成为全国道教的中心。

综上所述,秦岭对中国历史和文化的影响是其他任何山脉都无法比拟的。从某种意义上说,它是中华传统文化的张本之地,既是中国人的精神家园,也是中华文化的龙脉之所在。

第三节 龙脉秦岭

龙脉是风水学的专有术语。龙是高贵、尊荣的象征，龙能腾云驾雾、施风布雨。作为一种文化象征，龙还有吉祥等各种含义。古代帝王都称"九五之尊""真龙天子"。脉指脉象、脉络、血管。山脉称龙脉，是因山脉变化与传说中龙的变化有诸多相似之处。

秦岭称龙脉，因为它横亘于中国中部，呈东西走向，绵延1000多千米，犹如舞动在中华大地上的一条巨龙，奠定了中国大陆的自然环境格局。从风水学的角度看，秦岭的走向、气势、水脉等现象符合风水学定义的要求。

秦岭不仅是中国南北气候的分界线，而且是长江、黄河两大水系的分水岭，还是中国最为重要的生态安全屏障，是地理意义上的龙脉。从文化意义上看，秦岭还承载中华传统历史与文化内涵，是历史文化上的龙脉。

一、龙脉释义

作为中国的文化象征之一，"龙"一直是吉祥、高贵、尊荣的象征，被赋予了许多意义。同样，"龙脉"之地符合高高在上的"龙"形象，地势高、视野开阔的山水之地自然就成为了龙栖息的最佳之选。"龙脉"的说法存在于中华传统文化之中，甚至可能成为一个宝贵的民族文化遗产。

龙脉，本是风水学的术语。"脉"的本义是血管，《黄帝内经·素问·脉要精微论》称："夫脉者，血之府也。"后引申为事物的连贯性。《国语·周上》将"脉"与"土"联系起来，称土壤开冻为"脉发"，如人身脉动。"地脉"一词出自《史记·蒙恬列传》，秦二世即位后，派使者杀蒙恬，蒙恬在吞药自杀前说："恬罪固当死矣。起临洮属之辽东，城堑万余里，此其中不能无绝地脉乎？此乃恬之罪也。"可见，蒙恬把自己的死归罪于修筑长城切断了"地脉"。《吴越春秋·越王无余外

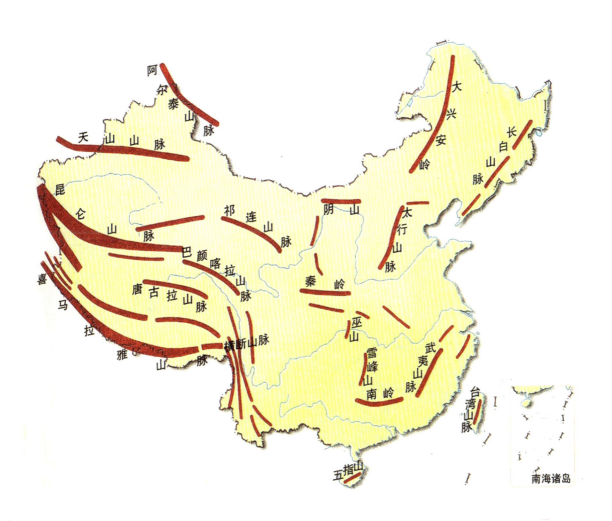

图8-15 我国主要山脉的分布

传》也称："行到名山大泽，召其神而问之山川脉理。"可见，早在风水学出现之前，古代先民就习惯称山川之间的联系为脉。大自然山水有脉，所谓的"观山，查地，寻水，运风"，就是通过体察和归纳宇宙中万事万物的运动过程、表现形式、存在状态的变化现象，推演出事物运动的必然性；以及勘测推动事物运动背后的"力"，找出各种事物在运动过程中，内部的结构与推动力在时空中的结合点，从而通过对于自然界的改造，达到"天人合一"的境界。

风水学之所以称山脉为龙脉，是因山脉变化与传说中龙的变化有许多相似之处。传说中龙的变化，忽而潜藏深渊，忽而飞腾云霄，忽而现首不现尾，忽而兴云，忽而布雨。山脉也是一样，或起或伏，或高或低，或逶迤千里，或分支侧出。古人觉得山脉与龙无不相似，故直呼山脉为龙脉。

山是龙的势，水是龙的血，土是龙的肉，石是龙的骨，草木是龙的毛。如《管氏地理指蒙》："指山为龙今，象形势之腾伏"，"借龙之全体，以喻夫山之形真"。

从地理形势来看，中国龙脉的源头在青藏高原的昆仑山。龙的主脉落在长安（今陕西西安），然后东出中原（河南），同时展开北向、南向、东向、西向分支，形成"井"字形的昆仑山脉体系。

孔子曰："仁者乐山，智者乐水。"在中国人的生活中和文化意识里，山与水占有极其重要的地位。山与水，是中国人的美学，是中国人的哲学，是中国人的宗教，也是中国人的风水观念中重要的构成元素。

龙脉是中华传统文化的重要组成部分。在中华传统文化中，"龙"这个意象，一是与山水有关，二是与帝王和国家有关。所谓"龙脉"，也就是说这座山的走向、气势、水脉等不仅符合风水学的各种定义和要求，同时，还与国家王朝的兴盛与衰落息息相关，甚或成为一个历史时期重要的文化标杆，蕴含着一个特殊时期的文化特征，影响着中国政治、经济、社会、文化的发展历程。

二、秦岭龙脉

"昆仑"是中国传统文化的重要源头。大部分学者认为，古昆仑就是秦岭。

在道教文化中，古昆仑被誉为"万山之祖""万神之乡"。古代神话认为古昆仑中居住着一位神仙，叫"西王母"，人头豹身，由两只青鸟侍奉。西王母为母系氏族的首领，是女娲有蟜氏的后裔，后为道教正神，与东王公分掌男女修仙登引之事。因为"道"就是太极、阴阳，道教也源自太极理论。所以，道教代表人物黄帝、老子、庄子、王重阳等均与古昆仑息息相关。

古昆仑在中华民族的文化史上具有"万山之祖"的显赫地位，古人称古昆仑为中华"龙脉之祖"。由此可以看出秦岭是哺育中华文明、承载中国历史的"龙脉"。

秦岭横亘于中国中部，呈东西走向，绵延1000多千米，犹如舞动在中华大地上的一条巨龙，奠定了中国大陆的自然环境格局。从自然地理角度来看，首先，秦岭是北亚热带和暖温带的分界线。南方温暖湿润的气流在这里缓慢上升，形成降雨；陡峭的北坡则使每年南下的寒流在此止步。秦岭以南属亚热带湿润气候，以北属暖温带湿润、半湿润气候。其次，秦岭是长江、黄河两大水系的分水岭。秦岭北麓的水，汇聚成河，注入黄河，而秦岭南麓的水则流淌成江，注入长江。再次，秦岭本身就是中国最为丰富的生物基因库，同时也是南北动植物区系的分界线。秦岭北麓的动物多为北方物种，而南麓多为南方物种。两类截然不同的动物在一座山交集、融合，使秦岭成为了一个真正的动物乐园。总之，秦岭作为中国地理南北分界线，毫无疑问是中国最为重要的生态安全屏障和地理意义上的龙脉。

回望历史，我们还会惊奇地发现，秦岭北麓不仅孕育了中国远古文明，而且完成了远古人类百万年历史演进，还是中国古代历史前半部的中心舞台。从蓝田猿人到半坡氏族，从旧石器时代到新石器时代，从野蛮时代到文明时代，进而迸发出华夏文明的曙光。这里见证了农耕文明的衍生，见证了周秦汉唐历史的辉煌，留下了王朝强弱易势、民族盛衰演变的斑斑陈迹。距今5000年前，炎帝和黄帝在秦岭北麓的关中平原，带领先民披荆斩棘、筚路蓝缕，创造了中国史前文明，"炎黄子孙"成为中华儿女的同义词。距今3000多年前，周人创造的"礼乐文明"，不仅构建了西周文化的基本框架，而且奠定了中国传统文化的基石，由此中国被誉为"礼仪之邦"。从公元前230年到前221年，秦王嬴政横扫六合、一统天下，建立了中国历史上第一个多民族的中央集权制国家，成为封建王朝的君主专制制度的基础。从此，秦人、秦国、秦王朝名扬四海。秦岭南麓的汉水、汉中成就了刘邦的汉王、汉政权，终使汉语、汉字、汉学，成为后世中华文化的新标帜；汉武帝时期，实行"罢黜百家，独尊儒术"，使儒家思想成为后世统治思想。李唐王朝全面开创了中国历史上封建社会的黄金盛世……毫无疑问，秦岭是承载着中华传统历史与文化内涵的龙脉。

秦岭，这样一座山，牵引着一个文明古国历史发展的脉络，左右着一个文明古国未来发展的趋向，令人惊叹，令人神往！深刻领悟秦岭，就是领悟中国灿烂悠久的历史文明；感悟秦岭文化，就是感悟秦岭这座龙脉所蕴含的文化真谛！

附录：参考书目

一、著作

(一)古籍史料

1.[汉]司马迁.史记[M].北京：中华书局,1959.

2.[汉]班固.汉书[M].北京：中华书局,1962.

3.[刘宋]范晔.后汉书[M].北京：中华书局,1965.

4.[汉]刘向编.战国策[M].上海：上海古籍出版社,1998.

5.[晋]陈寿.三国志[M].北京：中华书局,1959.

6.[北齐]魏收.魏书[M].北京：中华书局,1974.

7.[唐]令狐德棻.周书[M].北京：中华书局,1971.

8.[唐]道宣.集古今佛道论衡[M]//大正藏[C].河北省佛教协会,2005.

9.[唐]魏徵.隋书[M].北京：中华书局,1997.

10.[唐]杜佑.通典[M].北京：中华书局,1988.

11.[唐]李吉甫撰.贺次君点校.元和郡县图志[M].北京：中华书局,1983.

12.[唐]房玄龄等.晋书[M].北京：中华书局,1974.

13.[唐]魏徵.隋书[M].北京：中华书局,1997.

14.[唐]韦述撰.辛德勇辑校.两京新记辑校[M].西安：三秦出版社,2006.

15.[唐]吴兢.贞观政要[M].上海：上海古籍出版社,1978.

16.[唐]道宣.续高僧传[M].上海：上海书店出版社,1989.

17.[唐]冥祥.大唐故三藏玄奘法师行状[M]//大正大藏经.卷50.

18.[唐]柳宗元.终南山祠堂碑[M]//柳宗元集.北京：中华书局,1979.

19.[后晋]刘昫.旧唐书[M].北京：中华书局,1975.

20.[宋]欧阳修,[宋]宋祁等.新唐书[M].北京：中华书局,1975.

21.[宋]司马光.资治通鉴[M].北京：中华书局,1956.

22.[宋]张君房.云笈七签[M].北京：华夏出版社,1996.

23.[宋]李昉等.太平御览[M].北京：中华书局,1960；上海：上海古籍出版社,2008.

24.[宋]张载撰.章锡琛点校.张载集[M].北京：中华书局,1978.

25.[宋]谢守灏编.道藏·混元圣纪[M].北京：文物出版社,上海：上海书店，天津：天津古籍出版社,1988.

26.[宋]李弥逊.筠溪词[M].四印斋汇刻宋元三十一家词本.

27.[宋]钱易撰.黄寿成点校.南部新书[M].北京：中华书局,2002.

28.[宋]江少虞.宋朝事实类苑[M].上海：上海古籍出版社,1981.

29.[宋]苏轼撰.缪荃孙批校.留侯论[M]//东坡应诏集.明成化吉州刻.

30.[宋]李昉.太平广记[M].北京：中华书局,1961.

31.[元]李道谦.甘水仙源录.道藏[M].北京：文物出版社,1988.

32.[宋]王溥.唐会要[M].北京：中华书局,1955.

33.[宋]程大昌著.黄永年点校.雍录[M].北京：中华书局,2005.

34.[宋]郑樵.通志[M].北京：中华书局,1995.

35.[宋]李焘.续资治通鉴长编[M].北京：中华书局,2004.

36.[金]王重阳著.白如祥辑校.王重阳集[M].济南：齐鲁书社,2005.

37.[金]王志忠.明清全真教论稿[M].成都：巴蜀书社,2000.

38.[金]秦志安.道藏·金莲正宗记[M].北京：文物出版社,上海：上海书店,天津：天津古籍出版社,1988.

39.[元]脱脱.宋史·隐逸传[M].北京：中华书局,1985.

40.[元]李道谦.道藏·甘水仙源录[M].北京：文物出版社,上海：上海书店,天津：天津古籍出版社,1988.

41.[元]张格.道藏·太华希夷志[M].北京：文物出版社,上海：上海书店,天津：天津古籍出版社,1988.

42.[元]脱脱.宋史[M].北京：中华书局,1977.

43.[明]冯从吾撰.陈俊民等点校.关学编（附续编）[M].北京：中华书局,1987.

44.[明]袁宏道.袁中郎全集[M].台北：台北伟文图书出版有限公司,1976.

45.[明]宋濂.元史·释老志[M].北京：中华书局,1976.

46.[清]张廷玉等.明史·流贼传[M].北京：中华书局,1974.

47.[清]毛凤枝.南山谷口考校注[M].西安：三秦出版社,2006.

48.[清]缪荃孙.艺风堂文集[M].近代中国史料丛刊（95），台北：文海出版社,辛丑印行.

49.[清]皮锡瑞.经学通论[M].北京：中华书局,1954.

50. [清]永瑢.纪昀等.文渊阁四库全书[M].上海：上海古籍出版社,1987.

51.[清]李颙撰.陈俊民等点校.二曲集[M].北京：中华书局,1996.

52.[清]李颙撰.陈俊民等点校.二曲集[M].北京：中华书局,1987.

53.[清]王宏撰著.何本方点校.山志二集[M].北京：中华书局,1999.

54.[清]董诰等编.全唐文[M].北京：中华书局,1983.

55.[清]吴璿著.孟庆锡校订.飞龙全传[M].北京：人民文学出版社,1981.

56.[清]彭定求等.全唐诗[M].北京：中华书局,1999.

57.[清]刘咸炘.推十书增补全本（甲辑）[M].上海：上海科学技术文献出版社,2009.

58.[清]顾祖禹.读史方舆纪要[M].北京：中华书局,2005.

59.[清]李雪木.槲叶集[M].民国二年（1913）鄠县李象先重刻本.

60.[清]赵舒翘.慎斋别集四卷[M].民国十三年（1924）酉山书局铅印本.

61.[清]毛凤枝撰.李之勤校注.南山谷口考校注[M].西安：三秦出版社,2006.

62.[清]张廷玉等.明史[M].北京：中华书局,1974.

63.[清]王心敬.榴叶集附刊·太白山人雪木李先生墓碣[M].郿县李象先重刻本.

64.[清]徐松.唐两京城坊考M].北京：中华书局,1985.

65.[清]顾炎武.日知录集释[M].上海：上海古籍出版社,2006.

66.[清]赵尔巽.清史稿[M].北京：中华书局,1977.

67.[清]贺仲瑊等纂修.留坝厅志[M].台北：成文出版社,1969.

68.[清]毕沅撰.张沛点校.关中胜迹图志[M].西安：三秦出版社,2004.

69.[清]顾炎武.亭林诗文集[M].北京：中华书局,1959.

70.管曙光主编.诸子集成第一册[M].长春：长春出版社,1999.

71.徐世昌等撰.沈芝盈等点校.清儒学案[M].北京：中华书局,2008.

72.上海师范学院古籍整理研究室.尉缭子注释[M].上海：上海古籍出版社,1978.

73.曾枣庄,刘琳编.全宋文[M].上海：上海辞书出版社,合肥：安徽教育出版社,2006.

74.睡虎地秦墓竹简整理小组.睡虎地秦墓竹简[M].北京：文物出版社,1978.

75.道藏[M].北京：文物出版社,上海：上海书店,天津：天津古籍出版,1988.

76.姚数元,孙殿起.清代禁毁书目（补遗）、清代禁朽知见录[M].北京：商务印书馆,1957.

77.荀子[M].北京：中华书局,2006.

（二）今人论著

1.马克思,恩格斯.马克思恩格斯选集[M].北京：人民出版社,1995.

2.郭琦等主编.陕西通史[M].西安：陕西师范大学出版社,1997.

3.刘士莪.老牛坡——西北大学考古专业田野发掘报告[M].西安：陕西人民出版社,2002.

4.鲁迅.鲁迅全集[M].北京：人民文学出版社,1981.

5.拉法格.宗教与资本[M].北京：三联书店,1963.

6.王国维.观堂集林[M].石家庄：河北教育出版社,2001.

7.陈恩志.蓝田直立人[M].西安：陕西人民出版社,1995.

8.王秀娥,阎磊.陕西的远古人类和文化[M].西安：西北大学出版社,1988.

9.张春雷.历代三宝记[M].郑州：河南人民出版社,2013.

10.徐卫民,呼林贵.秦汉上林苑[M].西安：陕西人民教育出版社,1994.

11.史念海.河山集·四集[M],西安：陕西师范大学出版社,1991.

12.杨伯峻译注.论语[M].北京：中华书局,2009.

13.王世舜.尚书译注[M].成都：四川人民出版社,1982.

14.何清谷.三辅黄图校释[M].北京：中华书局,2006.

15.蒙文通.川大史学·蒙文通卷[M].成都：四川大学出版社,2006.

16.洪乾祐.汉代经学史[M].台中：国彰出版社,1996.

17.蒙文通.蒙文通文集·经史抉原[M].成都：巴蜀书社,1995.

18.吴雁南,秦学颀,李禹阶主编.中国经学史[M].福州：福建人民出版社,2010.

19.刘复生.北宋中期的儒学复兴运动[M].台北：文津出版社,1991.

20.王钟翰点校.清史列传[M].北京：中华书局,1987.

21.西安半坡博物馆编.半坡博物馆三十年学术论文选编[C].西安：西北大学出版社,1989.

22.邓之诚.清诗纪事初编[M].上海：上海古籍出版社,1984.

23.梁启超.清代学术概论[M].北京：东方出版社,2004.

24.许倬云.西周史[M].北京：三联书店,1993.

25.任继愈主编.中国佛教史[M].北京：中国社会科学出版社,1985.

26.汤用彤.汉魏两晋南北朝佛教史[M].北京：北京大学出版社,1982.

27.汤用彤.隋唐佛教史稿[M].北京：中华书局,1982.

28.冯健龙,王亚荣,释本如.长安古刹[M].西安：陕西师范大学出版社,2009.

29.樊耀亭.终南山佛寺游访记[M].西安：陕西人民出版社,2003.

30.黄宗羲.黄宗羲全集[M].杭州：浙江古籍出版社,2005.

31.牟钟鉴,张践.中国宗教通史[M].北京：社会科学文献出版社,2003.

32.王宏涛.西安佛教寺庙[M].西安：西安出版社,2010.

33.赵亚曾,黄汲清.秦岭山及四川之地质研究[M].国立北平研究院地质研究所,1931.

34.梁启超.佛教教理在中国之发展[M]//梁启超集[C]北京：中国社会科学出版社,1995.

35.姚数元,孙殿起.清代禁毁书目(补遗)、清代禁朽知见录[M].北京：商务印书馆,1957.

36.荣新江主编.唐研究[M].北京：北京大学出版社,2003.

37.王国维.王国维全集[M].杭州：浙江教育出版社,2009.

38.谭其骧编.清人文集地理类汇编[M].杭州：浙江人民出版社,1988.

39.方光华等.关学及其著述[M].西安：西安出版社,2003.

40.王国维.观堂集林[M].石家庄：河北教育出版社,2003.

41.张彦远.历代名画记[M].北京：人民美术出版社,2004.

42.雷梦辰.清代各省禁书汇考[M].北京：书目文献出版社,1989.

43.袁行云.清人诗集叙录[M].香港：文化艺术出版社,1994.

44.高鹤年.名山游访记[M].南京：江苏省佛教协会,1986.

45.黄常伦.方外来鸿[M].北京：宗教文化出版社,2002.

46.[美]比尔·波特.空谷幽兰[M].成都：四川文艺出版社,2014.

47.程连生,冯嘉平.中国地理[M].北京：北京师范大学出版社，1988.

48.王若冰.走进大秦岭——中华民族父亲山探行[M].广州：花城出版社,2007.

49.曾宏根.蓝关古道[M].西安：西安出版社,2011.

50.冯友兰.中国哲学史新编[M].北京：北京人民出版社,1999.

51.冯友兰.三松堂全集[M].郑州：河南人民出版社,2001.

52.侯甬坚.渭河[M].南京：江苏教育出版社,2010.

53.毛水龙.秦岭北麓峪沟口[M].西安：三秦出版社,2011.

54.朱立挺.古都长安·长安胜迹[M].西安：西安出版社,2007.

55.长安历史文化研究中心主编.长安历史文化研究[M].西安：陕西人民出版社,2011.

56.刘兆鹤,王西平.重阳宫道教碑石[M].西安：三秦出版社,1998.

57.周振甫.诗经译注[M].北京：中华书局,2002.

（三）方志

1.[清]牛兆濂纂.郝兆先修. 民国续修蓝田县志[M]//中国地方志集成·陕西府县志辑.南京：凤凰出版社,上海：上海书店,成都：巴蜀书社,2007.

2.蓝田县地方志编纂委员会.蓝田县志[M].西安：陕西人民出版社,1994.

3.户县志编纂委员会.户县志[M].内部发行,1987.

4.洛南县地方志编纂委员会编.洛南县志[M].北京：作家出版社,2010.

5.潘树辰等纂.沔县新志[M]//中国地方志集成.南京：凤凰出版社,2011.

6.中国地方志集成·陕西府县志辑[M].南京：凤凰出版社,2007.

7.凤凰出版社编.凤县县志·道路[M]//中国地方志集成.南京：凤凰出版社,2011.

二、论文及期刊文章

1.焦桂美.南北朝经学史[D].山东：山东大学,2006.

2.常新.李柏思想研究[D].陕西：陕西师范大学,2008.

3.胡俊生.晚清陕西士绅研究[D].陕西：西北大学,2006.

4.查显锋.南秦岭佛坪隆起的构造过程及成因机制[D].陕西：西北大学,2010.

5.陈佳.陕南地区近代民俗服饰文化的挖掘与研究[D].陕西：西安工程大学,2012.

6.詹宗佑.隋唐时期终南山区研究[D].台北：中国文化大学史学研究所,1996.

7我国近五年来的考古新发现[J].考古,1964(4).

8.吴梓林.古粟考[J].《史前研究》创刊号.

9.陈正奇.西安地区最早的农耕氏族部落——白家人[J].西安教育学院学报,2001(2).

10.陕西省考古研究院.蓝田新街遗址发掘简报[J].考古与文物,2014(4).

11.史念海.唐长安城的池沼与园林[J].中国历史地理论丛,1999(增刊).

12.陈正奇."一国两制"的历史考察[J].西安交通大学学报,2008(5).

13.李之勤.陈仓古道考[J].中国历史地理论丛,2008(3).

14.王玉军.古道纵横[J].交通建设与管理,2007(6).

15.徐中舒.殷周之际史迹之检讨[J].中央研究院历史语言研究所集刊论文类编.北京：中华书局,2009.

16.张汉东.秦汉博士官的设置及其演变[J].史学集刊,1984(1).

17.赵均强.东汉"关中学派"说之我见[J].唐都学刊,2012(2).

18.姜宁.徐遵明与北朝经学[J].大众文艺,2010(5).

19.韩星.儒家的隐者——李柏思想构成探析[J].人文杂志,2001（2）.

20.灏峰.牛兆濂[J].美文.2009(2).

21.陈正奇.教育家、理学家、"才子"牛兆濂[J].西安教育学院学报.1997(2).

22.刘宗镐.牛兆濂对儒学生存问题反思的探析[J].宝鸡文理学院学报.2013(10).

23.李利安."学而讲坛"：终南山佛教文化的历史地位与当代价值[J]. http://xjtunews.xjtu.edu.cn/zhxw/2010-
06/1276248805d27480.shtml.

24.西安宗教概况[J].三秦游网. http://www.sanqinyou.com/shaanxi/info/1311009590933134.html.

25.陈景福.诸宗竞演终南山[J].佛教与山：中国佛教十大名山.学佛网.http：//www.xuefo.net/nr/article5/46976.html.

26.萨垙.李利安教授在香港宣讲终南山佛教的十大历史地位[J].中国佛学网. http://www.china2551.org/Article/zbzl/
xslw/201003/10869.html.

27.李利安.长安太兴山：一处罕见的民间宗教活化石[J].世界宗教研究,2003(3).

28.彭大明.小秦岭黄金成矿规律[J].黄金科学技术,2000(3).

29.侯甬坚.周秦汉隋唐之间：都城的选择与超越[J].唐都学刊,2007(2).

30.陈正奇.全真教始祖、哲学思想家、乱世诗人——王重阳[J].西安教育学院学报,1999(4）.

31.韩星.儒家的隐者——李柏思想构成探析[J].人文杂志,2001(2).

32.鲁峰.浅谈秦岭—淮河分界线[J].治淮,2000(8).

33.黄崇浩.昆仑即秦岭考[J].中国文化研究,2007(秋之卷).

34.大秦岭终南行修中心网.终南山佛教源流[J].http：//blog.sina.com.cn/znyaji.

35.陈景福.论陕西佛教文化及其旅游资源的开发利用[J].陕西省经济管理干部学院报,2000（2）.

36.考古,1979（1）.

37.社会科学战线,1981（2）.

38.考古与文物,1984（6）.

39.耿显家.叩开终南山隐士的柴门[N].中国社会科学报,2011（5）.

40.肖欢欢.寻访当代"空谷幽兰" 探秘终南山真实隐士[N].广州日报,2012-3-14.

41.史飞翔.终南山中无隐士[J].文史月刊,2012（5）.

42.《秦岭探访》第三十四集[J].CCTV西部频道.2004-8-9.http://www.cntv.cn/program/xbxw/topic/west/
C12593/20040809/101909.shtml.

43.姚书振,丁振举,周宗桂,陈守余.秦岭造山带金属成矿系统[N].地球科学,2002-9-5.

三、其他

1. 陕西秦岭又发现70公里长的大型多金属矿田[N].新华网·新华财经.2009-7-19. http://news.xinhuanet.com/
   fortune/2009-07/19/content_11732712.htm.

2.终南山隐士的柴门[N].中国社会科学报,2011-12-13(5).

3.纪录片《大秦岭》.

4.中华电子佛典协会CBETA编.大正新修大藏经·海东高僧传[M].电子佛典Big5 APP版.